INTELLIGENT COCKPIT

Architecture, Principles, and Automotive-Grade Chips

智能座舱
架构、原理与车规级芯片

张慧敏 著

机械工业出版社
CHINA MACHINE PRESS

图书在版编目（CIP）数据

智能座舱：架构、原理与车规级芯片 / 张慧敏著 .
北京：机械工业出版社，2024.10（2025.7 重印）. --（智能汽车丛书
）. -- ISBN 978-7-111-76617-9

I. U463.83
中国国家版本馆 CIP 数据核字第 20243FB688 号

机械工业出版社（北京市百万庄大街 22 号　邮政编码 100037）
策划编辑：孙海亮　　　　　　　　　　责任编辑：孙海亮
责任校对：孙明慧　杨　霞　景　飞　　责任印制：张　博
北京建宏印刷有限公司印刷
2025 年 7 月第 1 版第 2 次印刷
186mm×240mm・19.25 印张・447 千字
标准书号：ISBN 978-7-111-76617-9
定价：99.00 元

电话服务　　　　　　　　　网络服务
客服电话：010-88361066　　机　工　官　网：www.cmpbook.com
　　　　　010-88379833　　机　工　官　博：weibo.com/cmp1952
　　　　　010-68326294　　金　书　网：www.golden-book.com
封底无防伪标均为盗版　机工教育服务网：www.cmpedu.com

Preface 序

在这个充满活力的时代，我们正见证着中国汽车产业的一次历史性飞跃。智能座舱作为连接汽车与智能生活的纽带，正成为推动这一变革的关键力量。而半导体技术的进步无疑为这一变革提供了最坚实的支撑。

中国汽车工业的发展历程充满挑战与拼搏，我们用智慧和努力谱写了一部壮丽的史诗。从最初的模仿学习到如今的自主创新，我们不仅在国际舞台上站稳了脚跟，还在新能源汽车领域取得了令人瞩目的突破。这一切都源于我们对核心技术，特别是作为现代工业"心脏"的半导体技术的不懈探索与突破。

作为半导体领域的一名"老兵"，我深感每一次技术的进步都为智能座舱的发展注入了新的活力。从最初的微控制器到今天的SoC（系统级芯片），我们的技术不断突破，为智能座舱带来了更强的计算能力、更快的数据处理速度和更优的能效比，为丰富多彩的用户交互体验提供了有力支撑。

中国在智能座舱领域的探索具有独特的优势。我们拥有庞大的市场和多样化的应用场景，这为技术创新提供了肥沃的土壤。同时，5G、人工智能、大数据等前沿技术的融合，也为行业的发展注入了强大的动力。政府的支持和投入，更是为我们的研发创新提供了坚实的保障。

回想20年前，国家开始推动TD-SCDMA（即中国提出的第三代通信协议标准）投入商用，但缺乏芯片的现实情况差点让我们的技术创新停滞。正是得益于国家的支持，以及大量技术人员的奋斗与坚持，我们才能在通信领域达到现在的高度。

现在，汽车电子产业也步入了相似的阶段。我们需要更多的国产汽车厂商、国产芯片厂商加入进来，一起在核心技术的探索道路上砥砺前行。深耕汽车半导体领域不仅是技术发展的必然趋势，也是国家战略的必然选择。

本书的出版恰逢其时，能够为投身智能座舱和芯片研发的工程师提供有益的参考与系统性的学习资料。本书不仅全面介绍了智能座舱的架构和工作原理，还深入探讨了SoC设计的关键技术，能帮助读者了解和把握智能汽车的新时代。

展望未来，我坚信，随着中国汽车与半导体产业的深度融合，我们将在智能座舱和车规级芯片领域创造更多的"中国奇迹"，为全球汽车产业的智能化转型贡献更多智慧和方案。

陈大同

元禾璞华创始合伙人 / 投决会主席

上海展讯通信联合创始人 /CTO

Preface 前　　言

随着摩尔定律的逐步放缓，智能手机等消费类电子产品的增长势头开始疲软。而新能源汽车的迅猛发展，为传统汽车电子与消费类电子的融合开辟了崭新的天地。在汽车智能化浪潮的推动下，智能座舱技术融合了传统汽车电子的车规级要求与消费类电子的高性能、快速迭代特点，成为行业内外瞩目的技术焦点和战略高地。

为什么要写这本书

在当前汽车工业发展的浪潮中，智能汽车领域正逐步成为新一轮科技革命和产业革命的战略高地。其中，电动化、网联化、智能化、共享化等"四化"趋势成为智能汽车的显著特征。智能座舱作为智能汽车的核心竞争力之一，旨在通过集成多种IT和人工智能技术，打造全新的车内一体化数字平台，为驾驶员提供智能化的体验，同时提升行车安全性。在新能源汽车的发展过程中，国内外汽车厂商，包括传统汽车企业和新兴车企，纷纷加大在智能座舱领域的投入，并通过新型的人机交互系统和智能化的AI助手，试图将座舱打造成"第三生活空间"。

智能座舱技术是一个融合了传统汽车电子需求与消费类电子功能特性的新型技术平台，其诞生、成长、发展和壮大，都离不开消费类电子技术的有力支撑。随着汽车智能化的发展，传统汽车品牌的座舱在体验上也在逐步向消费类电子靠拢。

智能座舱的演变和发展依赖于两个基础。首先是整车EEA（电子电气架构）从分布式系统架构向中央集中式架构转变，EEA的演进为智能座舱的发展指明了方向。其次是芯片技术的进步，它为智能座舱的诞生提供了坚实的基础。

当汽车行业的主机厂、供应链上的供应商的研发工程师们探讨智能座舱的实现时，当国内半导体初创公司渴望进入汽车行业时，当新入行的汽车从业者想了解智能座舱的基础架构时，当在校学生想了解热门的智能座舱技术时，这些企业或个人可能会发现市面上缺少一本全面介绍汽车智能座舱的书。

在与新入门的工程师、技术爱好者、学生的交流中，作者深切地感受到他们对智能座舱知识的渴望。智能座舱技术，本质上是一个以计算机系统结构为基础，运用先进的感知技术和多媒体技术，以满足人们体验需求为目标的技术平台。它涵盖的技术广泛，几乎囊括了个人计算机和智能手机的所有功能。然而，由于市面上缺乏通俗易懂的智能座舱技术参考书，初学者在面对复杂的技术名词和多样化的应用需求时，往往感到困惑，无从下手。

在实际的项目开发过程中，智能座舱系统架构师需要对系统需求进行技术可行性评估。来自传统汽车行业的系统架构师往往对座舱 SoC 知识缺乏深层次的了解，难以准确评估座舱所需的 SoC 的能力。而那些计划进入智能座舱行业的初创半导体公司的系统架构师，则可能对汽车电子相关背景知识了解不足，难以将消费类电子技术与车载电子技术有效结合，从而设计出适合的座舱 SoC。

正是基于上述种种原因，作者决定撰写本书。

读者对象

本书适合以下读者阅读：
- 智能座舱系统架构师
- 智能座舱软硬件开发工程师
- 智能座舱 SoC 开发工程师
- 希望学习智能座舱知识的高等院校师生及其他爱好者

如何阅读本书

本书在逻辑上可以分为三部分。

第一部分（第 1、2 章）聚焦于智能座舱的起源背景及系统架构。

第 1 章以软件定义汽车的概念为起点，阐述智能汽车 EEA 的革新如何为智能座舱的诞生奠定坚实的基础。

第 2 章则以智能座舱域控制器为核心，详尽地介绍智能座舱的背景知识、系统架构，并对相应的关键技术进行深入讲解，同时简要展示 4 个主机厂的架构实例。

第二部分（第 3～10 章）详细阐述智能座舱所需的软硬件背景知识，涵盖多个关键领域，旨在为读者呈现智能座舱技术的全貌。

第 3 章详细介绍车载总线技术，不仅涵盖传统的 CAN、LIN 等总线技术，还将探讨最新的以太网技术。这些总线技术构成了汽车内部电子系统之间信息传输的基石。

第 4 章专注于高速视频传输技术，该技术以 SerDes（串行 / 解串）技术为基础，包括汽车电子中最常用的 FPD-Link 和 GMSL 技术，主要用于摄像头和显示屏的连接与数据传输。

第 5 章深入讲解座舱内部的数据连接技术，涵盖 USB、Wi-Fi、蓝牙等有线或无线数据连接方式，这些技术使舱内用户个人电子设备与汽车电子得以高效连接。

第 6 章系统介绍座舱显示子系统，包括显示屏的工作原理、座舱 SoC 的显示接口、单芯多屏等关键技术。同时，通过抬头显示屏、液晶仪表屏和中控娱乐屏等应用实例，展示智能座舱中显示子系统的实际用途。

第 7 章聚焦座舱视觉子系统，详细描述车载摄像头的接口与关键技术。此外，通过 CMS（流媒体后视镜）、DMS（驾驶员感知系统）、OMS（乘客感知系统）等实际案例，阐述视觉子系统的实际应用场景。

第 8 章全面介绍座舱音频子系统，涵盖面向不同对象的音频子系统架构、音频传输总线（模拟音频线、AVB、A2B）、收音机和车载音响等硬件设备，以及车载音响算法等软件核心部件，它们共同构成了智能座舱的音频系统。

第 9 章详述座舱基础软件，包括座舱基础软件架构、虚拟化技术和座舱操作系统，为智能座舱的应用程序提供了稳定的运行环境。

第 10 章以导航应用、人机交互应用、OTA 升级应用为例，展示智能座舱应用软件与服务的使用场景和生态，为读者提供直观的应用范例。

第三部分（第 11～15 章）主要聚焦于智能座舱 SoC 的技术原理与设计范例，并介绍新一代智能座舱的技术发展趋势。

第 11 章详细阐述智能座舱 SoC 的算力评估标准。该章以 CPU、GPU 和 NPU 这三大核心算力子单元为例，不仅深入剖析它们的主要架构和工作机制，还提供具体的性能评估公式，为读者提供清晰的评估依据。

第 12 章着重介绍座舱 SoC 的设计原理。通过一个具体的设计案例，该章向读者展示 SoC 中的顶层架构、系统总线、CPU、GPU 和 NPU 等核心组件的关键技术，使读者对 SoC 的设计有更为直观和深入的理解。

第 13 章则介绍车规级芯片的评估标准。通过 AEC-Q100 和 AEC-Q104 标准，该章详细说明智能座舱 SoC 的使用范围和上车条件，为读者提供明确的参考依据。

第 14 章聚焦于座舱功能安全设计的原理。通过一个实际案例，该章详细阐述功能安全设计的具体流程和步骤，使读者能够举一反三，自行完成座舱功能安全设计的工作，从而提升设计的安全性和可靠性。

第 15 章是对智能座舱未来演进道路的思考与展望。该章从多模态交互、大语言模型上车、舱驾一体化等功能需求出发，对智能座舱未来的发展方向进行探讨和展望，为相关领域的研究和发展提供参考。

勘误和支持

由于作者的水平有限，书中难免会出现一些错误或者不准确的地方，恳请读者批评指正。如果你有更多的宝贵意见，欢迎发送邮件至邮箱 rake_zhm@163.com。期待你的真挚反馈，在技术之路上我们互勉共进。

致谢

我要向在智能座舱架构设计工作中给予我鼎力支持的朋友们表达深深的谢意，他们是王德强先生、黄军君先生以及其他众多朋友。正是因为他们的帮助，我才能够拓宽视野、提升专业能力。

此外，我也要感谢微信朋友圈中的朋友们。每次与他们探讨智能座舱的技术细节，我总能收获诸多宝贵的观点和见解，这些都为本书的写作提供了丰富的素材。非常感激他们的帮助与厚爱！

最后，感谢热心网友 huxianfeng、夯垒、刘玉栋提出的宝贵指正意见。

张慧敏

Contents 目　　录

序
前　言

第1章　智能座舱诞生的基础 1
  1.1　软件定义汽车 2
    1.1.1　什么是软件定义汽车 2
    1.1.2　如何实现软件定义汽车 3
  1.2　EEA 设计 5
    1.2.1　什么是 EEA 5
    1.2.2　EEA 的演进 7
  1.3　SOA 12
    1.3.1　什么是 SOA 12
    1.3.2　为什么需要 SOA 12
  1.4　本章小结 15

第2章　智能座舱的背景知识与架构 16
  2.1　智能座舱的背景知识 16
    2.1.1　智能座舱的定义 16
    2.1.2　智能座舱的发展历程 17
    2.1.3　智能座舱的用户需求 18
  2.2　智能座舱的架构 20
    2.2.1　智能座舱的组成 20
    2.2.2　智能座舱系统的架构 21
    2.2.3　CDC 的关键技术 23
  2.3　智能座舱的生态系统 25
    2.3.1　生态角色组成 25
    2.3.2　生态模式转变 26
  2.4　智能座舱的架构范例 27
    2.4.1　特斯拉 27
    2.4.2　大众 29
    2.4.3　华为 29
    2.4.4　小鹏 31
  2.5　本章小结 31

第3章　车载总线技术 33
  3.1　传统车载总线 33
    3.1.1　CAN/CAN-FD 总线 34
    3.1.2　LIN 总线 35
    3.1.3　FlexRay 总线 38
    3.1.4　MOST 总线 39
  3.2　车载以太网 40
    3.2.1　车载以太网的定义 40
    3.2.2　车载以太网的架构 41
    3.2.3　车载以太网的特点 42

3.3 车载网络拓扑设计 ………………… 45
3.4 本章小结 …………………………… 47

第4章 高速视频传输技术 ……………… 48

4.1 高速视频传输需求 ………………… 48
    4.1.1 数据传输需求 ………………… 48
    4.1.2 车载总线的限制 ……………… 50
    4.1.3 应对策略 ……………………… 50
4.2 高速视频传输技术的原理 ………… 52
    4.2.1 LVDS …………………………… 52
    4.2.2 CML …………………………… 53
    4.2.3 传输线缆 ……………………… 55
4.3 FPD-Link 技术 …………………… 56
    4.3.1 特色模块 ……………………… 57
    4.3.2 应用范例 ……………………… 59
4.4 GMSL 技术 ………………………… 60
4.5 MIPI A-PHY 技术 ………………… 63
4.6 ASA 技术 ………………………… 65
4.7 其他 SerDes 技术 ………………… 66
4.8 本章小结 …………………………… 66

第5章 座舱数据连接技术 ……………… 67

5.1 座舱数据连接需求 ………………… 67
    5.1.1 应用场景 ……………………… 67
    5.1.2 系统框架 ……………………… 68
5.2 USB 连接技术 ……………………… 69
    5.2.1 USB 带宽模式 ………………… 69
    5.2.2 USB Type-C 接口 …………… 70
    5.2.3 USB 信号增强 ………………… 74
    5.2.4 USB 供电 ……………………… 74
    5.2.5 VR 投屏模式 ………………… 75
5.3 Wi-Fi 连接技术 …………………… 77

    5.3.1 Wi-Fi 技术基础 ……………… 77
    5.3.2 Wi-Fi 带宽计算 ……………… 78
    5.3.3 Wi-Fi 应用场景 ……………… 79
5.4 蓝牙连接技术 ……………………… 80
    5.4.1 蓝牙基础 ……………………… 80
    5.4.2 蓝牙应用场景 ………………… 83
5.5 本章小结 …………………………… 85

第6章 座舱显示子系统 ………………… 86

6.1 座舱显示子系统的框架 …………… 86
    6.1.1 显示子系统的主要功能 ……… 86
    6.1.2 显示子系统的架构 …………… 88
    6.1.3 显示子系统的关键技术 ……… 90
6.2 显示屏 ……………………………… 91
    6.2.1 显示图像格式 ………………… 91
    6.2.2 显示屏原理 …………………… 93
6.3 SoC 显示接口技术 ………………… 95
    6.3.1 显示接口演进 ………………… 95
    6.3.2 OLDI …………………………… 96
    6.3.3 HDMI …………………………… 97
    6.3.4 DP/eDP ………………………… 98
    6.3.5 MIPI DSI ……………………… 99
    6.3.6 单芯多屏技术 ………………… 101
6.4 座舱显示屏应用 …………………… 103
    6.4.1 抬头显示屏 …………………… 104
    6.4.2 液晶仪表屏 …………………… 106
    6.4.3 中控娱乐屏 …………………… 106
6.5 本章小结 …………………………… 107

第7章 座舱视觉子系统 ………………… 108

7.1 座舱视觉子系统的框架 …………… 108
    7.1.1 视觉子系统的主要功能 ……… 108

	7.1.2	视觉子系统的架构 …… 110		8.5.3	主动降噪技术 …… 147
7.2	视觉子系统的关键技术 …… 112	8.6	本章小结 …… 149
	7.2.1	摄像头基础 …… 112
	7.2.2	摄像头接口 …… 113	**第9章**	**座舱基础软件** …… 150
	7.2.3	WDR 技术 …… 115	9.1	座舱基础软件架构 …… 150
	7.2.4	RGB-IR 技术 …… 117		9.1.1	面向信号的座舱基础软件架构 …… 150
7.3	座舱视觉应用 …… 119
	7.3.1	流媒体后视镜 …… 119		9.1.2	面向服务的座舱基础软件架构 …… 152
	7.3.2	OMS …… 123
	7.3.3	DMS …… 124	9.2	虚拟化技术 …… 153
7.4	本章小结 …… 125		9.2.1	虚拟化定义 …… 154
		9.2.2	Hypervisor 与区域硬隔离 …… 155
第8章	**座舱音频子系统** …… 126		9.2.3	Hypervisor 的技术原理 …… 156
8.1	座舱音频子系统的框架 …… 126		9.2.4	Hypervisor 的应用场景 …… 159
	8.1.1	音频子系统的主要功能 …… 126	9.3	操作系统 …… 160
	8.1.2	音频子系统的架构 …… 127		9.3.1	Android …… 160
8.2	音频传输总线 …… 130		9.3.2	Linux …… 163
	8.2.1	模拟音频总线 …… 130		9.3.3	QNX …… 165
	8.2.2	AVB …… 131	9.4	本章小结 …… 166
	8.2.3	A2B …… 133
8.3	收音机 …… 136	**第10章**	**应用软件与服务** …… 167
	8.3.1	模拟收音机 …… 136	10.1	座舱应用软件概述 …… 167
	8.3.2	数字收音机 …… 137		10.1.1	应用软件与生态入口 …… 167
	8.3.3	卫星收音机 …… 139		10.1.2	基于生态的应用软件框架 …… 169
8.4	车载音响 …… 140
	8.4.1	功放与扬声器 …… 140	10.2	车载导航系统 …… 170
	8.4.2	麦克风 …… 142		10.2.1	车载导航系统介绍 …… 170
	8.4.3	杜比全景声 …… 143		10.2.2	导航技术要点 …… 171
8.5	车载音响算法 …… 145	10.3	人机交互 …… 172
	8.5.1	空间声场调音算法 …… 145	10.4	OTA 升级 …… 174
	8.5.2	回音消除算法 …… 146		10.4.1	OTA 的定义 …… 175

	10.4.2 OTA 需求分析 ………… 175		12.1.3 RISC-V ………………… 210
	10.4.3 OTA 关键技术 ………… 177		12.1.4 应用案例 ……………… 212
	10.4.4 OTA 架构范例 ………… 178	12.2	SoC 架构思考 …………………… 214
10.5	本章小结 ………………………… 179		12.2.1 目标定位 ……………… 214
			12.2.2 顶层架构 ……………… 215
第11章	芯片算力评估 ………………… 180	12.3	系统总线 ………………………… 216
11.1	座舱高算力需求 ………………… 180		12.3.1 总线基础概念 ………… 217
	11.1.1 SoC 主要算力单元 …… 180		12.3.2 AMBA 介绍 …………… 218
	11.1.2 座舱算力需求分解 …… 182		12.3.3 总线拓扑结构 ………… 220
11.2	CPU 算力评估 …………………… 183		12.3.4 AMBA IP 选项 ………… 222
	11.2.1 CPU 性能评估公式 …… 183	12.4	CPU …………………………… 223
	11.2.2 CPU 性能基准测试 …… 184		12.4.1 大小核思路 …………… 224
11.3	GPU 算力评估 …………………… 187		12.4.2 先进 CPU 微架构设计 …… 226
	11.3.1 GPU 架构原理 ………… 187	12.5	GPU …………………………… 229
	11.3.2 GPU 性能评估标准 …… 190		12.5.1 移动端与桌面端 GPU …… 230
11.4	NPU 算力评估 …………………… 193		12.5.2 ARM Mali GPU ………… 232
	11.4.1 NPU 架构原理 ………… 193	12.6	SoC 概念设计实例 ……………… 235
	11.4.2 NPU 性能评估标准 …… 195		12.6.1 竞品分析 ……………… 235
11.5	主存储器性能评估 ……………… 196		12.6.2 CPU ……………………… 236
	11.5.1 主存储器架构原理 …… 197		12.6.3 GPU ……………………… 239
	11.5.2 主存储器性能评估标准 …… 200		12.6.4 NPU ……………………… 240
11.6	芯片算力评估实例 ……………… 201	12.7	本章小结 ………………………… 242
	11.6.1 座舱使用场景假设 …… 201		
	11.6.2 座舱算力统计对比 …… 202	第13章	车规级芯片标准 ……………… 243
	11.6.3 其他组件性能评估 …… 204	13.1	车规级标准定义 ………………… 243
11.7	本章小结 ………………………… 206		13.1.1 为什么需要车规 ……… 244
			13.1.2 什么是车规级标准 …… 247
第12章	座舱SoC设计 ………………… 207		13.1.3 车规级与消费级的区别 …… 248
12.1	指令集选择 ……………………… 207	13.2	车规级测试要求 ………………… 249
	12.1.1 x86 …………………… 207		13.2.1 AEC-Q 家族 …………… 249
	12.1.2 ARM …………………… 210		13.2.2 AEC-Q100 测试标准 …… 249

	13.2.3 车规测试实例 …………… 253
13.3	系统级车规 ………………………… 255
	13.3.1 什么是系统级车规 ……… 255
	13.3.2 热管理技术改进 ………… 256
	13.3.3 AEC-Q104 测试标准 …… 258
13.4	本章小结 …………………………… 260

第14章 座舱功能安全设计 …………… 261

14.1	功能安全定义 ……………………… 261
	14.1.1 什么是功能安全 ………… 261
	14.1.2 功能安全设计流程 ……… 263
14.2	ISO 26262 ………………………… 264
	14.2.1 什么是 ISO 26262 ………… 264

	14.2.2 ISO 26262 的主要内容 …… 265
14.3	座舱功能安全设计实例 …………… 273
	14.3.1 识别安全事件 …………… 273
	14.3.2 设定功能安全目标 ……… 274
	14.3.3 启动功能安全设计 ……… 275
14.4	本章小结 …………………………… 279

第15章 智能座舱演进思考 …………… 280

15.1	多模态交互 ………………………… 280
15.2	大语言模型 ………………………… 283
15.3	舱驾一体化 ………………………… 286
15.4	本章小结 …………………………… 291

第 1 章

智能座舱诞生的基础

汽车座舱早已超越了单纯的驾驶空间定义，成为驾驶者与乘客个性化体验的专属天地。它不仅承载着让驾驶者精准操控车辆的使命，更满足了乘客对舒适与享受的追求。在传统汽车设计中，座舱主要关注机械装置、空间布局及座椅舒适度，通过物理按键和机械仪表盘为用户提供直观易用的操作体验。

然而，随着科技的日新月异和社会需求的不断演进，座舱设计正在经历前所未有的变革。一些前沿新能源车型的座舱已经焕然一新，融入了中控台大型显示屏、语音操控系统、互联网连接和娱乐信息系统等智能化元素，为用户带来了前所未有的智能互动体验。

但问题也随之而来：如何才能把传统的座舱升级为智能座舱？在座舱内增加中控台大屏和语音操控功能是否就如部分人所说的，像把智能手机搬到汽车座舱里一样简单？

答案显然并非如此。智能座舱的升级并不是硬件的堆砌，而是对整体用户体验、人机交互、信息呈现和智能化管理等方面的全面革新。审视智能座舱的发展历程，我们可以清晰地看到它与智能汽车的诞生和成长紧密相连。要真正理解智能座舱，我们必须回溯到智能汽车的诞生之初。许多人可能将智能汽车简单地视为无人驾驶与智能座舱的结合，但实际上，智能座舱与智能驾驶系统背后的架构设计才是推动汽车智能化发展的关键。

本章将以"软件定义汽车"的理念为引领，深入剖析智能汽车同时也是智能座舱诞生的基础。这一理念在硬件和软件两个层面都带来了颠覆性的变革，为智能汽车的诞生与发展奠定了坚实的基础。在硬件层面，汽车电子电气架构不断演进，推动了汽车电子从分布式向集中式转变；而在软件层面，面向服务的架构使汽车能够像智能手机一样，通过不断的软件更新和升级来增强功能、优化体验。正是基于软件定义汽车的这一成功实践，智能汽车才得以从梦想走进现实，成为继个人计算机和智能手机之后的又一重要终端产品。而智能座舱作为智能汽车的重要组成部分，也在这场智能化浪潮中迎来了新的发展机遇。

1.1 软件定义汽车

对于汽车行业正在经历的变革，行业内部使用"新四化"进行了总结，也就是电动化、智能化、网联化、共享化。它们的主要含义如下。

- **电动化**：车辆动力系统的电动化。具体来说就是使用电池、电动机、电控系统代替传统的内燃机系统。
- **智能化**：主要指的是智能驾驶系统和智能座舱系统。它们通过传感器实现对周围环境的感知，而后通过控制器接收传感器传来的信息并进行决策，最后向执行器下发命令，执行相应的操作。
- **网联化**：主要指的是车联网的布局。通过无线互联网、大数据等技术实现汽车与周围环境、其他汽车、基础设施等的互联互通。
- **共享化**：主要指的是汽车共享和移动出行。通过共享汽车资源，优化出行方式，减少城市交通拥堵和环境污染。

在汽车"新四化"的浪潮中，智能化无疑是智能汽车的核心价值所在。那么，如何才能实现从传统汽车向智能汽车的转变？这离不开软件定义汽车的杰出贡献。

软件定义汽车对于汽车智能化的作用，在某种程度上可以与规划设计对于城市建设的作用相比。它从根本上塑造了汽车智能化发展的未来潜力和高度，为整个行业的转型升级提供了强大的动力。通过采用高屋建瓴的方法论，软件定义汽车从宏观到微观，从整体到局部，为汽车行业的智能化转型描绘了全面而精确的蓝图。

1.1.1 什么是软件定义汽车

"软件定义汽车"这一理念于 2016 年被提出，现已在汽车行业中得到广泛认同。其提出者预见：未来汽车的竞争将不再局限于传统的功率大小、座椅材质或机械性能等硬件指标，而会将重心转移至以人工智能为核心的软件技术。随着汽车智能化进程的加速，这一预见正在成为现实。

首先，汽车中的智能化部件数量正在快速增长。无论是智能驾驶系统还是智能座舱，都高度依赖这些先进的部件。因此，智能化部件在整车成本中所占的比重正在不断增加，凸显了它们在现代汽车制造中的重要性。

其次，软件在智能化部件中扮演着核心角色。它不仅定义了汽车的功能，还直接影响了其性能表现。可以说，智能化水平已经成为决定汽车品牌之间竞争格局的关键因素。软件的质量和创新性在很大程度上决定了消费者对某个汽车品牌的认知和忠诚度。

最后，汽车正在从传统的以硬件为主的产品转变为以软件为中心的移动智能设备。通过软件的持续迭代和更新，汽车将能够不断适应用户的需求，实现个性化定制和智能化升级。

1. 传统汽车的局限

这种转变过程是从打破传统汽车的局限性开始的。

在传统的汽车制造中，产品的功能主要是依赖具体的硬件单元来实现的。汽车的物理架构是由动力系统、底盘、电气设备以及车身四大核心部分构成的，它们决定了汽车的基本形态和性能。动力系统主要包括发动机和变速箱等，用于驱动汽车运动。底盘作为汽车的骨架，不仅承载着发动机和其他关键部件，还塑造出汽车独特的外观，同时确保发动机的动力顺畅传递，保证车辆的正常行驶。电气设备则负责起动、点火、照明、信号传递以及电动辅助控制等多项功能，包括蓄电池、发电机、起动系统、灯光与信号系统、信息显示系统、辅助电气系统以及电子控制系统等多元化子系统。而车身则包括车窗、车门、驾驶舱、乘客舱、发动机舱和行李舱等部分。一旦选定这些硬件设备，汽车的产品特性和性能指标也就随之确定。

长期以来，这些硬件设备中都融入了控制软件，这些软件与硬件紧密绑定，形成了强耦合的关系。在设计阶段，各硬件设备之间的通信信号格式和路由信息就已经被固定下来了，一旦安装到汽车上，就很难再进行修改。虽然这种面向信号的架构在过去发挥了重要作用，但在新时代面临着巨大的挑战。

智能化的发展趋势需要汽车上新增更多的功能单元。然而，由于面向信号的架构的限制，这些新增的功能单元在互联互通方面存在困难，难以无缝集成到现有的汽车架构中。

2. 新型汽车的变革

正是在这样的背景下，"软件定义汽车"这一理念应运而生。它打破了传统汽车功能定义的局限，强调通过软件来重新定义和塑造汽车的功能和性能。为了实现这一目标，智能汽车对电子电气架构进行了全面的重新设计，将整车划分为五大核心功能域：**信息娱乐域、智能驾驶域、动力总成域、底盘域以及车身域**。所有硬件资源都围绕这五大功能域进行全新的整合和优化配置。在这种新架构下，整车的功能不再依赖于多个现成的 ECU（Electronic Control Unit，电子控制单元）的简单组合，而是将这些 ECU 抽象化，转化为一个可以被软件和服务共享的资源池。这意味着，硬件设备上运行的软件也将按照 SOA（Service Oriented Architecture，面向服务的架构）进行彻底的重新设计，从而实现各硬件单元之间更为灵活、高效的搭配与互联互通。

因此，软件定义汽车是指在汽车上实现**软硬件解耦**，由系统架构设计决定汽车的硬件资源池，为整车提供模块化和通用化的硬件平台。以 SOA 为核心的软件技术栈将为汽车的智能化提供核心支撑，支持汽车功能的开发，引领技术革新和产品的差异化发展。

1.1.2 如何实现软件定义汽车

1. 基本流程

软件定义汽车是一种设计方法的创新，它指导人们如何去设计一款汽车产品。图 1-1 展示了一种自顶向下的产品设计流程，这种方法与软件定义汽车的思想不谋而合。

从图 1-1 所展示的产品设计流程来看，真正定义产品的既不是硬件，也不是软件，而是市场需求，以及由此分析和推演得出的系统架构。同样，软件定义汽车也是从用户需求出发，通过软硬件来实现汽车的各种功能。可以从如下的基本流程来了解如何将用户需求转化为汽车产品。

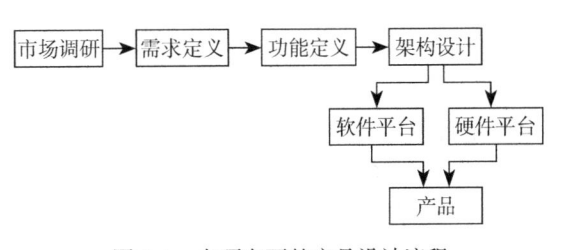

图 1-1 自顶向下的产品设计流程

(1)市场定义需求

汽车要满足人们的需求，因此主机厂（汽车品牌厂商，又称为OEM）需要进行大量的市场调研，定位目标客户群体，分析客户需求，分析市场竞品，完成市场对标和技术对标，从而提炼出产品的特性，得到产品需求。

(2)需求定义功能

有了需求，主机厂的体验经理（产品需求提出者）就可以提出具体的要求，例如汽车的机械性能、座舱空间能力、各项电子设备的功能等。这些需求将送到系统工程师，进入下一步的分析环节。

(3)功能定义架构

如果主机厂现有的货架化产品和技术可以满足要求，则可通过搭配组合使货架化产品形成汽车的产品功能矩阵。如果没有现成的技术，或者现有货架化产品成本太高，则系统工程师需要确定是否重新开发。综合上述过程，即可形成产品的功能模块和系统整体架构。

(4)架构定义软硬件

架构设计的功能最终需要通过软硬件来实现。硬件是载体，它决定了架构的下限；软件是大脑，它决定了硬件能力发挥的程度。硬件的迭代周期远远长于软件，因此需要对软硬件进行模块化设计，定义好迭代策略。

(5)软硬件共同定义产品

软件平台和硬件平台共同构成了用户可见的汽车产品。当用户购买一辆汽车时，他所体验到的功能是由硬件和软件共同决定的。即使不同的车型采用了相同的硬件设备，但由于软件适配能力的差异，用户所能感受到的产品性能也会有所不同。这表明，软件在汽车产品中的重要性不亚于硬件，二者相辅相成，共同决定了汽车的性能和用户体验。

2. 实现途径

软件定义汽车的实施需要实现汽车软硬件的解耦，而这需要从两方面着手：一方面是将硬件平台按架构化进行重新设计，另一方面是对软件平台进行优化和重构。

硬件平台架构设计的方向主要是平台化、组件化和集成化，软件平台设计的方向是服务化。

(1)平台化

在汽车的开发中，基于同一个平台可以研发出多款车型，这既是成本的需要，也是技术发展的必然。平台化同时体现了可复用性和可扩展性。基于相同的平台架构，通过子功能模块的组合与集成能够安全快捷地研发出新款车型，同时可以体现出差异化竞争的优势。

(2)组件化

当系统架构向平台化发展时，另一个发展趋势必然是组件化。在软硬件解耦以后，硬件设备将被抽取出来，按功能领域进行划分，形成多个域控制器（Domain Control Unit，DCU）。软件功能将实现重新区分和组合，形成高内聚、低耦合的功能模块。这些模块通过标准通信接口和SOA实现相互作用，并运行在不同的域控制器上。最终以组件形态构成标准的货架化产品，更方便升级。

(3)集成化

传统汽车内有近百个ECU，每个ECU都是由独立的供应商设计和开发的。ECU内部的软件和硬件是强绑定的，不同 ECU 之间协同难、效率低、升级慢。如果能够对 ECU 进行梳理，将多个 ECU 的功能集中到少数高性能的计算单元中，不仅可以节省算力，还可以降低成本，更重要的是可以降低汽车对 ECU 供应商的依赖，有利于对供应链的整合。

（4）服务化

汽车正在由"功能型"向"服务型"转变，娱乐服务、生活服务、出行服务等基于车载软件的智能服务也在悄然兴起。在这种趋势下，系统架构对服务化的适应体现在以下几个方面：通过 SOA，实现功能组件的灵活组合与互联互通；通过 OTA（空中升级），实现汽车功能升级和产品迭代；通过车联网，为智能汽车提供云端服务。

SOA 是一种软件设计方法，它将应用程序的不同功能单元进行独立设计、开发和部署，使这些功能单元可以互操作并以松耦合的方式集成。通过采用 SOA，软件平台可以被划分为一系列独立的服务，每个服务都可以独立地升级和替换，从而实现软件和硬件的解耦。

OTA 技术通过无线通信接口实现对汽车软件的远程管理和升级。这种技术来源于智能手机行业，可以通过联网在线检测、匹配版本、下载新的代码到本地，然后执行安装、验证等操作，实现对汽车的功能改进、漏洞修补或者新增功能。

车联网是指汽车通过无线通信技术连接到互联网。无线通信模块在汽车上被称为 T-Box（远程信息处理箱），它可以通过 4G 或 5G 等技术实现车与云（互联网云端服务器）、车与车、车与其他设备之间的联通。

1.2 EEA 设计

软件定义汽车需要从硬件和软件两个方面入手。硬件平台的架构设计，体现在 EEA 的设计上。通过回顾并分析汽车 EEA 的演进历程，我们能够更深入地理解其发展趋势，精准把握其发展脉搏。

1.2.1 什么是 EEA

在汽车电子电气系统中，电子电气由两个独立的词组成：电子（Electronic），一般是电子器件和电子线路构成的电子元器件的总称；电气（Electrical），指的是电能的产生、分配、传输和使用。电子电气系统指的是一辆汽车上所有电子、电气部件所组成的系统。在汽车行业，由于电子和电气紧密关联，一般不特别区分，统称为 EE（Electrical/Electronic）系统[⊖]。

EEA（E/E-Architecture，电子电气架构）是由德尔福公司提出的一体化整车电子电气解决方案，它基于汽车的电子电气系统原理，给出中央电器盒、连接器、电子电气分配等的系统设计参考。通过 EEA 的设计，动力总成、驱动信息、娱乐信息等车身信息可转化为实际的电源分配物理布局、信号网络、数据网络、诊断、容错、能量管理等的解决方案。

传统的 EEA 将汽车电子电气设备划分为 6 个层级，用于描述它们的工作流程。这 6 个层

⊖ 请参见侯旭光的《智能汽车：电子电气架构详解》一书。

级自底向上依次是整车拓扑层、线束层、网络层、硬件层、功能与逻辑层、功能需求层,如图 1-2⊖所示。

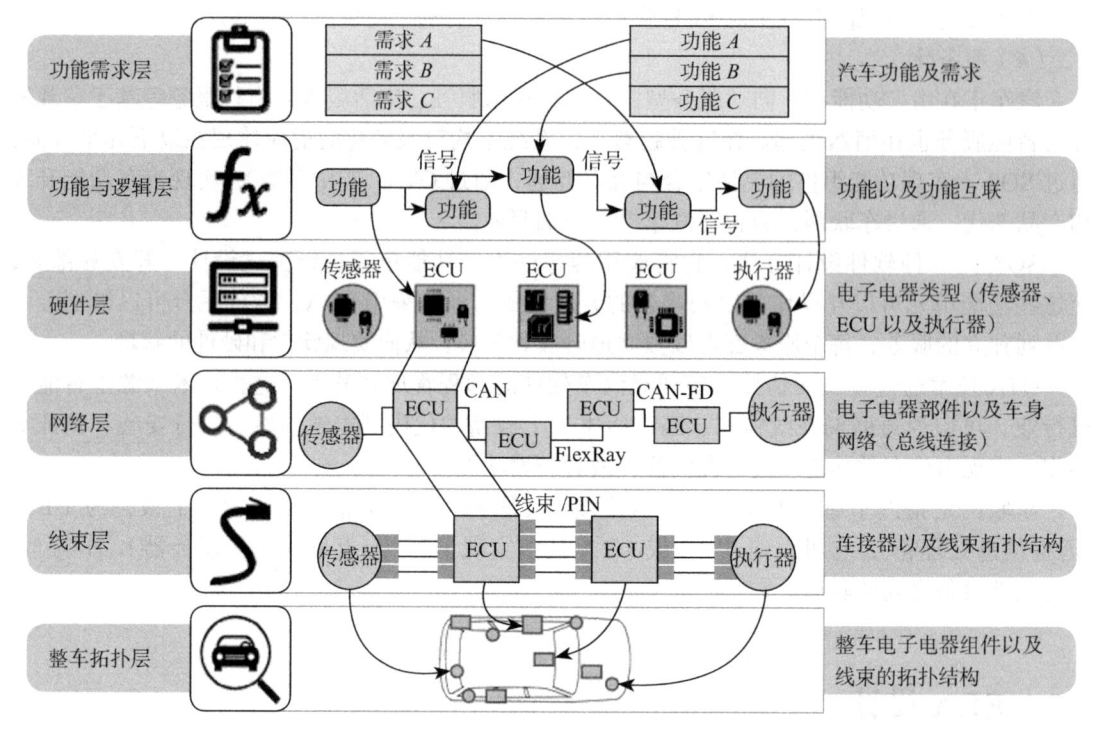

图 1-2 传统的 EEA 分层架构

从图 1-2 可以清晰地看到,功能需求层如何将用户需求转化为汽车的具体功能。这些功能的实现依赖硬件层中多个 ECU、传感器、执行器之间的协同工作。在功能与逻辑层,这些硬件设备以功能为节点,以信号传输为纽带,建立起它们之间的逻辑关系。在网络层,系统架构师需要决定采用何种总线技术,以确保硬件层设备之间的顺畅通信。在线束层,系统架构师需要仔细考虑采用何种连接器以及连接线束,以确保满足严格的技术性能要求。最终,通过整合以上所有工作,系统架构师在整车拓扑层绘制出完整的整车 EEA 拓扑图。这张图不仅反映了全车的功能定义,还清晰地展示了信号转发的路径,为整车的电子电气系统提供了坚实的设计基础。

图 1-3 展示了一个以 CAN(Controller Area Network,控制器局域网)总线为骨干、以中央网关为核心的整车 EEA 拓扑图范例。其中,整车电子电气设备按 4 个功能域进行了划分。信息娱乐系统包含各种 ECU 和 IC(Instrument Cluster,电子仪表盘)组件。车身系统包含智能的 PEPS(Passive Entry Passive Start,进入及启动系统)。车辆运动系统包含安全气囊(Airbag)。动力总成系统包含 TCU(Transmission Control Unit,自动变速箱控制单元)、EMS

⊖ 本图参考了"E/E-Architecture 工作流程以及内容"一文提出的 EEA。参考链接为:http://auto2016.bosch.com.cn/ebrochures2016/connected/eea_cn_20161010.pdf?ver=2016。

（Engine Management System，发动机管理系统）。这些 ECU 按域功能划分，挂载在所属域的 CAN 总线下。这种域内通信确保了数据的快速、准确传输。而为了实现不同域之间的互联和信息共享，中央网关在其中发挥着关键的作用。

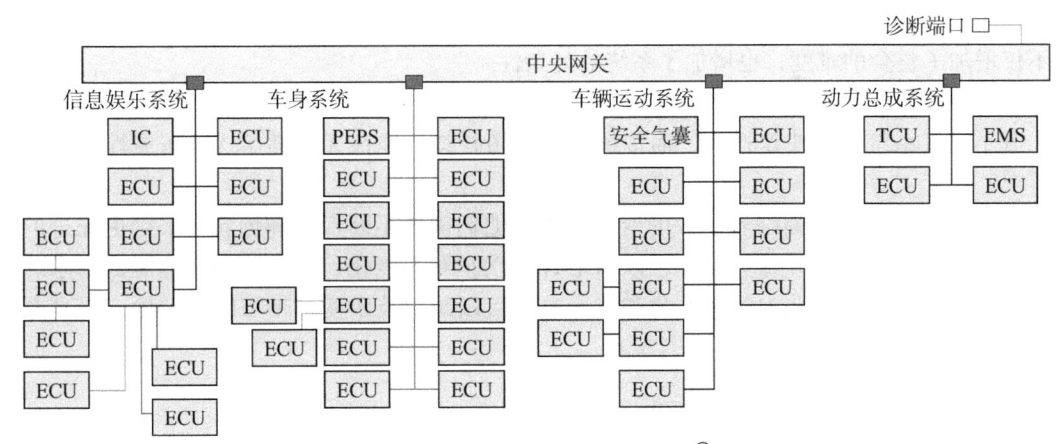

图 1-3 传统的整车 EEA 拓扑图⊖

可见，这是一个典型的传统燃油车的 EEA。虽然这种架构在 2016 年左右非常流行，但随着时间的推移，它已经无法满足智能汽车的需求。为了适应未来的汽车技术发展，更为先进、灵活的 EEA 正在不断地演进和落地。

1.2.2　EEA 的演进

EEA 的演进过程非常精彩。短短数年的时间，EEA 经历了巨大的变革，不断适应并支持着智能汽车的进化之路。

1. 传统 EEA 的困局

对比现在智能汽车的需求，可以清晰地看到传统 EEA 的局限性和不足，主要包括以下几方面。

（1）内部通信带宽不足

内部通信带宽的不足尤为明显。由于采用 CAN 总线技术，传统 EEA 每个领域之间的通信带宽受限，无法满足智能汽车对高带宽、低延迟的数据传输需求，这直接影响了车载系统的响应速度和数据处理能力。

（2）对外通信受限

传统的车载无线通信技术主要依赖 2G 和 3G 网络，其通信带宽和数据安全能力无法满足智能汽车的需求。随着车载娱乐、导航等功能的日益丰富，对外的通信速度和安全性要求也在不断提高。

（3）计算能力不足

随着智能座舱系统、智能驾驶系统等功能的普及，车载计算芯片需要更强大的算力来支

⊖ 图中"系统"是传统汽车 EEA 的叫法，"域"是后来出现的，图中也无底盘域的概念。

撑这些功能。然而，传统的车载计算芯片往往存在算力不足、功能受限等问题。

（4）技术变种繁多

汽车电子系统有很多的Tier1（一级）供应商，这些供应商直接向汽车主机厂提供电子零部件。由于市场和技术的限制，它们可能采用不同的标准，导致技术变种繁多且成本昂贵。这不仅增加了整合的难度，也增加了系统的复杂性。

（5）架构拓展性不足

电子电气系统需要快速迭代，而传统的网络拓扑结构往往无法满足这种拓展性和灵活性的需求。

因此，EEA工程师面临着巨大的变革压力。他们需要不断探索和创新，采用更先进的总线技术、无线通信技术和计算芯片，以满足智能汽车对智能化、网络化和高性能的需求。同时，他们也需要推动行业内的标准化和技术整合，以减少技术变种带来的复杂性，提高系统的稳定性和可靠性。

2. EEA变革方案的推演

为了解决上述传统EEA的困局，EEA工程师需要深入复盘，从根因上进行分析，寻找合适的解决方案。

（1）增加新功能

可以认为最早的汽车EEA是点对点式的，各供应商提供的ECU是实现整车电子电气功能的核心。在这种架构下，EEA工程师新增一个功能时，通常需要与供应商密切合作，分析现有ECU的能力，判断是否能融入整车EEA中。

首先，EEA工程师需要评估ECU是否具备实现功能所需的硬件和软件资源。这包括处理能力、内存大小、输入/输出接口等，以保障系统的整体性能。

接下来，他需要根据ECU的规格和性能进行整车的布线与布局设计。这包括确定ECU在车内的安装位置、供电方案、线束走向和连接方式等。这一步骤旨在优化ECU间通信接口的匹配和线束的兼容性，以确保系统的可靠性和稳定性。

随着新功能的不断增加，ECU可行性评估的复杂度呈指数级上升，与供应商的沟通也成为一个难题。在传统的汽车架构中，导线总长度可以达到2000多米，电气节点数高达1500多个。这不仅导致线束材料成本剧增，还使系统变得臃肿庞大，布局也变得更加困难。如何解决这些问题呢？

（2）引入总线技术

在杂乱的架构上很难增加新的功能单元，这时可以考虑引入总线技术。它允许EEA工程师在车内预先铺设好总线，使各个ECU能够轻松地挂载到总线上，从而实现ECU之间的高效通信和协同工作。这种基于统一协议的车载网络总线技术被称为分布式ECU的EEA，可以有效提高系统的灵活性和可扩展性。

这种EEA存在一些潜在的缺点。总线技术的推广和应用在很大程度上依赖Tier1供应商。这意味着如果新的技术出现，但部分Tier1供应商缺乏更新换代的动力，就可能造成新旧技术并存的情况，从而影响整车的演进和升级。特别是在智能汽车时代，当车载网络总线中同时存在 CAN 和以太网等多种技术时，如何选择和确定主导技术成为一个复杂而棘手的问题。

（3）自顶向下分解

为了应对分布式 ECU 架构的挑战，新的 EEA 需要运用自顶向下的分析策略，并聚焦于以下三个核心要点。

其一，成本控制至关重要。通过减少 ECU 的数量和缩短线缆长度，EEA 工程师可以有效降低硬件成本。新型 EEA 应能在汽车新功能持续增加的情况下，实现 ECU 数量的减少和线缆长度的缩短，从而达到降低整体硬件成本的目的。

其二，软硬件解耦是行业发展的关键。一般来说，Tier1 供应商主导的 ECU 价格高昂、调试困难，并且供应链复杂，任何零部件的缺失都可能影响整车的生产。因此，新型 EEA 需要实现软硬件的解耦，使主机厂能够通过软件 OTA 升级来灵活掌控汽车的升级节奏。

其三，实现可复用性和可扩展性是新型 EEA 的另一大目标。在这种架构下，硬件资源将被进一步抽象，计算能力将集中到少数域控制器上。通过对原有分布式 ECU 的重构和组合，感知和决策功能将由域控制器承担，而 ECU 则转变为执行器，其控制功能通过运行在域控制器上的软件来实现。

3. EEA 演进之路

基于对 EEA 的思考，汽车行业提出了 EEA 演进路线图。例如，图 1-4[⊖]所示为博世（Bosch）公司提出的 EEA 演进路线图。这一路线图得到了业界的广泛认同，许多分析 EEA 的文章引用了该图。

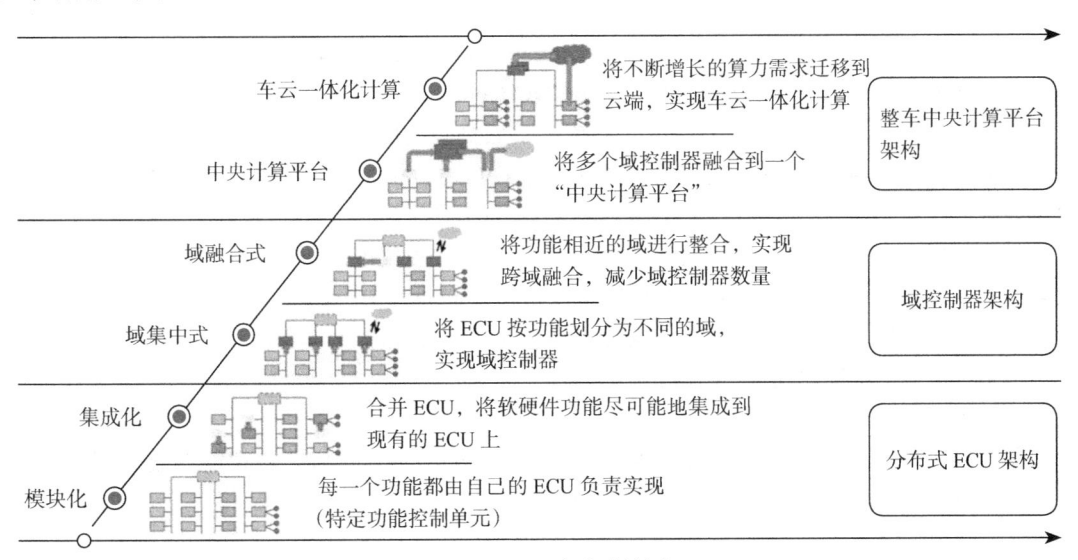

图 1-4 EEA 演进路线图

EEA 的演进被划分为 6 个阶段：模块化阶段、集成化阶段、域集中式阶段、域融合式阶段、中央计算平台阶段，以及车云一体化计算阶段。由于各阶段发展存在重叠，可以将这 6

⊖ 参考了发表在 auto2016.bosch.com.cn 网站中的"未来 E/E-Architecture 趋势"一文。

个阶段合并为 3 个具有明显特征的架构：分布式 ECU 架构、域控制器架构和中央计算平台架构。这 3 个架构的演进道路正好契合了之前推演的方案。

（1）分布式 ECU 架构

分布式 ECU 架构如图 1-3 所示。它的特点是域内 ECU 通过 CAN 总线相互通信，跨域的 ECU 通信则相对困难，需要经过中央网关转发。由于通信带宽的限制，以及通信路由矩阵的固化，当需要改进升级时，在车上新增功能模块非常困难。这种架构逐渐不能满足汽车智能化发展的需要。

（2）域控制器架构

这一架构的特点是以车载以太网作为通信骨干，以域控制器为处理核心，将各 ECU 的功能进行融合，并努力集中到少数几个域控制器上。这里的域控制器是根据功能来划分的。**在域集中式阶段**，整车被划分为 5 个主要的功能域：信息娱乐域、智能驾驶域、动力总成域、底盘域和车身域。每个域由一个域控制器来实现域内 ECU 的功能。在这种 EEA 下，仍然需要有一个中央网关来连接各域控制器。通过以太网，这些域控制器可以相互通信。此时的 T-Box 作为独立的 ECU 模块，通过以太网直接挂载到中央网关下。

随着域控制器的进一步发展，EEA 进入了跨域融合的时代。在这个阶段，部分域控制器开始合并，5 个功能域开始重组和融合。最终，形成了 3 个域：**智能驾驶域（也简称智驾域）、智能座舱域和车辆控制域**。

在域融合式阶段，车辆控制域将原有的动力总成域、底盘域和车身域等传统车辆域进行了整合，而新增的智能驾驶域和智能座舱域则专注于实现汽车的智能化和网联化功能。这一阶段涉及的主要零部件包括 VDC（Vehicle Domain Controller，车辆域控制器）、ADC（ADAS/AD Domain Controller，自动驾驶域控制器）、CDC（Cockpit Domain Controller，座舱域控制器）。

VDC 承担着对整车车身系统、运动系统以及底盘系统的控制任务，对实时性和安全性的要求极为严格。而 ADC 则专注于智能驾驶中的感知、规划、决策等相关功能的实现，确保车辆在各种路况下能够做出合理且安全的驾驶决策。CDC 则致力于信息娱乐、人机交互等智能座舱相关功能的实现。中央网关的功能经过优化分拆，各域控制器之间通过以太网交换机实现高效互联，确保了数据的高速传输和稳定性。与此同时，中央网关与各传统 ECU 的通信功能被整合到 VDC 中，并通过 CAN 总线实现信息的顺畅交互。

图 1-5 展示了域集中式 EEA 拓扑架构。

（3）中央计算平台架构

在此架构下，所有的域控制器将融合成一个强大的中央计算机，集智能驾驶、智能座舱、车辆控制及网联通信等功能于一体，形成所谓的"车载中央计算平台"。

在中央计算机内部，各个域控制器以及 T-Box 都连接到了高速以太网交换机上。这里的以太网带宽要求达到 10Gbit/s 以上，以确保中央计算机内部各域之间信息传输的高效性和实时性。

随着这一架构的变革，多数 ECU 将转变为执行器和传感器的角色，失去独立决策的能力。作为执行器，它们负责接收来自域控制器的指令，并做出相应的反馈动作。而作为传感器，它们的职责是采集各种内部和外部信息，将这些数据传输到域控制器的感知系统中。

在物理拓扑连接图上，原先按功能划分的 EEA 正逐步转变为按物理区域划分的模式。整车被划分为前、后、左、右 4 个区域，每个区域内的 ECU 都直接与本区域的区域控制器（Zonal Controller）相连。这种布局不仅简化了线束布置方案，还提高了系统的可靠性和响应速度。

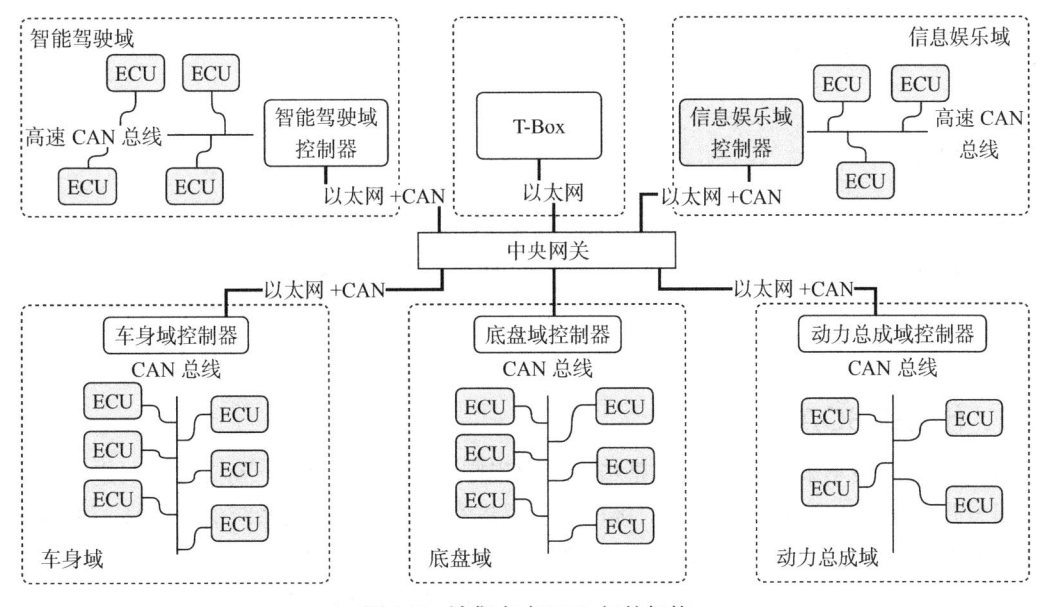

图 1-5 域集中式 EEA 拓扑架构

随着车联网技术的演进，特别是 5G 的普及，未来的车辆将不再是一个孤立的交通工具，而是车联网中的一个重要节点。在这一愿景下，中央计算机的功能将逐渐迁移到云端，实现"车云一体化计算"。这种架构的实现，不仅预示着汽车行业的技术飞跃，更有可能推动人类社会迈向一个存在于科幻小说中的全新时代。

图 1-6 展示了基于中央计算平台的 EEA 拓扑架构信息。

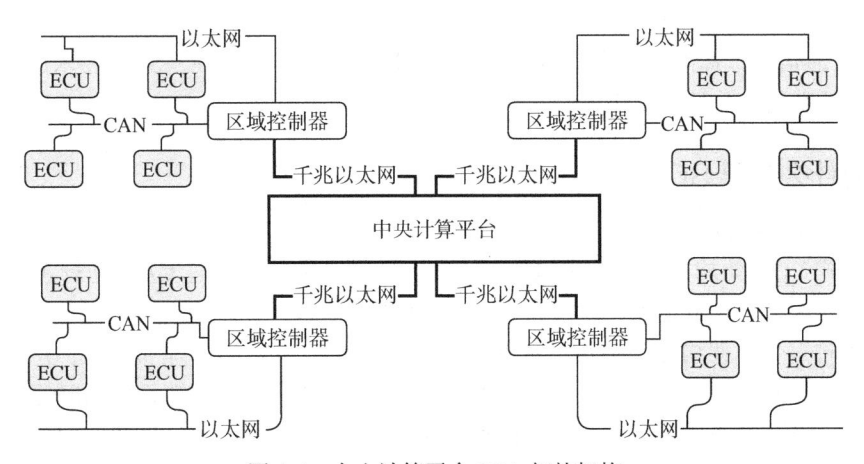

图 1-6 中央计算平台 EEA 拓扑架构

2022年，部分汽车主机厂已经开始积极探索和实践车载中央计算平台。在实际应用中，不同主机厂对区域控制器的数量配置存在差异，可能有4个、3个或2个。这种差异反映了各主机厂在功能划分、供应链整合以及成本控制等方面的不同认识和策略。区域控制器的配置数量并没有统一的标准，需要根据具体情况进行评估和选择。这种差异性的存在也体现了汽车行业在智能化和网联化进程中的多样性和灵活性。

1.3 SOA

EEA是软件定义汽车的硬件基石，而软件架构则是实现软件定义汽车的软件基石。传统的EEA与面向信号的架构相匹配。随着EEA的演进，从分布式ECU架构逐渐转向中央计算平台架构，我们需要引入一种新的软件架构来与之匹配。这种架构便是SOA，它为软件定义汽车提供了必要的软件基础。

1.3.1 什么是SOA

SOA的概念最早来自IT界，它是指将应用程序的不同功能单元（称为服务）定义为独立的、可复用的组件，并通过标准化的接口和协议进行通信，以提高系统的灵活性、可维护性和可扩展性。为了实现这一目标，SOA需要具备以下几个关键特性[一]。

1）服务间低耦合：这意味着服务之间的依赖关系要尽可能地少，使服务可以独立地修改、升级和替换，而不会对其他服务造成影响。

2）服务内高内聚：这意味着服务的功能应该紧密相关并集中在一个单一的目标中，以提高服务的可重用性和可维护性。

3）可复用性：SOA鼓励使用标准化的服务接口和契约，使服务可以在不同的场景和项目中重复使用，以减少重复开发和资源浪费。

4）可重组性：SOA中的服务可以灵活地组合和排列，以实现复杂的业务逻辑和流程。这种灵活性使系统能够快速适应业务变化。

5）服务通信接口标准化：为了确保服务的互操作性和跨平台性，SOA要求服务之间的通信接口必须标准化，并且不依赖底层的平台或技术。

1.3.2 为什么需要SOA

1. 面向信号的架构

在分布式ECU架构中，各个ECU分布在整个车辆中，并通过CAN进行主要的互联通信。在这种架构下，尤其是当涉及跨域ECU之间的通信时，往往只能采用固定路由的通信方式，因此面向信号的架构更为适用。这种架构主要聚焦于信号的处理和传输，每个组件通过发送和接收信号来实现交互。这种设计确保了信号的实时性和可靠性，但同时也牺牲了扩展性和灵活性。当需要添加新功能时，往往需要对现有的网络拓扑连接和路由表信息进行修改，

㊀ 参见黄军君撰写的文章"软件定义汽车2——面向服务的架构设计"。

这无疑增加了开发和维护工作的复杂性。

图 1-7 展示了分布式 ECU 架构下,跨域 ECU 之间是如何基于面向信号(即命令)的架构进行通信的。

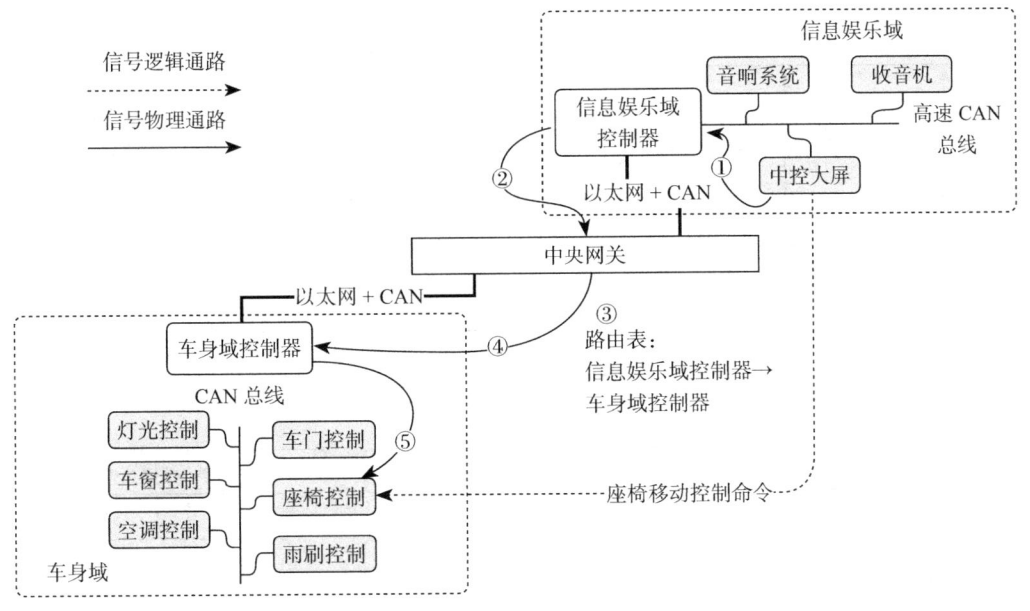

图 1-7 分布式 ECU 架构下的命令传递通路

例如,为了实现座椅控制功能,需要通过中控大屏发出座椅移动控制命令。相关控制命令传输的逻辑通道是从中控大屏到座椅控制 ECU。而实际上,控制命令传输的物理通路为:①中控大屏传递到信息娱乐域控制器;②信息娱乐域控制器到中央网关;③中央网关查询路由表;④将相关命令转发到车身域控制器;⑤车身域控制器将命令传递到座椅控制 ECU。

2. SOA 框架

在新型的中央计算平台架构中,大部分的计算和控制功能集中在高性能计算平台上,各个功能模块之间的通信更加频繁和复杂。SOA 更适合这种场景,因为它将功能划分为独立的服务,并通过标准化的接口进行通信。这使得在集中式架构中更容易实现模块间的解耦和灵活组合,同时也有利于系统的扩展和升级。

在中央计算平台架构下,采用 SOA 会使通信方式发生显著变化。来看一个典型的 SOA 服务框架,如图 1-8 所示。

从图 1-8 中可以看出,SOA 服务中间件充当着服务管理者和协调者的角色,它提供了一系列标准接口,如服务注册、服务发布、服务发现和服务调用等,确保各个应用程序能够方便地找到、识别和使用所需的 SOA 服务,从而实现跨域应用程序之间的顺畅通信和高效协作。

在域控制器模块内部运行着各种应用程序,它们或作为服务提供者,或作为服务消费者,共同组成了 SOA 中的上层服务组件。

区域控制器不仅实现了中央计算平台与各 ECU 之间的信息传递通路,还运行着 SOA 中间件，将 ECU 所提供的服务进行了有效的聚合和管理。SOA 的引入使路由信息能够自动更新，大大降低了通信的延迟；同时，新增的 ECU 也能够以单个服务节点的身份方便地加入整车网络。

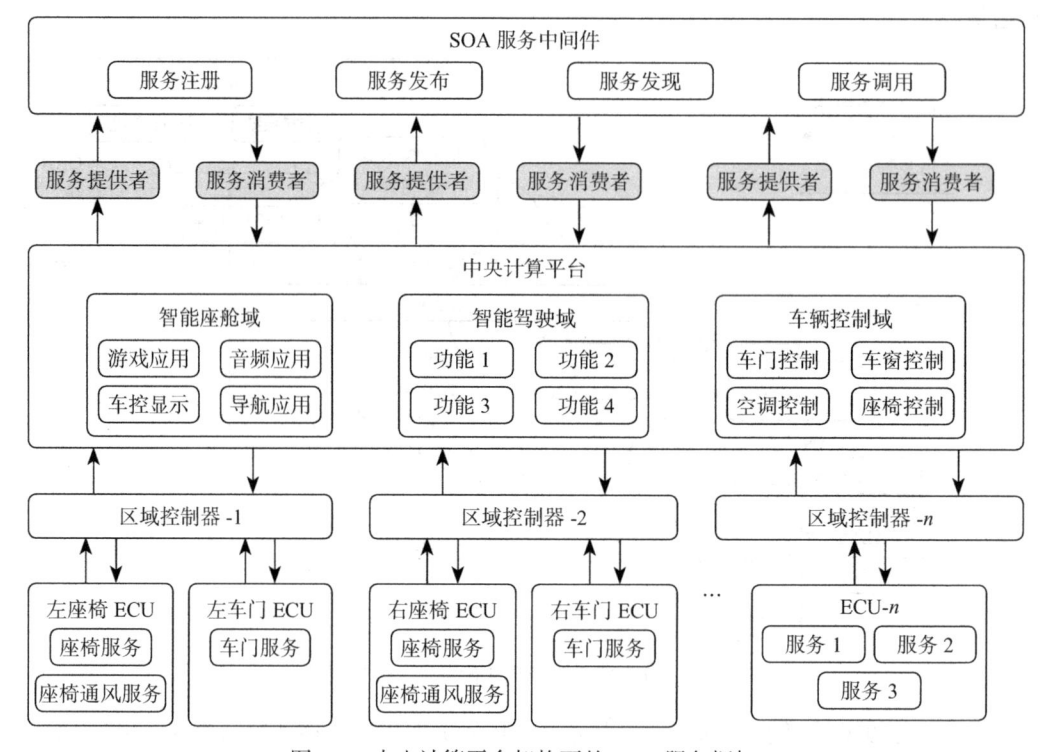

图 1-8 中央计算平台架构下的 SOA 服务框架

在区域控制器的下方挂载着各类 ECU。这些 ECU 负责管理底层硬件，接收控制信号并提供基础功能服务。在传统的面向信号的架构中，ECU 往往既是执行器又是决策器，功能相对集中。然而，在 SOA 下，ECU 将其原有的基础功能进行了拆解和封装，以服务的形式将管理硬件的能力提供给上层服务组件。这种转变不仅降低了 ECU 的复杂度，还使得系统更具灵活性和可拓展性。

3. SOA 的服务划分

在 SOA 下，服务通常会按层级进行划分。一般来说，会将服务分为原子服务、组合服务和流程服务。

原子服务是不可再分的最小服务单元，它们负责单一、明确的功能，并且通常不依赖其他服务来完成任务。例如，座椅 ECU 所提供的管理座椅前后位置的功能就可以被划分为原子服务。

组合服务是由多个原子服务组合而成的服务。它们通过调用和组合多个原子服务来执行更复杂的业务流程。例如，调整座椅的前后和上下位置、打开座椅通风功能、打开座椅按摩功能是 3 个原子服务，它们共同组成了座椅控制服务。

流程服务是一组相互关联的组合服务，它们协同工作以完成特定的业务流程。这些服务通常涉及多个业务领域和系统之间的交互，通过调用不同的组合服务来实现业务流程的自动化和集成。

以迎宾启动服务为例，这是一个典型的流程服务案例。当迎宾启动服务被触发时，它首先会调用人员识别服务，通过识别使用者的身份来确定后续的服务策略。随后，它会调用座椅控制服务，根据使用者的偏好和身体特征调整座椅位置，以提供舒适度最佳的体验。最后，迎宾启动服务还会调用与使用者适配的娱乐服务，如播放他们喜爱的音乐或节目，为他们营造一个愉悦的环境。

1.4 本章小结

本章以"软件定义汽车"为切入点，深入剖析了智能汽车诞生的基础。本章全面探讨了硬件和软件两大维度的变革，以及它们如何共同塑造了现代智能汽车的格局。在硬件层面，汽车 EEA 经历了从分布式到集中式的转变；而在软件层面，SOA 逐渐取代了传统的面向信号的架构。这些软件定义汽车的革新不仅极大地推动了汽车智能化的发展，也为智能座舱的广泛应用奠定了坚实的基础。

第 2 章
智能座舱的背景知识与架构

本章将首先介绍智能座舱的定义、发展历程、应用场景等背景知识。随后，我们将带领读者深入探讨智能座舱的组成和系统架构。此外，我们还将介绍智能座舱的产业链构成和生态系统合作模式，分析各利益相关者的角色与合作关系。最后，通过展示一些智能座舱的架构范例，让读者能够直观地了解智能座舱的最新成果以及它们在实际应用中的场景。

2.1 智能座舱的背景知识

在深入讨论智能座舱的系统架构和关键技术之前，我们首先来了解一下它的相关背景知识。

2.1.1 智能座舱的定义

按照百度百科的定义：智能座舱，或者称为 DC（Digital Cabin，数字座舱），旨在通过集成多种 IT 和人工智能技术，打造一个车内一体化的数字平台，为驾驶员提供智能化的体验，进而提升行车安全性。

IHS Markit 公司则认为，智能座舱是指集成了智能化和网联化技术的软件和硬件，并能够通过不断的学习和迭代实现座舱空间的智慧感知和智能决策的硅基生命综合体。与机械化座舱、电子化座舱不同，智能座舱能够更加高效、智能地感知座舱环境，并被赋予更多的人格特性与具象存在——智能技术和软件塑造了其灵魂基础，硬件装备则构建了支撑其智慧功能的感官体系[⊖]。

用技术化的语言来表达，即在汽车座舱内采用更多的信息输入和输出系统，以及具备更高算力的芯片，打造一个可以进行智能化人机交互的人工智能助手。让汽车在满足人们愉悦需求的前提下，实现情感交互。

⊖ 请参考 IHS Markit 公司发布的"智能座舱市场与技术发展趋势研究"一文。

智能座舱主要包括以下系统。

1. 信息输入系统

人车交互不再仅仅依赖于按键、触控和语音等方式。随着技术的不断进步，新型的信息感知设备正在被广泛采用，如语音助手、手势识别、声源定位、人脸识别以及全息影像等。这些多元化的信息输入方式在新型智能化汽车上得到了广泛应用。

2. 信息输出系统

智能座舱的信息输出设备正朝着多屏化、大屏化和融入 VR（Virtual Reality，虚拟现实）等方向发展。这些信息输出系统涵盖中控娱乐屏、仪表盘、副驾驶双联屏、后座娱乐屏，以及支持 AR（Augmented Reality，增强现实）和 VR 等设备。此外，车载环绕全景声音响也为座舱增添了更多的亮点。

3. 高算力芯片

为了支持上述新型的信息输入和信息输出设备，更高算力的芯片是必不可少的。这类系统级芯片具有高性能的 CPU（中央处理器）、GPU（图形处理器）、DSP（数字信号处理器）以及 NPU（神经网络处理器）。这些组件共同构成了汽车智能座舱的"大脑"，为其提供强大的计算和数据处理能力。

4. 信息传递系统

为了确保将数据从信息输入系统传递到高算力芯片，再将决策命令传送到信息输出系统，一个高效的信息传递系统是必不可少的。例如，高速串行传输技术能够快速将摄像头采集的数据发送到座舱的高算力芯片上进行处理和分析。

尽管这些组件是智能座舱不可或缺的构成要素，但简单堆砌这些组件并不足以实现智能座舱的全部功能。实际上，智能座舱的实现远比这复杂。为了更全面地理解智能座舱，首先需要了解其背后的技术背景和发展历程。

2.1.2 智能座舱的发展历程

关于汽车座舱的发展历程，尽管业界观点各异，但如果以电子仪表代替机械式仪表作为起点，汽车座舱的智能化发展历程大致可以分为如下几个阶段。

1. 收音机时代

在这一阶段，汽车座舱的"信息娱乐系统"主要局限于收音机。随后，磁带播放机出现，与收音机一同丰富了座舱内的娱乐体验。不久之后，CD（激光光盘）播放器也逐步应用于汽车座舱。在这一时期，座舱的娱乐体验相对单一，主要围绕音频娱乐展开。

2. 导航时代

随着技术的发展，车载导航成为座舱的主流应用之一，GNSS（Global Navigation Satellite System，全球卫星导航系统）的应用使得车载导航系统能够接收卫星信号，直接在显示屏上显示导航信息。汽车座舱开始具备网络连接功能，通过 T-Box 等设备实现与外部世界的数据交换。液晶娱乐显示屏为驾驶员和乘客提供了更为直观的信息展示和交互界面。蓝牙技术的引入使得在车内进行通话更为便捷，同时也符合相关法规要求。

3. 数字时代

随着新能源车的崛起和技术的不断进步，车载娱乐系统迎来了重大变革。中控娱乐大屏成为标配，为乘客提供了更为丰富的视觉体验。语音识别和交互技术的引入使得人车交互更加自然和便捷。座舱设备逐渐实现数字化，车载娱乐操作系统也日趋成熟。OTA 技术的应用使得汽车座舱系统能够随时保持最新状态，不断优化用户体验。智能手机与汽车座舱的连接成为趋势，如苹果的 CarPlay（美国苹果公司发布的车机–手机互联系统）和谷歌的 Android Auto（美国谷歌公司发布的车机–手机互联系统）等系统，实现了手机应用与车机应用的无缝融合。

4. 智能时代

这一阶段的主要特征是 AI 助手、语音识别与人机交互、生物识别等技术的广泛应用。座舱系统的核心转变为以人为中心的移动空间，致力于为用户提供全方位的生态服务。AI 助手能够理解和响应用户的指令，提供个性化的服务和体验。多模态识别技术使得人车交互更加多样化和自然，包括语音识别、手势识别等多种方式。生物识别技术（如人脸识别、眼动追踪）等也开始应用于汽车座舱，进一步提升个性化服务和安全性。

回顾智能座舱的演进历程充分体现了从简单至复杂、从被动响应到主动服务的转变之美。这一过程中的每一个进步都离不开技术的支撑和用户需求的引导。

2.1.3 智能座舱的用户需求

从智能座舱的演进轨迹来看，用户对功能的需求呈现出明显的转变：从单纯的娱乐系统到全面智能化系统，从被动式交互到主动式交互。

当前，用户对座舱的智能化需求体现在以下几类典型功能上。

1. 沉浸式娱乐视听

卓越的视听享受在智能座舱的娱乐体验中占据重要地位，特别是针对家庭和商务细分市场的车型而言。沉浸式的超强视听体验已成为产品的核心卖点之一。随着消费升级的推动，车载扬声器的数量正在不断增加，声学领域的知名品牌与汽车制造商的合作日益密切。车内氛围灯、座椅振动功能与超大屏幕以及全面升级的音响系统共同为用户带来身临其境的 5D 影院式环绕体验。

2. 驾驶辅助

汽车作为交通工具的本质属性始终未变，在这一进程中，HUD（Head-Up Display，抬头显示器）的应用受到了广大驾驶员的热烈欢迎。相较于传统的 HUD，AR-HUD（增强现实抬头显示器）以其更大的视角、更远的成像距离和更大的显示尺寸脱颖而出。它不仅能够将虚拟图像与现实路况完美融合，还能实时展示导航信息，将导航路况清晰地呈现在挡风玻璃上，并与实际路面无缝对接。这种技术革新将大幅提升驾驶的便捷性和安全性。

3. 多屏幕和大屏幕

智能座舱的显示屏正呈现出多屏化和大屏化的趋势。随着技术的不断进步，座舱内显示屏的数量正在迅速增加。由国内市场热销的车型可知，仪表屏、中控屏、副驾屏以及后排屏等已经逐渐成为各大车型的标准配置，而多屏化也被部分厂家视为提升产品竞争力的关键手段之一。与此同时，屏幕尺寸也在持续扩大。8in（英寸，1英寸 = 0.0254米）以上的中控屏已成为市场的主流选择，而超过14in的中控屏的市场份额也在稳步增长。

4. 智能语音交互

早期的语音识别技术由于其性能限制，用户体验并不理想。当前的技术发展使得多音区识别和交互技术逐渐成为主流，语音识别率大大提高。语音交互的功能和场景也在持续拓展和丰富，成为智能座舱最具特色的标志之一。

根据数据调查结果显示，中国消费者愿意为智能座舱的增值功能而付费，如图2-1⊖所示。

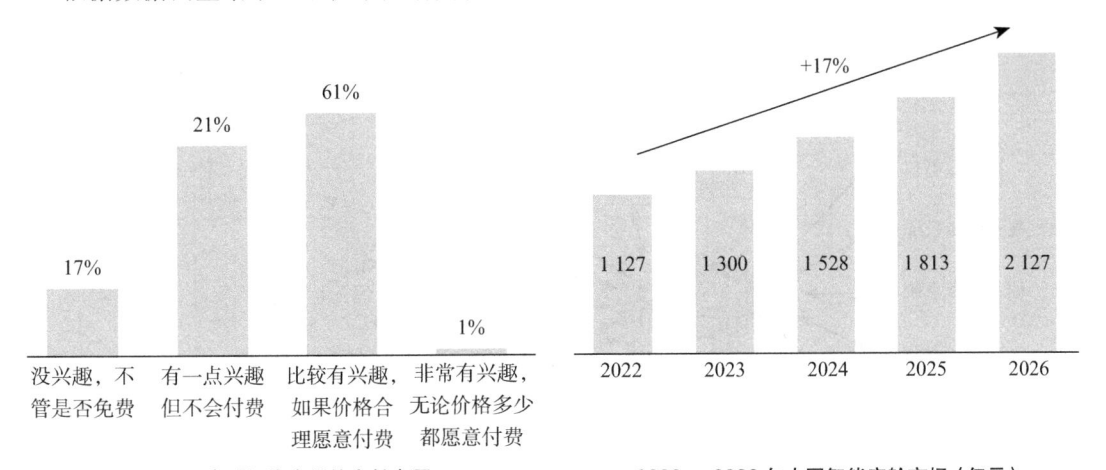

图 2-1　智能座舱在中国市场的发展预估

从图2-1可以看到，有62%的中国用户对智能座舱内的增值功能有付费意愿。由于新能源汽车在智能化方面的竞争，推进了中国消费者对智能座舱的期待值，从需求端促进了智能座舱渗透率的增长。根据毕马威测算，到2026年，中国的智能座舱市场将达2127亿元人民币，其5年复合增长率将超过17%，智能座舱渗透率将从2022年的59%上升至2026年的82%。

如今，在国内城市的繁华商业区，一楼往往汇聚了十几家新能源车企的体验店，用户可以自由地进入车内体验汽车的各种功能。由于店内展车通常处于静态展示状态，用户对智能座舱的初次体验变得尤为重要。一个具有科技感、温馨感和舒适感的座舱体验对于吸引和留住客户具有很大的优势。

此外，聚集多家车企的体验店为用户提供了更多的选择机会，使他们能够在短时间内对比不同品牌的智能座舱，找到最符合自己需求的车型。这种销售模式不仅提高了用户的购车效率，还推动了汽车行业的竞争和创新。

⊖ 参见毕马威的"聚焦电动化下半场，智能座舱白皮书"一文。

2.2 智能座舱的架构

智能座舱的功能实现主要围绕智能座舱域控制器展开，它为整个座舱的智能化提供了坚实的算力平台支撑。因此，了解智能座舱架构的关键在于对智能座舱域控制器的深入剖析。

2.2.1 智能座舱的组成

来看一个以智能座舱域控制器为核心的系统功能分布图，该系统支持各种主要的座舱系统内部功能，如图 2-2[⊖] 所示。

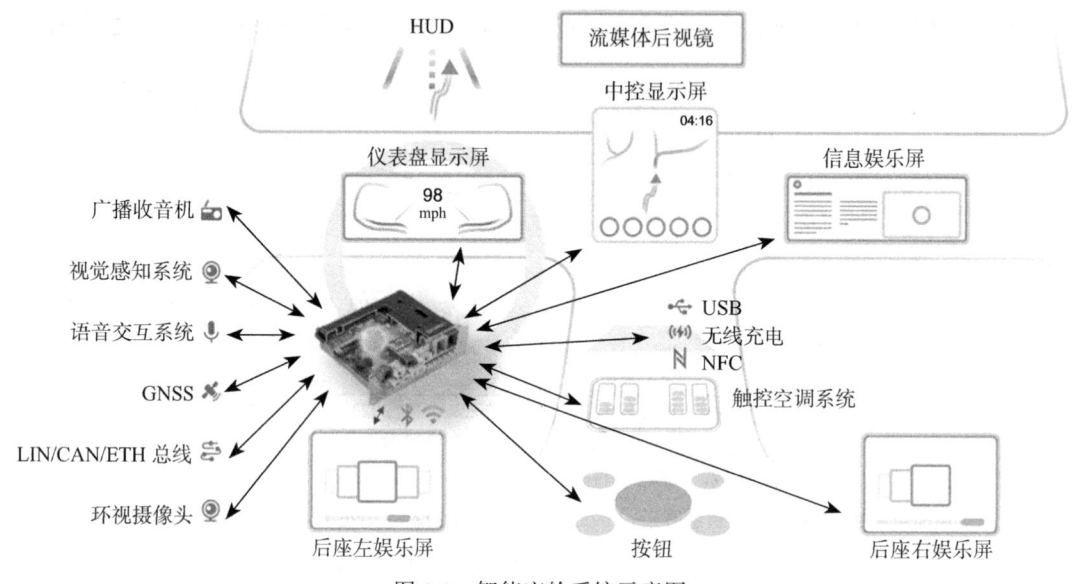

图 2-2 智能座舱系统示意图

从图 2-2 中可以清晰地看到，智能座舱域控制器与座舱内部的多个设备形成了紧密的连接。由此，我们可以得到智能座舱的主要功能子系统，如图 2-3 所示。

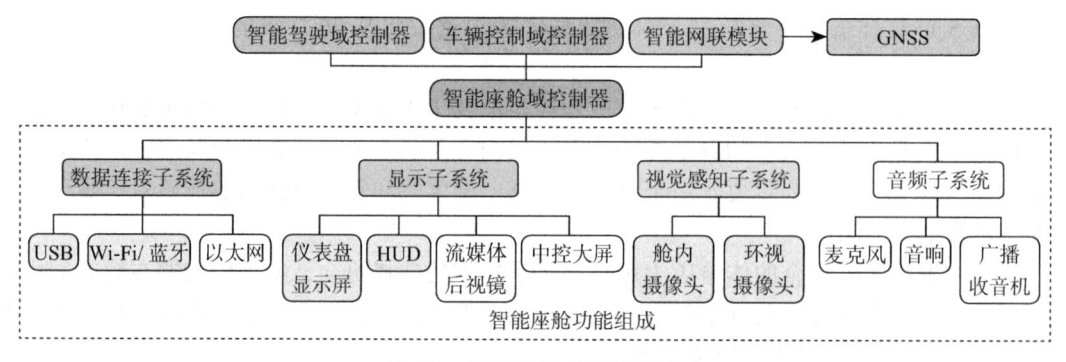

图 2-3 智能座舱功能子系统

⊖ 参见中金公司研究部发表的"汽车智能化系列之座舱芯片：从一芯多屏到跨域融合"一文。

从图 2-3 可以看到，智能座舱域控制器与智能驾驶域控制器、车辆控制域控制器、智能网联模块等并列，组成了车载算力单元。而智能座舱域控制器划分为数据连接、显示、视觉感知、音频子系统。它们驱动各种外部设备进行工作，以满足座舱的各项功能。

2.2.2 智能座舱系统的架构

本节将从硬件层面和软件层面讲解智能座舱系统的架构。

1. 硬件层面视角

考虑到目前大多数主机厂的 EEA 都在向中央计算–区域控制的阶段演进，我们以该架构为例讲解智能座舱硬件系统架构，如图 2-4 所示。

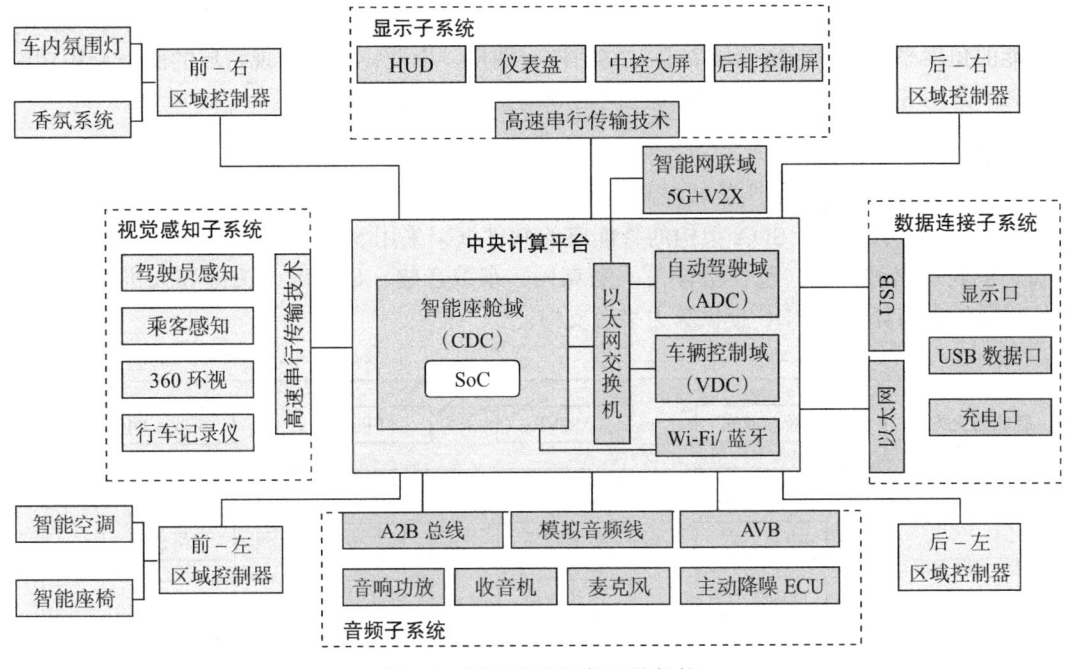

图 2-4 智能座舱硬件系统架构

由图 2-4 可知，智能座舱硬件系统架构属于中央计算平台架构的一部分。另外，CDC 在智能座舱域中处于核心地位，而外围设备包含在 4 大功能子系统内。

视觉感知子系统主要通过摄像头实现视觉感知功能。座舱系统需要使用的摄像头包括 DMS（Driver Monitor System，驾驶员感知系统）、OMS（Occupant Monitor System，乘客感知系统）、360°环视摄像头、行车记录仪等。由于摄像头安装在整车的不同位置，传输的视频数据具有高带宽、低延迟的特点，因此每个摄像头都需要使用高速串行总线与 CDC 相连，将数据传输到 CDC 内部进行处理。

显示子系统需要支持多个屏幕，例如 HUD、电子仪表盘、中控大屏、后排控制屏等。驱动这些屏幕的显示数据仍然具有高带宽、低延迟的特点，因此也需要采用高速串行总线连接到 CDC。

音频子系统包括车载音响的功放（Amplifier，AMP）、麦克风、收音机，以及主动降噪（Active Noise Cancellation，ANC）等 ECU。音频子系统传输的数据特点是低带宽、低延迟，在主流市场的应用中，一般可以采用 3 种音频总线进行连接。它们分别是模拟音频线、A2B（Automotive Audio Bus）总线、AVB（Audio/Vedio Bridge，以太网音视频桥接）总线。

数据连接子系统用于为用户的随身设备提供有线或者无线的连接功能。这些功能包括 USB 数据口、USB 充电口、Wi-Fi、蓝牙等。

智能空调、智能座椅、车内氛围灯以及香氛系统等设备，均为提升座舱舒适性而设计。这些设备通过 CAN 总线或 LIN（Local Interconnect Network，串行通信网络）总线与附近的区域控制器紧密相连，确保数据传输的高效与稳定。区域控制器则通过以太网接收来自 VDC 的指令，并精确控制上述设备的运作。从工作属性来看，这些设备归属于车辆控制域；而从应用功能的角度来看，智能座舱域需要对它们进行调用。因此，为了实现跨域的服务调用功能，我们必须采用 SOA，从而确保不同域之间的顺畅交互与协同工作。

2. 软件层面视角

从软件层面来看，智能座舱域控制器可以按 5 层进行划分，如图 2-5 所示。

如图 2-5 所示，基于 SOA 架构的智能座舱软件框架采用 5 层模型构建，层次分明且功能明确。最底层是硬件层，包含摄像头、麦克风、车载音响、显示屏、按键等人机交互硬件，并且需要具有高算力的 CDC 提供算力平台支撑。

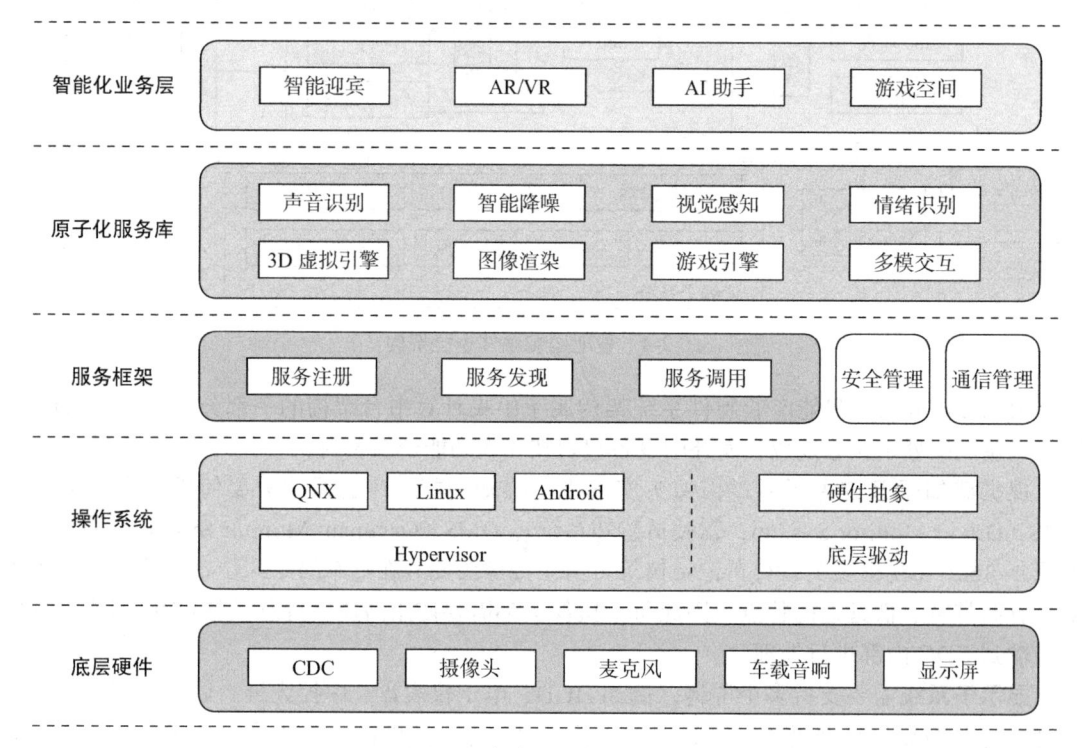

图 2-5 智能座舱软件框架

在操作系统层面上，操作系统内核、底层驱动、硬件抽象共同构成了智能座舱软件框架的坚实基础。操作系统内核作为核心组件，负责管理硬件资源、提供基础服务以及确保系统的稳定性与安全性。在这一层，可以选择采用Ⅰ型的Hypervisor（虚拟机技术）来实现硬件的虚拟化，从而提高系统的灵活性和可扩展性。常用的操作系统内核包括QNX（黑莓公司的车载嵌入式实时操作系统）、Linux以及Android等。这些操作系统内核各具特色，能够满足不同厂商和场景的需求。

底层驱动层也被称为BSP（Board Support Package，板级支持包），是一个嵌入式系统专为硬件板卡提供的软件包。它通常包含了一些与硬件紧密相关的驱动程序、初始化代码、中断处理程序等，以支持操作系统或应用程序在该硬件设备上运行。硬件抽象层则发挥着至关重要的作用。它能够将底层驱动的API接口进行抽象化处理，将硬件设备实现资源池化，从而支持不同厂商的硬件设备。通过硬件抽象层，上层应用能够以一种统一、标准化的方式访问底层硬件资源，大大降低了开发和维护的复杂程度。

服务框架层是智能座舱软件框架的核心组成部分，基于SOA设计理念构建。在这一层中，标准化接口是实现服务注册、服务发现以及服务调用等功能的关键。这些接口为分布式系统提供了统一的通信和协作机制，使得不同域之间的服务能够无缝融合与调用。

服务框架层之上是精心分解后的原子化服务库。在这一层中，各种跨域功能被进一步细化为独立的、可复用的原子化服务，并形成了可调用的程序库。这种原子化服务的设计模式使得系统更加灵活和可扩展，能够快速响应各种业务场景的需求。

最上层则是各种智能化业务，它们充分利用了原子化服务库中的丰富资源，通过调用各种原子化服务来为用户提供卓越的体验。

2.2.3 CDC的关键技术

CDC作为智能座舱系统的核心，需要支持众多的座舱应用和功能，这背后离不开一系列强大技术的支撑。以下是部分关键技术举例。

1. 单芯多屏

在传统的座舱解决方案中，中控屏和仪表屏等系统往往是相互独立的，每个系统都由单一的芯片驱动。虽然这种架构简单明了，但缺点是硬件成本高，车内空间有限，供电和布线都很困难。

在用户需求的驱动下，CDC需要解决从"一个芯片驱动一个系统或一个屏幕"演进到"采用单一的SoC支持多系统与多屏显示"的问题。

在"单芯多屏"方案中，首先要求座舱SoC支持多路显示屏输出。这要求SoC具有强大的图形化计算和渲染能力，还需要具有强大的图形显示驱动能力。

其次，座舱SoC还需要解决单一芯片上运行不同操作系统的问题。比如，电子仪表盘作为涉及车辆安全的关键组件，通常需要满足相应的功能安全标准。为确保其稳定性和安全性，通常采用QNX或Linux系统来驱动。而中控娱乐屏则需要运行丰富的娱乐功能，如音乐、视频、游戏等，因此通常采用Android系统来提供更为丰富的功能和良好的用户体验。

2. 虚拟化和硬隔离

为了解决单芯多屏的跨系统运行问题，座舱的 SoC 需要采用合适的技术途径来确保不同系统之间的独立性和安全性。常见的两种技术途径是 Hypervisor 虚拟化技术和芯片内部硬隔离策略。

虚拟化技术指的是在操作系统和硬件之间插入 Hypervisor 层，根据虚拟机对计算单元、内存等的调度，实现对硬件资源的动态分配，从而创建运行不同系统的虚拟机（Virtual Machine，VM）。这种方式比较灵活，对硬件资源的利用效率较高。但问题在于会带来系统性能的损失，同时 Hypervisor 软件的授权费用不菲。

硬隔离策略是在座舱 SoC 设计阶段，预先对硬件资源进行全面规划，确保电子仪表盘、中控娱乐屏等系统各自拥有独立的计算资源、内存和显示接口。这种策略确保了系统性能的稳定性和功能的高度隔离安全性，同时避免了软件授权费用的支出。然而，硬隔离策略也存在一些局限性。首先，资源分配可能不够灵活，导致某些系统资源过度分配而浪费，而其他系统则可能资源不足。其次，面对新增功能或显示屏的需求，如果芯片设计初期未充分考虑，可能需要额外的硬件或复杂的集成方案来支持，这无疑增加了系统的复杂性和成本。

3. 多样化的感知算法

为了满足座舱内人机交互的丰富需求，CDC 必须支持多样化的感知算法。这些算法涵盖语音、视觉、声学等多个方面，并通过多模前融合与多模后融合技术实现各种感知信息的深度整合和应用。

语音感知算法旨在提升语音输入质量，实现语音识别功能。语音感知算法涉及以下技术：降噪技术可以有效减少背景噪声对语音信号的影响；回音消除则确保语音指令能够被清晰捕捉，避免声音反馈干扰；NLP（自然语言处理）技术则进一步提高了语音识别的准确性和效率。

视觉感知算法则基于图像识别技术，实现了人脸识别、手势识别、活体检测、抽烟检测以及情绪检测等功能。

声学算法则专注于非语音交互范围的声学相关技术，包括座舱内部音效调节、声音事件检测以及声场调控等。

多模前融合技术将多种感知算法进行深度渗透和深度融合，实现了多模语音识别和多模人声分离等高级功能。这种技术使得座舱系统能够同时处理并整合来自不同模态的信息。

多模后融合技术则是基于单模感知结果进行浅层融合，例如手势语音唤醒系统和视线唤醒系统等。这些系统通过整合不同模态的感知信息，实现了更加自然、便捷的人机交互方式。

4. 高速数据传输

智能座舱作为一个集成了多种传感器和显示屏的复杂系统，对于高速数据传输技术的需求尤为迫切。这一点前面已有所阐述，这里不再赘述。

此外，传感器在座舱内的分布位置往往相对分散，数据传输距离较长。这不仅增加了数据传输的复杂性，还可能影响数据传输的稳定性和效率。因此，智能座舱系统需要采用高效的数据传输方案，如采用高速总线技术或构建局部网络，以优化数据传输路径和减少传输延迟。

上述技术只是一部分，未能详尽展现智能座舱技术的全貌。智能座舱背后所蕴含的丰富软硬件技术，我们将在后续章节探讨。

2.3 智能座舱的生态系统

智能座舱的产业与服务生态较为复杂，是一个多方共建的生态体系，参与者包括主机厂、Tier1 供应商和 Tier2 供应商、算法与芯片企业、互联网公司、新兴科技公司等。在智能化浪潮的推动下，传统的生态系统已经发生了非常明显的变化，智能座舱生态系统的模式逐渐从金字塔式向以主机厂为核心的圆桌式演进。

2.3.1 生态角色组成

在智能座舱的生态系统中，以三类厂商为主，各自扮演着举足轻重的角色，相互依存，共同维系着整个生态系统的平衡与繁荣。

1. 主机厂

一般而言，我们将主机厂划分为传统车企与造车新势力两大类。

传统车企凭借其深厚的品牌底蕴，构建起完善的汽车研发、生产与供应链体系。他们资金雄厚，拥有丰富的供应商和经销商资源，为市场提供了稳健而可靠的汽车产品。然而，这些车企在软件研发方面相对较弱，同时也缺乏互联网公司所拥有的广泛应用生态，这在一定程度上限制了他们在智能座舱领域的发展潜力。

相比之下，造车新势力在入场的初期阶段，依托强大的互联网基础，开发出卓越的用户交互界面，为用户带来前所未有的智能体验。他们与成熟的供应商紧密合作，共同提供智能座舱解决方案，迅速在市场上站稳脚跟。随着市场地位的逐步稳固，造车新势力普遍开始加大研发投入，力图掌控核心技术和产业链，以期在未来的智能座舱领域中取得更大的突破。

2. 传统供应商

智能座舱的传统供应商体系主要由 Tier1 和 Tier2 构成，每个层级各自具备独特的优势和专长。

Tier1 供应商以其强大的系统集成能力和系统定制化能力而著称。他们能够为主机厂提供全面的座舱整体解决方案，包括硬件和软件的整合，从而确保座舱系统的稳定性和高效性。然而，Tier1 供应商在底层芯片和操作系统的开发方面相对较弱。

相比之下，Tier2 及更低层级的供应商（统称为 TierN）则专注于基础零部件的供应。他们为 Tier1 提供单项产品模块，如芯片、面板和电子零部件等。Tier2 和 TierN 厂商在各自的专业领域内拥有深厚的技术积累和创新能力，为 Tier1 供应商提供了有力的支持。

3. 新兴科技公司

新兴科技公司，主要包括进入汽车行业的互联网公司和科技公司。

互联网公司凭借其深厚的技术积累和广泛的用户基础，拥有完善的应用生态和出色的用户体验设计能力。他们擅长开发用户交互软件，能够将先进的互联网技术融入智能座舱系统中，为用户带来更加便捷、高效和个性化的交互体验。

科技公司以软件、硬件和人工智能等核心技术为基础，为智能座舱解决方案提供强大的新技术支撑。他们不仅具备强大的研发能力，还能够根据主机厂的需求提供高度定制化的服务。

2.3.2　生态模式转变

在传统的生态模式中，主机厂通常将座舱中的显示屏等部件视为配件，倾向于通过Tier1供应商进行打包供应，以此来降低成本并简化供应链管理。这种供应体系呈现出一种垂直的金字塔结构，其中TierN（多家）供应基础零部件，Tier2（数家）提供更为集成的模块，Tier1（1～2家）则负责整合所有部件，为主机厂提供完整的座舱解决方案。

然而，随着智能座舱逐渐成为汽车产品竞争的核心要素，主机厂对掌控座舱全产业链的渴望愈发强烈。他们希望实现软件、硬件和服务的全面整合，以便最大程度上发挥自身优势、快速响应市场变化、及时更新产品方案，并降低采购成本。这种转变意味着主机厂不再仅仅满足于作为产品的集成者，而是希望成为智能座舱技术的核心掌控者，确保"灵魂在我"。

因此，智能座舱的生态系统逐渐趋向圆桌方式，而主机厂位于核心地位，掌控全局。智能座舱生态模式演变如图2-6所示。

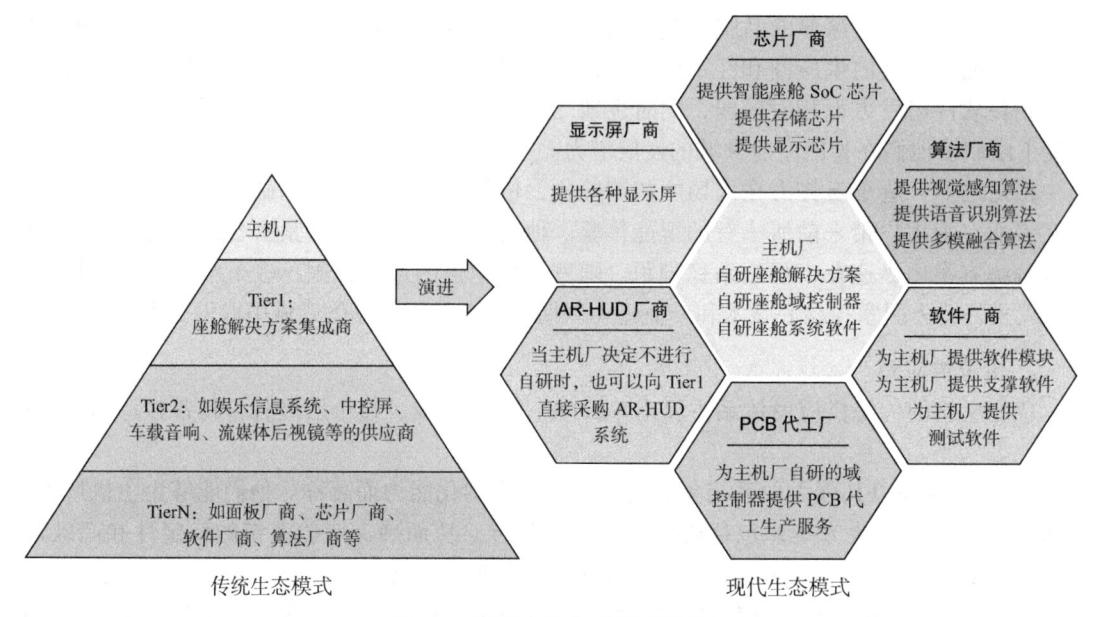

图2-6　智能座舱生态模式演变

图2-6展示了目前部分主机厂所倡导的生态模式，这些企业积极推崇"全栈自研"理念，对核心关键技术以及供应链的掌握能力表现得尤为突出。他们深知，只有拥有强大的研发实力，才能带来更加丰厚的技术回报，进而稳固自己在市场中的领导地位。同时，他们也在不断拓宽自己的护城河，确保在未来的竞争中保持优势。

从智能座舱生态系统的演进过程不难看出，当今的汽车行业正经历着一场前所未有的跨界、融合与集成的网状竞争格局。这种变革之剧烈，堪称"百年未有之变局"。在这场由科技与新经济引领的发展浪潮中，任何一家企业，无论其历史多么悠久、底蕴多么深厚，如果不能及时跟上时代的步伐，都有可能面临落伍甚至被颠覆的风险。

因此，对于当今的汽车行业来说，如何在这场科技与新经济的浪潮中保持敏锐的洞察力、不断调整战略、积极拥抱新技术，将成为决定其未来命运的关键。只有那些能够紧跟时代步伐、勇于创新突破的企业，才能在这场"百年未有之变局"中立于不败之地。

2.4 智能座舱的架构范例

本节将展示若干主机厂的智能座舱架构范例，旨在为读者呈现智能座舱领域的最新发展成果。

2.4.1 特斯拉

虽然最早提出中央计算平台概念的公司是 BOSCH，但将这一概念付诸实践的先行者是特斯拉。在电子电气架构变革的实践中，特斯拉率先完成了中央计算平台 – 区域控制器的架构设计。特斯拉的架构将多个 ECU 的功能集中到一个中央计算平台和三个车身控制器上，以实现更高效的数据处理和共享。这种设计简化了线束布局，降低了成本和重量，并提高了系统的稳定性和可维护性。特斯拉的成功实践为其他主机厂提供了宝贵的经验和启示，推动了整个行业在 EEA 方面的创新和发展。

特斯拉的架构设计是从三代车型（Model S、Model X 和 Model 3）一步步演进而来的。

1. Model S

特斯拉最早量产的车型是 Model S，其 EEA 已经具备了明显的域划分概念，包括动力总成域、底盘域、车身域等。它大量使用 CAN 和 LIN 作为总线连接网络，同时也少量使用以太网，主要用于仪表盘和中控系统之间的数据连接。在 Model S 上，中控系统集成了中央网关和 T-Box 等部件，占据着核心地位。

动力总成域包括前后电动机控制器、电池管理系统和热管理模块等，负责整车的动力输出和能源管理。车身域则涵盖了制动系统 i-Booster、车身稳定系统 ESP 和助力转向系统 EPS 等，确保车辆行驶的稳定性和安全性。

ADAS 模块与动力总成域和车身域都有着密切的联系，因为 ADAS 功能需要对动力和车身的制动转向进行精确控制。通过与这些域的集成，特斯拉 Model S 在实现高度自动化的驾驶功能方面迈出了坚实的一步。

2. Model X

在 Model X 上，部分控制器出现了跨域的特征，有较明显的多域融合的趋势。例如新出现的中心车身控制器就集成了底盘、车身和低速容错等多个 ECU 的功能。

3. Model 3

在 Model 3 车型上，特斯拉成功地初步实现了中央集中式架构。它将全车的域控制器整合为4个主要的控制器，包括中央计算模块（CCM）、左车身控制模块（LBCM）、右车身控制模块（RBCM）和前车身控制模块（FBCM），如图2-7[⊖]所示。

下面简单介绍4个域控制器的主要功能。

前车身控制模块负责三类关键的电子电气功能。

1）驾驶安全相关：如刹车系统、车身稳定系统和助力转向系统。

2）热管理相关：如冷却液泵和水冷散热系统等。

3）前车身的其他功能以及为左右车身控制模块提供配电系统。

左车身控制模块主要负责左车身便捷性控制，并掌控后电动机控制器，以及转向系统、制动系统、助力系统等功能，同时还监管方向盘与转向柱的控制。而右车身控制模块则负责右车身便捷性控制，包括超声波雷达系统和安全气囊的监控，以及前电动机控制器和电池管理系统的运作等。

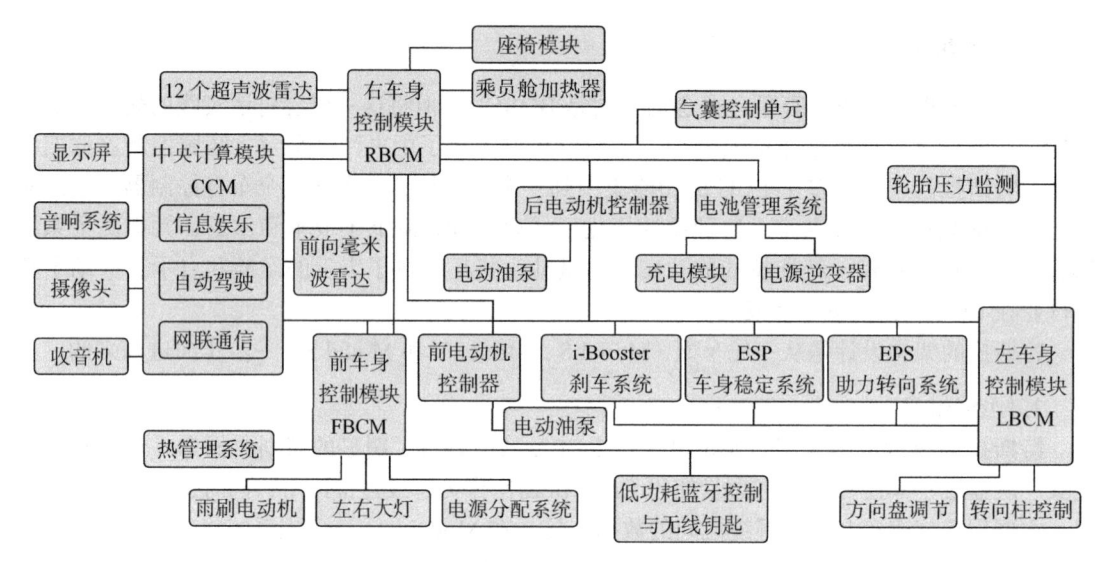

图2-7 特斯拉Model 3域控制器架构图

中央计算模块是核心部分，集成了自动驾驶模块、信息娱乐模块、车内外通信连接模块。这三个模块共用一套液冷系统，以保持稳定运行。自动驾驶模块及娱乐控制模块与辅助驾驶相关的传感器相连接，并使用了具有强大算力的SoC，从而实现了相应的功能。

特斯拉通过在三款车型上的不断演进，成功地实现了电子电气架构的革新。这种新型架构不仅显著减少了ECU的数量，而且大幅度缩短了线束长度。以Model S和Model 3为例，Model S的线束长度为3000m，而Model 3的线束长度减少了一半以上，极大地简化了车辆的电气结构。

更重要的是，特斯拉的新型电子电气架构打破了传统汽车产业的旧有模式。它真正实现了软件定义汽车的理念。通过OTA技术，特斯拉可以远程改变车辆的制动距离、开通座椅加

⊖ 参见国泰君安证券发布的"从特斯拉看汽车电子电气架构变革"一文。

热等个性化功能，为用户提供更为卓越的体验。

此外，特斯拉的域控制器设计也是其创新的关键之一。通过让域控制器横跨车身、座舱、底盘及动力总成域，特斯拉实现了更为灵活的功能迭代。这种设计使得车辆的功能更新更加快速和便捷，进一步提升了特斯拉在汽车行业的竞争力。

2.4.2 大众

大众为了适应市场对电动化的需求，推出了 MEB 平台，它的 EEA 为 E3 1.1 版本，实现从分布式向域融合 EEA 的转变。在大众的规划中，ID 系列车型基于 MEB 平台而设计。奥迪、保时捷等车型将在 PPE 平台的 E3 1.2 版本上推出。

MEB EEA 的三大域控制器分别是 ICAS1（整车控制器）、ICAS2（智能驾驶控制器）和 ICAS3（智能座舱控制器）。

ICAS1 集成了整车所有控制类功能，包括高压能量管理、低压电源管理、扭矩控制、车身电子控制、网关、存储等。此外，ICAS1 还连接诊断接口和 T-Box，以确保信息安全，并且还作为 OTA 主控 ECU 实现整车并行刷写。

ICAS2 作为智能驾驶运算中心，通过以太网接收来自 ICAS1 的雷达和摄像头信息，从而进行运算处理。同时，ICAS2 能够处理制动和转向系统的请求。目前，ICAS2 尚未完全实现智能驾驶域融合的功能，所以仍然在使用分布式 ECU 的方案。

ICAS3 采用一机多屏的控制方式，通过以太网接收来自 ICAS1 和 ICAS2 的需求，为用户提供丰富的座舱功能和个性化体验。

大众 MEB 平台的智能座舱架构如图 2-8 所示。

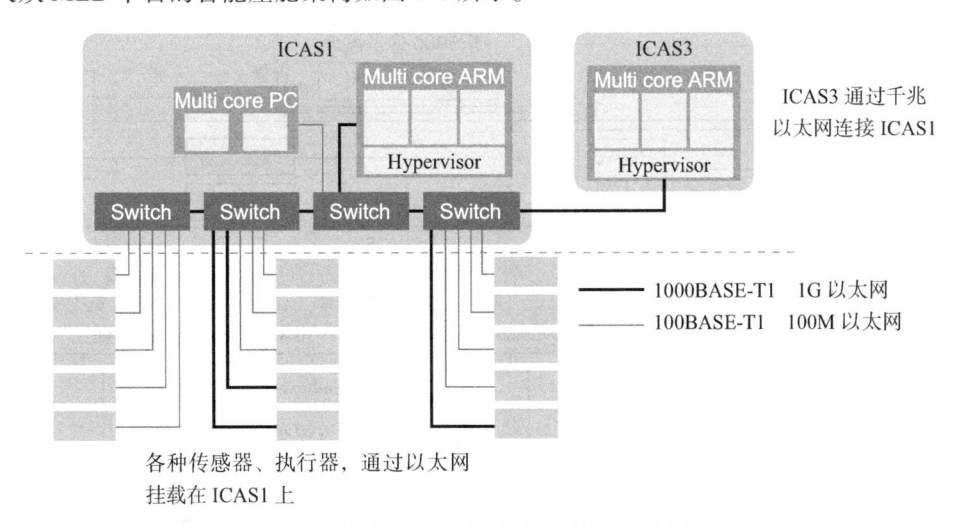

图 2-8 大众 MEB 平台智能座舱架构示意图

2.4.3 华为

华为的智能汽车业务提出了 HI 全栈智能汽车解决方案。这个方案中，以集中式的 C/C

（Computing/Communication，计算 / 通信）架构为基础，将整车 EEA 分为五大智能系统，分别是 MDC（智能驾驶域控制器）、CDC（智能座舱域控制器）、VDC（整车控制域控制器）、智能网联系统、智能车云系统。再辅以华为全套智能化部件，包括智慧屏、AR-HUD、激光雷达、集成式热管理、三电系统等，共同打造一个全栈式的新能源智能汽车解决方案。

华为的 MDC（Mobile Data Center，移动数据中心）平台，定位为智能驾驶的计算平台。它遵循平台化与标准化原则，包括平台硬件、平台软件服务、功能软件平台、配套工具链及端云协同服务，支持组件服务化、接口标准化、开发工具化；实现软硬件解耦，一套软件架构，不同硬件配置，支持从 L2+ 到 L5 的平滑演进。

华为的智能座舱解决方案包括鸿蒙车机操作系统软件平台、鸿蒙车域生态平台以及座舱智能硬件平台。其中，华为自研了 CDC 智能座舱平台，通过"麒麟芯片＋鸿蒙操作系统＋HiCar"赋能数字座舱，实现智能汽车与智能手机在硬件、软件和应用生态等全产业链的无缝共享，构建"人－车－生活"全场景出行体验。

华为 VDC 包括电池管理系统（BMS）、电动机电控（MCU）、车载充电机（OBC）、热管理系统（TMS）等底层 mPower 部件，也包括 VDC、整车控制操作系统和整车控制软件等，提供了一个完整的智能电动汽车解决方案。

华为智能座舱和 EEA 如图 2-9[⊖]所示。

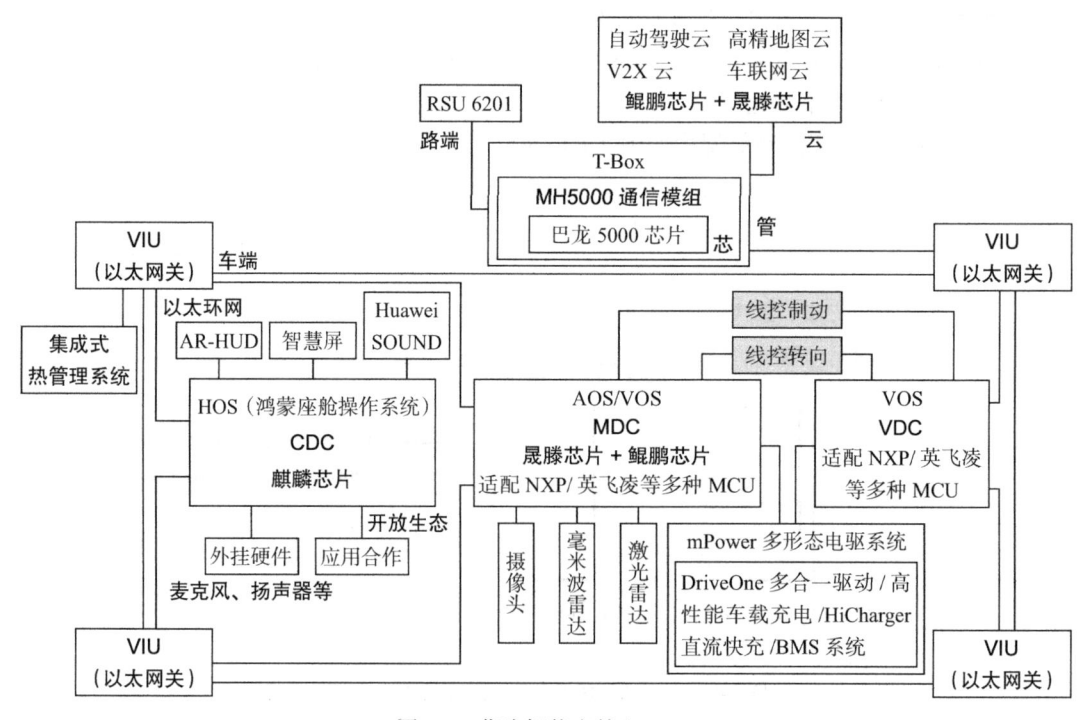

图 2-9 华为智能座舱和 EEA

⊖ 参见东吴证券发布的"汽车智能化 2022 年度策略：承上启下，飞轮加速"一文。

由图 2-9 可以看到，华为的 EEA 正处于跨域融合的阶段。它将全车分为智能座舱、智能驾驶、整车控制三个域，分别采用 3 个域控制器负责实现相关的功能。另外，T-Box 通过以太网环网，与 CDC、MDC、VDC 等域控制器相连。在 CDC 上，挂载了显示和音频子系统，可以实现对应的座舱功能。

2.4.4 小鹏

小鹏汽车在 EEA 的变革方面展现出了坚定的决心。随着车型从 G3、P7，再到 G9 的发展，小鹏汽车的 X-EEA 3.0 进入了集中式架构时代。早在 2018 年，随着 G3 车型的推出，X-EEA 1.0 问世。这是一种分布式 ECU 的 EEA，采用低带宽的 500kbit/s CAN 总线作为主干网，并采用了基于信号的、静态固化的软件架构。X-EEA 1.0 适用于多 ECU 的环境，其布线复杂，且只能实现局部 OTA 升级。

到了 2021 年，随着 P7 车型的推出，第二代 X-EEA 2.0 也首次亮相。这一代架构已经具备了域融合式架构的特点，实现了分层域控，功能域控制器（智驾域控制器、车身域控制器、动力域控制器等模块）与中央域控制器并存。域控制器覆盖多重功能，同时还保留了部分传统 ECU。在物理总线的选用上，CAN 总线和以太网总线并存，确保了大数据以及实时性交互的需求。

在 G9 车型上，小鹏采用了第三代 X-EEA 3.0。这一架构已经演进到中央计算平台+区域控制器阶段。中央计算集成了车控、座舱、网联域的功能，展现出强大的运算和处理能力。而区域控制器则分为左右区域控制器，根据就近配置的原则，分区接管相应车身的功能，极大地减少了线束的复杂性和重量。

与特斯拉 Model 3 架构有所不同的是，X-EEA 3.0 还特别保留了独立的智驾域控制器，被命名为 XPU。

凭借小鹏汽车的全栈自研能力，X-EEA 3.0 实现了软硬件的解耦。在数据架构方面，域控制器设置了内存分区，升级、运行互不干涉，便于车端升级，仅需 30min 即可完成升级。

在通信架构方面，X-EEA 3.0 以千兆以太网为主干，支持多种通信协议，让车辆在数据传输方面更为迅速和稳定。

在电力架构方面，X-EEA 3.0 实现了场景式精准配电。根据不同的用车场景，如驾驶、第三空间等，车辆能够按需配电，既保证了功能的完善性，又实现了能效的最大化。

图 2-10 展示了小鹏 X-EEA 3.0 的主干网络结构[○]。

2.5 本章小结

本章系统地介绍了智能座舱的相关知识。首先，从定义、发展历程和用户需求三个方面，我们全面阐述了智能座舱的背景知识，帮助读者建立起智能座舱的基本概念和认知框架。接着，通过深入分析智能座舱的组成部分，揭示了智能座舱域控制器架构的核心地位，并详细

○ 参见小鹏汽车发布的"软件定义汽车的发展之路"一文。

介绍了与之相关的关键技术，使读者对智能座舱的技术内涵有了更深入的理解。

随后，我们进一步探讨了智能座舱生态系统的演变和影响，展现了汽车产业和供应链在新技术浪潮下所经历的重大变革趋势。这一部分内容不仅有助于读者把握智能座舱产业的发展脉络，更能够激发读者对未来汽车产业变革的深入思考。

最后，通过精心挑选的4个范例，我们向读者展示了智能座舱在实际应用中的最新成果。这些范例涵盖了不同主机厂和技术供应商的智能座舱解决方案，充分展现了智能座舱技术的创新应用和市场潜力。

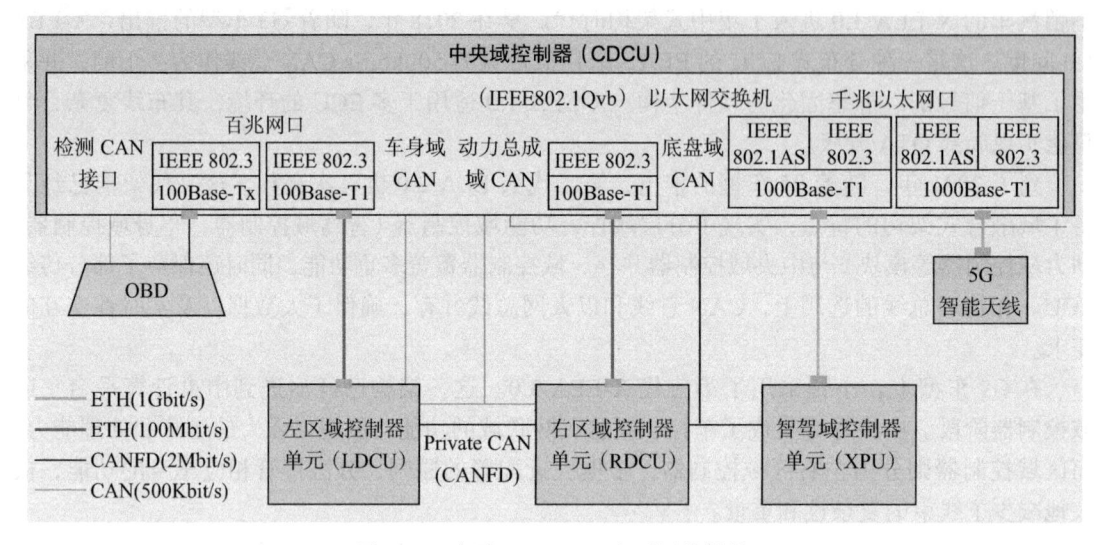

图 2-10 小鹏 X-EEA 3.0 主干网络结构

第 3 章

车载总线技术

在汽车的 EEA 中，电子设备如 DCU 和 ECU 等，扮演着至关重要的角色，它们负责实现汽车的各种功能。这些电子设备之间需要高效的通信协议来传递信号，而车载总线技术正是实现这一通信的关键。若将汽车比作人体，那么 DCU 与 ECU 就如同大脑和肢体，而车载总线则如同神经网络，负责将各种控制信号和数据准确无误地传递至各个部位。

车载总线又称为汽车总线，是汽车内部导线采用的一种总线控制技术。随着汽车产业的不断发展，车载总线技术也取得了显著进步。它广泛应用于车内环境，确保多个电子系统之间能够实现高效、实时的互联互通，满足数据传输的严格要求。在汽车智能化的大潮中，车载总线技术持续进化，以适应新型 EEA 的需求，为未来的汽车提供更加智能、安全、可靠的通信支持。

本章将全面介绍车载总线技术的发展历程。从传统汽车使用的总线技术开始，逐步过渡到新型的以太网技术，我们将深入探讨每种总线技术的特点、优势和应用场景。此外，我们还将根据不同 EEA 的需求，分析如何合理设计网络拓扑结构，以实现汽车内部电子系统之间的最佳通信效果。

3.1 传统车载总线

在早期汽车设计中，电子系统之间的通信大多采用点对点的方式。这种通信机制会导致汽车布线困难，成本高昂，功能固化。随着 EEA 发展到分布式 ECU 的阶段，车载总线技术应运而生，并逐渐确立了以 CAN 总线为主导、LIN 总线为辅助的通信格局。

除了 CAN 和 LIN 总线，FlexRay 和 MOST 总线也曾在传统车企中备受期待，被视为未来车载总线技术的明日之星。然而，随着技术的不断发展和市场的变迁，这两种总线技术在传统汽车上的应用并未如预期般广泛。尽管如此，这 4 种总线技术——CAN、LIN、FlexRay 和

MOST，依然共同构成了传统汽车上的主流车载总线应用，为汽车内部通信提供了多样化的解决方案。

3.1.1 CAN/CAN-FD 总线

CAN 总线诞生于 1986 年，它是由德国 BOSCH 公司开发的一种用于实时应用的串行通信协议总线，用于解决现代汽车中多个 ECU 之间的数据传输问题。

1. 总线结构

CAN 总线是一种基于串行通信协议的信号传输总线。它将多个 ECU 设备挂接在一条总线上，每个 ECU 设备都是总线上的一个节点。作为一种线型总线（也称线形总线）结构，每个节点的地位是相等的，所有节点不存在主设备或者从设备的区分。只要有需求，任何节点都可以发起通信。这种多主方式的通信模式使得 CAN 总线具有很高的灵活性和实时性。

图 3-1 给出了 CAN 总线的基本架构。

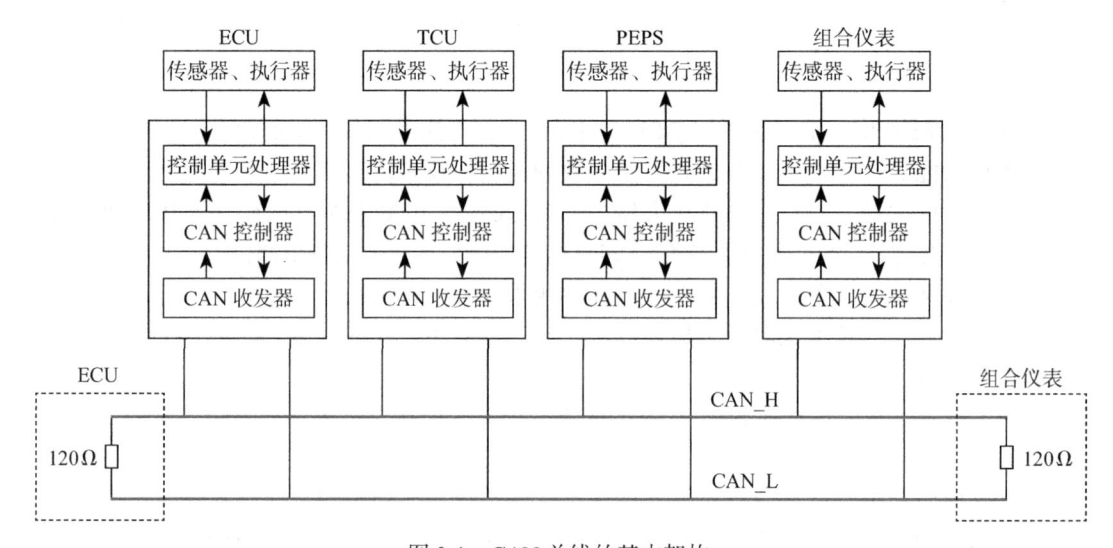

图 3-1　CAN 总线的基本架构

如图 3-1 所示，CAN 总线的基本架构包括导线、控制单元处理器、控制器、收发器和终端电阻等组成部分。导线是由两根普通铜导线绞在一起的双绞线组成，负责传输差分信号。这样的双绞线也称为 UTP（Unshielded Twisted Paired，非屏蔽的双绞线）。控制单元处理器是 ECU 的核心部分，它负责业务流程，并对数据进行处理。控制器相当于七层网络协议中的数据链路层，负责接收和发送数据。收发器则相当于物理层，负责将控制器发出的数字信号转换为差分信号，并传输到 CAN 总线上，同时也负责将接收到的差分信号转换为数字信号，供控制器处理。终端电阻用于吸收总线上的反射信号，提高信号的传输质量。图 3-1 所示的 ECU、TCU、PEPS、组合仪表等，都可认为是汽车上的 ECU 类型之一。

2. 传输信号

CAN 总线利用差分信号进行数据传输，具体是通过两条信号线 CAN_H 和 CAN_L 来实现，分别表示高电平和低电平。在数据传输过程中，CAN 总线通过改变这两条信号线的电压差来编码表示不同的逻辑状态。当 CAN_H 和 CAN_L 的电压相等时，被解释为逻辑"1"；而当它们之间的电压差超过 2V 时，则表示逻辑"0"。这种电压差传输方式具有出色的抗干扰能力。因为外部噪声和干扰信号对 CAN_H 和 CAN_L 的影响几乎是同步的，它们的电压差几乎保持不变，从而确保了信号在复杂电磁环境中的高质量传输。

CAN 总线在实际应用中的性能令人印象深刻。它能够在 40m 的距离内维持高达 1Mbit/s 的传输速率，同时支持超过 100 个节点的连接。此外，为了确保数据传输的正确性和可靠性，CAN 总线还采纳了多种检错和处理机制，包括循环冗余校验（CRC）和位填充等。这些特性使得 CAN 总线特别适合作为车载通信协议，尤其是在对安全性和实时性要求极高的场景中。

3. 冲突避免机制

在 CAN 总线系统中，每个节点在发送数据之前都会先检测总线是否处于空闲状态。只有当总线空闲时，节点才会开始发送数据。然而，如果两个或多个节点同时检测到总线空闲并尝试发送数据，就可能会发生数据冲突。为了有效管理这种情况，CAN 总线采用了一种独特的机制，称为"位仲裁"。

位仲裁机制的工作原理是在数据冲突发生时，具有较低优先级的节点会主动停止发送数据，而具有较高优先级的节点则会继续传输数据。这种机制确保了高优先级的数据能够优先传输，从而实现了基于优先级的仲裁。

CAN 总线的这种位仲裁机制与 CSMA/CD（带冲突检测的载波侦听多路访问）有一定的相似性。由于 CAN 总线独特的位仲裁和优先级处理机制，因此通常称它具有 CSMA/CA（带冲突避免的载波侦听多路访问）机制。

4. CAN-FD

CAN-FD（CAN with Flexible Data-rate，可变速率的 CAN）是 CAN 协议的升级版。它在物理层和数据链路层上对 CAN 协议进行扩展，提供了更高的数据传输速率和更大的数据帧长度。其速率最高可达 5Mbit/s，每帧数据最多可以达到 64 字节，以满足现代汽车对通信带宽和实时性的需求。

5. 应用领域

CAN 总线在汽车内部的应用非常广泛，几乎涵盖了所有的电子控制系统。例如，发动机管理系统、刹车系统、悬挂系统、仪表盘、车门控制等都需要通过 CAN 网络进行数据传输和通信。此外，随着汽车智能化和电动化程度的不断提高，CAN 网络还应用于先进的驾驶辅助系统（ADAS）、电动汽车充电系统、车身电子控制系统等。在这些场景中，CAN 网络的高效、可靠和实时性都得到了充分的体现。

3.1.2 LIN 总线

LIN 总线是针对汽车分布式电子系统而定义的一种低成本的串行通信网络，是对 CAN 总线的一种补充，适用于对网络的带宽、性能或容错功能没有过高要求的应用。早在 1999 年，由奥迪、宝马、克莱斯勒、摩托罗拉、博世、大众和沃尔沃等组成的 LIN 联盟就提出了 LIN

协议的 1.0 版本。几经迭代之后，在 2016 年，LIN 被正式列为通用的国际标准：ISO 17987。

1. 总线结构

LIN 总线构建了一个以主机节点为核心的简洁网络架构，它通过一根双绞线连接多个从机节点，形成了一个线型总线系统。相较于 CAN 总线，LIN 总线的协议设计更为简洁明了。其数据收发机制类似于 UART（通用异步收发传输器），且通信控制主要由主机节点负责，无须复杂的总线仲裁。一般而言，LIN 总线支持的节点数量不超过 16 个，传输距离限制在 40m 以内，而最大的传输速率不超过 20Kbit/s。

由于其较低的成本和简单的实现方式，LIN 总线常作为 CAN 总线的辅助和补充。在汽车网络中，LIN 总线一般不会独立存在，通常会通过主机节点与上层 CAN 网络相连。因此，主机节点所在的 ECU 扮演着 CAN-LIN 转接网关的重要角色，确保了不同总线系统之间的顺畅沟通。

图 3-2 展示了 LIN 总线的基本架构。

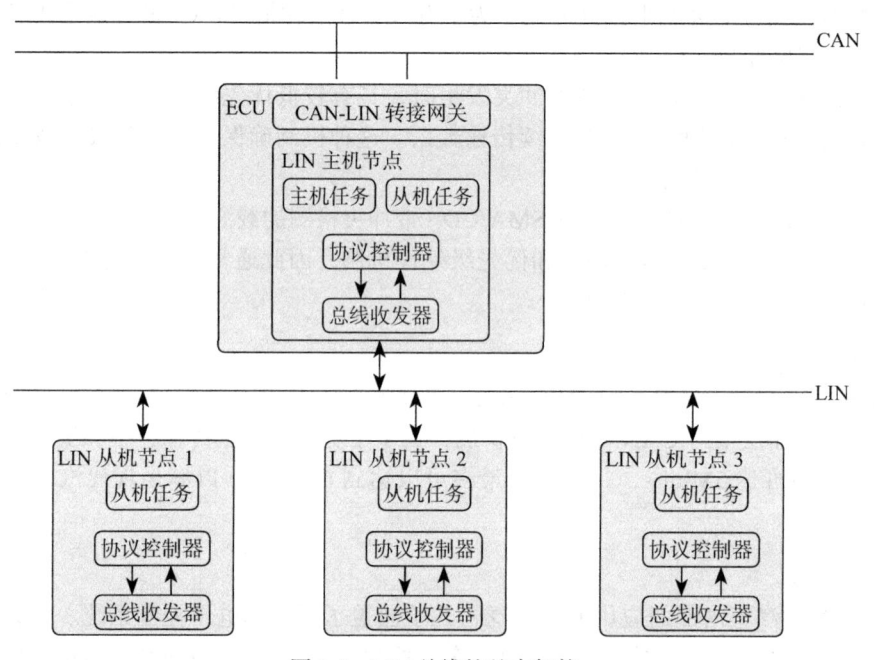

图 3-2 LIN 总线的基本架构

如图 3-2 所示，与上层 CAN 网络相连的 ECU 充当着 CAN-LIN 转接网关的角色。这个网关能够接收来自上层网络的命令，并作为 LIN 总线的主机节点，将这些命令准确传送到相应的从节点。

在 LIN 总线系统中，每个节点都配备有协议控制器和总线收发器。协议控制器负责数据的发送和接收，而总线收发器则负责将逻辑数据转换为总线上的传输电平信号，以及将总线上的信号转换回逻辑数据。在发送数据时，协议控制器将上层命令以 UART 格式（8 个数据位，1 个停止位，无校验位）发送到总线收发器，总线收发器再将其转换为总线上的电平信号进行传输。在接收数据时，总线收发器捕获总线上的串行信号流，将其转换回 UART 格式，然后送回协议控制器。

LIN 总线的主机节点掌控着整个通信过程，负责启动和管理通信任务。从机节点则负责响应主机节点的命令。节点间的通信是通过 LIN 的帧信息来实现的。主机节点内部集成了主机任务和从机任务，而从机节点则仅包含从机任务。主机任务通过发送帧头来启动和控制通信过程。从机任务在接收到帧头后会进行解析，并根据解析结果选择接收帧数据、发送应答信号或直接丢弃。无论是主机节点还是从机节点，它们内部的从机任务在地位上是相同的，都负责响应主机任务发出的帧头信号。

2. 传输信号

在 LIN 总线中，数据传输是通过改变信号线上的电压来实现的。LIN 总线使用了一种称为差分信号的技术，其中传输信号的线路分为两条：一条是信号线路，另一条是参考线路。信号线路上的电压会与参考线路上的电压进行比较，进行相应的转换，从而确定发送的数据位是逻辑 0 还是逻辑 1。

具体来说，LIN 总线使用了一种称为"显性"和"隐性"的逻辑表示方法。在 LIN 总线中，显性电平表示逻辑 0，隐性电平表示逻辑 1。当发送器发送一个显性电平时，它会将信号线路上的电压降低到低于参考线路上的电压，表示逻辑 0。当发送器发送一个隐性电平时，它会将信号线路上的电压提高到等于或高于参考线路上的电压，表示逻辑 1。

3. 通信原理

LIN 总线在一根信号线上实现数据的读和写主要依赖于其特定的通信协议和帧结构。

在数据传输过程中，主机首先发送一个帧头（Header），这是一个特殊的同步信号，用于标识接下来要发送的数据的类型和目的。帧头中包含了同步相位和标识符字节，用于同步各个节点的时钟和识别数据的来源和目的地。

接收到帧头后，从机会解析帧头中的信息，并根据需要做出响应。如果需要发送数据，从机会在接收到帧头后的特定时间内发送应答（Response），这个应答包含了从机要发送的数据。主机在发送完帧头后会等待一段时间，以接收从机的应答。

通过这种方式，LIN 总线实现了在一根信号线上的双向通信。主机任务可以通过发送不同的帧头来控制数据的流向和内容，而从机任务则可以通过发送应答来响应主机任务的请求并提供数据。

此外，LIN 总线还采用了一些错误检测和纠正机制，以确保数据传输的可靠性和稳定性。例如，LIN 总线使用校验和（Checksum）来验证数据的完整性，并在检测到错误时进行重传或请求重新发送。

4. 应用领域

LIN 总线作为一种专为汽车开发的低成本串行网络，凭借其高效、可靠且经济的特性，已被广大车厂及零配件厂商广泛采纳和应用。由于其对网络宽带和性能的要求并不高，LIN 总线特别适用于汽车中的多种功能模块。

在方向盘附近，LIN 总线被用于巡航控制、雨刮开关、温度控制以及收音机等设备，为驾驶员提供便捷的操作和舒适的驾驶体验。在舒适度模块中，LIN 总线则负责连接温度、天窗、光线、湿度等传感器，确保车内环境的舒适性和乘客的舒适度。

此外，在空调系统、雨量传感器、前大灯、空调进气等组件中，LIN 总线也发挥着关键作用，实现了这些功能模块之间的有效连接和控制。这种广泛应用不仅提高了汽车内部各系统之间的协同效率，也为汽车制造商与零配件厂商带来了显著的成本节约和质量控制优势。

3.1.3 FlexRay 总线

FlexRay 总线作为一种专为汽车内部设计的总线技术，具有传输速度快，以及确定性与故障容错能力强的特性。其独特的通信方式结合了事件触发和时间触发机制，为汽车内部系统提供了稳定且高效的通信解决方案。除此之外，FlexRay 还采用了循环冗余校验机制和双通道传输机制，进一步确保了信号传输的确定性和可靠性，满足了汽车线控系统对通信质量的高要求。

FlexRay 总线技术的历史可以追溯到 2000 年，当时由宝马公司与戴姆勒公司共同发起，联合飞利浦和摩托罗拉成立了 FlexRay 联盟。这个联盟的主要任务是定义 FlexRay 的需求、开发网络协议、定义数据链路层、提供控制器、制定物理层规范，并最终实现基础解决方案。这些努力使得 FlexRay 逐渐发展成高级动力总成域、底盘域、线控系统的标准协议。2013 年，联盟推动 FlexRay 成为 ISO 17458 标准规范，为 FlexRay 技术的应用提供了更为明确和统一的指导。

1. 优点

与 CAN 总线相比，FlexRay 具有自己独特的优势，适用于线控系统的使用环境。它的优点主要体现在以下方面。

（1）高速传输速率

FlexRay 总线的数据传输速率高达 10Mbit/s，是 CAN 总线的数倍。这使得 FlexRay 能够更快地传输大量数据，满足高速通信的需求。

（2）确定性数据传输

FlexRay 总线采用基于时间触发的通信机制，具有确定性的数据传输特点。这意味着在网络中的各个节点都预先知道彼此将要进行通信的时间，从而确保了数据传输的同步与可预测性。即使在恶劣的行车环境下，FlexRay 协议也能够将信息延迟和抖动降至最低，保持传输的稳定性和可靠性。这对需要持续高性能的应用（如线控刹车、线控转向等）来说至关重要。

（3）强大的容错能力

FlexRay 总线具有容错性能好的特点，当某个节点或通道出现故障时，其他节点或通道仍然可以正常工作，保证了系统的冗余性和可靠性。这种容错能力是通过双通道传输机制实现的，其中一个通道可以发送与另一个通道相同的信息以实现冗余，或者发送不同的信息以提高传输速率。这种设计使得 FlexRay 总线在出现故障时仍能保持较高的通信性能。

（4）灵活的拓扑结构

FlexRay 总线支持线形总线和星形网络拓扑结构，或者二者组合的结构。这种灵活的拓扑选择使得 FlexRay 总线可以适应不同的线控系统布局和需求。同时，FlexRay 总线还支持网络中的每个节点都具有网络管理功能，可以动态地配置和修改网络参数，提高了系统的灵活性和可扩展性。

2. 缺点

综合来说，FlexRay 虽然具有许多独特的优势，但也存在一些缺点，导致其在推广过程中受到限制。

（1）成本较高

FlexRay 总线技术的实现需要使用专用的硬件和软件，这增加了系统的成本。此外，由于 FlexRay 总线在设计和制造上相对复杂，导致其制造成本较高。这些成本因素可能会限制 FlexRay 在一些低成本汽车或中低端车型中的应用。

（2）开发和维护难度大

FlexRay 总线技术的开发和维护相对复杂，需要专业的知识和技能。开发一套完整的 FlexRay 通信网络需要耗费大量的时间和资源，包括网络架构的设计、测试、验证和优化等。

（3）扩展性与兼容性受限

FlexRay 总线技术在网络拓扑结构上确实具备一定的扩展性，但由于需要针对网络节点的拓扑结构进行通信调度表的配置，以确保数据传输的确定性，这使得它难以灵活增加网络节点。因此，其扩展性和兼容性在实际应用中受到一定限制。

3.1.4 MOST 总线

MOST（Media Oriented Systems Transport，面向媒体的系统传输）总线是一种专门用于汽车多媒体和信息娱乐的数据总线技术。MOST 诞生于 20 世纪 90 年代中期，源于宝马、前戴姆勒 – 克莱斯勒、哈曼 / 贝克以及 Oasis Silicon Systems 公司的联合研发，目的是为车载环境提供高质量的音频和视频数据传输，兼容各种多媒体设备。

与之前介绍的 3 种总线不同，MOST 总线利用光纤作为传输介质，其数据传输速率高达 24.8Mbit/s，甚至在某些配置中可以达到 150Mbit/s。与传统的铜缆相比，光纤不仅显著减轻了重量，还极大降低了电磁干扰（EMI）的风险，使之在严苛的车载环境中表现出色。

MOST 总线采用环形拓扑结构，数据从一个节点开始，沿着环形路径传输，最后回到起始节点。这种结构保证了数据的连续传输，即使某个节点出现故障，数据仍然可以通过其他路径传输。

在 MOST 总线诞生的时候，它具有高传输速率、低延迟、高可靠性的特点。由于采用了同步传输技术，MOST 总线的传输延迟非常低，可以确保图像和声音的同步传输。同时，MOST 总线还采用了差分信号传输、纠错技术和多路径传输等措施，以降低数据传输过程中的干扰和误码率。

因此，MOST 总线在汽车内部的应用主要聚焦于信息娱乐系统。它可以连接汽车的音响系统、车载电视、导航系统、车载电话和车载 PC 等各类多媒体设备，实现音频、视频的同步播放，为驾驶员和乘客提供丰富的娱乐体验。

然而，随着智能座舱技术的发展，车内多媒体音视频应用对数据传输的需求也日趋增长。高清摄像头、大型显示屏等设备对数据传输带宽的需求已达到 Gbit/s 级别。遗憾的是，MOST 总线技术已无法满足这些日益增长的多媒体数据传输需求。因此，随着技术的演进，MOST 技术逐渐被新兴的媒体总线技术所替代，以适应未来车内多媒体应用的高标准需求。

3.2 车载以太网

车载以太网（Ethernet，简称 ETH）的大规模应用，是随着汽车电动化和智能化趋势的推进而逐渐兴起的。在分布式 ECU 架构时代，各个电子控制单元之间需要传输的信号量相对较少，因此使用 CAN 总线便能满足基本的互联需求。

然而，随着汽车逐步迈向智能化时代，EEA 架构开始朝着中央计算-区域控制的方向演进。在这一过程中，车载传感器数量激增，高算力域控制器的出现导致传输的数据量呈现爆炸式增长，所需的网络带宽也急剧攀升。传统的 CAN 总线技术因其带宽限制已无法满足这一变革的需求。因此，急需引入新的网络互联技术来支撑这一转变，而车载以太网凭借其高带宽、低延迟和开放性的优势，在这一背景下脱颖而出，成为支撑汽车智能化发展的重要力量。

3.2.1 车载以太网的定义

车载以太网是在传统以太网的基础上进行了一系列优化和改进而得来的。由于以太网技术的特殊优势，它非常适合在集中式域控制器架构下进行数据传输，满足高性能总线传输的要求。但是，传统以太网和车载以太网还存在着区别，标准的以太网技术并不能直接使用在车载环境中。

传统以太网是一种计算机局域网技术，它定义了如何在局域网内传输数据，包括物理层的连线、电子信号以及介质访问层协议等内容。传统以太网采用 CSMA/CD 的方式来传输数据，这意味着在一个局域网内，同时只能有一个客户端发送数据，其他客户端若要发送数据，必须等待一段时间，以确保不会发生冲突。因此，传统以太网技术可以解决许多设备共享网络基础设施和数据连接的问题，但并没有很好地实现设备之间实时、确定和可靠的数据传输。这对车载使用环境所强调的强实时性和可确定性要求是不利的。

车载以太网是一种专为汽车内部设计的局域网技术，旨在连接各种域控制器和电子控制单元。该技术以传统以太网为基础，但在物理层进行了针对性地优化，以满足汽车行业的特殊需求。车载以太网不仅继承了传统以太网的优点，还在低延时、低功耗、高可靠性、实时性以及低电磁辐射等方面进行了显著提升，从而确保汽车内部的数据传输更为高效、稳定和安全。

比较而言，车载以太网和传统以太网主要存在以下区别。

1. 物理层传输协议方面

传统以太网主要遵循 IEEE（电气与电子工程师协会）802.3 工作组制定的协议，如百兆以太网使用的 802.3u（100BASE-TX）和千兆以太网使用的 802.3ab（1000BASE-TX）协议。这些协议定义了在不同电缆类型（如双绞线和光纤）上如何传输数据。

而车载以太网则基于博通公司的 BroadR-Reach 技术，推出了 IEEE 802.3bw（100BASE-T1）和 802.3bp（1000BASE-T1）标准。尽管它们也支持 100Mbit/s 和 1000Mbit/s 的数据传输速率，但在物理层传输协议上与传统以太网有所不同。

2. 物理传输介质方面

传统以太网通常使用两对非屏蔽双绞线（UTP）进行数据传输，其中一对用于发送数据，另一对用于接收数据，传输距离最远可达 100m。

然而，车载以太网为了减少线束重量，要求仅使用一对双绞线进行数据传输。在 100BASE-T1 标准下可以使用 UTP；而对于传输速率更高的 1000BASE-T1 标准，则需要采用带屏蔽的双绞线（STP）以应对车内复杂的电磁环境。使用 STP 后，传输距离可以从 15m 延长到 40m。

3. 实时性控制方面

在传统以太网中，带宽通常是由多个设备共享的，网络中的任何设备都可以在任何时候开始传输数据，这种机制导致了无法精确预计数据传输时间。

相比之下，车载以太网强调数据传输的时间确定性。为了满足这一需求，IEEE 特别定义了满足实时性要求的 AVB（Audio Video Bridging，音视频桥接）和 TSN（Time-Sensitive Networking，时间敏感网络）技术。这些技术使得车载以太网在数据传输的实时性控制方面与传统以太网存在显著差异。

3.2.2 车载以太网的架构

标准的计算机网络以 OSI（开放系统互联）的 7 层模型为参考，但在实际应用中，这一模型往往被简化为更为实用的 TCP/IP（传输控制/网际协议）5 层模型。车载以太网技术主要关注的是第 1 层，即物理层的技术改动，以适应汽车内部特殊的环境和需求。与此同时，AVB 和 TSN 网络技术则从第 4 层（传输层）一直延伸到第 2 层（数据链路层），定义了一整套协议标准，以确保数据传输的实时性和可靠性。这些技术在车载以太网网络模型中扮演着重要角色，图 3-3 展示了车载以太网分层模型结构。

如图 3-3 所示，车载以太网在物理层、数据链路层以及网络层都进行了精心的设计和标准化。

在物理层，车载以太网遵循 IEEE 802.3bw 和 802.3bp 标准，这些标准严格定义了电信号、线路状态、时钟基准以及数据编码格式等关键要素。这为上层设备提供了标准化的接口，确保了数据传送的准确性和稳定性。

进入数据链路层，车载以太网不仅沿用了传统以太网中的 IEEE 802.3 以及 802.1Q VLAN（虚拟局域网）等协议，还引入了 TSN 网络所定义的 802.1Qat、802.1Qbv 等协议。这些协议共同保证了车载以太网的低时延和高可靠性，为车载环境中的实时数据传输提供了有力保障。

从第 3 层到第 5 层，车载以太网继续采用传统 TCP/IP 协议所定义的网络接口，保持了与现有网络技术的兼容性。这意味着车载以太网能够无缝地融入现有的网络环境，实现与其他设备的顺畅通信。

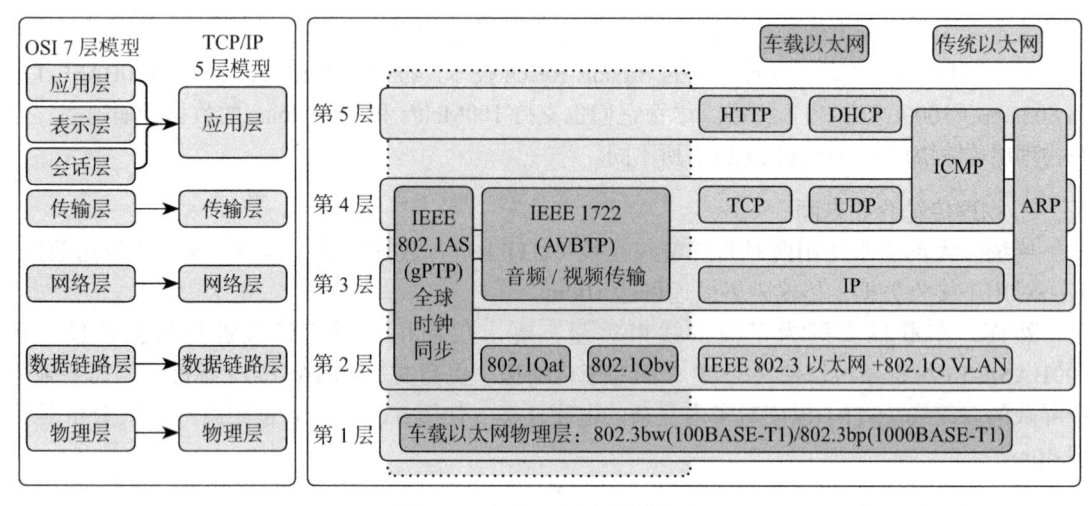

图 3-3　车载以太网分层模型

此外，车载以太网还集成了 IEEE 1722（AVB 音频/视频传输）和 IEEE 802.1AS（gPTP 全球时钟同步）协议簇。这些协议作为 AVB 和 TSN 网络协议的核心，跨越了从第 2 层到第 4 层的网络分层框架。通过这些协议的引入，车载以太网具备了精确而可靠的网络传输能力，能够满足车载环境下对实时性和可靠性的严格要求。

3.2.3　车载以太网的特点

本节将简要概述车载以太网的特点，以便读者能够更深入地了解这一技术。

1. 物理传输特性

车载以太网与传统以太网在物理层上的区别是最为显著的。实际上，只需更换物理层协议，传统以太网同样能够在车载环境下运行。因此，在车载以太网的设计中，物理层芯片通常会单独设计，而数据链路层及更高层的协议则集成到 SoC 内部。

在车载以太网中，物理层芯片模块被称为 PHY（物理层控制），而数据链路层芯片模块则被称为 MAC（媒体访问控制）。PHY 和 MAC 之间的接口被称为 MII（媒体独立接口），这是 IEEE 802.3 定义的以太网行业标准。MII 接口支持 10Mbit/s 和 100Mbit/s 的数据传输速率，数据传输的位宽为 4 位。

然而，MII 接口最多仅支持 100BASE-T1 的物理层协议。如果需要支持更高速率，如千兆以太网，则需要引入 GMII（Gigabit Media Independent Interface，吉比特媒体独立接口）。GMII 采用 8 位接口，工作时钟为 125MHz，传输速率最大可达 1000Mbit/s。

为了简化设计和降低成本，RGMII（Reduced Gigabit Media Independent Interface，精简 GMII）接口被设计并引入以太网。它将 GMII 的 8 条数据传输线减少到 4 根，但传输速率仍然保持不变，同样可以自适应支持 100Mbit/s 和 1000Mbit/s 的速率。

以 100BASE-T1 车载以太网为例，PHY 芯片通过 MII（或者其简化版 RMII）接口从上级芯片的 MAC 层接收到数据。然后，通过一对非屏蔽双绞线即可实现 100Mbit/s 的全双工数据传输。PHY 的主要工作原理是将 MAC 层传递的数据进行一系列转换和编码，包括内部时钟转换（4B/3B）、数据编码（3B/2T）以及脉冲幅度调制（PAM3），最终转换成双绞线上传递的差分信号，以进行各种控制信号和数据的发送。接收过程则是这些步骤的逆过程。

2. AVB

AVB 是一项新的 IEEE 802 标准，其在传统以太网络的基础上，通过保障带宽，限制延迟和保证精确时钟同步，以支持各种基于音频、视频的网络多媒体应用。AVB 关注增强传统以太网的实时音视频性能，同时又保持了 100% 向后兼容传统以太网，是极具发展潜力的下一代网络音视频实时传输技术。

3. TSN

随着 AVB 在音视频领域的成功应用，它开始受到汽车等领域的关注。为了满足这些领域对时间确定性的以太网的应用需求和扩大适用范围，IEEE AVB 任务组在 2012 年更名为 TSN 任务组，并对其章程进行了相应的调整。TSN 是基于以太网的新一代网络标准，具有时间同步、延时保证等确保实时性的功能。它通过制定一系列的传输和转发机制来保证数据在车载以太网传输过程中的低延时、低抖动和低丢包率，从而为在汽车等领域的应用打下理论基础。

TSN 网络主要依靠一系列协议簇，解决传统以太网所面临的以下问题。

（1）时钟同步

在车载环境中，各个域控制器和电子控制单元都拥有独立的时钟。为确保通信数据在时间维度上的一致性，必须为这些数据添加统一的时间戳，从而确保传输数据的顺序准确无误。为实现这一目标，车载以太网采用了一个统一的时钟参考模型，将所有设备的时钟都调整到相同的节拍，确保时钟的统一性。而保证这一时钟同步操作能够顺利执行的关键，正是 IEEE-1588 协议。该协议也被称为 PTP（Precision Time Protocol，精确时间协议），它为车载以太网提供了精确的时间同步机制，使得各个设备能够在同一参考时间下进行通信，确保了数据的实时性和准确性。

IEEE 802.1AS 是 IEEE 1588 标准的一种变体，也被称为 gPTP（generalized Precision Time Protocol）。它是 IEEE 802.1 工作组为 TSN 定义的一种精确时钟同步协议，旨在满足音视频传输、工业自动化等领域对低延迟、高精度同步的需求。gPTP 协议通过分布式主从结构，利用最佳主时钟算法（BMCA）建立主从结构形成 gPTP 域，分别称为主时钟（Clock Master，CM）和从时钟（Clock Slave，CS）。主时钟将其时间信息广播到网络中的从时钟，从时钟则通过计算与主时钟的时间差来调整自身的时钟，从而实现网络中各个节点之间的时钟同步。

（2）低时延

在传统以太网中，数据流的通信时延存在不确定性。这种不确定性使得数据接收端通常需要设置较大的缓冲区来确保数据的连续输出，但这样做往往会牺牲数据流的实时性，特别是对音视频流等实时性要求较高的数据。与此不同，TSN 不仅致力于确保数据流的到达，更强调实现数据流的低时延传输。

为了达成这一目标，TSN 引入了一系列整形机制，这些机制能够有效地将数据流的时延控制在预定的范围内，以满足不同低时延场景的需求。整形是一种优化控制方法，它通过调整 TSN 流、best-effort 流（传统以太网数据）以及其他数据流在网络中的传输过程，确保数据流满足特定的传输时间要求。

在 TSN 中，用于数据调度和流量整形的关键协议包括 IEEE 802.1Qav、IEEE 802.1Qbv、IEEE 802.1Qbu、IEEE 802.1Qch 和 IEEE 802.1Qcr。其中，IEEE 802.1Qbv 采用了一种非抢占式的数据调度方式。它通过时隙控制流量调度，确保需要实时传输的数据流优先传输。同时，它还为 best-effort 数据和其他预留数据分配了带宽，实现了时间敏感流和非时间敏感流在同一网络中的共存，并确保了数据的实时性。

图 3-4 展示了 TSN 网络和传统以太网的传输时延对比。

如图 3-4 所示，TSN 的传输时间呈现出尖峰曲线的特性。一旦数据开始传输，它能够在 t_max 时间范围内迅速完成，确保高效且低延迟的数据传输。相比之下，传统以太网在数据传输方面表现出一种缓慢的传输结束过程。

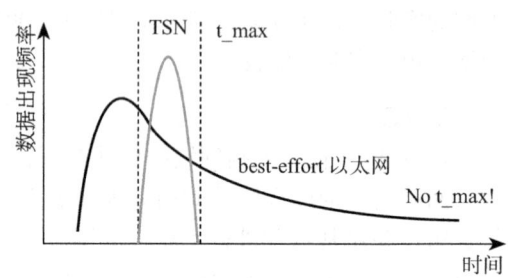

图 3-4 传输时延对比图

（3）高可靠

对数据传输实时性要求高的应用来说，仅仅保证数据传输的时效性是不够的。这些应用还需要一种高可靠的数据传输机制，以应对网桥节点失效、线路断路和外部攻击等各种挑战，从而确保功能安全和网络安全。在这方面，IEEE 802.1Qci、IEEE 802.1CB 以及 IEEE 802.1Qca 等协议发挥着至关重要的作用。

IEEE 802.1CB 为以太网提供了双链冗余特性，采用了一种通过在网络的源端系统和中继系统中对每个数据帧进行序列编号和复制的机制。在目标端系统和其他中继系统中，这些复制帧会被消除，确保仅有一份数据帧被接收。这种机制不仅能够有效防止因网络拥塞导致的丢包情况，还能显著降低因设备故障造成的分组丢失概率，并缩短故障恢复时间，从而极大地提高了网络的可靠性。

图 3-5 展示了 IEEE 802.1CB 协议的工作原理。

如图 3-5 所示，源端节点通过以太环网的不同路径发送两份相同的数据；接收端节点收到数据之后，会丢弃一份备份冗余数据。这样就可以确保网络的可靠性。

图 3-5 IEEE 802.1CB 协议的工作原理图

（4）资源预留

在 TSN 网络中，不同的实时应用具有各自独特的网络性能需求，因此，如何对可用的网络资源进行合理配置和管理显得尤为关键。车载以太网采用 IEEE 802.1Qat 协议和 IEEE 802.1Qcc 协议来作为 TSN 的资源管理子协议。这些协议赋予了网络管理员在整条网络路径上灵活配置和优化资源的能力。

IEEE 802.1Qat，也被称为流预留协议，其核心功能是根据数据流的资源要求和当前可用的网络资源情况来制定数据准入控制策略。该协议会预留必要的网络资源，并通知从数据源发送端到数据接收端之间的所有网络节点，确保指定的数据流在整个传输路径上都能获得充足的网络资源支持。

这种资源管理机制确保了即使在网络负载较重或资源紧张的情况下，实时应用也能获得必要的网络资源，从而满足其严格的性能要求。这对车载以太网等实时性要求极高的应用来说至关重要，因为它保证了数据传输的实时性、稳定性和可靠性。

3.3 车载网络拓扑设计

经过对车载总线技术的深入学习，我们可以为现有的汽车 EEA 的网络拓扑进行精心的设计。针对不同类型的 EEA，选择适宜的总线系统，我们的唯一目标就是实现系统间的高效、可靠互联。以下是两种具有代表性的车载网络拓扑架构设计思路。

1. 域控制器架构网络拓扑

在域控制器架构阶段，汽车 EEA 面临的挑战在于众多 ECU 的存在以及域控制器的初步形成。此时，网络通信主要依赖于 CAN 和 LIN 总线进行数据传输，而以太网技术则仅限于域控制器间的数据交换。

在这种 EEA 下，中央网关扮演着跨域通信的核心角色。大量的 ECU 通过若干条 CAN/CAN-FD 总线与中央网关相连。与此同时，部分关键域控制器，如座舱娱乐系统、ADAS 辅助驾驶系统以及 T-Box 等，通过以太网接口与中央网关实现互联。

然而，以中央网关为核心的通信网络拓扑架构在跨域数据传输方面存在局限性。特别是从以太网到 CAN 总线的数据包转发和协议转换，不仅复杂而且效率低下，这极大地限制了智能设备的拓展和升级潜力。

图 3-6 展示了这样一个域控制器架构下的网络拓扑结构图。

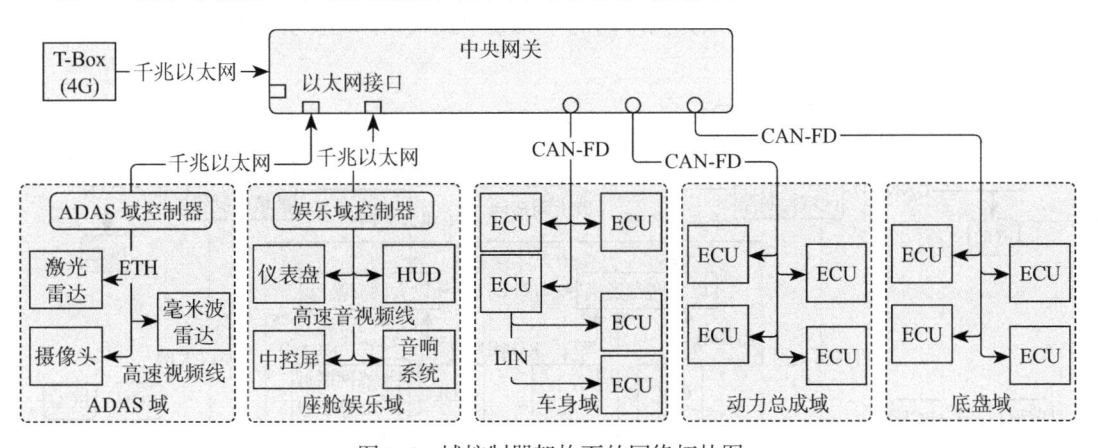

图 3-6 域控制器架构下的网络拓扑图

如图 3-6 所示，在域控制器架构下，中央网关扮演着网络拓扑连接的核心角色。它内部集成了 3 个千兆以太网口以及若干个 CAN-FD 接口，用于连接主要的域控制器和其他功能域内的 ECU。各功能域内部的 ECU 可以通过以太网、高速音视频总线、CAN-FD、CAN、LIN 等总线实现互联互通。然而，跨域传输的数据必须经过中央网关进行转发，这使得中央网关成为整个汽车 EEA 的关键节点。

为了应对这一挑战，中央网关内部集成了算力单元，这些单元具备强大的包转发和协议转换功能。这使得中央网关能够有效处理来自不同总线和功能域的数据流，确保数据能够高效、准确地传输。

此外，中央网关还需要具备运行 SOA 中间件的能力，以便更好地管理和协调不同功能域之间的交互。同时，为了保障汽车的信息安全，中央网关还需配备网络安全防火墙和入侵检测系统等安全机制，以防范黑客入侵和数据泄露等风险。

由于所有网络信息都需要经过中央网关进行交互，因此其可靠性至关重要。一旦中央网关出现故障，整个汽车的功能都可能受到影响，严重时甚至可能危及驾驶人和乘客的安全。因此，对于中央网关的设计和制造，需要采取更加严格的标准和措施，确保其能够在各种复杂和恶劣的环境下稳定运行。

2. 中央集中式架构网络拓扑

在中央集中式的架构阶段，智能座舱域、智能驾驶域、车控域、智能网联域等域控制器已经高度集成在一个统一的中央计算平台之内。在这一架构下，各域控制器之间的数据传输主要依赖于以太网交换机进行高效、快速的传输。由于所有组件都处于同一平台盒子内部，以太网传输无须使用 PHY 芯片，以太网交换机与各 DCU 之间仅需通过 MAC 层的 RGMII 或 RMII 接口进行连接，这种直接而简洁的连接方式简化了硬件架构，降低了硬件的成本。

值得一提的是，由于所有跨域传输的数据均采用以太网数据包格式，因此以太网交换机无须进行复杂的协议转换工作，如将以太网数据包转换为 CAN 网络数据包等。这一变化不仅降低了以太网交换机的制造成本，还极大地提高了跨域传输的数据带宽，为高性能数据处理提供了坚实的基础。

图 3-7 展示了这样一个基于以太网环网的中央集中式架构网络拓扑结构。

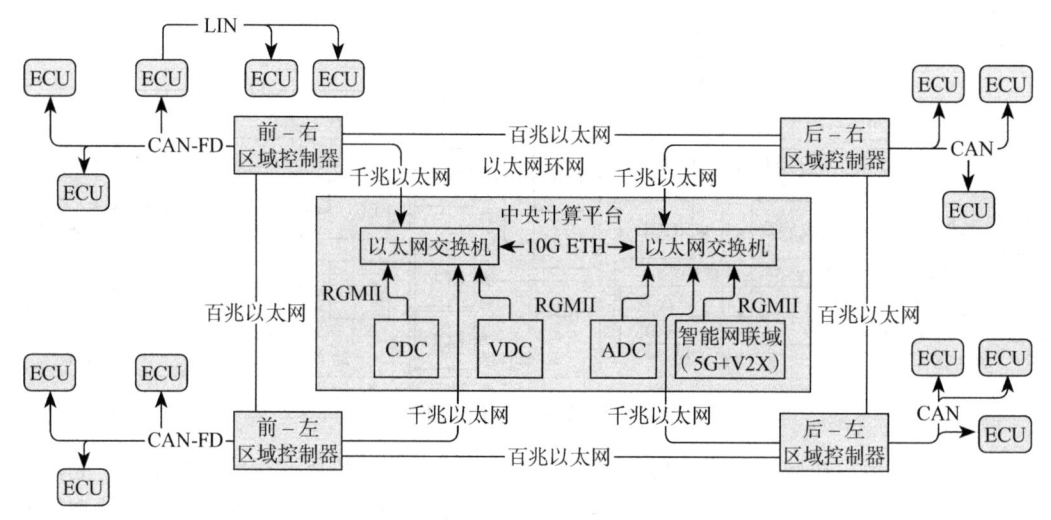

图 3-7 中央集中式架构网络拓扑图

如图 3-7 所示，中央集中式架构的网络拓扑是基于以太网环网而设计的。各个域控制器和区域控制器都连接到以太网交换机上，同时区域控制器之间还两两进行连接，构成了多个环形网络。在这样的网络架构下，即使有单个的网络节点出现故障，IEEE 802.1CB 协议仍然能够保证源端数据可以安全、可靠地到达目的端。

3.4 本章小结

随着汽车技术的不断革新，车载总线技术也在不断发展进步。从传统的 CAN、LIN、FlexRay 和 MOST 总线，到新兴的车载以太网技术，这些总线技术各自具备独特的技术特点和优势，并在不同的应用场景中发挥着重要作用。这些总线技术构成了汽车内部电子系统之间信息传输的主干，它们的性能直接影响着汽车的性能和智能化水平。

为了充分发挥这些总线技术的优势，实现汽车内部电子系统之间的最佳通信效果，我们需要根据不同 EEA 的需求，合理设计网络拓扑结构。这需要我们深入理解各种总线技术的特点、网络结构和基础协议，以便在实际应用中做出正确的选择。

特别是随着中央集中式架构的兴起，车载以太网技术因其高带宽、低延迟和强大的扩展性而备受关注。在中央集中式架构中，车载以太网技术能够实现跨域传输的数据带宽大幅提升，为高性能数据处理提供了有力支持。

通过将车载总线技术与网络拓扑结构相结合，我们能够为智能汽车和智能座舱提供最佳的数据传输解决方案。这种解决方案不仅确保了车辆在各种场景下的稳定运行，还为未来的智能化升级预留了足够的拓展空间。

第 4 章
高速视频传输技术

第 3 章详细阐述了数种车载总线的技术原理以及它们在不同场景中的实际运用。然而，随着智能座舱和智能驾驶技术的迅猛进步，汽车内部对高清摄像头和高分辨率显示屏的需求显著增加。面对高速视频数据传输的需求，车载总线技术在带宽和时延方面的表现已显得力不从心，难以满足日益增长的性能要求。因此，本章将重点介绍一种在车内得到广泛应用的高速视频传输技术。这种技术专为高清视频传输而设计，能够高效连接摄像头、显示屏等高速数据设备，从而为现代智能汽车传感器连接技术提供了强有力的支撑。

4.1 高速视频传输需求

智能座舱的视觉感知子系统深度依赖于一系列精密摄像头，它们涵盖驾驶员感知系统、乘客感知系统、360°环视摄像头以及行车记录仪等。这些摄像头各司其职，协同作用，实现对车内车外环境的全方位、精细化感知。同时，座舱的显示子系统亦不可或缺，它支撑着中控大屏、抬头显示器等多个屏幕，为驾驶员和乘客提供清晰、直观、信息丰富的视觉呈现。

为了确保这些分散的图像传感器和显示屏能够发挥最佳效能，它们工作所需的数据必须高效、稳定地传输至智能座舱域控制器进行处理。在此过程中，数据传输的稳定性、准确性和实时性显得尤为关键，它们直接关乎智能座舱各项功能的顺畅运行。那么，针对这些数据传输环节，我们又该设定哪些特定的要求和考量因素呢？

4.1.1 数据传输需求

在汽车内部，由于空间结构的限制和分配问题，各种设备与智能座舱域控制器并不总是能够紧邻布置。因此，在实际应用中，人们通常需要借助线束将这些设备远程连接到域控制器上。尽管这种布局方式增加了布线的复杂性，但它也是为了满足汽车内部空间优化和设备配置需求而采取的必要措施。

图 4-1 展示了智能汽车高速传感器布局示意图。

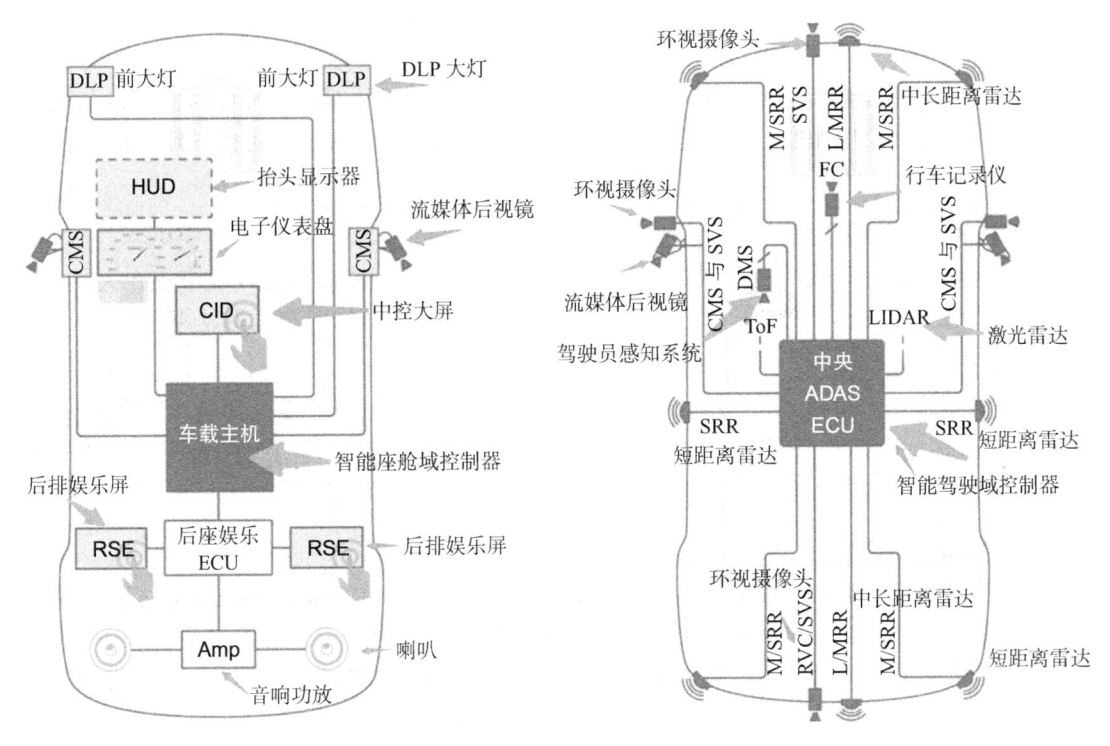

图 4-1　智能汽车高速传感器布局示意图

从图 4-1 中可以看到，智能汽车不仅连接了众多舱内和舱外摄像头，还配备了多个舱内显示屏。这些先进的设备不仅支持图像数据的精准采集，还能实现娱乐信息的流畅输出。然而，随着显示屏和摄像头分辨率的不断提升，所需传输的数据量也急剧增长。

仔细分析智能座舱系统和智能驾驶系统所使用的高清摄像头和显示设备，可以看到它们在数据传输方面的要求具有相似的特点。

1. 高带宽

为了满足高清视频、多媒体数据以及大量传感器数据的传输需求，系统需要高带宽的数据通道。以中控大屏为例，如果屏幕分辨率达到 2K 像素，刷新率为 60 帧，并采用 RGB888 图像数据格式，那么所需传输的有效数据将高达 3.58Gbit/s。这意味着，仅中控显示屏一项，每秒就需要传输 3.58 Gbit 的数据。

对智能驾驶系统来说，承担视觉感知能力的摄像头的分辨率也水涨船高。部分车型的 ADAS 摄像头已经从 500 万像素升级到 800 万像素。以 30 帧/s 的速率计算，单个摄像头的数据传输率已经达到 3.45Gbit/s，而这样类型的摄像头，在不同等级的智能驾驶系统上可能需要数个到十几个之多。

2. 低时延

实时性传输在智能座舱和智能驾驶中至关重要。对智能座舱而言，用户在享受娱乐内容时，如观看电影或使用导航功能时，期望获得流畅无缝的体验。任何由于显示数据传输超时而导致的视频延迟和卡顿都会对用户体验产生负面影响，降低用户的满意度。

在智能驾驶方面，实时性更是关乎安全的关键因素。摄像头采集的图像数据必须及时、准确地传输到智能驾驶系统进行处理。任何延迟都可能导致系统对周围环境的感知能力下降，进而影响其决策和反应速度。在高速驾驶或复杂交通情况下，这种延迟可能导致严重的后果，甚至危及乘客和行人的安全。

3. 良好的电磁兼容性能

电磁兼容性也是车载环境中数据传输所必须考虑的重要因素。车载环境中存在大量的电磁干扰，如电子设备的电磁辐射等。这些干扰对高速传输的信号的影响尤为显著。

4. 支持长距离传输

在车载系统中，摄像头可能被部署在车身的多个位置，如前后保险杠、车门后视镜等，这些位置与处理单元之间的距离长短不一，短则仅有几米，长则可能超过 10m。随着数据传输距离的增加，信号衰减的问题愈发严重，导致高速信号在传输过程中更易失真。

5. 支持数据聚合能力

智能汽车通常配备多个摄像头，旨在提供全方位的监控和更丰富的驾驶辅助信息。然而，在实际应用中，由于接口和线束的限制，域控制器往往难以为每个传感器单独提供一个独立的接口。因此，在车载环境下，对传输技术提出了高效数据聚合能力的明确要求。它使得多个设备能够通过同一根导线或同一个接口顺利连接到中心域控制器上。

4.1.2 车载总线的限制

针对高速设备严苛的数据传输需求，审视当前车载总线技术，我们发现并无现成的完美解决方案。无论是采用 MOST 技术还是车载以太网，其传输带宽均未能满足高速数据设备的需求。

当前，车载总线中传输速率最高的技术无疑是以太网。然而，以太网的物理层协议受限于 1000BASE-T1 标准，仅能提供 1000Mbit/s 的数据带宽。这样的带宽对单路摄像头的数据传输已是捉襟见肘，更难以支撑多个高速摄像头同时工作。此外，车载以太网采用环网架构，虽然提升了网络的可靠性和降低了线束成本，但当多个高速摄像头同时传输数据时，分时复用的机制不可避免地会降低每个设备的实际传输带宽。

由此可见，现有的车载总线技术在应对高速设备的数据传输方面存在明显短板。为了满足智能驾驶对数据传输的高要求，我们必须积极寻求创新解决方案。

4.1.3 应对策略

要破解高速设备数据传输的难题，我们需从传输网络结构和基础传输技术两方面入手进行分析。

1. 传输网络结构

在传输网络结构方面，高速设备与中心域控制器之间的连接应采用点对点的直连方式。这种方式意味着每个传感器都拥有独享的线路，直接与域控制器相连，从而形成一个以域控制器为核心的星形网络结构。这种结构不仅能确保每个传感器都获得足够的数据带宽，还能有效减少数据传输过程中的延迟和干扰，从而提高整个系统的稳定性和可靠性。

2. 基础传输技术

由于图像像素点的特性，人们首先想到的是采用并行方式来传输图像数据。但这样带来的问题是要求插件具备较多的针脚，不仅导致尺寸变大，还会因线束的重量、数量导致成本上升，线束的安装布局设计也会比较困难。同时，多条并行数据之间、数据与时钟之间的传输相位可能会出现明显的偏移，给系统引入传输误码。

采用串行传输是代替这种并行传输的有效解决方法。通过把发送端的多条并行数据转换成单条的串行数据，在接收端再把串行的数据经过转换，恢复成并行视频格式和低速控制信号，就能有效解决并行信号传输所面临的问题。

这种并行转串行的技术被称为 SerDes（Serializer/Deserializer，串行器/解串器）。串行器和解串器一般会成对出现。为了支持更多的应用，串行器能够接收来自不同接口类型的并行数据，并将其串行化发送；经解串器接收处理后，则能恢复成各种数据格式，之后传递给接收端处理器进行处理，如图 4-2 所示。

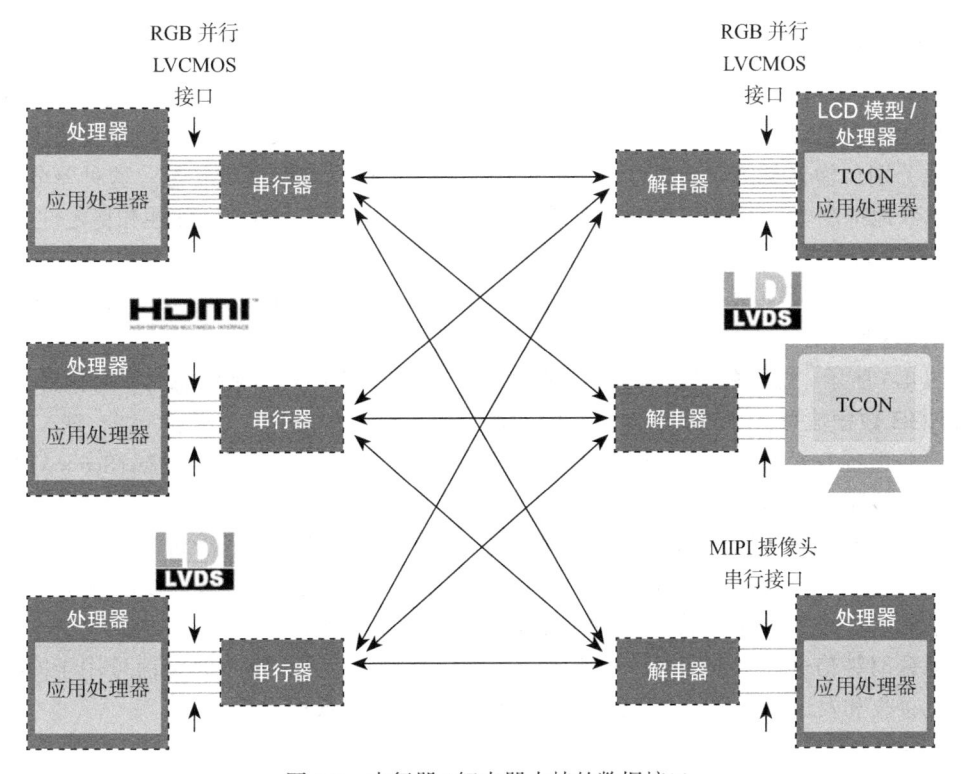

图 4-2　串行器/解串器支持的数据接口

从图4-2中可以看到，数据发送端的视频或图像接口类型丰富多样，包括RGB并行LVCMOS接口[⊖]、HDMI（High Definition Multimedia Interface，高清多媒体接口）以及LDI LVDS（一种开放的LVDS技术显示接口，其中LVDS表示低压差分信号）。这些接口的视频或图像数据均可被串行器接收，并经过高效地转换，变成串行信号进行传输。

而在接收端，解串器则发挥着至关重要的作用。它能够将从任意类型接口接收到的串行数据，准确无误地恢复成各种不同的数据格式。这些数据随后被发送给接收端处理器，以便进行后续的处理工作。接收端的接口类型同样多样，包括RGB信号并行传输接口、LDI接口，以及MIPI CSI（MIPI联盟定义的摄像头串行接口）。

4.2 高速视频传输技术的原理

最早的SerDes传输采用的是LVDS（Low-Voltage Differential Signaling，低压差分信号）技术，该技术利用差分信号实现串行数据的传输。然而，由于LVDS需要借助多对差分信号线来完成数据传输，其机械结构变得相当复杂，导致安装过程困难重重，同时成本也居高不下。为了克服这些缺点，将SerDes技术进行了改进，即采用CML（Current Mode Logic，电流模式逻辑）接口技术。这种新技术仅需一对差分信号线便能实现图像视频信号和时钟信号的打包传输，极大地简化了结构，降低了成本，并提升了传输效率。

4.2.1 LVDS

LVDS技术是一种低功耗、低误码率、低串扰和低辐射的差分信号技术。最初的LVDS技术需要使用多对信号线，才能满足高速视频图像数据传输的要求。在一条传输通道上，它使用两根线分别传输正负信号，通过比较这两个信号的差值来判断逻辑状态。这种差分传输方式可以有效地抑制电磁干扰（EMI）、降低信号衰减，提高信号传输的准确性和稳定性。同时，LVDS还具有较低的功耗和较低的信号摆幅，适合在车载环境中使用。

以RGB并行信号传输的需求为例，我们来看一下LVDS是如何实现并行信号转串行信号的，如图4-3所示。

如图4-3所示，输入的视频信号一共有22根信号线。它们被用来传输如下的数据。

- **RGB数据信号**：早期的图像格式中，每个像素点都有3个颜色通道（红、绿、蓝），每个通道各有6根信号线，用于传输6位的颜色数据。因此，总共需要18(6×3)根信号线来传输RGB666的完整数据。
- **控制信号**：用3根信号线来传输控制信号。它们包括数据有效（Data Enable, DE）信号、Hsync（行同步）信号和Vsync（列同步）信号，用于指示数据开始、结束或进行同步的点等。这些控制信号有助于接收端正确解析接收到的数据。
- **像素时钟信号**：至少一根信号线用于传输像素时钟信号，这个时钟信号用于同步数据的接收和发送，确保发送端和接收端能够正确地对齐数据。

⊖ LVCMOS是低压互补金属氧化物半导体的意思，实际上这就是RGB信号并行传输接口。

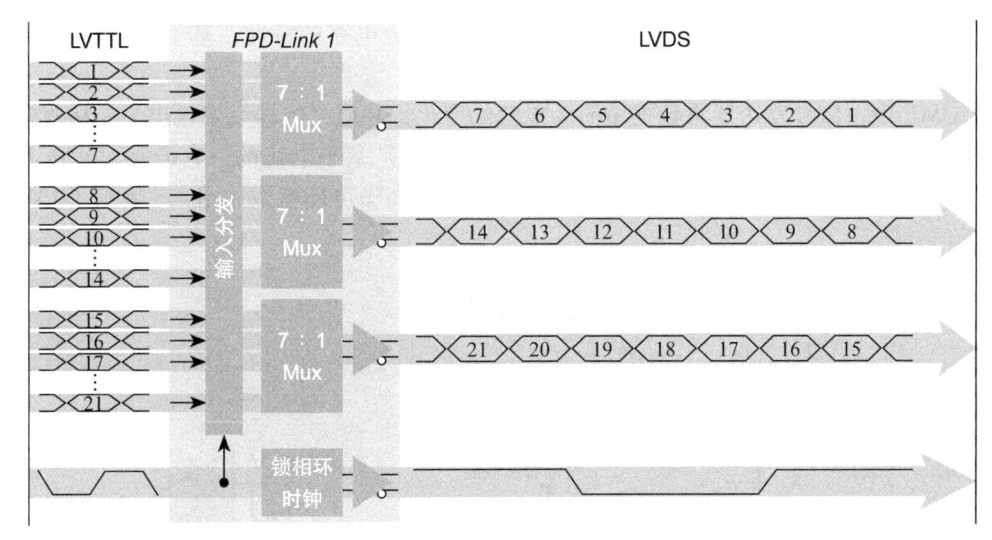

图 4-3　LVDS 实现并行转串行的示意图

　　LVDS 转换技术具备将 7 路输入的并行信号整合为 1 路差分信号并输出的能力，体现为 7∶1 的多路复用（Mux）转换逻辑。同时，该技术还能将 1 路时钟信号转换成 1 路差分信号并输出。经过这样的转换，原本 22 根输入信号被精简为 3 路数据差分信号和 1 路时钟差分信号输出，极大地简化了信号传输的复杂性。关于具体的 RGB 图像数据传输序列，可参照图 4-4。

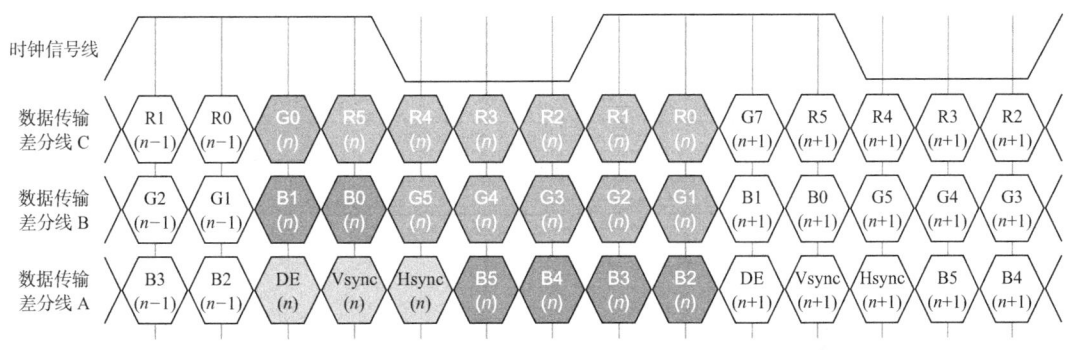

图 4-4　LVDS 传输 RGB666 像素排列示意图

　　由图 4-4 可知，时钟（RCLK_in）信号线用于传输时钟信号，数据传输差分信号线 A、B、C 共同用来传输 RGB 数据和 DE（数据有效信号）、Vsync、Hsync 信号。

　　LVDS 技术以其卓越的性能，在车载视频信号传输的初期阶段发挥了至关重要的作用，并取得了巨大的成功。正是因为其在车载视频传输领域的卓越表现，使得人们至今仍习惯性地将车载视频传输信号线称为 LVDS。这一称谓不仅是对 LVDS 技术历史地位的认可，也反映了它在车载视频传输领域的深远影响。

4.2.2　CML

　　针对 LVDS 技术需要采用多对差分信号线来传输数据的不足，人们提出了改进版的 CML

（电流模式逻辑）技术。CML 技术的基本原理是利用差分电路的特性，基于电流模式的变化，将信号的正负两个部分分别进行处理并传输。

在 CML 中，信号发送器将数据编码为电流的变化，并通过传输线发送出去。接收端则检测这些电流变化，并将其解码回原始数据。由于 CML 是基于电流的，它通常对噪声和电磁干扰（EMI）具有较好的抵抗能力，适合应用在高速和高噪声环境中。图 4-5 展示了 LVDS 和 CML 的信号原理。

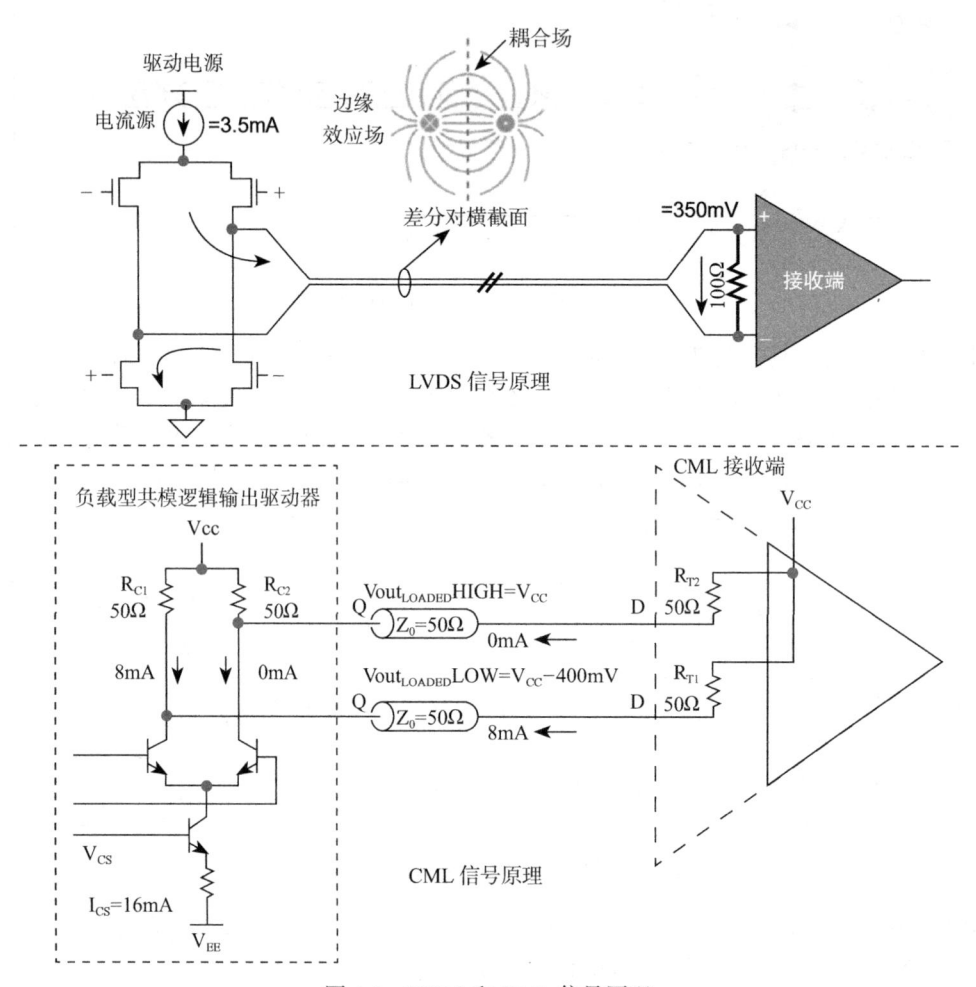

图 4-5 LVDS 和 CML 信号原理

LVDS 差分信号产生的原理主要基于恒流源驱动和差分电压检测。在发送端，LVDS 使用 3.5mA 的恒流电源来驱动信号线，电流在两条差分信号线之间流动。当发送逻辑 1 时，电流在一个方向上流动，产生正的电压差；当发送逻辑 0 时，电流在另一个方向上流动，产生负的电压差。在接收端，通过检测这两条差分信号线之间的**电压差**来判定发送的是逻辑 1 还是逻辑 0。由于 LVDS 信号的摆幅较低（通常为 ±350mV），因此功耗也相对较低。

CML 在差分电路上的处理与 LVDS 非常相似，只是将电压的差分改为了电流的差分。CML

信号在发送端通过电流源产生电流，这些电流在差分信号线上流动。发送逻辑 1 和逻辑 0 时，电流的方向或大小会发生变化。在接收端，通过检测差分信号线上的**电流差**来判定发送的逻辑状态。由于 CML 信号的输入和输出是匹配好的，减少了对外围器件的需求，使得其成为高速数据接口形式中最简单的一种。

采用 CML 差分技术进行传输时，其独特的传输方式使得人们可以通过 1 根同轴电缆（Coaxial Cable）或者一对双绞线来实现信号的传输。这种设计极大地拓展了传输物料选择的灵活性，为用户提供了更多的选择和适配空间。图 4-6 展示了这两种线缆的连接方式。

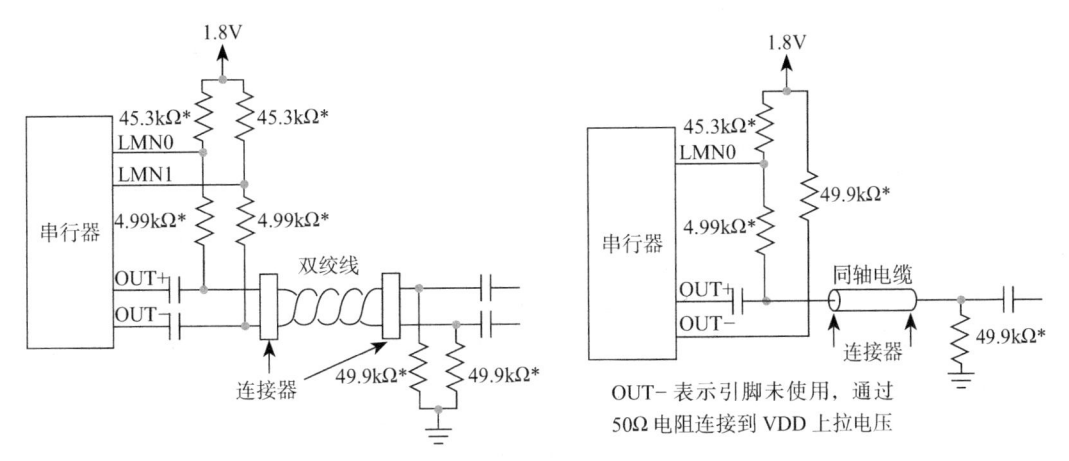

图 4-6 CML 传输介质支持双绞线或者同轴电缆

注："*"表示存在 ±1% 的误差。

如图 4-6 所示，当采用双绞线进行传输时，使用了两根信号线来传输差分信号。这种差分信号传输方式具有出色的抗干扰能力，能确保信号的稳定性和准确性。而在采用同轴电缆传输时，情况有所不同。同轴电缆利用其独特设计的单端信号线进行信号传输。在这种传输方式下，同轴电缆的电气特性和物理结构，如内导体、绝缘层、外导体以及护套等的材料选择、厚度和构造方式，均对 CML 信号的传输质量产生着至关重要的影响。

4.2.3 传输线缆

在串行器和解串器之间，凭借不同种类的线缆，实现了高效且远距离的数据传输。常见的 SerDes 线缆类型如图 4-7 所示。

从图 4-7 中可以看到，支持 SerDes 传输的线缆类型主要有 4 种。

第 1 种是同轴电缆。它的中心是一根单芯导线，外部包围着一层绝缘材料，然后是一层网状编织的导电屏蔽层，最外层是保护性塑料。这种结构使得同轴电缆能够有效抵抗外界电磁干扰，保持信号的稳定传输。同轴电缆不仅支持长达 10m 以上的传输距离，而且成本相对较低，非常经济实用。更值得一提的是，它还能在同一根电缆上传输供电电流，实现 POC（Power Over Coax，同轴电缆供电）功能，这一特性使得同轴电缆在多种应用场景中备受青睐。因此，它成为使用最为广泛的线缆之一。

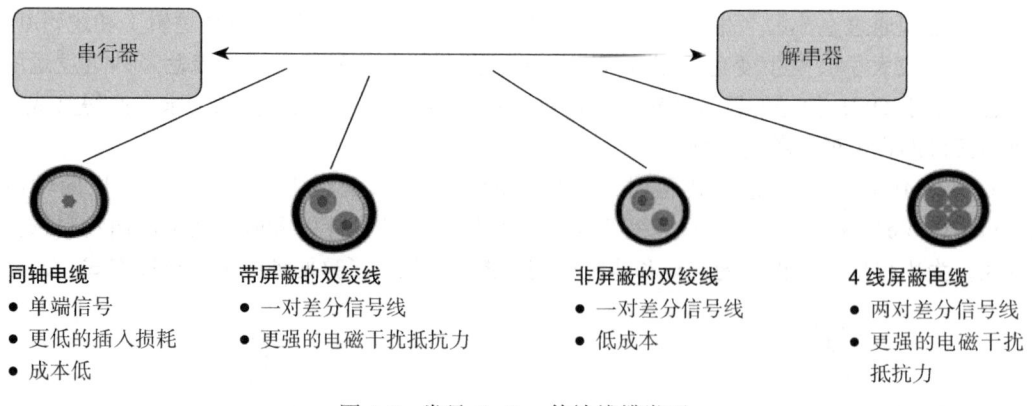

图 4-7 常见 SerDes 传输线缆类型

第 2 种是 STP（Shielded-Twisted Pair，带屏蔽的双绞线）。它由一对金属导线相互紧密缠绕而成，并额外增加了金属屏蔽层，这样的设计使其具有出色的电磁屏蔽性能。由于 SerDes 技术采用差分信号传输技术，即通过两根线来传输信号，STP 作为传输介质能够很好地支持这种差分信号。差分信号本身就对外界电磁干扰具有较强的抵抗力，而 STP 的屏蔽层进一步强化了这种抗干扰能力，确保了信号的完整性和稳定性。使用 STP 作为传输介质，其传输距离同样可以达到 10m 以上，表现出色。

第 3 种是 UTP（Unshielded-Twisted Pair，非屏蔽的双绞线）。它与 STP 的主要区别在于去除了金属屏蔽层的保护。因此，UTP 相对更容易受到外部电磁干扰的影响，这可能导致信号的衰减和传输错误。尽管 UTP 的传输距离相较于 STP 要短一些，但其成本较低，这也是 UTP 的一个显著优势。在成本敏感的场合，UTP 仍然是一个经济实用的选择。

第 4 种是 STQ（Star-Quad cable，星绞线对电缆）。STQ 是一种特殊的四线电缆结构。在这种结构中，4 根电线被放置在一起，并拧成一个线束。这种设计提供了优秀的噪声抑制和平衡特性，适合长距离传输高速信号。

4.3　FPD-Link 技术

FPD-Link（Flat Panel Display Link，平板显示器链接）是由美国国家半导体公司（后被德州仪器公司收购）在 1996 年创建的高速数字视频接口。事实上，第一代的 FPD-Link 技术就是 LVDS。

第二代 FPD-Link 被称为 FPD-Link Ⅱ。为了获得更高的速率和更少的接口，FPD-Link Ⅱ 使用了 CML 的接口，取代了第一代使用的 LVDS 接口。此外，FPD-Link Ⅱ 中还加入了直流均衡编码技术，并在链路上采用了交流耦合的策略。这些改进使得 FPD-Link Ⅱ 可以最高达到 3Gbit/s 左右的带宽，传输距离可达 10m 以上。

第三代 FPD-Link Ⅲ 于 2010 年被提出。相比 FPD-Link Ⅱ，第三代 FPD-Link 增加了双向通信的功能，并支持在链路上传输 I2C 和 CAN 等低速信号（主要是针对汽车应用需求的改进）。

FPD-Link Ⅳ 则继续提升传输带宽，并支持更多的图像传输接口。例如，在一对 STP 线缆上，FPD-Link Ⅳ已经可以做到 6Gbit/s 的传输速率。它还可以通过一个串行器支持 2 路 4K 分辨率屏幕的图像信号传输。

4.3.1 特色模块

FPD-Link 技术的底层传输机制建立在 LVDS 或 CML 等技术之上，但 FPD-Link 在更高级的传输层展现出独特的优势，为用户提供了高效且实用的功能。以下是一些特色模块的示例。

1. 编码传输

FPD-Link 采用了自己独特定义的编码方案，以实现在一条串行链路上发送并行的图像数据。以 FPD-Link Ⅲ 为例，它在每个时钟周期传送一个像素点的数据。假如待传输的图像采用 RGB888 的数据格式，那么 FPD-Link Ⅲ 在每个时钟周期会把 24bit RGB 数据、控制信号、时钟信号编码成为 35bit 的数据进行传输，格式如图 4-8 所示。

b28	b29	b30	C1	C0	b0	b1	b2	b3	b4	b5	b6	b7	b8	b9	b10	b11	DCA	DCB	b12	b13	b14	b15	b16	b17	b18	b19	b20	b21	b22	b23	b24	b25	b26	b27	b28	b29	b30	C0	C1	b0	b1	b2
时钟			信息娱乐：24 位视频编码→35 位有效载荷编码：FPD-Link Ⅲ 此处仅供示意，实际上，数据是进行了随机化/扰码处理的																																				时钟	
时钟			8bit 红色数据（R）									4bit 绿色数据（G）				直流均衡信号	4bit 绿色数据（G）				8bit 蓝色数据（B）									7bit： Hsync、Vsync、DE、I2C、I2S、GPIO 等							时钟	

图 4-8　FPD-Link Ⅲ 编码方式

在图 4-8 中，C1 和 C0 分别作为起始和结束的时钟信号，确保数据传输的同步和准确性。24 位的 RGB 信号按照特定的次序进行传输，以实现图像的完整呈现。DCA 和 DCB 作为直流均衡的编码信号，被巧妙地插入到 RGB 数据位中。这些编码信号的作用在于保持信号在直流分量上的平衡，有效减少了信号传输过程中的损耗和干扰，从而显著提升了传输距离和信号的稳定性。

除了 RGB 数据，b24～b30 的 7 位编码数据同样承载着重要的信息。这些位用于传输各种控制命令，例如 Hsync 和 Vsync 用于控制图像帧的正确显示次序；I2C 用于传递触摸屏控制命令；I2S（Inter-IC Sound，音频传输电路）用于传输音频数据，可与图像数据配合实现音视频同步的效果。

然而由于编码格式的需要，原本只有 24 位的有效图像数据，在实际传输过程中将占用 35 位的带宽。这意味着在计算 FPD-Link 的传输带宽时，必须充分考虑编码格式所带来的带宽损失。

2. 反向传输通道

在 SerDes 的数据传输方案中，从串行器向解串器发送数据被称为正向通道（Forward Channel），这是数据传输的主要方向，用于高速地传输视频和图像信号，以及各类控制命令。然而，通信往往是双向的，解串器在某些情况下也需要向串行器发送信息，如触摸屏向智能座舱域控制器报告触摸坐标和轨迹等关键信息。

这些反向的控制命令可以通过多种接口方式传递，例如 I2C、GPIO（通用输入输出接口）等。这些接口虽然能够完成任务，但它们通常需要额外的硬件连接，增加了系统的复杂性和成本。

为了简化系统架构并降低成本，FPD-Link 技术引入了反向传输（Back Channel）的通信通道。这一通道巧妙地利用了同一根电缆，提供了反向通信的能力。这不仅提高了数据传输的效率，还大大简化了系统的设计和维护。图 4-9 说明了正反向传输通道的情况。

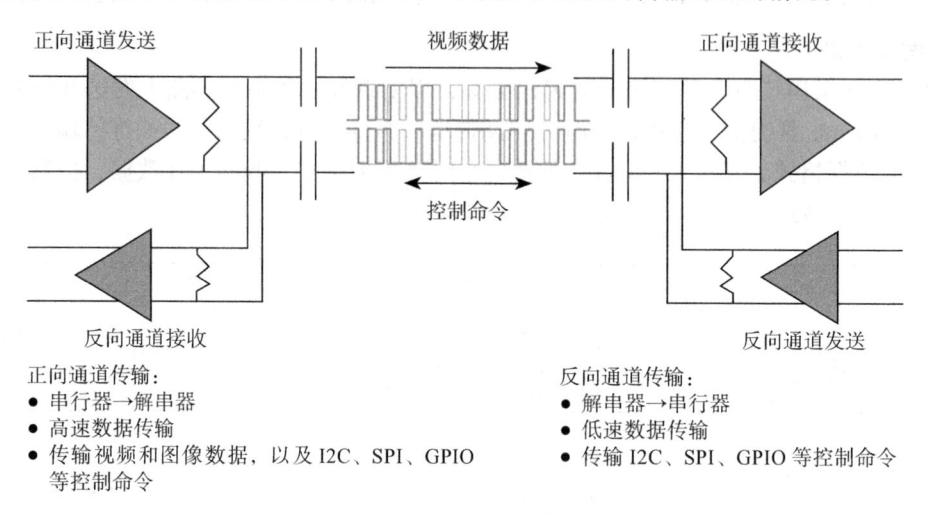

正向通道传输：
- 串行器→解串器
- 高速数据传输
- 传输视频和图像数据，以及 I2C、SPI、GPIO 等控制命令

反向通道传输：
- 解串器→串行器
- 低速数据传输
- 传输 I2C、SPI、GPIO 等控制命令

图 4-9　正向和反向传输通道

3. POC

在智能汽车上，摄像头供电问题是个令人头疼的难题。由于使用的车载摄像头数量多达十几个，若每个摄像头均采用独立供电方式，将需要增设大量的电源供应芯片，这无疑给成本和电源分配方式带来了不小的压力。鉴于此，PoC 技术成了一个有效的解决方案。这项技术巧妙地通过一条同轴电缆，同时实现了电源供电和数据传输的功能，大大简化了系统结构。

为了实现这一功能，内部导体上的频谱被精细地划分为三个波段——功率、反向信道数据和正向信道数据。通过滤波技术，将各个频带精确地传递到其对应的电路中。数据通道则借助串联电容实现与收发器输入端的交流耦合。这样的设计不仅确保了电源和数据传输的稳定性，还提高了系统的整体效率。图 4-10 展示了这样一个 POC 电路的结构示意图。

如图 4-10 所示，同轴电缆的左侧为数据发送端，负责将信息传输至右侧的数据接收端。根据 FPD-Link 的 PoC 电路规范。在频谱分配上，反向控制信道占据了从 1MHz～5MHz 的频谱空间，而正向的视频信道则占用了从 70MHz～700MHz 的频谱空间。接下来，FPD-Link 要在不干扰这两个频带的情况下，通过同一电缆实现添加供电电流。这要求设计人员仔细选择供电电流的频谱范围，并确保其与现有的反向信道和视频信道完全隔离。

4. 自适应均衡电路

高速视频信号从串行器传输到解串器的过程中经过 PCB（电路板）走线、连接器和线束，这些传输介质都会衰减信号幅度，增加信号噪声，而且频率越高，被影响的程度越大。为了补偿传输介质对信号的恶化影响，FPD-Link 在解串器一端提供了 AEQ（Adaptive Equalizer，自适应均衡器）模块。这个模块放大补偿输入信号，以此来部分抵消传输通道对信号的影响。图 4-11 展示了 AEQ 对高速信号传输的补偿作用。

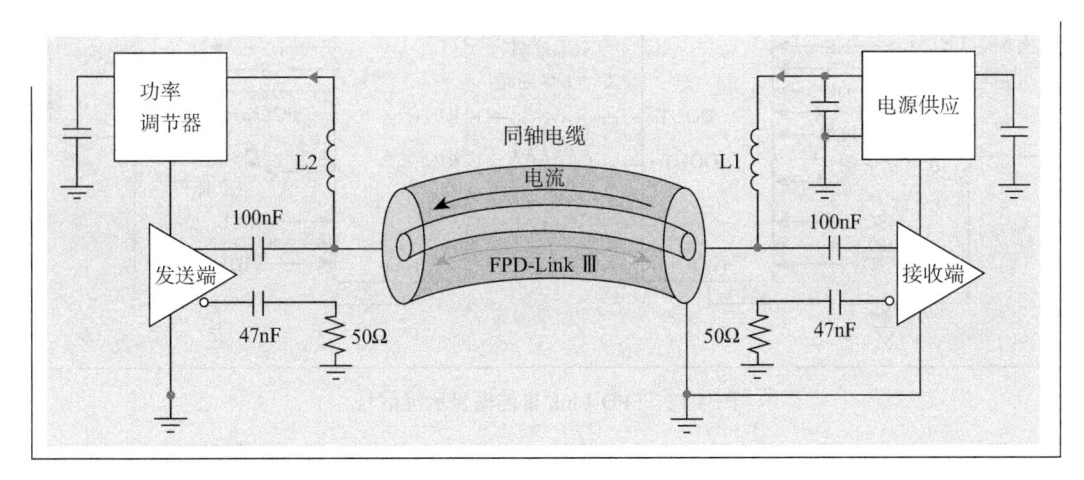

图 4-10　POC 电路结构图

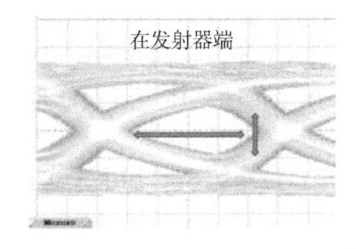

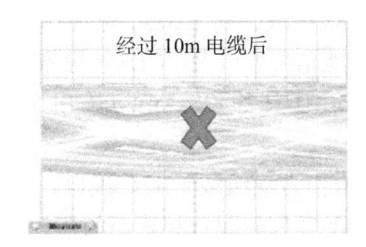

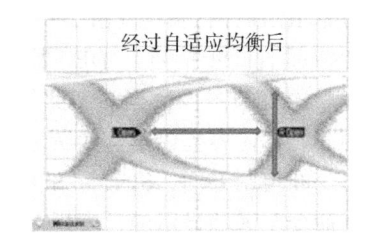

图 4-11　AEQ 补偿后的高速信号眼图变化

如图 4-11 所示，我们可以清晰地观察到数据传输过程中的变化及其补偿效果。左边第一幅图展示了串行器输出数据的初始眼图，可以看出数据信号清晰、干净，眼图张开明显，这表明数据传输质量良好。

然而，当数据经过 10m 长的传输线缆后，由于衰减和干扰，数据质量开始变差。中间第二幅图展示了经过传输后的眼图，可以看出眼图已经闭合，数据信号变得模糊不清，难以分辨和识别。在这种情况下，解串器无法正确解码数据，导致通信失败。

为了解决这个问题，FPD-Link 采用了 AEQ 模块进行补偿。AEQ 模块能够根据传输线缆的特性，自动调整信号的幅度和相位，以补偿因线缆引入的衰减和干扰。通过 AEQ 模块的补偿，解串器接收到的信号质量得到了显著改善。右边第三幅图展示了补偿后的眼图，可以看出眼图重新张开，数据信号变得清晰可辨。

4.3.2　应用范例

FPD-Link 可以应用于各种传输高清视频数字信号的场景。图 4-12 展示了使用 TI 公司的一对串行器/解串器，远距离传输 RGB 信号，用以支持 LCD 显示屏的范例。

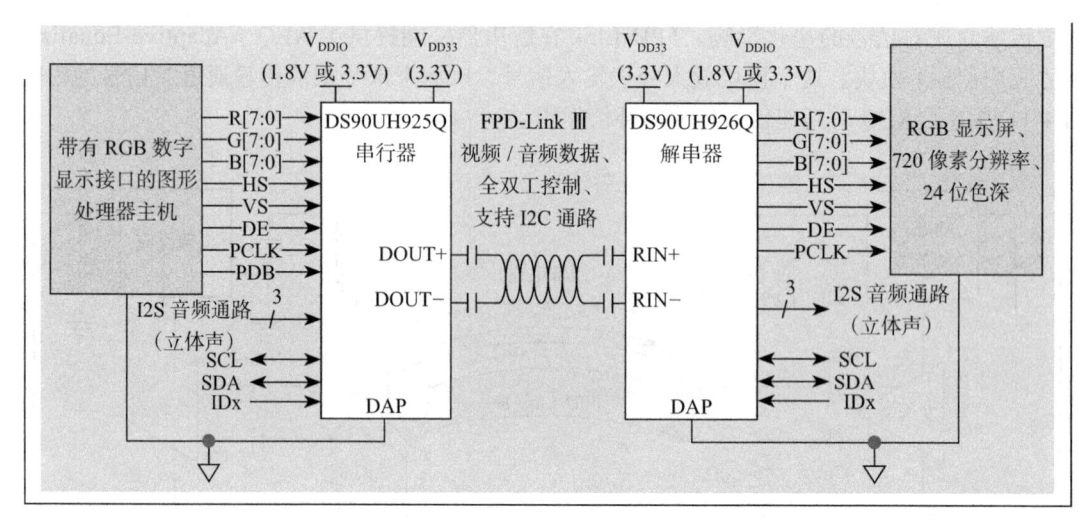

图 4-12　FPD-Link Ⅲ 传输显示屏信号

由图 4-12 可知，图形处理器主机作为数据发送方，在智能座舱域控制器的 SoC 中扮演着图像处理单元的角色。其核心功能在于生成并输出高质量的图像和视频数据。这些输出信号包括 RGB 并行信号（由 24 根信号线组成，每 8 根对应一个颜色通道）、HS（水平同步信号）、VS（垂直同步信号）、DE（数据使能信号）以及 PCLK（像素时钟信号）等，它们共同构成了完整的视频图像数据流。此外，SoC 还具备 I2S Audio 输出功能，用于传输立体声音频信号，为多媒体内容提供丰富的听觉体验。

在控制方面，SCL 和 SDA 两根信号线组成了 I2C 接口，这一接口被座舱 SoC 用来发送控制命令至远端显示屏，实现对显示屏参数的配置和状态的监控。

数据的接收方是一块高性能显示屏，它支持 RGB888 图像格式，具备 720 像素分辨率和 24 位颜色深度，能够完美呈现发送方输出的图像数据。

在发送方和接收方之间，TI 公司的 DS90UH925Q 串行器和 DS90UH926Q 解串器芯片构成了数据传输的桥梁。串行器负责将 24 位的 RGB888 并行信号转换为串行信号，并通过一对双绞线以 FPD-Link Ⅲ 格式进行高效传输。这种格式不仅包含了视频和音频数据，还支持双向控制命令的传输，实现了数据的集成化和高效化。

解串器则负责从双绞线接收差分信号，并将其还原为 RGB888 的并行信号格式，确保数据的准确性和完整性。最终，这些信号被送至显示屏进行播放，为用户呈现出清晰、流畅的视觉体验。

整个系统通过巧妙的信号转换和传输设计，实现了高质量图像与音频数据的远距离传输和播放，为智能座舱提供了丰富的多媒体内容和交互体验。

4.4　GMSL 技术

GMSL（Gigabit Multimedia Serial Link，吉比特多媒体串行链路）技术是美信半导体公司（现被 ADI 亚德诺半导体公司收购）提出并开发的一种高速串行数据传输解决方案，旨在有效解决音频、视频以及控制信号的远距离高速传输问题。

截至目前，GMSL 技术已经历了三代的发展，正积极研发第四代技术。在 GMSL1 中，其传输带宽最高可达 3Gbit/s，支持摄像头的分辨率最高为 200 万像素。到了 GMSL2，带宽提升至 6Gbit/s，进而支持 800 万像素的摄像头。而在 GMSL3 中，带宽更是跃升至 12Gbit/s，使得摄像头的分辨率最高可达 1300 万像素。这样的技术革新，极大地满足了智能驾驶系统和智能座舱系统对摄像头感知能力和分辨能力不断提升的需求。

GMSL 技术与 FPD-Link 技术颇为相似，两者均采用了 SerDes 方案，以支持显示屏和摄像头的高速信号传输。GMSL 不仅具备了 FPD-Link 技术的所有优点，更在某些方面实现了超越。在 SerDes 市场上，GMSL 与 FPD-Link 技术形成了良性的竞争关系。事实上，它们已成为车载 SerDes 领域的两大领军企业，共同主导着该市场的主要份额。

GMSL 拥有多样化的芯片体系，涵盖了显示屏数据传输和摄像头数据传输两大类应用，展现出广泛的技术适应性。与 FPD-Link 技术最初主要专注于显示屏传输技术不同，GMSL 技术的起点在于车载摄像头应用领域。下面以摄像头的实际应用为例，说明 GMSL 的应用场景。

1. 摄像头数据传输

GMSL 技术的优势在于其高效、稳定的数据传输能力，能够满足车载摄像头对高清、实时图像传输的需求。随着汽车行业的不断发展，对车载摄像头的要求也越来越高，GMSL 技术正好迎合了这一趋势，成为车载摄像头数据传输的重要解决方案。

图 4-13 展示了应用 GMSL 来传输摄像头数据的基本原理。

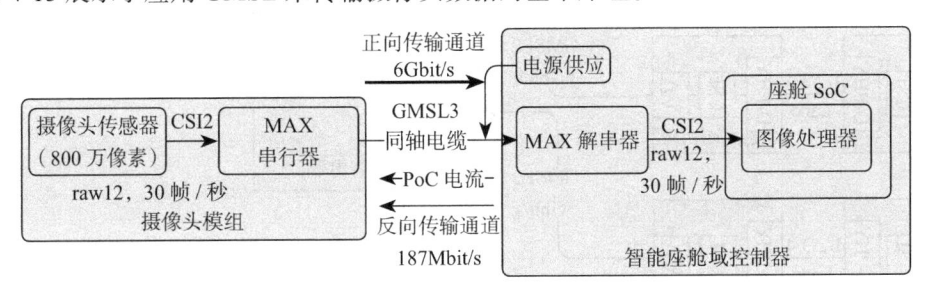

图 4-13　GMSL 传输摄像头数据基本原理

GMSL 在传输摄像头数据时的大体流程如下。首先，图像传感器会捕获光信号并将其转换为数字信号。随后，这些数字信号通过 MIPI CSI2 协议传输至串行器。传输的内容主要包括图像数据信息、像素时钟、行同步以及列同步信号。在 CSI2 通道上传输的"raw12"数据表示摄像头采用原始数据格式进行传输，每个像素点包含 12bit 的数据，传输速率为 30 帧 / 秒。

串行器接收到这些数据信息后，会进行串行化处理，将数据整理成包的形式。接着，这些数据包会通过同轴电缆以串行的形式发送出去。在此过程中，数据流的传输是双向的。正向通道主要用于发送摄像头捕捉的图像数据以及错误检测信息等，其带宽高达 6Gbit/s。而反向通道则负责传送控制命令，如帧同步信号、起始控制命令、错误恢复命令等，其带宽为 187Mbit/s。另外，还可以进行 PoC（Power over Coax，同轴线供电），解决了摄像头模组分散布置导致的供电困难问题。

在接收端，解串器负责接收 GMSL3 数据，并将串行数据恢复成原始数据。随后，这些数据通过 MIPI CSI2 接口传送给座舱 SoC 中的图像处理器进行处理。经过图像处理器的处理，原始图像数据被恢复成人眼可识别的图像信息，为后续的应用提供了高质量的图像数据支持。

2. 多路摄像头聚合

在车载摄像头的实际应用中，座舱 SoC 接口不足是一个常见的问题，这限制了多个摄像头的同时输入，导致部分功能（如 360°环视）无法实现。360°环视功能需要同时输入前、后、左、右 4 个摄像头的数据到 SoC 进行环视拼接和处理。如果 SoC 上的 MIPI CSI 接口数目不足，那么 SoC 将无法同时接入四路摄像头，该功能也将无法实现。

为了解决这个问题，GMSL 提供了一种数据聚合方式。这种方式允许将多个摄像头的数据在解串器内部进行聚合，从而通过一个 MIPI CSI 接口输入到 SoC 内进行处理。

图 4-14 展示了这样的处理方式。

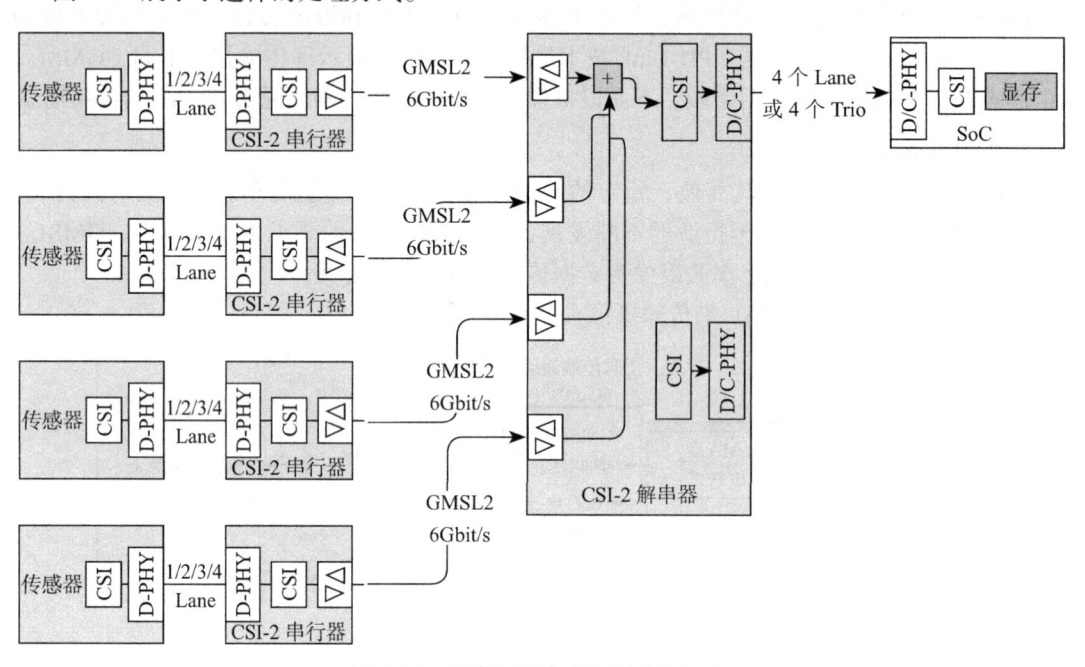

图 4-14 解串器聚合多路摄像头输入

从图 4-14 中可以看到，每个摄像头模组集成了摄像头传感器和串行器，它们之间的数据接口采用了 MIPI CSI-2 标准，利用 D-PHY 物理层协议进行高速数据传输。D-PHY 电路支持多达 4 对差分信号线（1 对线称为 1 Lane），每 Lane 带宽高达 2.5Gbit/s，为摄像头模组提供了充足的数据传输能力。

在数据接收端，解串器设计独特，能够支持 4 路 GMSL2 信号输入，每路信号的最大带宽达到 6Gbit/s。由于 GMSL2 的带宽限制，前端的传感器的最大传输速率达不到 10Gbit/s，将被限制在 6Gbit/s 以下。在实际应用中，这样的一个解串器可以同时支持 4 个 800 万像素的摄像头输入 raw12 数据。

在输入后 4 路 GMSL2 信号，经过解串器内部自适应均衡电路和解串行电路的处理，被精确恢复成为 4 路 MIPI CSI 信号。在这一过程中，解串器利用了 VC（Virtual Channel，虚拟通道）技术，将 4 路 MIPI CSI 信号打包封装，并通过一路 MIPI CSI 接口输出。

然而，当每路摄像头的数据带宽都达到 6Gbit/s 时，D-PHY 接口便无法满足输出 4 路虚拟通道在带宽上的需求。这时，解串器的 MIPI CSI2 输出接口可以改用 C-PHY 物理层协议。C-PHY 支持用 4 路差分信号线来输出 MIPI CSI 数据，每一路差分信号线称为 Trio，它采用 3 根信号线，单个 Trio 带宽为 5.7Gbit/s，总带宽高达 22.8Gbit/s，能够满足 4 路虚拟通道的传输需求。

在接收方的 SoC 端，同样需要特殊设计的 MIPI CSI 接收接口来支持 C-PHY。这样高的带宽要求，一般只有经过特殊设计的 SoC 才能满足要求。

由此可见，GMSL 技术通过数据聚合和高速物理层设计，成功解决了车载摄像头系统中的接口不足和数据传输带宽受限的问题。

4.5　MIPI A-PHY 技术

MIPI A-PHY 是 MIPI 联盟制定的汽车行业的串行解串器规范。2015 年中期，MIPI 联盟确定了对统一的车载连接规范的需求，该规范可以满足汽车行业的高带宽、低时延、重量轻、功耗低、距离远的需求。到 2020 年 6 月，MIPI 联盟宣布完成了 MIPI A-PHY V1.0 的开发，这是一个用于汽车应用的长距离 SerDes 物理层接口。

MIPI 联盟制定的其他规范，例如 C-PHY 和 D-PHY 等，已经在消费电子领域广泛应用。但这几个规范都只能在短距离传输场景应用，最多传输 15 厘米。而 A-PHY 的设计则是为了满足跨越整车距离的高速数据传输。它最大传输距离能达到 15 米；通过使用 STQ 线缆并增加传输通道，A-PHY 的传输速率可以超过 16Gbit/s，甚至达到 48Gbit/s。

采用 A-PHY 可以直接承载 MIPI 的 CSI-2（用于摄像头）和 DSI-2（用于显示屏）协议，它的工作流程可以分 2 步。

1. 采用 A-PHY 技术设计桥接芯片

这种方案类似 FPD-Link 或者 GMSL，只是使用标准和开放的 MIPI A-PHY 协议代替了私有的 FPD-Link 和 GMSL 协议。经过许可和授权之后，任何公司都可以基于 A-PHY 协议开发 SerDes 桥接芯片，这样可以为汽车主机厂提供新的选择，提升供应链的安全和汽车主机厂的议价能力。

目前，以色列的 Valens 公司是 MIPI A-PHY 技术的有力推动者，它通过与索尼半导体等合作伙伴的紧密合作，共同致力于该技术的深入研发与推广。

图 4-15 展示了基于 A-PHY 的串行解串器传输方案。

从图 4-15 可以看到，基于 MIPI A-PHY 标准的 SerDes 方案，与之前介绍的 FPD-Link 和 GMSL 并无本质区别。它同样能支持摄像头传输和显示屏传输两种主流的应用场景。

2. 在 SoC 内部集成 A-PHY 接口

与私有的 FPD-Link 和 GMSL 协议不同，MIPI 联盟提供了一个开放且标准化的解决方案，允许半导体厂商将 A-PHY 技术直接集成到摄像头芯片和 SoC 内部。这一创新举措直接替代了传统的 MIPI C-PHY 或 D-PHY 接口，减少了一对桥接芯片，降低了成本，这对主机厂来说是非常有吸引力的。

图 4-16 给出了 MIPI A-PHY 接口集成方案的示例。

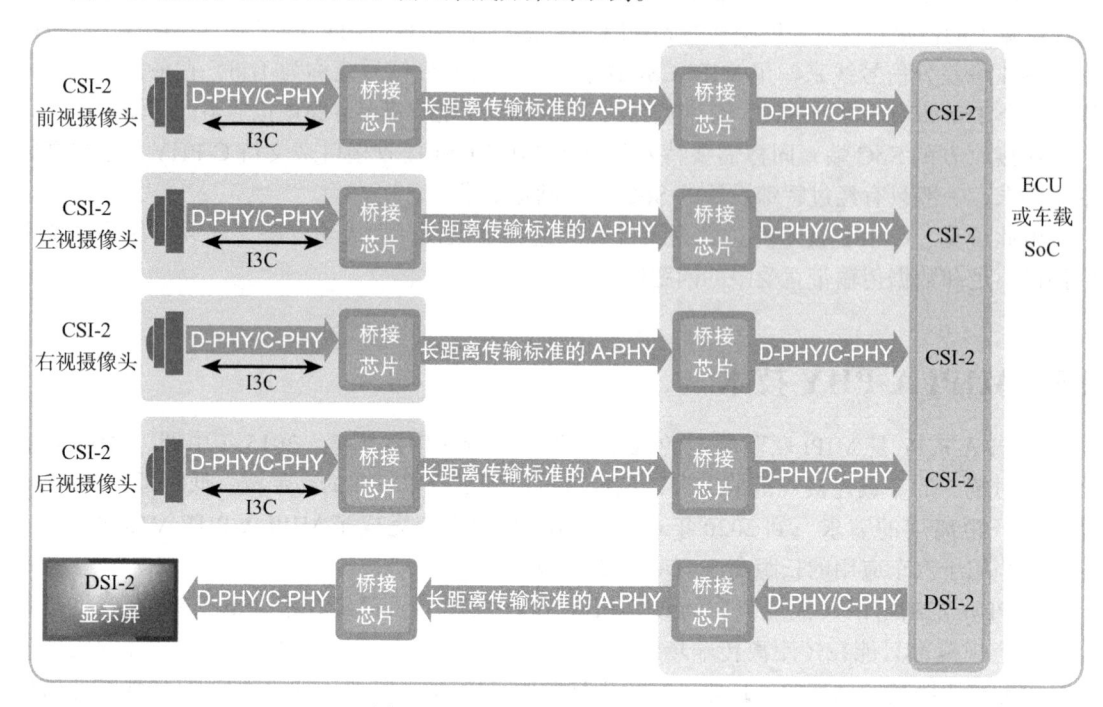

图 4-15　MIPI A-PHY 桥接芯片方案

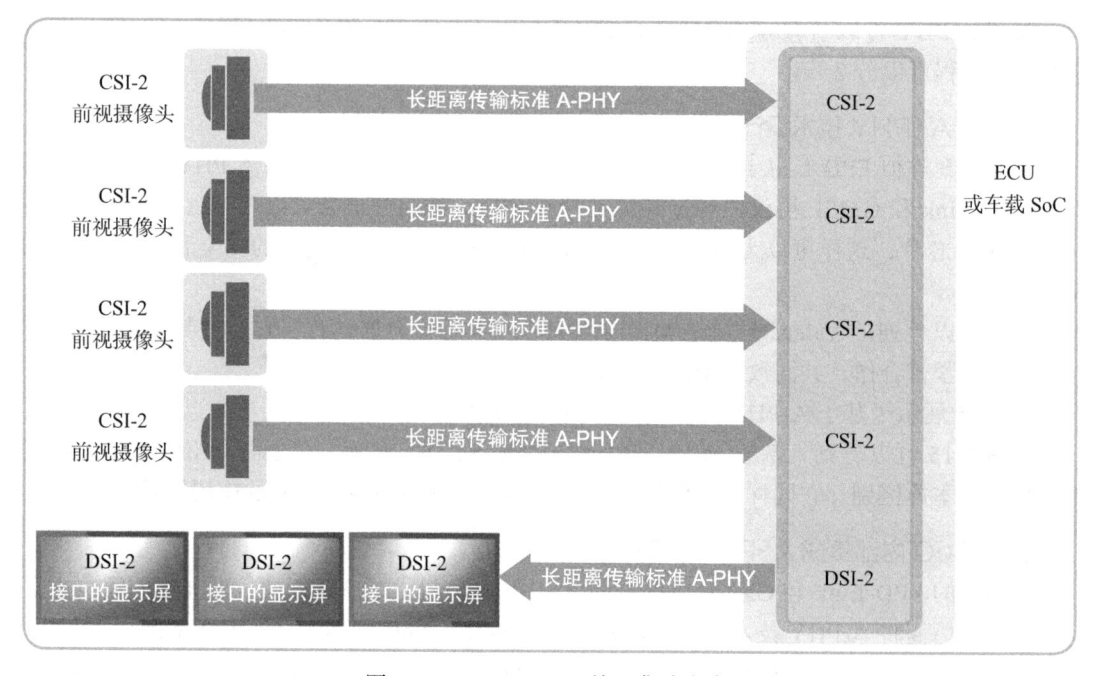

图 4-16　MIPI A-PHY 接口集成方案

4.6 ASA 技术

ASA（Automotive SerDes Alliance，汽车 SerDes 联盟）为车载 SerDes 领域提供了一种全新的技术解决方案。ASA 自 2019 年成立以来，汇集了 BMW（宝马）、Continental（大陆集团）、Broadcom（博通）、Fraunhofer IIS（弗劳恩霍夫集成电路研究所）、NXP（恩智浦）等众多汽车行业巨头作为创始成员，目前联盟成员数量已超过 75 个单位。2020 年 12 月，ASA 正式发布了其最新的 1.0 技术标准。

在 ASA 1.0 中，其标准化工作的成果被称为 ASA Motion Link，一种用于车载非对称连接的 SerDes 通信技术，可用于传输摄像头、显示屏，以及其他传感器的高速视频数据。它的主要功能包括：

- 下行带宽高达 16Gbit/s（更高的 64Gbit/s 传输带宽正在研发中）。
- 上行带宽超过 100Mbit/s。
- 超过 15m 的传输距离（使用同轴电缆），或者 10m（使用 STP 双绞线）。
- 通过自行开发的 ASEP（Application Stream Encapsulation Protocol，应用程序流封装协议），可以支持 I2C、以太网等的数据传输。同时，对 GPIO、I2S、eDP 等信号传输的功能正在开发中。

至今，ASA 提供的 SerDes 技术已经发展到了两个技术阶段。第一阶段，即 ASA-Gen1，专注于支持摄像头连接，采用 MIPI CSI-2 作为外部接口技术。第二阶段，ASA-Gen2 则进一步扩展了对显示屏的支持，其支持的外部接口为 eDP（embedded Display Port，嵌入式显示端口）。

不过，目前 ASA 的技术在产品化阶段的进展尚显缓慢，市场上尚未出现成熟的芯片产品供消费者选择。目前，ASA 主要通过采用 FPGA（Field Programmable Gate Array，现场可编程逻辑门阵列）的方式对 SerDes 传输技术进行先期验证，以推动其技术的进一步发展和完善。ASA 技术的验证过程如图 4-17 所示。

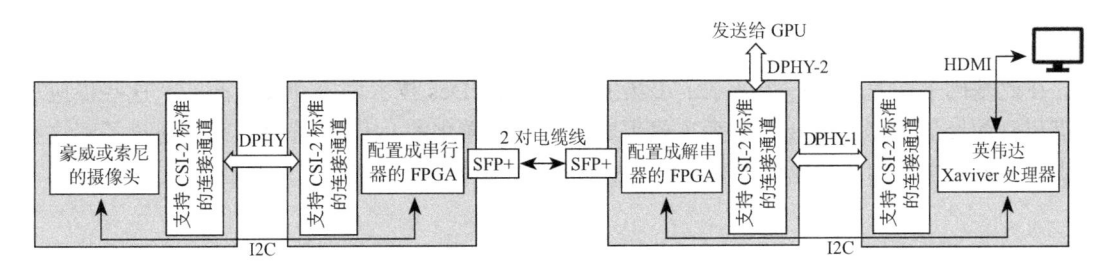

图 4-17　ASA 技术验证过程

从图 4-17 可以看到，在数据发送端，ASA 利用 FPGA 芯片作为串行器，通过灵活的可编程逻辑，实现了物理层（PCS）、数据链路层（DLL）以及应用层（即 ASEP，应用程序流封装协议）的完整功能。为了确保摄像头数据的顺畅传输，ASA 特别支持 MIPI CSI-2 类型的输入和输出接口，从而实现与摄像头设备的无缝对接。

4.7 其他 SerDes 技术

车载 SerDes 技术种类多样，且随着技术的飞速进步与市场的日新月异，新技术层出不穷。除上述介绍的几种技术外，车载市场上仍有诸多 SerDes 技术竞相争艳。

以 APIX（Automotive Pixel Link，汽车像素链接）接口为例，这是德国 Inova 公司主推的 SerDes 技术。该技术已演进至第三代（APIX3），其最高带宽可达 12Gbit/s（两通道传输），是目前串行速率支持中的佼佼者。

此外，V-by-One®HS 是日本 THine 电子专为视频信号传输研发的 G 比特级串行化接口技术。它凭借低成本电缆，实现了低延迟未压缩视频和控制数据的传输，具备无时钟传输、高速并行/串行信号转换等特性。

日本罗姆公司（ROHM）的 SerDes 技术同样独树一帜。该公司采用自有传输协议的 Clockless Link SerDes 技术，不仅实现了高速和长距离通信，还具备冻结检测功能，能够准确识别图像冻结状态。在电子仪表盘显示屏对功能安全提出更高要求的背景下，罗姆公司的 SerDes 技术展现出显著的成本优势。

随着智能驾驶和智能座舱的快速发展，汽车行业对车载 SerDes 技术的需求日益旺盛。一辆智能汽车往往需要搭载数十颗 SerDes 芯片，其整体采购金额有时甚至超过普通的域控制器 SoC。因此，众多汽车半导体供应商纷纷涌入这一赛道，整个行业呈现出激烈而积极的竞争态势。展望未来，车载 SerDes 技术的发展将更加多元化和高效化，为汽车行业的智能化进程提供有力支撑。

4.8 本章小结

本章首先深入剖析了车内高速视频传输的迫切需求，随后针对这些核心需求，详尽探讨了引入 SerDes 技术的必要性与优势。从 SerDes 技术的起源、发展历程到其独特的技术原理，我们进行了全面而细致的梳理。同时，我们也介绍了用于传输 SerDes 信号的线缆，帮助读者了解它在实际应用中的关键角色。

在此基础上，我们进一步展示了市场上主流的 SerDes 技术供应商及其产品，这些供应商凭借丰富的经验和创新的技术，为车载领域提供了多样化的 SerDes 解决方案。通过了解这些知识，读者可以更加清晰地认识 SerDes 技术在车载领域的应用现状和发展趋势。

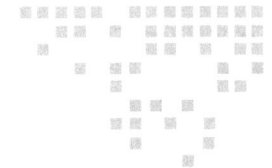

第 5 章
座舱数据连接技术

作为用户出行的核心要素，智能座舱不仅要为用户提供舒适的空间体验，还要为用户随身携带的设备提供便捷、高效的接入服务。通过先进的数据连接子系统，极大提升了驾乘人员接入座舱算力平台的灵活性。

本章将深入探讨座舱内使用的数据连接技术，这些技术将座舱电子系统与用户消费电子产品进行有机结合，使座舱真正成为用户随身电子设备的无缝延伸。

5.1 座舱数据连接需求

在讨论座舱数据连接技术之前，我们首先要明确为何需要引入这样的技术。无论是车载总线技术还是高速视频传输技术，虽然都为汽车功能的实现发挥了关键作用，但并不直接满足将用户随身电子设备与座舱互联的需求。因此，我们需要深入分析用户在乘车时的实际应用场景，以便更好地理解座舱数据连接技术的必要性和潜在应用。

5.1.1 应用场景

用户在乘车出行时，需要将个人电子设备连接到智能座舱的应用场景相当丰富，例如：

1）**音乐与娱乐内容的共享**：用户可以通过蓝牙或 USB 连接，将智能手机或平板电脑上的音乐、播客、有声书等音频内容传输到车载音响系统，以享受高品质的音响效果。同时，也可以通过无线投屏功能，将智能手机或平板电脑上的视频内容投射到车载屏幕上，供乘客观看。

2）**导航与地图应用**：用户可以将手机上的导航应用与车载系统连接，实现语音导航、实时路况更新等功能。这样，驾驶员可以更加专注于道路，减少操作手机带来的风险。

3）**电话与通信**：通过蓝牙连接，用户可以在车内轻松接听或拨打电话，而无须拿起手机。这样既可以满足随时随地通话的需求，又可以保证行车安全，同时规避法律的风险。

4）**车载充电**：用户可以通过车载充电接口为智能手机、平板电脑等电子设备充电，确保长途行驶中电子设备的电量充足。

5）**个人设备间的数据同步**：通过 USB 连接，用户可以在车载系统与个人设备之间同步数据，如联系人、日程安排等，方便在车内进行相关操作。

为了满足如此丰富的数据连接需求，智能座舱必须精心考虑并设计具体的实现方式。

5.1.2 系统框架

智能座舱的算力核心是座舱域控制器，所有数据连接的请求都需要由它来处理。因此，座舱内部的数据连接接口都需要与座舱域控制器相连。

根据不同的应用场景需求，连接接口分为有线和无线两种。现代智能座舱技术下，有线连接主要依靠 USB 技术，无线连接则有多种选择，包括 Wi-Fi、蓝牙以及其他无线连接技术。数据连接子系统的应用场景如图 5-1 所示。

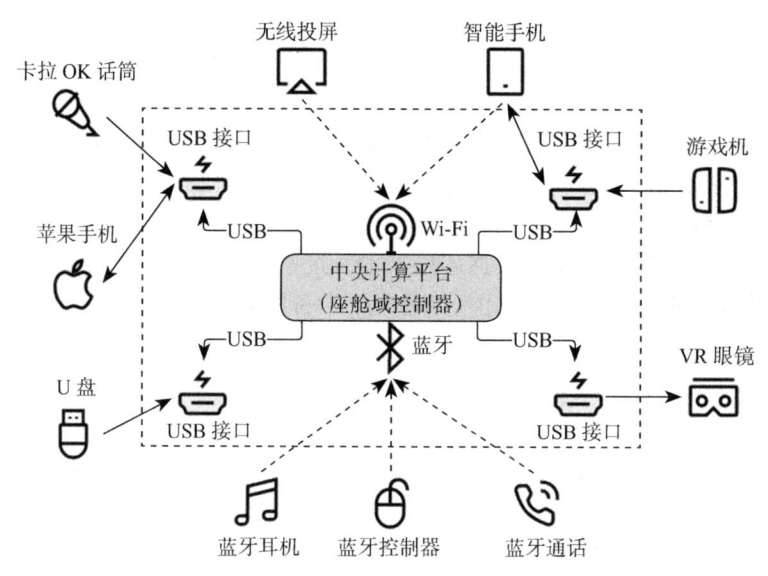

图 5-1 数据连接子系统的应用场景示意图

从图 5-1 中可以看到，座舱内部为用户提供了多样化的连接选择，用户可以通过有线和无线两种方式轻松连接各类电子设备。其中，中央计算平台中的座舱域控制器作为连接的核心部件，配备了多个 USB 接口并支持 Wi-Fi 和蓝牙连接功能。

USB 接口与座舱域控制器之间通过 USB 线缆进行连接，这主要是为了提供充电功能，并确保接口位于用户易于触及的位置，便于使用。而 Wi-Fi 和蓝牙等无线传输设备则直接安装在座舱域控制器上。这些无线连接方式使各类设备可以迅速与座舱域控制器建立连接。

用户的智能手机、平板电脑、卡拉 OK 话筒、U 盘、游戏机以及 VR 眼镜等设备均可通过 USB 接口与座舱域控制器相连。这种连接方式不仅为设备提供了稳定的充电功能，还实现了数据的高效同步。无论是音乐、视频还是游戏数据，都能迅速传输到座舱系统中，为用户带此外，蓝牙耳机、蓝牙控制器等蓝牙设备，以及具备蓝牙功能的智能手机等，均可通过蓝牙无线连接技术与座舱域控制器轻松配对。这种连接方式不仅便捷，还实现了音乐共享、远程控制等多种功能，为用户提供了更加方便操控座舱设备的方式。

值得一提的是，智能手机还可以通过 Wi-Fi 与座舱域控制器建立连接。这种无线连接方式不仅速度快、稳定性高，还能实现无线投屏、无线数据传输等高级功能。用户可以将手机上的内容实时投射到座舱显示屏上，享受更大屏幕带来的视觉盛宴；同时，也能实现手机与座舱系统之间的文件快速传输，从而进一步提升工作效率和娱乐体验。

接下来，我们将逐一为读者解析这些技术的原理，并探讨它们在座舱内部的实际应用场景。

5.2 USB 连接技术

在汽车智能座舱内部，USB 担当着有线连接与充电接口的重要角色，几乎任何用户设备都能借由这一接口实现与座舱的无缝互联。

5.2.1 USB 带宽模式

在智能座舱为用户设备提供的数据接口能力中，最重要的是带宽。只有高带宽，才能满足用户日益增长的数据传输需求，确保实时、流畅的交互体验。USB 曾经使用过 USB 1.0 ～ USB4[○]的版本编号。在发展到 USB 3.0 以后，由于技术升级与版本命名规范不一致，为了兼容前一代版本而修改了新旧版本的名称，导致市场上对 USB 技术的认识相当混乱。因此，在 USB4 之后，USB-IF 组织对 USB 协议规范重新进行了命名，按速率赋予了不同的名称。

在 USB 3.0 之前的阶段，USB-IF 组织按速率将 USB 1.0、USB 1.1、USB 2.0 分别命名为 Low-Speed、Full-Speed、High-Speed。它们都通过 1 对差分信号线进行数据传输，分别称为 D+ 和 D− 线。在这对差分线上，USB 可以实现全双工的通信传输，双向速率最高可以达到 480Mbit/s。

当发展到 USB 3.0 阶段时，USB 协议在物理层采用 8b/10b 的编码方式，能够在 2 对高速差分信号线上实现 5Gbit/s 的传输速率。此时，每对差分信号线都是单向传输，组合起来就能够实现全双工 5Gbit/s 的传输速率。负责正向传输的差分信号线被命名为 TX1+ 和 TX1−；而负责反向传输的差分信号线则被称为 RX1+ 和 RX1−。

随着 USB 技术进入 3.1 阶段，其物理层协议也持续进化。在维持相同的 2 对高速差分信号线的基础上，采纳了 128b/132b 编码方式，使得传输速率飙升至 10Gbit/s。为了更精确地描绘 USB 协议的发展脉络，USB-IF 组织决定对命名进行微调，将原先的 USB 3.0 更名为 USB 3.1 Gen 1，而对真正的革新之作则冠以 USB 3.1 Gen 2 之名。

然而，这样的命名变革也引发了一些混淆。一些商家可能不注明 Gen，仅标明 USB 3.1 字样进行误导。值得注意的是，采用 2 对差分信号线能够支持 10Gbit/s 的带宽，那么理论上，

○ USB 4 的编码方式与 USB 3.2 不一样，虽然都是 128b/132b，但物理层实现并不相同。

采用 4 对差分信号线便有望支持高达 20Gbit/s 的带宽。在基础技术没有明显突破的情况下，仅仅通过增加传输线数量，便能实现带宽速率的显著提升。因此，USB-IF 组织对 USB 协议进行了更为细致的命名规范。

原有的 USB 3.0 经过重新命名，现称为 USB 3.2 Gen 1×1，而 USB 3.1 则更名为 USB 3.2 Gen 2×1。此外，为了体现采用 4 对差分信号线所能达到的 20Gbit/s 速率，USB-IF 组织还引入了一个全新的命名——USB 3.2 Gen 2×2。这一系列命名变革标志着 USB 的版本号正式迈入了 3.2 时代。

随着技术的不断进步，USB 的版本在持续演进。目前，USB 版本已经发展到 USB4，其物理层规范的更新进一步提升了带宽。新技术被命名为 USB4 Gen 3×1，这代表着采用 2 对高速差分信号线，USB4 能够实现高达 20Gbit/s 的传输速率。而 USB4 Gen 3×2 则代表着采用 4 对高速差分信号线，将数据传输带宽提升至 40Gbit/s。

为了更直观地体现这一速率优势，USB-IF 组织按照速率进行了命名，将 USB4 Gen 3×2 称为 USB4 40Gbit/s。这一命名方式不仅凸显了 USB4 在传输速度上的巨大提升，也为用户和市场提供了明确的版本识别标准。

在智能座舱中，由于车载 SoC 的发展总是慢于消费类电子，同时受车载环境温度、传输距离、电磁干扰等因素的影响，最新的 USB 接口只能支持到 USB 3.2 Gen 2，在只有 2 对差分信号线的条件下，它的速率只能达到 10Gbit/s。

5.2.2　USB Type-C 接口

在 USB 技术的演进历程中，除了版本号不断迭代升级，接口类型也经历了从 Type-A、Type-B、Mini-USB 到 Micro-USB 等多种形式的演变。这些不同类型的接口给用户带来了诸多困扰，市场急需一款通用性强的 USB 接口来统一和规范个人设备的连接标准。

USB Type-C 接口的诞生为这一问题提供了解决方案。它具备众多显著优势：支持正反面插入，解决了用户反复尝试插接方向的烦恼；支持更高的传输速率和更大的电流，提升了数据传输和充电效率；支持音视频输出，实现了"一接口，多功能"的便捷性。因此，USB Type-C 接口迅速成为一种多功能的连接器，并逐渐成为个人电子设备接口的统一标准。

采用统一的接口不仅有助于不同品牌和类型的电子设备实现无缝互操作，还能减少因接口不兼容而产生的电子废弃物，促进资源的有效利用。

随着个人电子设备接口逐渐统一采用 USB Type-C 标准，智能座舱内部的 USB 接口也应顺应这一趋势，全面支持 USB Type-C 接口。这一改变既符合市场和技术的发展需求，又能为用户带来诸多便利。

1. USB Type-C 接口定义

USB Type-C 是一种 USB 接口外形标准，拥有比 Type-A 及 Type-B 更小的体积。它不仅适用于主设备，如个人计算机，也能完美兼容从设备，例如手机等便携式电子产品。根据使用类型的不同，USB Type-C 接口分为插座端（母头）和插头端（公头）两种，每种类型的接口都有 24 根引脚，具体定义如图 5-2 和图 5-3 所示。

A1	A2	A3	A4	A5	A6	A7	A8	A9	A10	A11	A12
地线	Tx1+	Tx1−	VBus	CC1	D+	D−	SBU1	VBus	Rx2−	Rx2+	地线
地线	Rx1+	Rx1−	VBus	SBU2	D−	D+	CC2	VBus	Tx2−	Tx2+	地线
B12	B11	B10	B9	B8	B7	B6	B5	B4	B3	B2	B1

图 5-2　USB Type-C 插座端定义

注：CC 表示配置通道；VBus 表示电压总线；Tx、Rx、D+ 和 D− 表示差分信号线名称。

A12	A11	A10	A9	A8	A7	A6	A5	A4	A3	A2	A1
地线	Rx2+	Rx2−	VBus	SBU1	D−	D+	CC	VBus	Tx1−	Tx1+	地线
地线	Tx2+	Tx2−	VBus	VCONN			SBU2	VBus	Rx1−	Rx1+	地线
B1	B2	B3	B4	B5	B6	B7	B8	B9	B10	B11	B12

图 5-3　USB Type-C 插头端定义

注：VCONN 意为配置通道电源。

从图 5-2 和图 5-3 可以观察到，USB Type-C 接口是成对设计的。插头端的引脚定义与插座端的引脚定义是相对应的，这完全符合插入配对的原则。当插头以正面方式插入时，插头端的 A1 接口与插座端的 A1 接口正好相匹配，接口顺利对接。然而，当插头以反面方式插入时，情况会有所不同。此时，插头端的 A1 和 B12 会分别与插座端的 B1 和 A12 相对应，这会导致相关引脚的反接现象。

举例来说，插头端的 A11 引脚定义是用 Rx2+，而与之对应的插座端 B11 引脚定义则是用 Rx1+。为了应对这种引脚反接的情况，我们必须在 SoC 的 USB 控制器上进行引脚功能的切换，实现芯片内部引脚的交叉连接。USB 接口直连模式可以参照图 5-4 进行了解。

根据图 5-2、图 5-3 和图 5-4 的信息可以了解到，USB Type-C 的 24 根引脚可以分为如下的角色。

（1）USB 3.2 Gen 2 数据线

USB Type-C 接口总共配备了 4 对高速差分信号线。具体来说，Tx1+ 和 Tx1− 组成一对差分信号线，负责正向的数据传输；而 Rx1+ 和 Rx1− 则构成另一对差分信号线，负责反向的数据传输。这样的两对差分线共同构成了一个双向通道，实现了数据的双向高效传输。鉴于 USB Type-C 最多可以支持两对这样的双向通道，因此它能够支持 USB 3.2 Gen 2×2 这样的高速数据传输标准。

（2）USB 2.0 数据线

在 USB Type-C 接口中，包含 1 对 D+ 和 D− 低速差分信号线，它们专门用于 USB 2.0 信号的低速传输。在设计上，插座端具备连接两对差分信号线的能力，而插头端则仅可连接一对差分线。这样的设计确保了插头无论是以正向还是以反向方式插入，设备端的 USB 2.0 信号总能与主机端保持畅通连接。

（3）电源和地线

USB Type-C 接口支持配置 4 根电源（VBus）线和 4 根地线（GND）。电源线提供默认的

5V、500mA 的供电能力。但是如果需要进行快充，则需要使用特殊的供电模块。

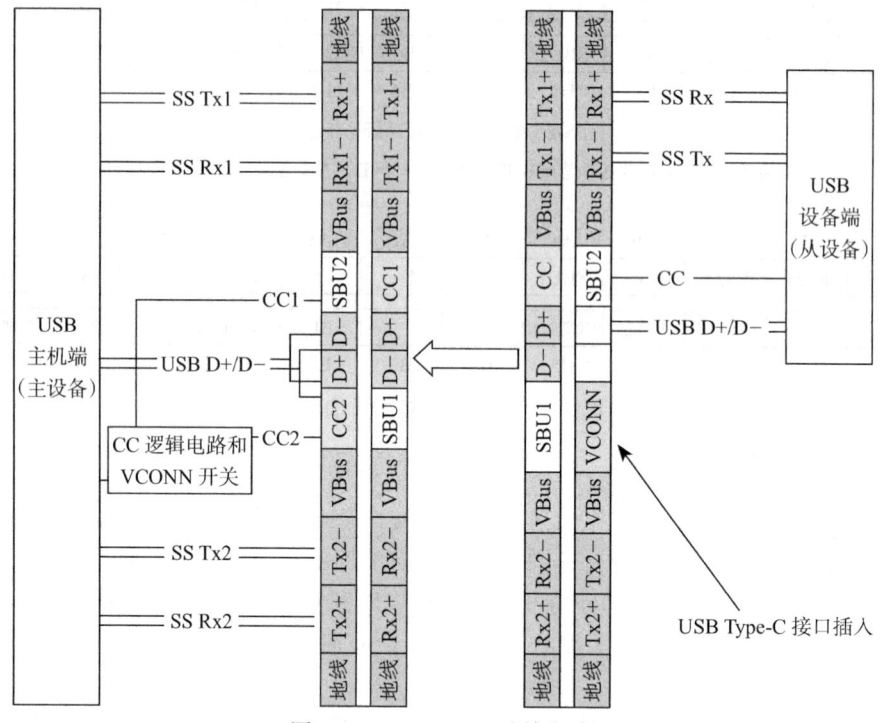

图 5-4　USB Type-C 连接方式

注：SS Tx 和 SS Rx 均为差分信号线名称。

（4）辅助信号线

辅助信号线又称为 SBU（Side Band Use，边带使用）线，2 根 SBU 线提供了 USB 的其他辅助功能。例如，当 Type-C 接口被用于传输 DP（Display Port，显示端口）信号时，SBU 被作为 DP 协议中的 AUX_P 和 AUX_N 来使用，负责进行 DP 协议的初始化通信工作。

（5）配置通道线

它们的主要功能包括但不限于：识别 USB 端口的插入状态，无论是正插还是反插；协助 USB 通信的双方协商角色，即确定哪一方是主设备，哪一方是从设备；支持 USB 的供电协议，通过 CC（Configuration Channel，配置通道）引脚，设备能够识别并协商出最合适的充电功率，从而实现快速充电。

2. USB 车载线缆

与传输以太网信号或 SerDes 信号不同，USB Type-C 接口的信号传输要求更为复杂，无法通过单一同轴电缆或一对双绞线实现。根据 Type-C 接口的定义，为了满足多种信号线的传输需求，必须使用具备相应设计的线缆。这种线缆内部集成了多种类型的信号线对，以确保各类信号能够准确、稳定地传输。图 5-5 展示了一种专门用于 USB 信号传输的线缆截面图，从中可以看到线缆内部的结构和信号线对的布局。这样的设计使 USB Type-C 接口能够充分发挥其高速、多功能的特点。

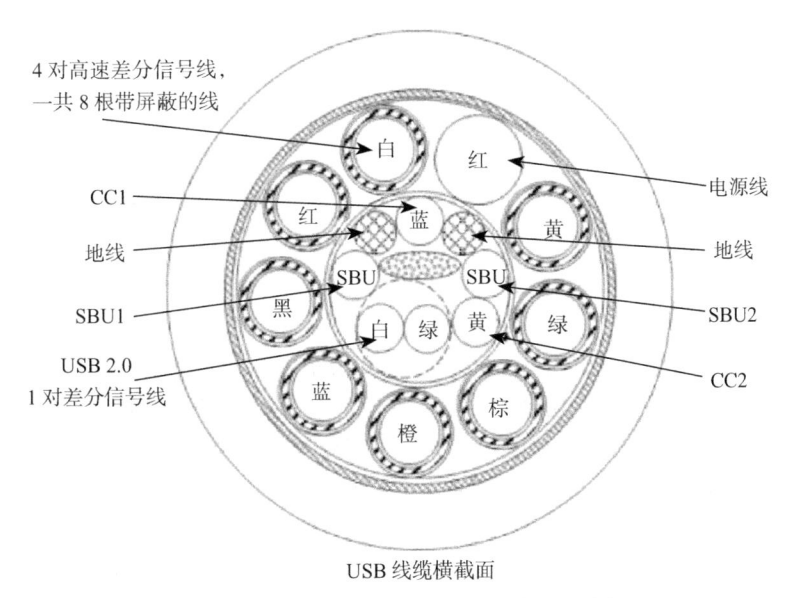

图 5-5 支持 Type-C 接口的 USB 线束内部结构图

从图 5-5 展示的线缆截面图中可以清晰地看到，这根线缆几乎涵盖了 Type-C 接口定义的所有信号线。与 Type-C 接口的定义不同的是，电源线被合并成了一根，而地线仅布置了两根。这样的设计是基于实际供电需求的考虑，采用一根电源线供电已能满足大部分应用场景的需求。当这根线缆与 Type-C 接口相连时，4 根电源线的引脚都会被并接到这根单一的电源线上，仍然能实现高效且稳定的供电连接。

3. USB 车规接插件

在智能座舱环境下，USB Type-C 接口必须满足严格的车规标准。所谓车规，主要是指接口需能承受特定范围的环境温度，并具备接插件的稳固性。虽然为用户提供的 Type-C 插座端子可以采用类似消费类电子的接插件设计，但其他与车内电子器件相连的接插件和线缆，则必须完全遵循车规标准，以确保在复杂多变的车内环境中稳定运行，并满足长期使用的需求。

一般来说，车内使用的 USB 接口与线缆需综合考虑以下关键因素。

- 工作温度：为确保在各种气候条件下均能稳定工作，接插件和线缆的工作温度必须满足 AEC-Q100 Grade 2 的标准，即能在 −40℃～ +105℃ 的范围内正常工作。
- 电磁屏蔽：鉴于车内电磁环境的复杂性，线缆和接插件都必须配备屏蔽层，以确保良好的电磁兼容性（EMC），防止外部电磁干扰对数据传输造成不良影响。
- 稳固程度：考虑到汽车行驶过程中的颠簸和振动，消费级的连接器并不适合在车内使用。因此需采用专用的接插件，这些器件经过特殊设计，能够确保在恶劣的行车环境下依然保持连接的稳固性和可靠性。

图 5-6 展示了一种可用于智能座舱内的 USB 接插件外观结构。

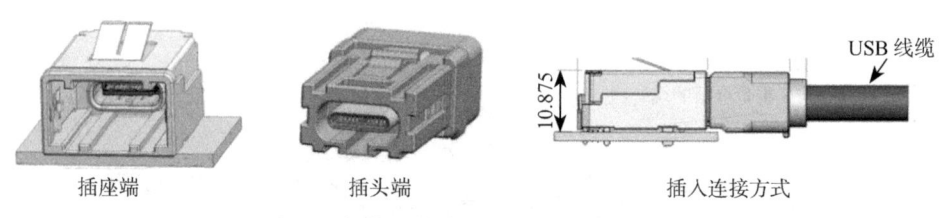

图 5-6　智能座舱内 USB Type-C 接口外观

5.2.3　USB 信号增强

在使用 USB 线缆传输高速信号时，必须充分考虑车内复杂的电磁环境以及传输距离对信号损耗的影响。传输介质不可避免地会产生插入损耗，进而降低信号功率。特别是当传输距离增加或数据速率提高时，信号损耗会更为显著，这可能导致接收端信号质量下降，误码率升高。

在 USB 3.2 Gen 1（5Gbit/s）的兼容环境中，允许的总的端到端信道损耗约为 −20dB，而在 USB 3.2 Gen 2（10Gbit/s）的合规环境中，这一损耗限制为 −23dB。由于 USB 通信是双向的，因此信号损失预算需要合理分配至通信双方设备以及中间的传输介质。在 USB 3.2 Gen 2 系统中，主机和设备的允许损耗均为 −8.5dB，而电缆的允许损耗则为 −6dB。

为了补偿在超过 2m 传输距离时可能产生的信号损耗，我们建议在 USB 通信设备的两端增加 USB 信号重驱动器（Redriver）。通过放大和重新驱动信号，这种器件可以有效地提高信号的传输质量，从而确保数据传输的稳定性和可靠性。

图 5-7 展示了使用 USB 信号重驱动器后的增强信号效果。

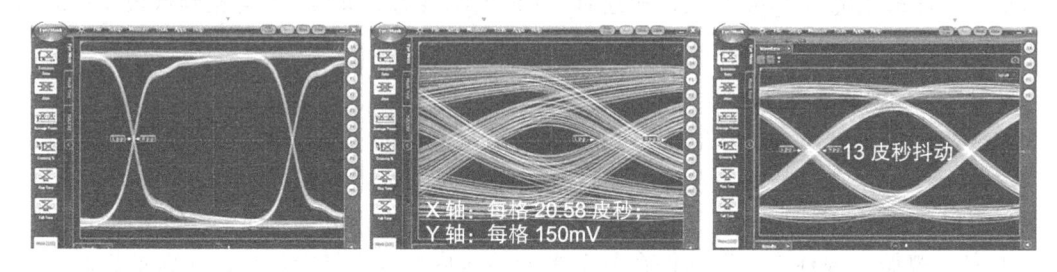

图 5-7　USB 信号重驱动器增强信号

如图 5-7 所示，在信号传输之前，USB 信号的质量表现优异，呈现出清晰且稳定的波形。然而在传输过程中由于主设备端和线缆端的插入损耗，信号质量受到了明显的影响。这种损失可能导致信号的清晰度降低，增加数据传输的误码率。

为了改善信号质量，我们采用信号重驱动器进行信号均衡。该器件通过精心设计的电路，对信号进行均衡补偿，有效提升了信号的强度和质量。经过均衡处理后的 USB 信号，其眼图质量得到了显著提升，信号波形更加清晰、稳定，从而确保了数据传输的准确性和可靠性。

5.2.4　USB 供电

在智能座舱的 USB Type-C 接口设计中，除了数据传输功能外，为用户提供快速充电的能力也至关重要。这一功能的实现依赖于符合 USB PD（USB Power Delivery，USB 功率供应，即 USB 快充）协议的快速充电设备。

随着技术的不断发展，USB-IF 组织制定的 USB PD 标准已经演进至 3.1 版本。该规范对原有的 USB PD3.0 内容进行了整合，并划分为标准功率范围（Standard Power Range，SPR），其中最大功率保持为 100W。同时，为了满足更高功率的需求，规范还引入了扩展功率范围（Extended Power Range，EPR），将最大功率从 100W 提升至 240W。

在智能座舱的使用环境中，高规格的要求是快充能力最高达到 100W，这就对 USB 供电芯片的性能提出了明确要求。为确保充电过程的安全与高效，电源供应端和接收端必须进行细致的协商。它们通过协商确定适当的充电功率，从而避免电流过大对充电设备造成损害。这一协商过程通常由供应端和接收端的 PD Controller（充电控制）芯片通过 CC 信号线来完成。

图 5-8 清晰地展示了基于 USB PD 协议的系统架构，从中可以看到各个组件如何协同工作以实现快速充电功能。

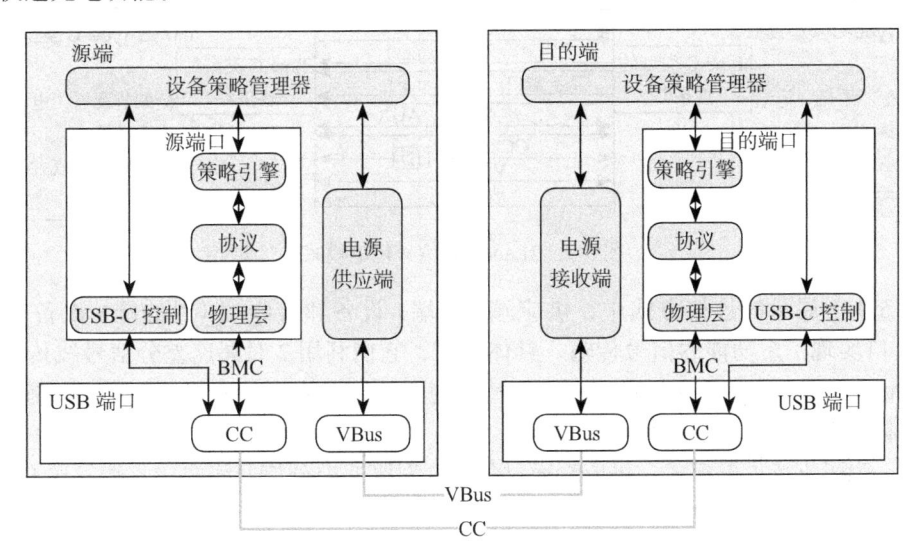

图 5-8　基于 USB PD 协议的系统架构

如图 5-8 所示，USB PD 协议的核心在于双方 PD Controller 之间的协商机制。这一协商过程由充电策略引擎（Policy Engine）发起，它根据控制协议制定合适的充电策略。协商的关键在于通过 CC 信号线传输通信信息，双方 PD Controller 在此基础上交换充电需求和能力数据，进而达成一致的充电协议。

在协商的最后环节，供应端根据协商结果控制源端输出相应的电流。同时，接收端通过 VBus 线接收电流，确保设备能够按照约定的功率进行充电。

5.2.5　VR 投屏模式

在智能座舱的 USB Type-C 接口使用场景中，投屏模式是一项极具创新性的功能。这种模式不仅支持外部游戏机设备将游戏投射到座舱的娱乐大屏上，也支持座舱域控制器将电影或车载游戏画面投射到 VR 眼镜上。

投屏模式的实现主要依赖 USB 协议中的 ALT 模式（Alternate Mode，替代模式）。ALT 模式为 USB Type-C 接口赋予了更多的功能，使其能够支持除基本 USB 数据传输之外的其他类型信号传输。通过 ALT 模式，Type-C 接口可以根据不同的配置需求，在 4 对高速差分信号线上灵活地传输 USB 信号或视频、音频信号。

以视频输出为例，投屏模式采用了 USB DP 协议进行视频信号的传输。在 ALT 模式下，DP 信号可以选择占用 Type-C 接口中的 2 对或 4 对差分信号线进行传输。由于 DP 信号的特性是单向传输，每对差分信号线会构成一个 DP 通道，因此通过 USB Type-C 接口最多可以传输 4Lane 的 DP 信号，从而确保视频信号的稳定和高质量传输。

图 5-9 和图 5-10 分别展示了 2 Lane 和 4 Lane DP 信号传输的传输模式。

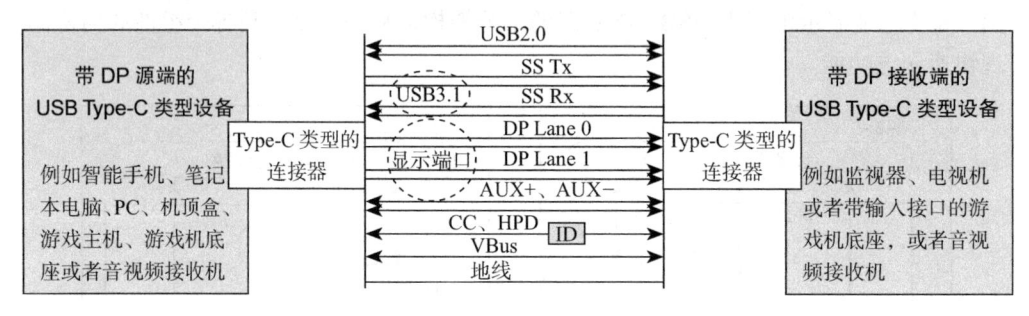

图 5-9　2Lane DP 信号传输模式

在图 5-9 中展示的连接方式中，供应端（源端）设备和接收端（目的端）设备通过 USB Type-C 接口实现了多功能的信号传输。具体来说，它们利用 2 对高速差分信号线传送了双向的 USB SuperSpeed 信号，这一功能允许高速且稳定的数据传输，满足了座舱域控制器与其他娱乐域控制器之间大量的数据交换需求。

同时，为了支持投屏模式，供应端通过另外 2 对高速差分信号线向接收端发送 DP 视频信号。这种设置使视频信号能够独立于 USB 数据进行传输，保证了视频信号的质量和稳定性，为用户提供了流畅的投屏体验。

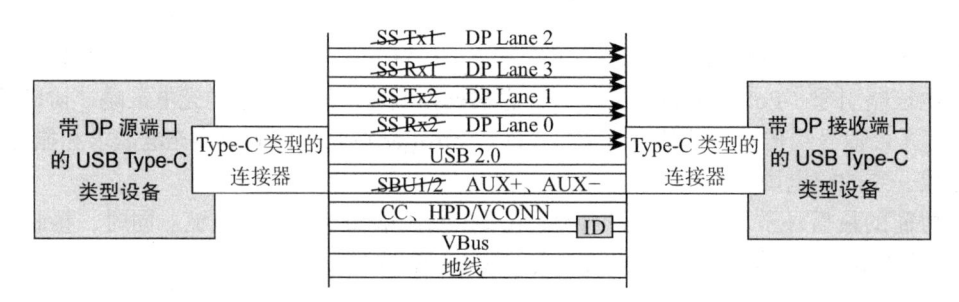

图 5-10　4 Lane DP 信号传输模式

注：HPD 意为热插拔检测信号线，AUX+ 和 AUX− 为信号线名。

在图 5-10 所示的视频传输模式中，源端充分利用了 USB Type-C 接口的传输能力，采用 4 对高速差分信号线向接收端发送 4 Lane 的 DP 信号。这种配置确保了视频信号的高带宽和低延迟传输，为投屏显示提供了高质量的视觉体验。

在这种模式下，虽然主要焦点是视频传输，但供应端和接收端之间的双向数据连接仍然非常重要。为了确保数据连接的稳定性和兼容性，这里采用了 USB 2.0 协议进行数据传输。USB 2.0 虽然比 USB 3.x 传输速度慢，但成熟度和广泛的支持性使得它成了一个可靠的选择。

通过高速的 DP 信号传输，座舱域控制器可以将高质量的视频内容实时传输到 VR 眼镜中，为乘客提供沉浸式的观影或游戏体验。而 USB 2.0 的数据连接则确保了座舱域控制器与 VR 眼镜之间控制指令和状态信息的实时交互，保证了投屏功能的顺畅运行。

5.3 Wi-Fi 连接技术

从 5.2 节可以看出座舱内有线通信技术存在诸多痛点。

首先，线束长度增加是一个显著问题。为了确保 USB 接口方便使用者随时插入设备，它必须贴近使用者周边。然而，从座舱域控制器到 USB 接口之间采用的连接线长度和重量增加了线束的成本。

其次，线束的安装相当困难。线束安装高度依赖人工操作，人工成本占据了线束安装成本的 50%。此外，基于有线连接的车载部件难以实现灵活升级，这无疑增加了后期的维护与升级成本。

再次，接插件数量众多也是一大挑战。由于采用线束连接，因此车内接插件数量显著增加。这不仅增加了电磁干扰等风险，而且在某些场景下可能导致接插件失效，带来安全隐患。

最后，有线连接技术在用户体验上也存在明显缺陷。有线连接技术并不方便，每个设备都需要一根长长的线缆连接到座舱的 USB 插口，这无疑影响了用户操作的便利性。

因此，采用车内短距无线连接技术来替代部分有线连接、实现数据传输和控制功能已成为座舱数据连接技术的发展重点。

5.3.1 Wi-Fi 技术基础

在消费类电子领域，Wi-Fi 技术的最新版本为 Wi-Fi 7。然而，由于车规电子器件的特殊性，新技术应用到这些器件上总会稍显滞后。因此，目前车载 Wi-Fi 技术主要停留在 Wi-Fi 6。表 5-1 简要总结了 Wi-Fi 协议的发展历程。

表 5-1 Wi-Fi 协议的发展历程

年份	标准	新命名	特性
1999 年	802.11a		支持 5G 频段，最大传输速率为 54Mbit/s
1999 年	802.11b		支持 2.4G 频段，5.5Mbit/s、11Mbit/s
2003 年	802.11g		支持 2.4G 频段，最大传输速率为 54Mbit/s
2009 年	802.11n	Wi-Fi 4	支持 2.4G 频段、5G 频段，最大传输速率为 150Mbit/s
2013 年	802.11ac	Wi-Fi 5	支持 5G 频段，433～2167Mbit/s
2019 年	802.11ax	Wi-Fi 6	支持 2.4G 频段、5G 频段，最大传输速率 9.6Gbit/s；Wi-Fi 6E 还支持 6G 频段

(续)

年份	标准	新命名	特性
尚未发布	802.11be	Wi-Fi 7	支持 2.4G、5G、6G 频段，最大传输速率为 30Gbit/s。它在 Wi-Fi 6 的基础上引入了 320MHz 带宽，以及 4096-QAM（正交幅度调试）、Multi-RU（多资源单元）、多链路操作、增强 MU-MIMO（增强型多用户多输入多输出）、多无线 AP（接入点）协作等技术

5.3.2　Wi-Fi 带宽计算

在使用 Wi-Fi 作为舱内无线互联的基础传输技术时，其最大支持带宽无疑是关乎用户体验的核心参数。带宽范围直接决定了应用场景的多样性和丰富性。Wi-Fi 的带宽计算公式是评估其性能的重要工具，具体公式如下：

Wi-Fi 带宽 = 空间流数 × 1/（符号 + 保护间隔）× 编码方式 × 码率 × 有效子载波数量

- 空间流数：Wi-Fi 空间流的计算主要与 MIMO（Multiple-Input Multiple-Output，多输入多输出）技术相关。2×2 MIMO 代表有 2 条空间流，8×8 MIMO 就代表有 8 条空间流。
- 符号（Symbol）与保护间隔：符号就是时域上的传输信号，相邻的两个符号之间需要有一定的保护间隔，以避免符号之间的干扰。不同 Wi-Fi 标准下的间隔也有不同，一般来说，传输速率较快，则间隔也需要适当增大。
- 编码方式（bit 位数 / 符号）：编码方式就是调制技术，即 1 个符号里面能承载的 bit 数量。从 Wi-Fi 1 到 Wi-Fi 6，每次调制技术的提升，都能给每条空间流传输速率带来 20% 以上的提升。
- 码率：理论上应该是按照编码方式无损传输，但现实并非如此。传输时需要加入一些用于纠错的信息码，用冗余换取高可靠性。码率就是排除纠错码之后实际传输的数据码占理论值的比例。
- 有效子载波数量：载波类似频域上的符号，一个子载波承载一个符号，不同调制方式及不同频宽下的子载波数量不一样。

表 5-2 给出了各版本 Wi-Fi 协议的带宽参数，参考表格即可计算出相应的带宽数据。

表 5-2　Wi-Fi 协议的带宽参数

Wi-Fi 标准	空间流数	符号	保护间隔	编码方式	码率	频宽	子载波	单流速率
802.11a/g	1	—	—	6	5/6	—	—	—
802.11n	4	3.2us	0.4us	6	5/6	40Mhz	108	150Mbit/s
802.11ac	8	3.2us	0.4us	8	5/6	160MHz	234×2	866Mbit/s
802.11ax	8	12.8us	0.8us	10	5/6	160MHz	980×2	1.2Gbit/s

从表 5-2 中可以明显看出，在 Wi-Fi 6（802.11ax）协议中，单个空间流的理论速率高达 1.2Gbit/s。若采用最多 8 个空间流的配置，理论上总带宽可达惊人的 9.6Gbit/s。然而，在实际应用中，由于舱内天线空间布局的局限性，往往难以达到这一顶级配置，即可能无法配置 8 个空间流。因此，总带宽需要根据具体的天线布局和使用需求来灵活确定。这意味着，在设计和部署车载 Wi-Fi 系统时，必须充分考虑舱内空间的限制，以及不同应用场景下的带宽需求。

5.3.3 Wi-Fi 应用场景

在标准的 Wi-Fi 网络架构中，参与通信的设备根据其功能角色的不同，被明确划分为不同的类型。这些类型包括：① Wi-Fi AP（Access Point，接入点），负责提供无线网络的接入服务；② Wi-Fi 站点，作为客户端设备连接到接入点；③ P2P GO（P2P Group Owner，点对点协议的组织者），在点对点通信中担任组织者的角色；④ P2P GC（P2P Group Client，点对点协议的客户端），作为点对点通信中的客户端参与通信。

图 5-11 展示了智能座舱 Wi-Fi 网络架构。

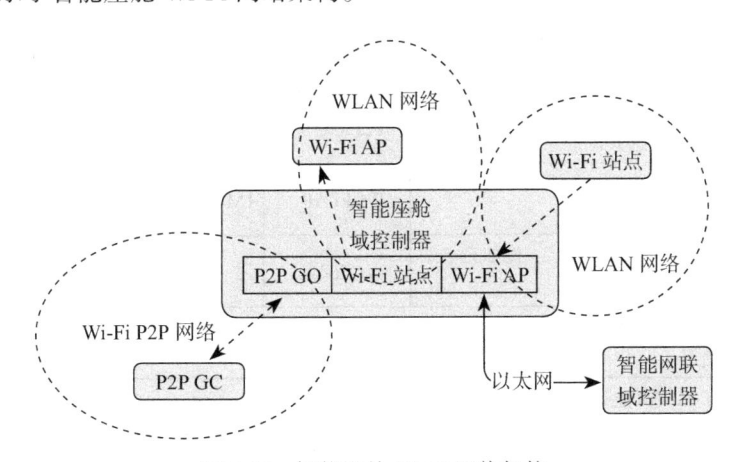

图 5-11　智能座舱 Wi-Fi 网络架构

从图 5-11 中可以看到，智能座舱内部存在三种不同类型的 Wi-Fi 网络，而智能座舱域控制器在这三类网络中分别扮演着不同的角色。

首先，智能座舱域控制器可以作为 Wi-Fi AP 的角色存在。在这种情况下，它负责提供 WLAN（无线局域网）的接入服务，使其他设备（如智能手机、平板电脑等）能够顺利连接到智能座舱的网络中。作为接入点，智能座舱域控制器为乘客提供了便捷的网络连接体验，使乘客能够轻松享受车载娱乐、导航等服务。

其次，智能座舱域控制器还可以作为 Wi-Fi 站点的角色参与通信。这意味着它可以连接到其他 WLAN 网络，如手机 Wi-Fi 热点或公共场所的 Wi-Fi，从而获取外部网络资源。通过这种方式，智能座舱域控制器能够将外部网络的信息、数据等引入智能座舱内部，为乘客提供更加丰富的信息和娱乐内容。

最后，智能座舱域控制器还可以在 P2P 网络中扮演重要角色。无论是作为 P2P GO 还是 P2P GC，它都能与其他设备进行点对点通信。这种通信方式无须依赖传统的接入点或路由器，就能实现智能座舱内的设备之间更快速、更直接的数据传输和共享。

在现代智能座舱中，P2P 网络起着重要的作用。一方面，它可以在没有局域网或接入点的情况下实现设备间的数据共享和传输，例如传文件、图片、视频等。另一方面，P2P 也常用于实现屏幕共享（Miracast）功能，使设备之间可以相互投射屏幕内容。在智能座舱中，这一功能尤为实用，它可以实现手机屏幕和座舱屏幕的多屏流转和多屏共享，为用户带来更加丰富和多样化的交互体验。

表 5-3 总结了智能座舱中一些常见的 Wi-Fi 应用场景。

表 5-3 智能座舱 Wi-Fi 应用场景

业务	功能	域控制器角色	带宽需求	时延需求	备注
文件传输	在手机和车机之间双向传输文件	P2P GO	800Mbit/s	无	—
无线投屏	将手机视频内容投屏到车机屏幕，内容投屏采用 DLNA（数字生活网络联盟）模式	P2P GO	100Mbit/s	小于 60ms	端到端
	将手机屏幕投屏到车机屏幕，镜像投屏 Miracast 模式	P2P GO	100Mbit/s	小于 80ms	端到端
VR	从车机将游戏或者视频数据传输到 VR 眼镜（串流方式）	P2P GO	大于 130Mbit/s	小于 50ms	Wi-Fi 6 以上
云游戏	在线对战游戏，例如 CS 或者《王者荣耀》	Wi-Fi AP	1Mbit/s	小于 90ms	网络延时大
连接外部网络	与外部 Wi-Fi AP 连接，例如充电站提供的免费 Wi-Fi	Wi-Fi 站点	无	无	—
流量分享	将手机或者无线网卡的流量分享给车机使用	Wi-Fi 站点	无	无	—
流量分享	将车机的流量分享给车上人员的电子设备使用	Wi-Fi AP	无	无	—

5.4 蓝牙连接技术

在智能座舱内部，蓝牙是另一项关键的无线连接技术。在使用场景上，与 Wi-Fi 不同，蓝牙主要为座舱提供语音连接和音乐分享功能。此外，蓝牙技术还为多功能多设备控制技术提供了可能，进一步丰富了智能座舱的功能性和用户体验。

5.4.1 蓝牙基础

蓝牙技术是一种开放的全球性无线数据与语音通信规范，采用 IEEE 802.15 协议标准，以低成本、近距离的无线连接为核心优势。该技术的主要目标是为固定设备与移动设备间的通信环境建立一个通用的无线电空中接口，使这些设备能够在无须物理线缆连接的情况下，在短距离内实现高效、稳定的相互通信与数据传输。

蓝牙的技术规范可分为两个层次：

- 核心规范（Core Specification）：用于规定蓝牙设备必须实现的通用功能和协议层次。它由软件和硬件两个模块组成，两个模块之间的信息和数据通过主机控制接口（HCI）的解释才能进行传递。这是必选的功能规范。
- 应用规范（Profiles）：从应用场景的角度为蓝牙技术的使用制定的不同规范。这也是和大众日常生活接触最多的一部分。蓝牙支持很多应用规范，应用规范是可选的。

1. 核心规范

蓝牙的核心规范包含 2 种技术：BR（Basic Rate，基本速率）和 LE（Low Energy，低功耗），这两种技术都包括搜索、管理、连接等机制。但它们之间是独立发展的，因此蓝牙设备最好能同时支持 BR 和 LE，这样在设备进行互联时，可以根据实际需要确保最大的兼容性。

（1）BR

蓝牙的 BR 规范是蓝牙技术中较早且广泛应用的标准之一，定义了蓝牙设备之间进行无线通信时所需的基本协议和参数。

BR 规范定义了蓝牙设备使用 2.4GHz 频段进行通信的特定频率带宽和信道分配方式。它采用跳频扩频技术实现了稳定可靠的通信，并支持多种数据传输速率和模式。然而，BR 规范在功耗方面相对较高，适用于对通信速度要求较高但对功耗要求不是特别严格的场景。

（2）LE

蓝牙的 LE 规范是后来发展出的低功耗蓝牙技术标准。它采用更为先进的物理层设计和调制方案，显著降低了功耗，使蓝牙设备在保持通信性能的同时，能够有更长的待机时间和使用寿命。蓝牙的 LE 规范还定义了多种报文结构和调制方案，以满足不同应用场景的需求。它支持多种数据速率，可以根据设备的需求和电池寿命进行灵活调整。同时，它还提供了广播音频的功能，使设备能够将多个音频流广播到不同的蓝牙设备（如耳机和耳塞），增强了用户体验。

2. 发展历程

蓝牙技术起源于消费电子领域，凭借使用便捷性和功能多样性，逐渐成为短距离无线控制领域的标准方案之一。从最初的蓝牙 1.0 版本到蓝牙 5.3 版本，它历经了 20 多年的发展演变。表 5-4 详细总结了蓝牙技术的发展历程。

表 5-4 蓝牙技术发展历程

协议	年份	速率	传输距离	特性
蓝牙 1.0	1998	723.1Kbit/s	10m	经典蓝牙，支持 BR 规范
蓝牙 2.0	2004	2.1Mbit/s	10m	新增 EDR（增强型数据速率），传输速率可以达到 2.1Mbit/s
蓝牙 3.0	2009	24Mbit/s	10m	新增 AMP（数据链路层和物理层混合模式），支持动态选择射频链路，传输速率可达 24Mbit/s
蓝牙 4.0	2010	24Mbit/s	50m	新增 LE 模式，可同时支持 BR 规范和 LE 规范，功耗降低 90%
蓝牙 5.0	2016	48Mbit/s	300m	支持长距离 LE 模式，支持蓝牙网格模式组网
蓝牙 5.1	2019	48Mbit/s	300m	增加测向功能和厘米级定位服务，加入 AOA（到达角）和 AOD（出发角）功能
蓝牙 5.2	2020	48Mbit/s	300m	新增 LE 同步信道，为实现下一代蓝牙音频的多声道音频流和基于广播音频流的共享音频应用打下了基础；支持 LE 功率控制，能进一步降低功耗
蓝牙 5.3	2021	48Mbit/s	300m	新增低速率连接，增强了加密控制与周期性广播

在座舱环境中，蓝牙技术最重要的功能不是传输数据，而是传输语音和控制命令。蓝牙 5.2 协议新增了 LE 模式下的同步信道，并且支持多声道音频流和基于广播音频流的共享音频应用，以在舱内连接耳机等个人穿戴式设备以及遥控器等物联网设备。因此，智能座舱域控

制器要求采用蓝牙 5.2 及以上的协议。

3. 座舱内蓝牙组网模型

智能座舱域控制器内部集成了蓝牙模块，它作为主设备，可以同时与 7 台从设备进行通信，并可以和多达 256 个从设备保持同步。这种一对多的连接方式将多个通信信道分散在不同的蓝牙单元中，共享同一个信道的多个蓝牙设备单元组成了一个 Piconet（微微网）。座舱内蓝牙的组网模式如图 5-12 所示。

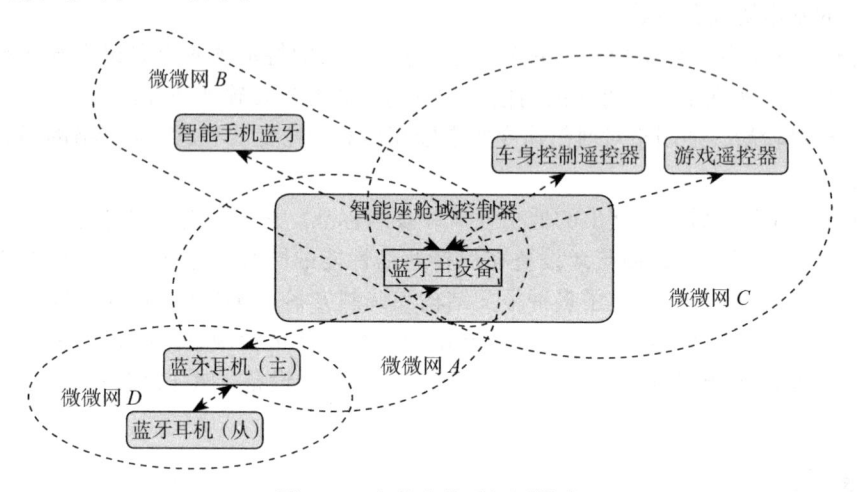

图 5-12 座舱内蓝牙组网模式

如图 5-12 所示，智能座舱域控制器在这里扮演了蓝牙主设备的角色，与多个蓝牙从设备建立了不同的微微网连接。

智能座舱域控制器与蓝牙耳机（主）组成了微微网 A。在这个微微网中，智能座舱域控制器作为主设备，控制和管理与蓝牙耳机（主）的通信。蓝牙耳机（主）则作为从设备，接收并执行来自智能座舱域控制器的指令。

智能座舱域控制器与智能手机的蓝牙模块建立了连接，组成了微微网 B。这个微微网允许智能座舱域控制器与智能手机之间进行数据传输和控制，可能用于实现车载信息娱乐系统的功能，如电话通信、音乐播放等。

智能座舱域控制器还与车身控制遥控器和游戏遥控器等组成了微微网 C。这个微微网使智能座舱域控制器能够接收来自这些遥控器的指令，从而实现对车辆功能的控制或对游戏操作的响应。

蓝牙耳机（主）作为主设备，与另一个蓝牙耳机（从）组成了微微网 D。这个微微网用于实现双耳立体声效果等功能。

蓝牙技术中的每个微微网都有一个主设备，负责管理和协调与该微微网内所有从设备的通信。因此，在上述情况中，智能座舱域控制器和蓝牙耳机（主）分别扮演了不同微微网的主设备角色。

4. 蓝牙工作模式

在座舱内部的多个微微网中，蓝牙设备通过采用不同的工作模式，可以有效地满足不同的应用需求，同时在保证通信质量的前提下尽可能地节省能源。蓝牙技术支持的三种工作模式——连接模式、保持模式和Sniff（呼吸）模式，各有特点和适用场景。

（1）连接模式
- 特点：在连接模式下，主设备与从设备之间建立了稳定的连接，可以随时进行通信和数据传输。主设备具有更高的权限，可以执行设备发现和寻呼操作，以创建或释放其他逻辑连接，而无须断开当前的物理连接信道。
- 适用场景：适用于需要实时、持续通信的场景，如音频流传输、实时位置追踪等。

（2）保持模式
- 特点：保持模式是一种低功耗模式。蓝牙设备在进入保持模式后，将停止接收数据包，直到预定的"保持"时间结束。这样做可以显著节省电源，同时保持数据连接的稳定性。
- 适用场景：适用于那些不需要连续通信、可以容忍短暂延迟的场景。例如，在定期更新传感器数据的系统中，保持模式可以在数据收集间隔期有效节省能源。

（3）Sniff模式
- 特点：Sniff模式也是一种低功耗模式。在Sniff模式下，从设备不需要持续监听主设备发送的数据包，而是按照约定的时间间隔进行接收。这种模式需要主从设备之间事先协商好数据报发送的间隔。
- 适用场景：适用于那些需要节省能源但又需要定期通信的场景。例如，在智能手表或物联网设备中，Sniff模式可以在保持与手机或其他设备连接的同时，有效延长设备的电池寿命。

5.4.2 蓝牙应用场景

在座舱内，蓝牙设备的应用场景深受蓝牙应用协议的影响。应用规范作为蓝牙协议应用层的核心概念，旨在实现不同平台下各种设备间的互联互通，以及应对多样化的应用场景。为此，蓝牙协议栈制定了一系列应用规范，这些规范统称为蓝牙应用规范。

1. 蓝牙应用规范

在蓝牙应用规范的组合中，有几个应用规范在座舱的应用上起到了至关重要的作用。这些应用规范不仅确保了不同蓝牙设备之间的顺畅通信，还满足了座舱内特定的应用需求。

（1）A2DP

A2DP（Advances Audio Distribution Profile，高质量音频分发规范）定义了如何将立体声质量的音频通过流媒体的方式从媒体源传输到接收器上，它使用ACL（Asynchronous Connectionless Link，异步无链接链路）信道传输高质量音频内容。

A2DP有2种具体的应用场景：播放场景和录音场景。在播放场景中，智能座舱域控制器通过A2DP向蓝牙耳机或蓝牙立体声扬声器传送高质量音频，实现音乐分享的功能。在录音场景中，智能手机通过A2DP向智能座舱域控制器发送高质量音频，通过车载音响播放手机中的共享声音文件。

（2）AVRCP

AVRCP（Audio/Video Remote Control Profile，音视频远程控制规范）是一种用于远程控

制音视频流的协议。通过 AVRCP，用户可以对音视频设备执行暂停、播放、停止以及音量控制等操作。AVRCP 协议明确规定了两种角色。

- Target（目标设备）：Target 代表被控制的目标设备，它能够接收来自控制端设备的控制命令，并根据这些命令做出相应的响应。在智能座舱环境中，智能座舱域控制器通常扮演目标设备的角色，它接收来自其他设备的控制指令，如播放音乐、调整音量等。
- Controller（控制端设备）：Controller 作为远程控制端设备，负责发送控制命令到目标设备端。常见的控制端设备包括蓝牙遥控器和智能手机。例如，用户可以通过智能手机上的应用程序发送控制命令，实现对智能座舱内音视频设备的远程控制。

（3）HFP

HFP（Hands-Free Profile，免提通话规范）为蓝牙设备间的免提通话提供了标准化的通信方式。通过 HFP，蓝牙音频网关设备能够与蓝牙免提设备进行连接，实现拨打和接听电话的功能。HFP 中定义了两个主要角色。

- AG（Audio Gateway，音频网关）：AG 是负责音频输入和输出的设备。典型的 AG 设备是手机，它能够发起或接收呼叫，并将音频信号传输到免提设备。
- HF 设备（Hands-Free Unit，免提设备）：HF 设备是执行音频网关远程音频输入/输出的设备，例如耳机或车载音响系统。HF 设备能够接收来自 AG 的音频信号，如电话呼叫的语音，并通过扬声器播放出来，同时能够捕获用户的语音并传输回 AG。

除了 HFP 之外，还有一些与之相关的规范，它们共同构成了蓝牙免提通信的完整体系。

- HSP（Headset Profile，耳机规范）：HSP 是蓝牙耳机的早期规范，定义了耳机与手机之间的通信协议。虽然 HFP 在功能上更为全面，但某些简单应用仍然在使用 HSP。
- PBAP（Phone Book Access Profile，电话簿访问规范）：PBAP 允许蓝牙设备访问和交换电话簿信息。例如，车载音响系统可以通过 PBAP 从手机中读取联系人列表，以便用户通过车载系统拨打电话。

2. 座舱内蓝牙应用总结

基于上述应用规范，对智能座舱如何应用蓝牙技术的总结如表 5-5 所示。

表 5-5 智能座舱蓝牙应用总结

业务	说明	协议需求	源端	目的端
蓝牙免提通话	用户使用车载麦克风和车载扬声器，通过手机拨打电话	HFP	手机	车
蓝牙遥控	用户的物联网设备连接到智能座舱域控制器，实现无线控制	AVRCP	遥控器	车
向耳机播放音乐	智能座舱向用户的耳机投送音乐源进行播放	A2DP	车	耳机
手机音乐播放	手机中的音乐通过蓝牙协议投送到车载音响进行播放	A2DP	手机	车

以上应用规范仅仅是座舱内蓝牙应用的一些常见场景，随着智能座舱的普及和人们对便捷性、舒适性要求的提升，更多的潜在需求将被不断发掘出来。技术的进步正是为了满足人们日益增长的需求和体验，通过不断创新和优化蓝牙技术，我们可以期待未来座舱内的蓝牙应用场景将更加丰富和智能化。

5.5 本章小结

本章详细探讨了座舱内使用的数据连接技术，主要包括有线连接和无线连接两大类别。这些技术将座舱电子系统与用户消费电子产品对接，使得座舱成为用户随身电子设备的自然延伸。

在有线连接方面，USB 技术以其高带宽、低时延的特性，实现了座舱与用户电子设备之间的高速双向数据传输，同时提供了快速充电的功能。这种连接方式不仅稳定可靠，而且传输速度快，为用户在行车过程中使用电子设备提供了极大的便利。

在无线连接方面，Wi-Fi 和蓝牙技术发挥着重要作用。Wi-Fi 技术可以实现无线流量分享，使用户在车内也能享受高速网络带来的便捷。同时，手机车机屏幕共享功能使用户能够轻松实现手机与座舱显示屏的互联，提升了操作的便捷性。蓝牙技术则可以实现语音和音乐的双向分享，让用户在行车过程中享受高品质的音乐。此外，通过蓝牙连接，用户还可以远程控制座舱多媒体播放器，实现更加智能化的操作。

这些数据连接技术为用户提供了更加美好的出行体验。

第 6 章

座舱显示子系统

显示屏在汽车座舱中的地位不可或缺，以至于部分人员将显示屏与智能座舱等同，在他们看来，大屏等同于智能座舱。超大屏幕为用户带来了极致的视听享受，而功能丰富的仪表屏则集中展示了汽车的各项信息，这些先进的功能和技术共同为智能座舱塑造了无与伦比的良好用户体验。

6.1 座舱显示子系统的框架

显示屏在座舱中的功能至关重要，而支撑这一功能的幕后英雄便是座舱显示子系统。该系统深度融合于智能座舱域控制器之中，其核心是智能座舱 SoC。此外，它还集成了高速视频传输线以及外部显示屏，共同构成了一个完整的技术框架。

6.1.1 显示子系统的主要功能

为了深入理解座舱的显示子系统，我们首要任务是明确其包含的主要功能。图 6-1 展示了智能座舱内可支持的部分显示设备。值得注意的是，随着智能座舱技术的迅猛发展，各大主机厂商在显示屏方面的创新与投入都呈现出激烈的竞争态势。因此，很可能还有许多新型的显示设备未能详尽地展示在图中。

从图 6-1 可以看出，汽车智能座舱内可支持的显示设备分为如下几类。

1. 与驾驶信息相关的显示屏

与驾驶信息相关的显示屏主要分为两类。第一类显示屏主要用于展示车内综合信息，而第二类显示屏则主要用于行车视野辅助。

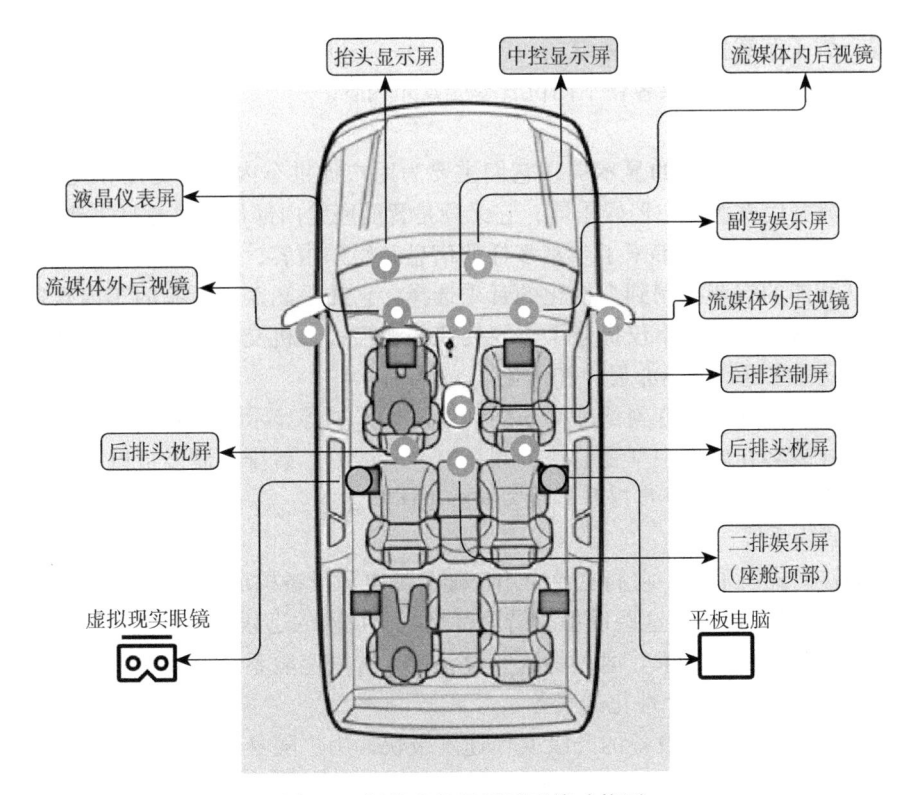

图 6-1 智能座舱显示子系统功能图

（1）综合信息展示

第 1 类屏是纯粹的信息展示工具，其核心功能是呈现导航信息，并整合车辆状态、能源管理、环境监测等各类数据，从而为驾驶者提供全面而详细的信息支撑。这类显示屏包括液晶仪表屏和抬头显示器等，它们所展现的内容主要源自智能驾驶域控制器和车域控制器。这些控制器通过中央计算平台内部的信息传输通道（如 SOA 服务），将数据发送给智能座舱域控制器。智能座舱域控制器在接收到这些信息后会进行综合处理，并最终呈现在相应的显示设备上。

（2）行车视野辅助

第 2 类屏是与摄像头紧密关联的显示屏，其中最具代表性的就是流媒体后视镜。这类显示屏的信息主要来源于安装在车身上的后视摄像头。这些摄像头负责捕捉车辆后方的视野场景，并通过数字视频的方式将后视图像场景传递给驾驶员，而非传统的光学反光镜片。流媒体后视镜的信息处理有两种方式。一种是通过智能座舱域控制器进行处理，这种方式能够实现更为复杂的图像分析和处理功能，但对智能座舱域控制器提出了更高的要求。另一种方式则是流媒体后视镜自身进行图像处理，这种方式更加简洁高效。

2. 与娱乐系统相关的显示屏

同样，与娱乐系统相关的显示屏也可分为两类。一类是固定式的娱乐屏，通常安装在车内固定位置，属于车载信息娱乐系统的一部分；另一类则是可拆卸的移动式娱乐屏，具有更高的灵活性和便携性，方便乘客在不同位置享受娱乐内容。

（1）固定式娱乐屏

第 1 类屏是固定式安装的显示屏，它们主要为用户提供车内触控交互和视听娱乐体验。这类显示屏的典型代表就是中控娱乐屏，它无疑是智能座舱内部最为核心且重要的显示设备。中控娱乐屏为驾驶员和乘客带来了丰富多样的信息和娱乐内容，从详细的导航地图到丰富的观影节目，从智能的空调控制到个性化的音乐选择，它几乎涵盖了所有的车内娱乐和信息服务需求。此外，这块显示屏不仅提供了直观便捷的触控式人机交互界面，还围绕驾驶员和乘客的休息与舒适需求进行了精心设计和优化。

除了中控娱乐屏外，还有副驾驶娱乐屏和后排娱乐屏等显示屏设备，它们主要为乘客提供娱乐功能，让乘客在旅途中享受愉快的娱乐时光。同时，后排控制屏可以让后排乘客轻松操控空调、座椅等设备，进一步提升了乘客的乘坐体验。

（2）移动式娱乐屏

第 2 类屏移动式娱乐屏，它们主要由用户随身的电子设备构成，如智能手机、平板电脑、VR 眼镜以及掌上游戏机等。这些设备凭借消费类电子技术的迅猛创新与迭代，能够迅速满足用户在娱乐方面的多样化需求。通过将这些设备接入智能座舱系统，用户不仅能够享受到丰富的娱乐内容，还能体验到个性化的服务。

此外，由于消费类电子设备的升级换代速度极快，用户随身电子设备的接入也确保了座舱娱乐系统的持续更新与升级。这意味着，无论娱乐技术如何发展，智能座舱都能保持其"常用常新"的特性，为用户带来最前沿的娱乐体验。同时，不同的用户可以根据自己的喜好和需求，选择适合自己的娱乐设备，实现"千人千面"的个性化娱乐体验。

6.1.2 显示子系统的架构

为了有效支持 6.1.1 节所提及的座舱内部显示设备，座舱域控制器的 SoC 扮演着至关重要的角色。SoC 通过其显示接口输出各类图像数据，这些数据随后经过高速视频连接线，准确无误地传输至外部显示屏进行展示。在这个完整的系统框架中，SoC 的显示接口、高速视频连接技术以及显示屏接口这三个核心部件共同构成了显示子系统的关键组件。图 6-2 展示了一个智能座舱显示子系统的架构框图，该图有助于我们更深入理解它的工作原理和组成部分。

图 6-2 展示了智能座舱中各类显示屏子系统架构。其中，不仅有被智能座舱 SoC 所驱动的固定式触摸显示屏，还包含了移动式的个人电子设备显示屏。此外，图中还特别展示了由摄像头直接驱动的流媒体后视镜的系统框架。流媒体后视镜的详细内容将在 7.3.1 节介绍。

1. 控制端侧

在智能座舱显示子系统中，SoC 负责视频数据的输出。它首先通过图形处理单元生成待显示的图像信号，并将这些信号保存在内存缓冲区中。随后，SoC 内部的显示处理单元会将这些图像数据按照不同的图层进行叠加处理，从而生成每个显示屏实际所需的图像数据。最后，这些数据以帧的形式发送给显示接口，等待进一步输出。

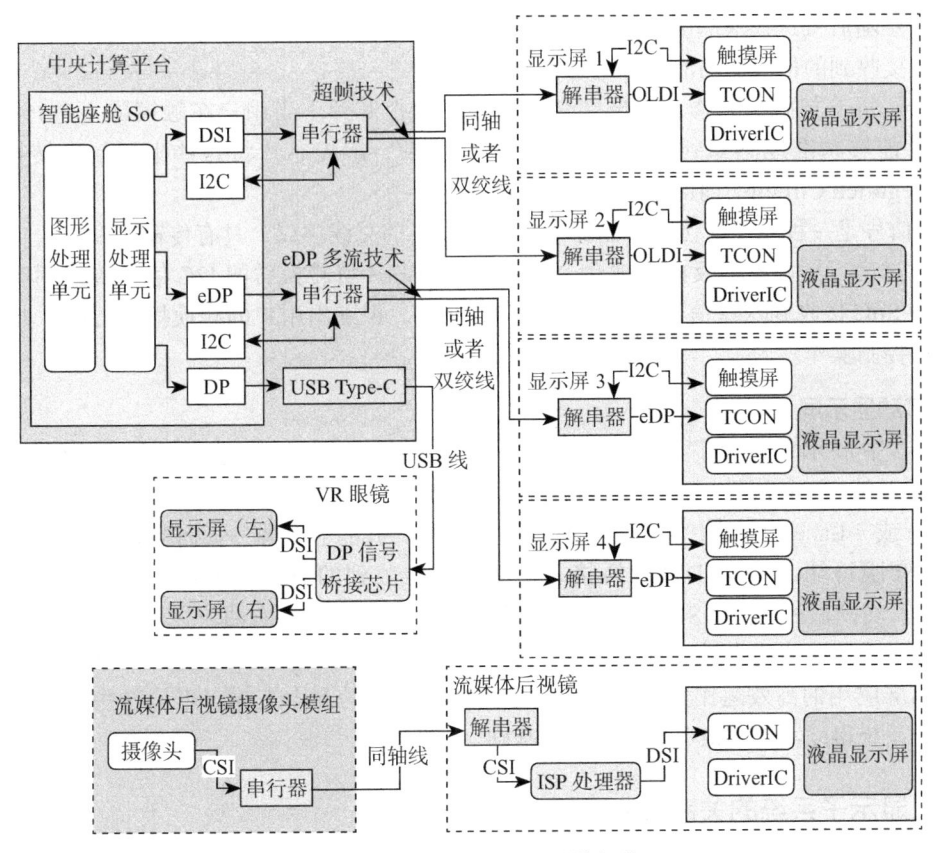

图 6-2　智能座舱显示子系统架构

智能座舱 SoC 在显示技术方面具备高度灵活性，支持多种显示接口。最新的 SoC 设计往往采用 MIPI DSI、DP（DisplayPort，显示端口）或 eDP（嵌入式显示端口）等，以适应不同显示屏的需求。MIPI DSI 是 MIPI 联盟发布的一种串行显示接口，具有高效、低延迟的特点。而 DP 和 eDP 则是专为支持高分辨率显示而设计的接口，能够支持高质量的图像传输。

根据第 4 章的相关介绍，经过这些显示接口输出的图像数据，可以通过先进的串行器技术转换成高速差分信号。这种转换确保了数据的快速、稳定传输，减少了信号损失和干扰。转换后的高速差分信号通过专用的传输电缆，直接发送到显示屏一端，实现了图像数据的无缝对接和高效显示。

2. 显示屏侧

在显示屏端侧，解串器首先将接收到的高速差分信号准确地还原成原始的图像数据。随后，这些数据通过显示屏专用的数据接口，被传输到 TCON（Timing Controller，时序控制器）芯片中。TCON 芯片作为屏幕时序和信号驱动的核心控制单元，对解串器发送来的图像数据输入信号进行精细处理。

TCON 芯片对接收到的信号进行必要的处理后，转换成液晶屏能够识别的驱动信号。这些驱动信号随后被送往液晶屏的 DriverIC（驱动集成电路）。DriverIC 作为液晶屏的驱动核心，负责根据接收到的信号驱动液晶屏进行发光和显示。

若显示屏支持触控操作，其屏端会配备一颗触控芯片。当用户在触摸屏上进行操作时，触控芯片能够精准地感知到触摸的坐标信息。随后，触控芯片将这些坐标信息转换为 I2C（Inter-Integrated Circuit，内部集成电路）信号。

I2C 信号是一种用于连接微控制器及其外围设备的总线协议，具有传输速度快、功耗低等优点。通过串行解串器的反向传输命令通道，触控芯片将转换后的 I2C 信号传递到座舱 SoC 中。座舱 SoC 接收到这些信号后会进行相应的处理，识别出用户的触摸操作意图，并据此执行相应的控制操作。

3. 移动显示屏

图 6-2 中展示的移动显示屏具有其独特性。以 VR 眼镜为例，座舱 SoC 在这里通过 Type-C 接口输出 DP 信号，这一设计充分利用了 DP 信号的特性。DP 信号能够通过 USB 线缆以 2 Lane 或 4 Lane 的形式传输高速的视频差分信号，并能够实现一定标准的中长距离传输。

在 VR 眼镜端，DP 转 DSI 的桥接芯片能够将接收到的 DP 信号高效地转换为 2 路 MIPI DSI 信号。转换后的两路 DSI 信号随后被分别送往 VR 眼镜的左右两块显示屏。这种设计使得左右两块显示屏能够同步播放内容，从而为用户呈现出立体的、逼真的 3D 虚拟显示效果。

显示屏应用的高效运作背后离不开一系列关键技术的有力支撑。正是这些关键技术构成了显示子系统得以实现和稳定运行的坚实基础。

6.1.3 显示子系统的关键技术

现在，我们将这些显示子系统涉及的技术整理并总结在表 6-1 中，以便更清晰地展示它们之间的关系和应用场景。

表 6-1 显示子系统关键技术总结

基础模块	技术英文名称	简要描述
SoC 显示子模块	GPU/DPU	GPU（图形处理单元）是 SoC 中产生图像数据的子单元，DPU（数据处理单元）是 SoC 中完成图像合成、图层叠加、色彩处理等功能的子单元
SoC 显示子模块	MIPI DSI	由 MIPI 联盟定义，用于连接 SoC 与显示屏之间的图像数据输出串行接口
SoC 显示子模块	eDP/DP	由 VESA 联盟发布的，用于连接 SoC 与显示屏之间的图像数据输出接口。eDP 与 DP 的区别在于图像传输距离的远近，一般 eDP 用在印刷电路板内部的近距离信号传输
SoC 多屏显示技术	Multi-Image Frame	超帧技术是一种在单输出接口上显示 2 个不同图像的技术。它是一种软件技术，但需要 DPU 和串行器/解串器支持。该方案通常由各芯片厂商自行实现
SoC 多屏显示技术	MST	基于 DP/eDP 接口之上的多流传输（Multi Stream Transfer）模式，属于 DP 标准协议中的一个特性，需要 SoC 支持
显示数据传输系统	Serializer	串行器，用于车载环境下远距离传输图像信号的串行化处理，可以满足 15m 的传输距离
显示数据传输系统	Deserializer	解串器，与串行器成对出现，用于解串串行化数据。例如 MIPI DSI 数据在经过加串/传输/解串后，又恢复为 DSI 数据

(续)

基础模块	技术英文名称	简要描述
显示数据传输系统	Cable	串行器和解串器之间的传输线缆,一般有同轴电缆(Coax)和带屏蔽的双绞线(STP)两种
显示屏模块	TCON	显示屏的主控芯片
	DriverIC	包括门驱动器(Gate Driver)和源驱动器(Source Driver)
	Screen	液晶显示屏,包括LCD或者OLED等不同的发光形式
控制信号	I2C	用于触摸屏的信号传输,例如上报触摸点的X、Y坐标

在上述关键技术分类中,显示数据传输系统所使用的串行解串器技术已经在第4章中介绍过了。SoC内部的图形处理和显示单元将在后续章节再深入介绍。I2C在传输低速控制信号时,可以通过SerDes协议实现双向传输,确保触摸操作的流畅与准确。由于显示屏模块中的屏幕部分主要涉及显示和发光原理,这些内容与本文探讨的数字技术关系不大,因此不再赘述。

6.2 显示屏

显示屏模块作为座舱显示子系统的重要部分,主要负责输出图像数据。该模块能够接收来自SoC的图像源数据,经过处理后以恰当的格式呈现在液晶屏上。智能座舱系统架构师主要关注的是图像数据的显示格式,以及如何有效地通过数字接口接收SoC传送的图像数据,以确保图像的清晰度和实时性。

6.2.1 显示图像格式

在讨论显示屏数据传输接口时,我们首先需要深入了解图像数据格式。彩色液晶显示屏的每个发光点都对应一个像素点。为了真实展现现实世界的丰富色彩,同时满足液晶屏的发光原理,每个像素点的颜色信息都必须以数字格式进行存储,随后再由液晶屏精准地呈现这些数据。这种组成每个像素点色彩的数据存储方式,就是我们所说的显示图像格式。

一般来说,每个像素的颜色主要有两种方法表示。第一种方法采用红、绿、蓝三原色,即RGB模式。在这种模式下,每个像素点通过红、绿、蓝三种颜色来展现,每种颜色通常使用8位(1个字节)来表示。因此,一个像素点需要24(3×8)位的存储空间。

第二种方法则是采用YUV分量的方式。YUV是一种编译真彩颜色空间的方法,包括YUV、YCbCr、YPbPr等多种专有名词,它们都可以统称为YUV,尽管彼此之间存在一些细微的差别。在YUV模式中,Y代表明亮度(Luminance或Luma),即灰阶值,而U和V则代表色度(Chrominance或Chroma),用于描述影像的色彩及饱和度,从而指定像素的颜色。

值得注意的是,YUV格式所需的存储空间通常小于RGB格式。在可接受的数据损失范围内(这种损失对人眼来说是难以察觉的),RGB与YUV色彩格式可以相互转换。这使得YUV格式在视频处理和传输等领域具有显著优势,尤其是在需要优化存储空间和带宽使用的场景下。因此,在设计显示屏数据传输接口时,工程师可以根据具体需求选择合适的颜色表示方法。

1. RGB 图像格式

根据每一个像素点需要采用多少个位来表示三原色的数据，RGB 图像格式通常可以分为 RGB565、RGB666、RGB888 等类型。

1) **RGB565**：RGB 颜色分量通道分别使用 5 位、6 位、5 位进行存储，每个像素一共需要 16 位来存储，例如：R5～R0，G5～G0，B4～B0。

2) **RGB666**：每个颜色分量通道使用 6 位进行存储，每个像素需要 18 位来存储，例如，R5～R0，G5～G0，B5～B0。

3) **RGB888**：每个颜色分量通道使用 8 位进行存储，每个像素需要 24 位来存储，例如：R7～R0，G7～G0，B7～B0。

2. YUV 图像格式

YUV 图像格式采用的是另外一种色彩表示方法。YUV 格式采用亮度和色度分离的方式表示每个像素。Y 分量代表亮度信息，U 分量和 V 分量则共同描述了颜色。这种格式在图像处理中，特别是在计算机视觉领域具有显著的优势。如果仅保留 Y 分量而去除 U 和 V 分量，图像将呈现黑白效果。许多计算机视觉算法主要关注图像的亮度信息，而色彩信息则更多是为了满足人眼的视觉需求。

研究表明，人眼对亮度信息的敏感度远超过对色彩信息的敏感度。基于这一特点，YUV 图像格式对色彩信息进行了压缩采样，从而实现了更小的图像存储空间。这种压缩方式在不影响人眼观看体验的前提下，有效减少了数据存储和传输的需求。

根据 Y 和 UV 的占比不同，YUV 格式有多个变种，其中常用的包括 YUV444、YUV422 和 YUV420。这些格式在亮度和色度信息的采样与存储方式上有所不同，以满足不同应用场景的需求。例如，YUV444 格式保留了完整的亮度和色度信息，适用于对图像质量要求较高的场景；而 YUV420 格式则通过降低色度信息的采样率来进一步压缩图像数据，适用于对存储空间有严格限制的场合。如下的 3 种格式中，每个像素点都有独立的 Y 分量，但可以由多个像素点共享 U 和 V 分量。

1) **YUV444**：每个像素点占用 1 个 Y 分量，并且对应 1 对 UV 分量，每个分量都占用 8 位，每个像素占用 3 字节（Y+U+V=8+8+8=24 位）空间。

2) **YUV422**：每 2 个像素点占用 2 个 Y 分量和 1 对 UV 分量。每个分量占用 8 位，那么 2 个像素一共占用 32 位，等于每个像素占用 2 字节的空间：（Y1+Y2+U1+V1= 8+8+8+8=32 位）。

3) **YUV420**：每 4 个像素点占用 4 个 Y 分量，并共用 1 对 UV 分量，每个分量占 8bit 位，4 个像素点一共占用 48 位，相当于每个像素点占用 1.5 字节：（Y1+Y2+Y3+Y4+U1+V1=8+8+8+8+8+8=48 位）的空间。

图 6-3 展示了 YUV420 的一种图像色彩格式，以及它基于计算机通信协议传输时的图像数据顺序。

从图 6-3 中可以看到，Y1、Y2、Y7 和 Y8 这 4 个亮度分量共享了 U1 和 V1 这一对色彩分量，这实际上代表了 4 个像素点的信息。在传输图像数据时，显示系统会按照一定的顺序，先将 Y1 到 Y24 的亮度分量传输完毕，接着传输 U1～U6 的色彩分量，最后传输 V1～V6 的色彩分量。这种顺序确保了数据在传输过程中的连贯性和完整性。

YUV420 格式的单帧数据

Y1	Y2	Y3	Y4	Y5	Y6
Y7	Y8	Y9	Y10	Y11	Y12
Y13	Y14	Y15	Y16	Y17	Y18
Y19	Y20	Y21	Y22	Y23	Y24
U1	U2	U3	U4	U5	U6
V1	V2	V3	V4	V5	V6

字节流传输中的像素点位置

| Y1 | Y2 | Y3 | Y4 | Y5 | Y6 | Y7 | Y8 | Y9 | Y10 | Y11 | Y12 | Y13 | Y14 | Y15 | Y16 | Y17 | Y18 | Y19 | Y20 | Y21 | Y22 | Y23 | Y24 | U1 | U2 | U3 | U4 | U5 | U6 | V1 | V2 | V3 | V4 | V5 | V6 |

图 6-3　YUV420 图像色彩格式

由于 YUV 格式的特殊性，因此我们必须等到整个帧数据都接收齐全后，才能显示完整的图像色彩。这是因为色彩信息是由亮度分量和色度分量共同组成的，任何一部分的缺失都会导致图像色彩的不完整。

这种数据传输方式对节省存储空间和提高传输效率非常有效，尤其在处理高分辨率图像或视频时。同时，它也对图像处理系统提出了更高的要求，需要确保在接收和处理数据时能够准确还原图像的原始色彩信息。

6.2.2　显示屏原理

车载显示屏在技术原理方面与普通的消费级显示屏（如 PC 机的液晶显示屏等），并无显著区别。它们同样采用两类显示驱动芯片。第一类芯片是 DriverIC，主要负责驱动显示屏，实现行和列的显示功能。第二类芯片是 TCON，主要职责是控制 DriverIC 的任务分发并进行相应的控制。

1. DriverIC

DriverIC 是显示屏成像系统的重要组成部分。它的主要任务在于驱动显示屏的像素点，使其能够按照指令点亮或关闭，并精准地控制光线的强度以及色彩的呈现。这种精细的控制确保了显示屏能够呈现出清晰、生动的图像。

DriverIC 芯片主要由两部分组成：源驱动器和门驱动器，二者协同工作，共同确保显示屏的正常运行。

门驱动器也常被称为行驱动器（Row Driver），主要负责控制每一行晶体管的开关状态。在扫描过程中，它会一次打开一整行的晶体管，为像素点的激活做好准备。这种逐行的开关机制，确保了显示屏在刷新时的稳定性和效率。

源驱动器与晶体管的源端相连接。当一行晶体管被门驱动器激活后，源驱动器芯片会迅速将控制亮度、灰阶以及色彩的控制电压准确地加载到这一行的每一个像素点上。因此，源驱动器也被称为列驱动器（Column Driver）。正是通过源驱动器的这种精确控制，显示屏才能呈现出细腻的画面和丰富的色彩。

2. TCON

TCON 的主要职责在于分析从座舱 SoC 传来的信号，并将这些信号拆解、转化为驱动器芯片能够理解的指令。一旦信号被成功转化，TCON 便负责将其分配给行/列驱动器去执行，从而确保显示屏能够按照预期进行有序的运转。

图 6-4 展示了使用 eDP 接口传递图像格式的液晶显示屏框架结构图。图中详细描绘了之前提及的两大类驱动芯片：负责驱动显示屏像素点以实现行列显示的 DriverIC，以及负责控制信号分发和任务协调的 TCON。

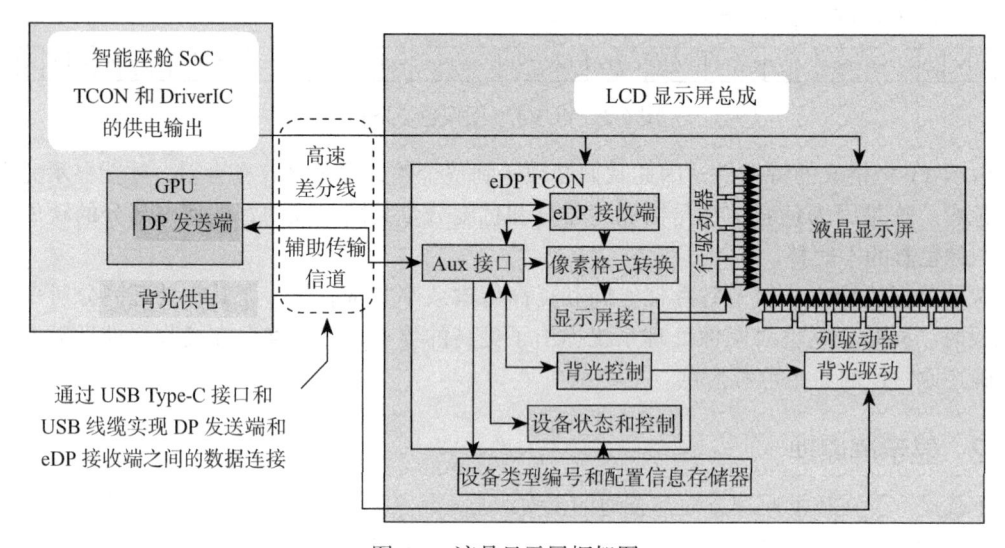

图 6-4 液晶显示屏框架图

从图 6-4 中可以看到，右侧的 LCD 显示屏总成框架内包含有 eDP TCON 芯片、负责行和列驱动的多组 DriverIC 芯片、背光驱动芯片，以及液晶显示屏等关键组件。

TCON 芯片的功能至关重要。首先，它需要接收来自 SoC 的 eDP 信号，然后基于这些信号生成行和列的显示信号。这些信号必须按照预先规定的时序精确地发送到行和列两类驱动器芯片上。

一旦接收到信号，行驱动器会逐行激活晶体管；而列驱动器则负责在被激活行的每一列的对应像素点上施加不同级别的电压，从而实现像素点之间的色彩和亮度差异。

从上述显示过程可以看出，TCON 芯片实现的难度最高。这是因为 TCON 需要根据显示屏的分辨率和刷新率产生满足时序要求的行列信号，并将其传递给 DriverIC。分辨率越高，需要显示的像素点就越多，这对 TCON 的处理能力提出了更高的要求。同时，刷新率越高，TCON 产生刷新数据的时序就要越快，这为 TCON 的响应速度也带来了挑战。此外，TCON 还需要对行/列驱动器和 LCD 像素点改变状态的延时进行严格控制，以确保显示效果的稳定性和准确性。

因此，当分辨率和刷新率这两个因素结合起来时，TCON 需要处理的数据量会急剧增加，对其产生的行 / 列时序信号的要求也会相应提高。

6.3 SoC 显示接口技术

SoC 的显示接口技术是显示子系统内至关重要的关键技术之一。借助这一接口，SoC 能够将图像数据精准地输出到 LCD 显示屏上。鉴于不同类型的显示接口在支持的图像数据格式、接口带宽、控制方式以及功能组合等方面均存在显著差异，我们在进行技术选型和技术评估时，必须对这些方面予以特别关注，以确保选择的接口能够满足实际的应用需求。

6.3.1 显示接口演进

在当前市场上，数字式显示接口的类型繁多，但常见的数字显示接口大多可以追溯至三大基础技术流派：LVDS（低电压差分信号）、TMDS（Transition-Minimized Differential Signaling，最小化转换差分信号）以及 MIPI DSI。这三种技术流派构成了众多显示接口的核心基础，为显示子系统提供了多样化的解决方案。

1. LVDS

LVDS 技术衍生出了 FPD-Link、OLDI（Open LVDS Display Interface，开放式 LVDS 显示接口）和 DP 技术。其中 FPD-Link 被德州仪器公司用于车载环境下远距离的串行解串信号传输，而 OLDI 则是一个开放的标准协议，它主要用于平板显示设备的数据传输接口。

在计算机产业中，基于 LVDS 技术发展而来的 DP 技术，无疑是显示接口领域的一次重大创新。DP 技术不仅致力于实现"一个接口连接所有设备"的宏伟愿景，更着眼于取代现有笔记本电脑内部的 OLDI 连接标准。这一变革使得信息从显卡输出后，能够以相同的格式直接传输到 TCON，中间无须再经过复杂的协议转换，从而大大提高了数据传输的效率和稳定性。

2. TMDS

TMDS 技术是一种独特的技术解决方案。尽管 TMDS 与 LVDS 在物理层面上有一定的相似性，但它们在通信协议上截然不同。TMDS 采用了 IBM 的 8b/10b 编码方式，这种编码方式有助于减少信息错误的发生，并支持更长的线缆长度，从而确保了数据传输的稳定性和可靠性。

当 TMDS 技术用于传输 RGB888 格式的图像信号时，它首先将一路 8 位并行信号串行化为 10 位输出。在接收端，再将这些串行化的 10 位信号解串，还原为原始的 8 位信号。这种转换过程确保了数据的完整性和准确性。

随着 TMDS 技术的不断发展，它衍生出了多种技术形式和商业化的协议标准。VESA 组织基于 TMDS 技术推出了 P&D（Plug and Display，即插即显）标准，进一步推动了 TMDS 在显示领域的应用。随后，英特尔公司牵头成立了 DDWG（Digital Display Working Group，数字显示工作组），该组织基于 TMDS 技术推出了 DVI（Digital Visual Interface，数字视频接口），并开始了广泛的推广。

DVI 技术作为计算机工业领域的一项重要标准，为计算机显示器带来了巨大的进步。然而，电视机行业也希望能够推出自己的标准协议。因此，在 2002 年，日立、松下、索尼等电视巨头与 Silicon Image 公司合作，采用 TMDS 技术作为底层协议，推出了更适合家庭影音播放的标准——HDMI（High Definition Multimedia Interface，高清多媒体接口）。HDMI 的推出进一步丰富了 TMDS 技术的应用领域，使其在家庭娱乐领域也发挥出了重要作用。

3. MIPI DSI

MIPI 联盟是由 ARM、英特尔、诺基亚、三星、意法半导体和德州仪器在 2003 年共同创立的一个全球开放组织。它的主要目的是发展移动生态环境的接口标准，以减少设计的复杂性并增加设计的灵活性。经过十几年的发展，MIPI 已经吸引了全球 250 多个会员公司，并且其制定的标准已经广泛应用于人工智能、物联网、AR/VR、汽车、照相机、工业电子与医疗设施等多个领域。

MIPI 的一个显著特点是它将接口的物理标准与其传输协议分开定义。目前，MIPI 规定了三种主要的物理标准：M-PHY、D-PHY 和 C-PHY。其中，M-PHY 主要用于芯片与芯片之间的高速数据传输；D-PHY 则广泛用于连接摄像头与主芯片组以及显示屏与主芯片组；而 C-PHY 可以看作对 D-PHY 标准的升级，其应用场景与 D-PHY 相似，但在编码方面更为精巧，数据传输效率更高。

在显示技术方面，MIPI DSI（Display Serial Interface，显示串行接口）是一个重要的串行接口标准。它以串行方式向外围设备（如液晶显示器）发送像素信息或指令，并可以从外围设备读取状态信息或像素信息。在传输过程中，MIPI DSI 拥有自己独立的通信协议，包括数据包格式和纠错检测机制，这确保了信息的准确性和可靠性。

基于以上 3 种基础的数字显示接口技术，我们总结了在智能座舱环境下使用最多的显示接口类型，如表 6-2 所示。

表 6-2 常见的智能座舱显示接口

接口	传输数据格式	支持音频	底层技术
OLDI	18 位单像素，24 位单像素，18 位双像素，24 位双像素 RGB	否	LVDS
HDMI	24/30/36/48 位 RGB，以及 YUV444、YUV422、YUV420	是	TMDS
DP	16/18/24 位 RGB，以及 YUV444、YUV422、YUV420	是	LVDS
MIPI DSI	16/18/24 位 RGB，以及 YUV444、YUV422、YUV420	否	C/D-PHY

接下来将对这些接口技术进行简要介绍。

6.3.2 OLDI

OLDI 技术常被用于 SoC 到显示屏之间的接口连接。通过串行解串器的转换与传输，OLDI 接口也可以支持长距离视频数据的传输与显示。

OLDI 基于 LVDS 技术，它使用了 8 对差分数据线（通道 0～通道 7）和两个采样时钟线（CLK1 和 CLK2）。实际使用的串行数据线依赖于像素格式，串行数据率为 7 倍采样时钟频率。OLDI 传输通道如图 6-5 所示。

从图 6-5 中可以看到，OLDI 的发送端负责处理 R0～R7、G0～G7、B0～B7 的信号输入。根据 LVDS 的串行化传输技术原理，我们知道一条 LVDS 通道具备将 7bit 的并行数据转化为 1

对串行化数据进行传输的能力。为了有效传输 24bit 的 RGB888 数据，我们需要利用 4 对差分线，这样的配置可以确保传输 28bit 的数据，其中包含了 24bit 的 RGB 数据以及 3bit(VSYNC、HSYNC、DE）的控制信号。如果进一步增加差分线的数量至 8 对，那么在一个时钟周期内，我们甚至能够传输 2 个 RGB888 格式的像素点信息，从而显著提升了数据传输的效率。

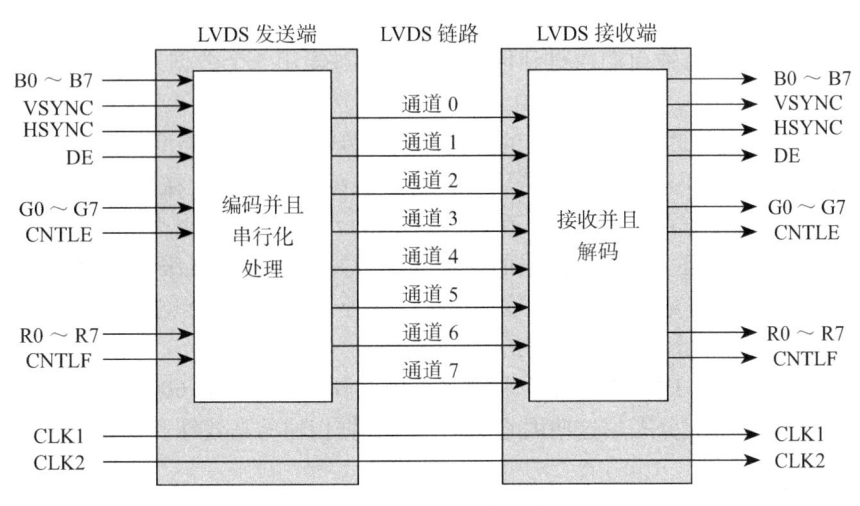

图 6-5　OLDI 传输通道

6.3.3　HDMI

HDMI 是基于 TMDS 技术发展而来的，它与 LVDS 在物理层上有些类似，同样也是采用差分线对来传输高速数据信号。但是它的编码方式与 LVDS 不相同，而是基本采用了 IBM 的 8b/10b 编码方式。图 6-6 展示了 HDMI 的传输通道。

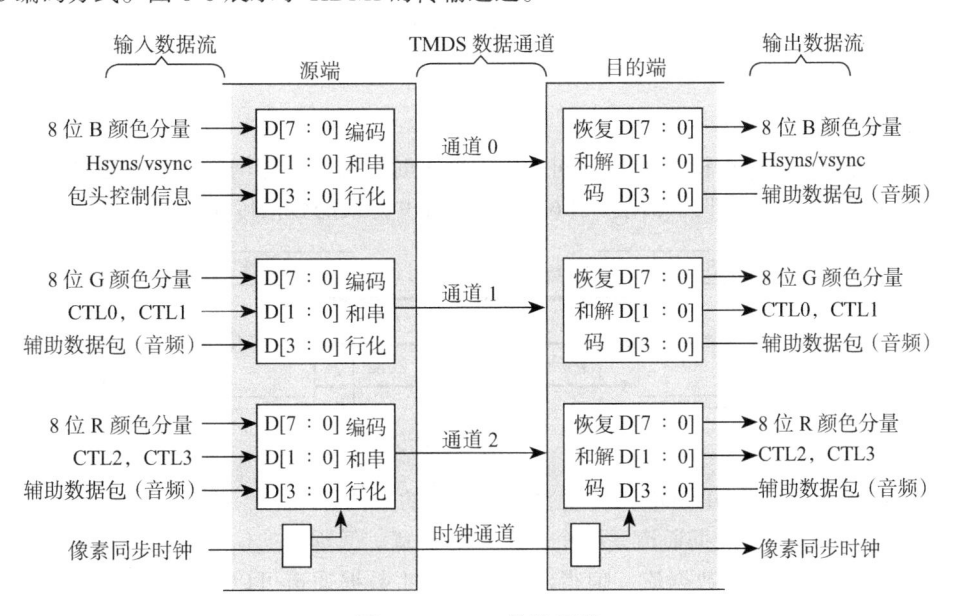

图 6-6　HDMI 传输通道

根据图 6-6 所显示的 HDMI 传输通道结构，其底层采用了 TMDS 传输技术。整个 HDMI 系统通过 1 个时钟通道和 3 个数据通道来协同传输视频数据。每个数据通道均具备传输 8bit 颜色分量的能力，因此 3 个数据通道联合作业，可以共同传输 24bit 的 RGB888 数据，满足了色彩信息传输的基本需求。

对于控制信息和辅助信息（例如音频数据等），HDMI 设计了一套灵活的传输机制。这些附加信息可以在不同的时钟周期内得到传输，它们通过复用 3 个数据通道上的 Data[3:0] 数据位来实现传输。

以通道 0 为例，它可以在 3 个不同的时钟周期，传输 3 种不同类型的信号。在图 6-6 中可以看到，在视频周期内，它可以用来传输 8 位的 B 颜色分量数据。在控制周期内，它用来传输 Hsync 和 Vsync 信号，占用 D[1:0]。在数据周期内，它用于传输包头信息，占用 D[3:2]。

在 HDMI 的传输通道上，视频数据的传输经历了关键的 8b/10b 编码转换过程，这一转换不可避免地会导致有效带宽受到一定程度的损失。此外，HDMI 在传输过程中还涉及 3 个传输周期的切换，这种切换同样会带来额外的带宽损失。

综合考虑这些因素，HDMI 的有效带宽通常只能占到总带宽的 60% 多一点。在设计和使用 HDMI 接口时，需要充分考虑这些因素，以确保数据传输的高效性和稳定性。

6.3.4 DP/eDP

DP 主要用于连接视频源与显示器等设备，并且支持音频和其他形式的数据传输，提供了丰富的功能集成。

eDP 协议是 DP 在嵌入式方向的应用拓展，基本兼容了 DP 协议。然而，eDP 与 DP 在某些方面也存在细微差别。例如，在 HDCP（High-bandwidth Digital Content Protection，高带宽数字内容保护）协议方面，两者可能有所不同，这是为了保护数字内容在传输过程中的安全性。此外，对于全功能连接协议训练模式（通常用于长距离传输），两者也存在差异，以适应不同应用场景的需求。

1. DP 基本架构

DP 传输协议与 OLDI 和 HDMI 不同，它去掉了时钟通道，却增加了辅助数据通道和插入检测功能，因此可以做到即插即用。图 6-7 展示了 DP 协议的数据传输架构。

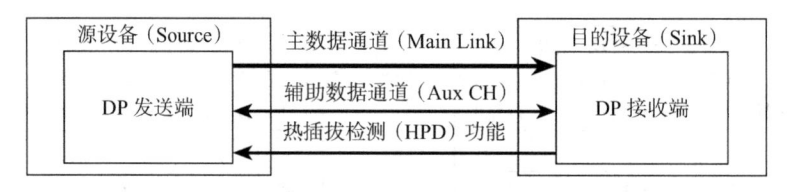

图 6-7 DP 协议数据传输架构

从图 6-7 可以看出，DP/eDP 需要包含 3 个主要的数据通路。

1）主数据通道：主数据通道是一个单向、高带宽、低延迟的信道，主要用于传输诸如未压缩的视频和音频的同步数据流。值得注意的是，主数据通道可以是 1 Lane、2 Lane 或者 4

Lane 的配置。而每一个 Lane 是由一对差分信号线构成的。

在每一个 Lane 上传输的数据采用了 8b/10b 编码方式，这意味着 8 位的数据源在发送端会被编码扩展为 10 位，其中巧妙地嵌入了时钟信息。在接收端，这些数据会被解码，从而恢复为原始的 8 位编码数据。这样的设计使得在长距离的传输中，能够更好地实现 EMI 电磁兼容性。此外，由于数据传输中已自带时钟信息，因此无须额外使用一对时钟信号线。

鉴于主数据通道的这一特性，每次启动 DP 传输之前，或者在检测到传输过程中发生错误后，都需要启动一个连接训练的过程。这个训练过程主要是对连接器以及线缆上的信号损失进行补偿，以确保数据传输的准确无误。

训练将通过辅助数据通道进行。当 DP 发送端检测到热插拔信号时，即认为有接收端设备插入，随后便会启动训练过程。

2）辅助数据通道：辅助数据通道是一对半双工的双向数据通道，它被用来进行链接管理和设备控制等。

3）热插拔检测：热插拔功能使用一根单独的信号线，用于从接收端向发送端发出中断信号，通知接收端设备已经插入。

2. 带宽计算

对 DP 传输协议来说，它采用了 8b/10b 的编码格式。这种编码方式将每 8 位的数据编码为 10 位，从而增加了数据的冗余性，提高了传输的可靠性。但是，这也意味着在传输过程中会有一定的带宽损耗。因此，在计算 DP 传输协议的有效带宽时，需要考虑这种编码格式带来的损耗。

有效带宽的计算公式为：有效带宽 = 理论带宽 ×（8/10）。通过乘以一个系数来得到实际可用的带宽。

表 6-3 列举了 DP 的理论物理带宽和有效带宽的对比规格。

表 6-3　DP 传输的对比规格

DP 版本	理论带宽（1 Lane）	有效带宽（1 Lane）	有效带宽（4 Lane）
HBR3（v1.4）	8.1Gbit/s	6.48Gbit/s	25.92Gbit/s
HBR2（v1.2）	5.4Gbit/s	4.32Gbit/s	17.28Gbit/s
HBR（v1.0）	2.7Gbit/s	2.16Gbit/s	8.64Gbit/s
RBR	1.62Gbit/s	1.30Gbit/s	5.18Gbit/s

6.3.5　MIPI DSI

MIPI DSI 技术被广泛应用于移动应用处理器之上。随着高通等原手机芯片厂商纷纷进军智能座舱市场，DSI 接口也逐渐成为车载显示领域的一种重要接口技术。

1. DSI 分层结构

从协议分层架构上来看，DSI 协议从上至下分为 4 个层，它的主要功能如下。

1）应用层：应用层处理更高层次的编码。在发送端，应用层将待显示的像素数据和控制命令一起编入数据流（BitStream）中，然后交给下一层处理。在接收端，应用层将收到的数据流再恢复成原始的数据。

2）协议层：协议层在网络通信中扮演着对数据进行打包的角色。它不仅负责在原始数据上添加诸如 ECC（错误检查和纠正）与校验和等信息，还确保数据在传输过程中的完整性和准确性。

应用层传递下来的数据会在协议层根据需要打包成不同格式的数据包，以适应不同的传输需求。长数据包通常用于传输大量数据，而短数据包则更适合小量数据的快速传输。在发送端，原始数据会被打包，并添加包头和包尾。

当接收端接收到下层传来的数据包时，它会执行与发送端相反的操作。首先，接收端会去除包头和包尾，然后提取出原始数据。接着，接收端会使用 ECC 等机制对接收到的数据进行校验，以确保数据的完整性和准确性。

3）链路层：在发送端，链路层的主要工作是将串行化的数据分配到底层的多条数据传输通道上。接收端则将从多条通道上接收到的数据再组合成串行数据，供上层进行处理。

4）物理层：MIPI DSI 的物理层定义了传输通道的数目、电气特性以及信号传输的协议等。例如，D-PHY 就是 MIPI DSI 所支持的一种物理层模式。它定义了 1 对时钟信号线和 4 对用于传输数据的差分信号线。

2. DSI 数据传输架构

DSI 在传输数据时需要灵活使用 4 对数据线，图 6-8 展示了 MIPI DSI D-PHY 的数据传输架构。

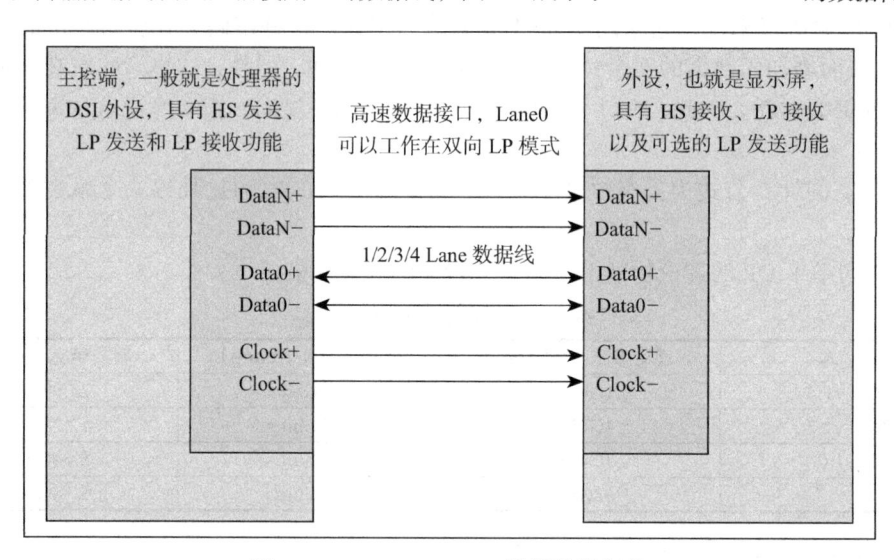

图 6-8　MIPI DSI D-PHY 数据传输架构

从图 6-8 可以看出，MIPI DSI 的传输系统主要分为主控端和外设端两大部分。主控端通过专门的一对时钟信号线，向外设端精准提供时钟信号，确保数据的同步传输。在主控端与外设端之间还配备了 4 对低压差分数据线，它们分别被称为 Lane0 ～ Lane3。在实际应用中，这 4 对数据线可以根据具体需求灵活配置，可以选择使用 1、2、3 或者全部 4 个 Lane 进行数据传输。

从图 6-8 中还可以观察到，Lane0 具备双向传输的能力。在 MIPI 的 LP（Low Power，低功耗）模式下，Lane0 被专门用于传输低速的异步信号，这些信号通常包括各种配置指令。例如，屏幕的配置参数就是在 LP 模式下通过 Lane0 进行传输的。

此外，DSI 还支持另一种工作模式，即 HS（High Speed，高速）模式。在这种模式下，所有的 4 对数据通道（Lane）都会被充分利用，以支持高速的视频数据传输。这使得 DSI 在应对大量数据传输需求时，能够展现出极高的效率和稳定性。

在 DSI v1.2 版本中，单个 Lane 的数据带宽高达 2.5Gbit/s，然而，其总带宽受限于可用 Lane 的数量，因此最高不会超过 10Gbit/s。在设计包含 MIPI DSI 接口的系统时，必须仔细计算并确认接口带宽能否满足整体应用需求。这包括考虑数据传输速率、视频分辨率、帧率以及其他可能的带宽消耗因素。通过合理的计算和规划，可以确保 MIPI DSI 接口能够有效地支持各种应用场景，提供稳定可靠的数据传输服务。

6.3.6　单芯多屏技术

在智能座舱的技术架构中，单芯多屏技术无疑是占据核心地位的关键要素之一。鉴于 SoC 芯片面积和成本的限制，芯片上所能集成的显示接口数量相对有限。然而，随着市场需求的日益增长，舱内所需支持的显示屏数量也在不断增加。这就导致了有限的显示接口与不断增长的显示屏数量之间的矛盾日益凸显。正是在这样的背景下，单芯多屏技术的出现和应用显得尤为重要，它能够有效解决这一矛盾，满足市场对智能座舱多功能、多屏幕显示的需求。

在单芯多屏技术中，存在两种截然不同的技术实现方式。第一种被称为 SuperFrame 技术，而另一种则是标准的 DP 协议所支持的 MST（Multi-Stream Transport，多流传输）技术。

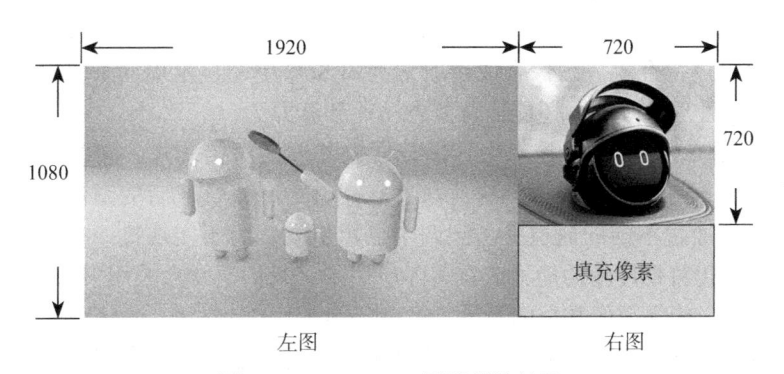

1. SuperFrame

SuperFrame 技术，又被称为左右（Side by Side）拼接的图像堆叠（Panel Stacking）技术。它巧妙地利用同一个显示接口，为两块显示屏提供两个截然不同的显示画面。具体来说，座舱 SoC 会将两幅不同的图像按照水平宽度进行精准对接，使得新图像的每一行都由左右两幅图组合而成。随后，这个全新的图像会通过 SoC 的一个显示接口流畅输出。图 6-9 展示了 SuperFrame 的图像拼接格式，使人一目了然其功能和效果。

图 6-9　SuperFrame 图像拼接效果

在图 6-9 中，我们可以看到左右两幅图是如何拼接成一幅新的图片的。左图的行宽为 1920 个像素点，而右图的行宽则为 720 个像素点。当这两幅图拼接在一起时，新图的行宽扩展至 2640 个像素点，实现了图像的横向扩展。

在纵向方面，左图的列高度为 1080 个像素点，而右图的列高度为 720 个像素点。当两图拼接成新图时，新图的列高度仍然保持为 1080 个像素点，与左图一致。为了确保图像拼接的完整性，右图的下半部分采用了 0 值像素进行补齐，使得新图在纵向上也能够保持连贯和完整。

为了实现 SuperFrame 技术，座舱 SoC 与串行/解串芯片之间的默契配合显得至关重要。SoC 在图像处理单元和显示单元中发挥着核心作用，它能够高效地将两张图片拼接成一张新图。为确保新图片的完整性和质量，SoC 输出的显示接口带宽必须满足新图片带宽的严苛要求。

当新图片进入串行器芯片后，串行器芯片能够精准地将 SuperFrame 技术处理后的图像拆分开来。随后，这些拆分后的图像数据会通过两个不同的接口分别发送到两个显示器的解串器上。这样，每个显示器都能接收到属于自己的图像数据，从而实现双屏的独立显示。

图 6-10 清晰地展示了这一技术的系统框架。从图中可以看到，SoC、串行器芯片以及解串器芯片如何协同工作，共同实现 SuperFrame 技术的完美呈现。

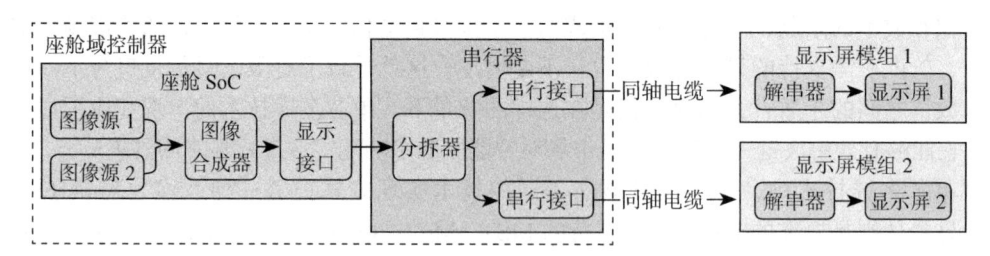

图 6-10 SuperFrame 技术的系统框架

图 6-10 展示了 SuperFrame 技术的几个关键点。

1）图像源模块：此模块是图形界面的核心生成器，专门负责产生实际的图形界面。它能够呈现车载液晶仪表盘、中控娱乐屏、抬头显示屏等多种显示界面。为了生成用户可见的图形图像，图像源模块会调用 GPU 的功能进行高效的渲染。完成绘制后，这些图像会被送入图像合成器，进行后续的合成操作。

2）图像合成器（Combiner）：作为图像处理的关键环节，该模块的主要任务是将来自两个不同图像源的图像进行合成。图像合成器通常利用 SoC 中的显示单元来实现这一功能，这样做不仅提高了图像处理的效率，还能显著节省功耗和算力。

3）串行器：在 SuperFrame 技术中，串行器也被称为桥接芯片，它的核心功能是将来自显示接口的图像数据进行精准分离。这意味着它能够将一张合成后的图像拆分成左右两个独立的图像，并分别通过不同的通道发送到两个显示屏上。为了实现这一功能，串行器需要具备图像分拆和串行化数据传输的能力。在实际应用中，我们通常会采用串行/解串器来实现这一桥接芯片的功能，确保图像数据的高效、准确传输。

4）显示屏模组：经过串行器处理后的两个独立图像，会分别被传输到两个显示器进行显示。这两个显示器的物理位置可以根据实际需求进行灵活布置，既可以相邻放置，也可以相隔较远。此外，这两个显示器可以具有不同的分辨率，以适应不同的显示需求。但需要注意的是，为了确保显示的稳定性和一致性，这两个显示器需要保持相同的列刷新的频率，以确保图像在垂直方向上的同步更新。

2. MST

另一种可实现单芯多屏方案的技术是 DP 协议的 MST 技术。

DP 协议标准规范了 SST（Single-Stream Transport，单流传输）和 MST 的定义。MST 作为一种多流传输技术，允许传输多路主视频流，每一路视频流都包含 SDP（Secondary Data Packet，辅助数据包），这使得视频和音频能够独立传输，以微包的形式进行。

MST 的主要优势在于它支持多路异步传输的音视频流，这意味着它并不要求目标显示器具有相同的列刷新频率。这种灵活性使得 MST 能够适应各种复杂的显示环境。

在 MST 中传输的 2 路图像视频流，就没有必要再按左右图的方式来进行拼接。在 DP 协议中，可以从多个 DP 源设备中创建多个流源。这些流源在传输过程中依赖虚拟通道来实现不同传输流媒体的隔离，从而确保数据的完整性和准确性。

此外，DP 协议中的分支（Branch）设备在 MST 多路传输中扮演着重要的角色。这些设备可以用于聚合和分离传输通道中的数据，使得数据流能够在复杂的网络拓扑中高效流动。

图 6-11 展示了 DP MST 的传输拓扑结构。

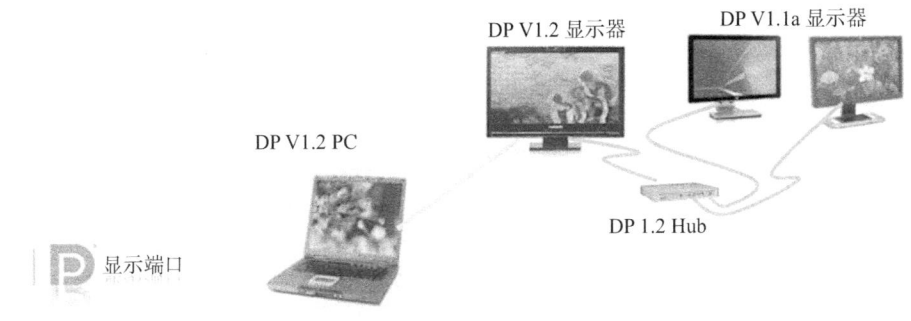

图 6-11　DP MST 传输拓扑结构

从图 6-11 可以看到，MST 流媒体传输支持多种灵活的连接方式，以满足不同应用场景的需求。在菊花链连接形式中，多个显示设备依次连接，形成一个串联的链路。每个设备都从前一个设备接收数据，并可能将数据传递给下一个设备。这种连接方式简洁且成本较低，适用于设备间距离较近、布线方便的场景。

另一方面，DP 集线器（Hub）则提供了星形连接方式。在这种方式中，所有显示设备都直接连接到 DP 集线器，而 DP 集线器则作为中心节点，负责数据的分发和管理。这种连接方式使得布线更为灵活，适用于设备分布较为分散或需要集中管理的场景。

6.4　座舱显示屏应用

得益于显示子系统关键技术的有力支撑，智能座舱内部成功实现了功能多样、精彩纷呈的显示屏应用。接下来，我们将挑选几类具有代表性的显示屏，为读者深入解析它们的使用场景以及功能框架。

6.4.1 抬头显示屏

抬头显示屏（Heads Up Display，以下简称 HUD）作为一种先进的电子显示设备，能够将车速、导航信息、自动驾驶状态、路况告警等关键信息投影到前挡风玻璃或特定显示介质上，使驾驶者无须低头或转移视线即可快速获取所需信息。这一设计显著减少了因视线转移而带来的安全隐患，提升了驾驶的安全性和舒适度。

1. HUD 光学成像原理

HUD 系统的核心原理在于通过透镜或反射镜系统，将像源显示的图像信息进行放大处理。随后，这些图像信息通过风挡玻璃反射至驾驶员的眼部活动区域，即眼动范围或眼盒（Eyebox）。经过这样的光学处理，HUD 能够在风挡玻璃前方的一定距离上形成清晰的虚像，将仪表、中控等关键信息以直观的方式展示在驾驶者的正前方视野中。

HUD 的基本光学原理如图 6-12 所示。

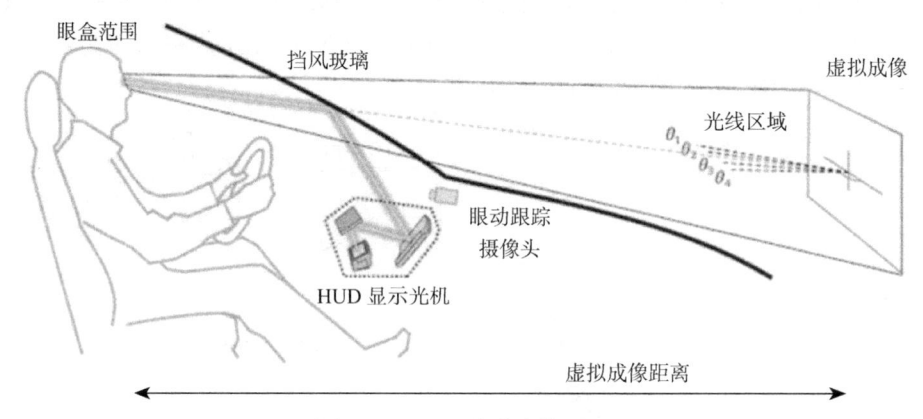

图 6-12　HUD 光学成像原理

图 6-12 展示了 HUD 的光学成像原理。HUD 的核心部分是座舱 SoC 和 HUD 显示光机。座舱 SoC 根据车辆和路况信息，生成待显示的图像，然后通过显示接口将图像传送给 HUD 显示光机。

HUD 的显示光机主要由两个核心部件构成。首先，是 HUD 的成像主体——PGU（Picture Generation Unit，图像生成单元）。PGU 作为 HUD 系统的核心组件，负责生成高质量的图像。根据技术实现的不同，PGU 可以由 4 种类型的显示屏组成：TFT-LCD（Thin Film Transistor Liquid Crystal Display，薄膜晶体管液晶显示屏）、DLP（Digital Light Processing，数字光处理）显示屏、LCOS（Liquid Crystal on Silicon，硅基液晶）显示屏以及 LBS（Laser Beam Scanning，激光投影扫描）显示屏。这些显示屏类型各有特点，但它们的共同点是能够有效地显示图像，为驾驶者提供清晰、准确的车辆信息。

其次，是光学投影系统。这一系统负责将 PGU 生成的图像光线进行放大并投影至前挡风玻璃上。在光学投影过程中，光线首先经过一块固定反射镜，实现光路的折转；随后，光线经过一块自由曲面反射镜，实现光线的放大并投影至风挡玻璃上。经过风挡玻璃的再次折射，光线最终进入驾驶者的眼睛，形成虚像。这一虚像位于驾驶者行车方向的正前方，为驾驶者提供了一个直观、便捷的信息显示区域。

高级的 HUD 还配备了眼动跟踪摄像头。它能够实时捕捉驾驶员眼球转动的方向，根据驾驶员的视线变化，智能地调整 HUD 显示的眼盒区域。这意味着无论驾驶员的头部如何转动，HUD 系统都能够迅速适应并呈现出最清晰、最适合的信息图像，确保驾驶员在任何时刻都能获得最佳的显示效果。

2. AR-HUD 关键技术

目前，HUD 技术已经从第 2 代的 W-HUD（挡风玻璃 HUD）发展到了第 3 代的 AR-HUD（增强现实 HUD）。相比前代产品，新型的 AR-HUD 可以为驾驶员提供更丰富、更直观的驾驶信息。

AR-HUD 要实现其惊艳的增强现实效果，必须在感知、显示、融合三个关键环节上取得突破。相较于 W-HUD，AR-HUD 在显示的流畅度、光学效果、位置追踪以及系统稳定性等方面都提出了更高的要求。

首先，感知环节是 AR-HUD 技术的基石。系统需要精确实时地感知道路实景环境，包括车道位置、路口位置等关键信息。同时，它还需精确识别驾驶员的视线位置，以及车辆的速度、加速度、转向角等动态数据。基于这些丰富的感知信息，AR-HUD 能够实时调节光学投射位置，确保虚拟信息与真实环境完美匹配。

其次，显示环节是 AR-HUD 技术的核心。它依赖于物理空间的感知结果和先进的三维光场显示技术。通过实时计算，系统能够渲染生成任何需要被投射到真实世界内的虚拟对象。这些虚拟对象不仅要在视觉上栩栩如生，还要在位置上与真实环境无缝衔接，为驾驶员提供沉浸式的驾驶体验。

最后，融合环节是 AR-HUD 技术的关键。它要求将道路实景和虚像进行高精度融合，确保真实世界与虚拟成像在位置上的完美匹配。同时，系统还需将延迟控制在毫秒级别，以确保驾驶员能够实时感知虚拟信息的变化，从而做出准确的判断和决策。

图 6-13 给出了 AR-HUD 的系统架构信息。

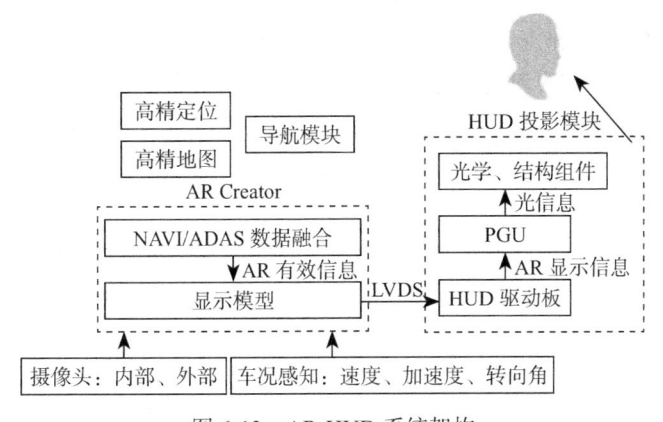

图 6-13 AR-HUD 系统架构

从图 6-13 的展示中，我们可以清晰地看到 AR-HUD 系统的核心——AR Creator（AR 生成模块）的工作流程。这一模块在整个系统中扮演着至关重要的角色，它负责将各种感知信息融合并转化为驾驶者能够直观理解的 AR 图像。

首先，AR 生成模块通过摄像头捕捉外部的道路信息，实时获取路面状况、车道线、交通标志等关键数据。这些信息为 AR 图像的生成提供了必要的环境背景。

同时，车况感知系统也为 AR 生成模块提供了车辆的实时状态信息，包括速度、加速度、转向角等。这些数据有助于系统准确判断车辆的运动轨迹和驾驶意图，从而生成与车辆状态相匹配的 AR 图像。

除此之外，导航模块、高精定位和高精地图也为 AR-HUD 系统提供了更为精确的导航信息。这些信息不仅包括了传统的路线规划、路口提示等功能，还能通过高精定位技术实现厘米级的精度，确保 AR 图像与真实环境的精确匹配。

在收集到这些感知信息后，AR 生成模块通过先进的融合算法将这些数据整合在一起，生成显示模型，也就是 AR 图像。在这一过程中，系统会根据道路信息、车辆状态以及导航数据，实时计算出虚拟图像的位置、大小和角度，确保它们能够准确地叠加在真实环境之中。

最后，已生成的 AR 图像通过显示接口传送到 PGU 处，再经过 HUD 投影模块的投射，在人眼处生成虚像。这一虚像与真实环境完美融合，为驾驶者提供了一个直观、立体的驾驶辅助界面，从而完成了 AR-HUD 的完整显示功能。

6.4.2 液晶仪表屏

传统的汽车仪表主要由指示器、驾驶员警示灯等关键组件构成，它们的主要功能是为驾驶员提供详尽的汽车运行参数信息。而液晶仪表屏（Instrument Cluster）则通过采用先进的屏幕技术，彻底革新了传统指针设计的局限性。它不仅能够清晰地展示车速、剩余电量等基础信息，还能实时显示各种安全告警状态图标，我们通常称这些图标为安全图标（telltale）。

液晶仪表屏所集成的安全图标功能的重要性不言而喻。这些图标能够随时向驾驶员传达车辆状态信息，一旦车辆出现任何异常情况，它们能够迅速且准确地发出警示，确保驾驶员能够第一时间作出反应。由于这些告警信息直接关系到驾驶人员和乘客的人身安全，因此安全图标在设计时必须满足 ASIL-B（功能安全等级 B）级别要求。这一高标准的安全要求确保了液晶仪表屏在关键时刻能够稳定、可靠地工作，为驾驶员提供及时、有效的警示。

液晶仪表的工作原理如下。首先，汽车传感器将模拟信号传送至 ECU。接着，车辆控制系统通过 CAN 接口提取车速、电动机转速、剩余电量、冷却水温度、告警信息以及其他车况信息等各项数字量和模拟量。然后，这些信息经过座舱域控制器的实时分析处理后，被送至液晶显示控制器。在显示端，液晶仪表采用图形化动态 LCD 显示技术，将处理后的信息以清晰、直观的方式展现给驾驶员。这样，驾驶员就能够迅速获取车辆的状态信息，确保行车安全。

6.4.3 中控娱乐屏

中控娱乐屏，亦被称为 ICS（Instrument Central Screen，仪表盘中央屏幕）。ICS 在智能车时代已然成为不可或缺的设备。作为用户控制全车设备、了解汽车状态以及进行娱乐活动的核心入口，中控娱乐屏承载着用户活动中心的重要角色。它不仅提供了丰富的功能和互动体验，更将汽车从单纯的交通工具转变为一个充满科技感和舒适感的移动生活空间。通过中控娱乐屏，用户可以轻松操控导航、音乐、空调等各项功能，实时了解车辆状态信息，享受便捷的驾驶体验。同时，中控娱乐屏还支持多种娱乐应用，让用户在行车途中也能感受到生活的乐趣。

虽然中控娱乐屏在技术上并没有特别的要求，但为了确保其功能的完善和用户体验的优化，通常它需要满足以下条件。

首先，中控娱乐屏必须具备出色的显示效果。这包括高清晰度、广色域以及适当的亮度和对比度，确保在各种光线条件下，用户都能清晰地看到屏幕内容。同时，屏幕的反应速度也应足够快，避免在操作时出现延迟或卡顿现象。

其次，触控功能应灵敏且稳定。用户可以通过触摸屏幕方便地控制各项功能，如导航、音乐播放等。因此，触控功能需要确保准确响应用户的操作，避免误触或操作不灵敏的情况。

此外，中控娱乐屏还需要具备较强的抗干扰能力。由于汽车在行驶过程中可能会遇到各种振动和冲击，因此娱乐屏必须具备抗振动、抗冲击的特性，以保证它能正常工作。同时，它还应具备抗静电干扰等能力，避免因电磁干扰而影响其性能。

在耐用性方面，中控娱乐屏的材料和制造工艺应经得起长期使用和各种环境的考验。无论是在高温、低温还是潮湿的环境下，娱乐屏都应能保持稳定的工作状态。

最后，界面设计也是至关重要的。中控娱乐屏的界面应遵循人机工程学的原则，使得用户能够快速、准确地完成操作。界面布局应清晰、直观，避免过多的复杂操作，降低用户的学习成本。同时，中控娱乐屏还应与汽车本身的各项功能、驾驶信息相互协调，实现信息的无缝衔接。

6.5 本章小结

本章首先将目光聚焦于座舱显示子系统的整体架构，进行了全面而细致的剖析。

在整体架构的基础上，我们进一步深入显示子系统的关键技术体系。这一体系涵盖了显示屏的工作原理、SoC 的显示接口技术，以及单芯多屏技术等众多方面。

为了更直观地展示座舱显示屏的应用特性，我们特意选取了三类具有代表性的显示屏进行详细介绍，读者可以更加深入地了解座舱显示屏在实际应用中的表现。

第 7 章
座舱视觉子系统

座舱视觉子系统以视觉传感器为硬件基石，以高速视频传输技术作为信息流通的桥梁，并以智能座舱 SoC 作为运算处理的核心。这三者共同构建了一个完善的座舱视觉感知平台。在这个平台上，计算机视觉技术发挥着至关重要的作用，它赋予了计算机从图像和视频中提取高级、抽象信息的能力。

在智能座舱领域，视觉子系统能够迅速而有效地进行图像信息的存储、传输和处理，从而极大地提高了信息转化的效率，同时也显著提升了用户的体验。这一系统的应用，不仅让智能座舱在感知能力上迈出了重要的一步，也为未来智能座舱的进一步发展奠定了坚实的基础。

7.1 座舱视觉子系统的框架

座舱视觉子系统是一个集成了多种先进技术和组件的复杂系统，它主要用于车辆内外部环境的全方位感知、精准监测和智能交互。该系统依托于强大的硬件平台，特别是视觉感知设备——摄像头模组，能够高效地采集高质量的图像和视频数据。随后，这些数据通过先进的计算机视觉技术进行处理和分析，从而实现与视觉相关的各种感知功能。

7.1.1 视觉子系统的主要功能

智能座舱视觉子系统具备两大核心功能。首先，它针对舱内环境进行精准感知，旨在实现人车之间的智能交互。在这一功能下，主要应用涵盖了驾驶员感知系统以及乘客感知系统，通过这些系统，车辆能够更好地理解并响应车内人员的需求和操作。其次，该系统能够采集并传递车外的环境信息，为驾驶员提供全面的车外态势感知能力。这一功能的主要应用包括流媒体后视镜、行车记录仪以及 360° 环视技术等，它们共同增强了驾驶者对车辆周边环境的了解和掌握能力。图 7-1 展示了座舱视觉子系统的主要功能。

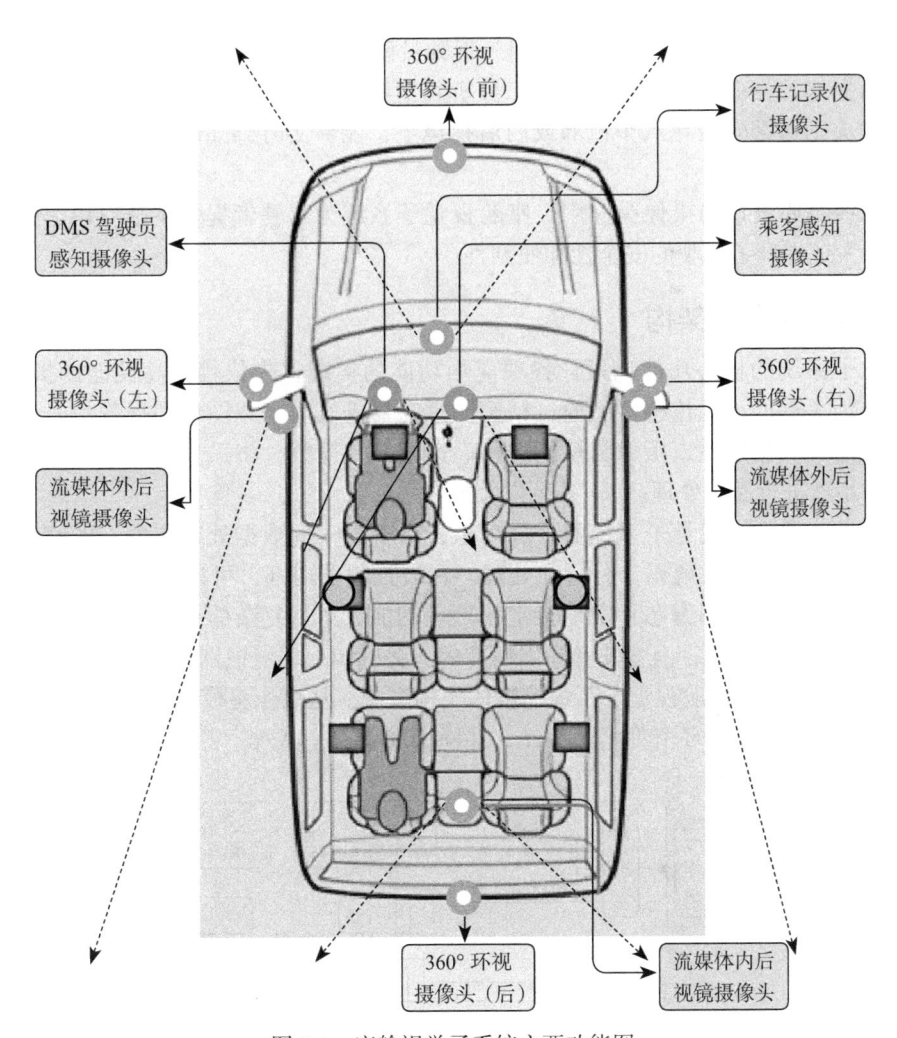

图 7-1 座舱视觉子系统主要功能图

从图 7-1 可以看到，座舱视觉子系统集成了多个舱内和舱外的摄像头应用，这些摄像头各司其职，共同为驾驶者提供全方位的视觉信息。具体来说，流媒体后视镜功能分为外后视镜和内后视镜两部分，共需 3 个摄像头实现。左右外后视镜摄像头巧妙地安装在车门两侧原光学后视镜的位置，它们的视野范围能够覆盖从车身向外延伸的约 60° 空间，为驾驶者提供清晰的侧方视野。而流媒体内后视镜的摄像头则通常安置在车尾顶部，其后向视野可达 120°，相比传统的光学内后视镜，视野更为宽广，让驾驶者能够更全面地掌握后方路况。

此外，系统还配备了 4 个环视摄像头，它们分别安装在前牌照框、后牌照框以及左右后视镜的下方。这些鱼眼摄像头单个视场角超过 160°，通过它们的组合，能够提供 360° 全景实时视野，让驾驶者无死角地观察车辆周围环境。

行车记录仪摄像头则位于前挡风玻璃的顶部，作为前向摄像头，其视野范围超过 120°，能够清晰记录行车时的前向视觉信号，为驾驶者提供有力的证据支持。

在舱内，摄像头同样发挥着重要作用。驾驶员感知摄像头一般安装在方向盘或汽车 A 柱上，通过捕捉驾驶员的面部表情和动作，分析其情绪状态，确保驾驶过程的安全可靠。而乘客感知摄像头则通常安装在汽车顶部或内后视镜上，能够实时感知舱内乘客的动作，为智能化的实时交互提供了可能。

通过这些精心设计的摄像头应用，座舱视觉子系统为驾驶者提供了全方位、多角度的视觉信息，极大地提升了驾驶的安全性和便利性。

7.1.2 视觉子系统的架构

从视觉子系统的核心功能出发，各项应用功能的实现首先依赖于高性能的摄像头模组。这些模组作为关键的视觉传感器，通过精密的感光器件实时采集图像和视频信号。为确保信号传输的高效性和稳定性，摄像头模组通过高速视频传输线，将采集到的原始信号迅速传送至座舱域控制器进行后续处理。

座舱域控制器作为视觉子系统的处理中枢，具备强大的数据处理能力，能够对接收到的图像和视频信号进行高效解码、分析和处理。在域控制器内部，可以通过座舱的 SoC 进行处理，也可以通过专用的图像芯片实现特定的处理功能。通过复杂的算法和模型，座舱域控制器能够提取出有用的信息，为驾驶者提供精准的态势感知、环境识别和交互体验。

图 7-2 展示了智能座舱视觉子系统的整体架构框图。从摄像头模组到高速视频传输线，再到座舱域控制器，每一个环节都紧密相连，共同构成了这一高效、智能的视觉处理系统。

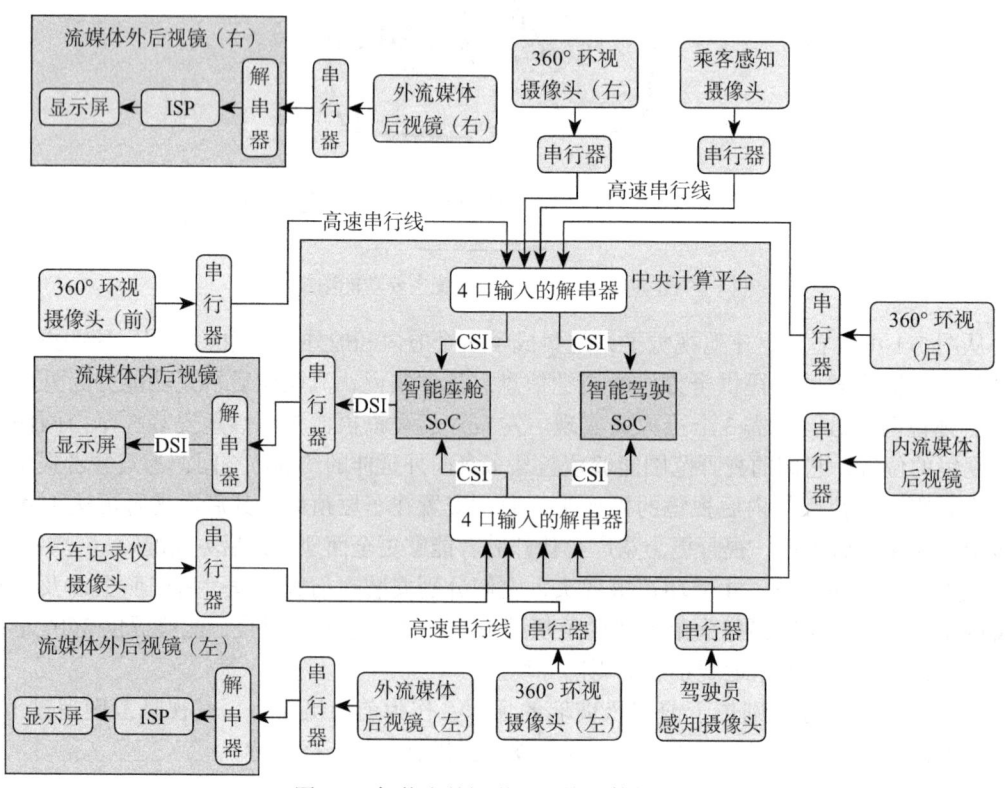

图 7-2 智能座舱视觉子系统整体架构图

从图 7-2 中可以观察到，左右流媒体外后视镜构成了一个独立的视频采集与显示系统。这两个摄像头被安装在左右车门前方原后视镜的位置，负责捕获原始的图像信号。这些数据随后通过高速视频总线高效地传输至流媒体外后视镜内部。在流媒体外后视镜中，内置的 ISP（图像信号处理器）起到了关键的作用，它将原始数据转换成人类可以辨识的彩色图像，并通过 DSI 接口直接传输至显示屏，从而实现了流畅的显示功能。

流媒体内后视镜摄像头的设计更为复杂，因为它不仅要为智能座舱提供必要的服务，还需为智能驾驶系统提供后向视野的支撑。为实现这一目标，该摄像头通过串行器与中央计算平台相连。然而，鉴于 SoC 数据接口的有限性，系统巧妙地运用了 4 口输入的解串器来聚合多个摄像头模组的数据。具体而言，行车记录仪摄像头、360° 环视摄像头（左）、驾驶员感知摄像头以及内流媒体后视镜摄像头这 4 个关键摄像头均接入同一颗 4 口解串器。

解串器在数据处理过程中发挥着至关重要的作用。它不仅能够将串行信号还原为摄像头的原始图像信号，更能够将这 4 个摄像头的数据编码为 4 个独立的虚拟通道。这一创新设计使得解串器仅通过一个 CSI 接口便能输出这 4 个虚拟通道的信号，极大地提升了数据传输的效率和灵活性。

在图 7-2 中，为了同时满足智能座舱 SoC 和智能驾驶 SoC 的需求，这 4 个摄像头的数据实际上被复制了一份，并通过 2 个 CSI 接口分别传输给这两个系统。这种设计的原因在于，部分摄像头在座舱域和智能驾驶域之间共享。以 360° 环视摄像头为例，它既可以辅助智能座舱域提供倒车影像等功能，又可以为智能驾驶域提供自动泊车的视觉感知能力。

在设计智能座舱的视觉感知子系统时，系统架构设计师需要对摄像头的数量、分辨率、帧率等关键参数进行深入考量。根据这些参数计算数据传输所需的带宽，从而选择合适的串行器和解串器。同时，设计师还需明确每个摄像头服务的对象，即智能座舱域或智能驾驶域，并根据服务对象的需求设计足够的输入接口，以确保每个摄像头的信息都能准确、高效地接入对应的域控制器内。

以 360° 环视摄像头为例，智能座舱需要使用前、后、左、右 4 个摄像头来采集汽车周围的视频画面，经过算法拼接之后，形成环绕车辆的透明底盘视图，并显示在中央控制大屏上，为驾驶员提供泊车视觉辅助功能。

为了达成 360° 环视摄像头功能，智能座舱系统架构师需要进行如下技术评估。

1）摄像头数量：为了能够显示车辆周围的图像，必须使用 4 个摄像头才能采集到环绕车身 4 周 360° 的图像信息。这 4 个摄像头，一般安装在前保险杠、后保险杠、左后视镜、右后视镜的位置上。

2）摄像头分辨率：为了能够提供足够清晰的视频画面，一般来说摄像头的分辨率不能太低。然而，考虑到在后台运行的 360° 全场景拼接算法的计算复杂度，分辨率也不能一味地增大。因此，360° 环视摄像头的分辨率一般在 200 万～300 万像素左右，帧率为 30 帧 /s。

3）摄像头的视场角：为了采集车身四周 360° 的全景画面，我们需要使用 4 个摄像头。因此，每个摄像头的视场角（即拍摄范围角度）最少不能低于 90°。然而，考虑到车身可能存在的遮挡物和盲区范围，以及拼接算法在处理 4 个摄像头的图像数据时需要有重叠部分以便于特征点匹配，实际上每个摄像头的视场角应达到 120°～180°。我们称这种类型的摄像头为鱼眼摄像头，因为它们的视场角与鱼的眼睛相似，具有极大的视野范围。

4）摄像头图像特性要求：由于360°环视是为驾驶员提供泊车辅助视觉图像，因此它的工作时间涵盖了白天和黑夜。这就要求摄像头能够在低光照条件和高光照条件下都能正常工作。这个需求非常重要，它要求摄像头必须具备优秀的信噪比（SNR）增强和宽动态范围（WDR）性能。

5）摄像头图像处理单元：由于360°环视摄像头在技术上的要求很高。摄像头通常都不能直接输出YUV图像数据，而是输出原始数据，由智能座舱域控制器中的ISP进行后期图像处理。当ISP为4个摄像头都生成YUV图像数据后，还需要在智能座舱SoC上运行图像拼接算法，将这些图像数据生成车身四周的环视图像。这个图像就好像从车辆顶部俯视一样，被称为"鸟瞰视图"，也有人称为"透明底盘"技术。

从上述的简要介绍中，我们可以了解到，在智能座舱视觉子系统的规划中，智能座舱系统架构师需要考量系统功能的需求，进行技术可行性评估，选用货架化产品技术或者开发新技术，从而达成目标功能的要求。

7.2 视觉子系统的关键技术

我们从视觉子系统的架构中不难发现其实现的复杂性。除了在第4章提及的串行解串器技术之外，还有许多其他关键技术支撑着视觉子系统的实现。在接下来的章节中，我们将精选一些具有代表性的车载视觉技术进行详细介绍。

7.2.1 摄像头基础

车载视觉的感知设备通常采用摄像头模组作为核心部件。这些摄像头模组采用了CMOS技术，因此也被称为CIS（CMOS Image Sensor，CMOS图像传感器）。CMOS（Complementary Metal Oxide Semiconductor，互补金属氧化物半导体）是一种主流的半导体工艺，以其低功耗和高速度的优势在电子行业中占据重要地位。它广泛应用于CPU、存储器和各种数字逻辑芯片的生产制造中。

传统的CMOS数字电路主要利用"0"和"1"两种电压状态来控制晶体管的逻辑门，进而调控电流的流动。然而，CIS的工作原理与之迥异。在CIS中，光子直接入射至晶体管内部，产生电流。光信号的强弱直接决定了电流的大小，进而通过感光度将物理世界的图像转化为数字信号。

CIS的组成通常包括微透镜、像素色彩滤片、感光像素阵列、积分电路、ADC（模数转换器）等部分。除了微透镜和色彩滤片之外，其他部分通常会集成在同一颗CMOS芯片上。图7-3展示了CIS的基本结构。

在图7-3中，现实世界的物体反射出的光线首先通过光学镜片，随后入射到CIS中。这些光线在通过微透镜时实现聚合，接着穿透每个像素的色彩滤片，最终在像素感光阵列上引发电子的积累。这些积累的电子信号随后被积分电路读取，经过放大和模数转换后，转化为原始的图像数据，我们称之为原始数据。

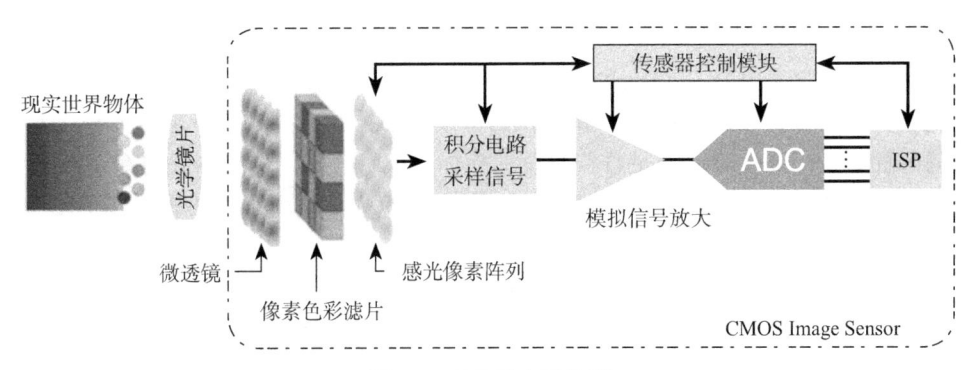

图 7-3　CIS 基本结构图

摄像头输出的原始数据是未经处理的图像数据，人眼无法直接识别其中的图像信息。因此，这些数据需要通过 CIS 的专用接口输出到 ISP 中。在 ISP 中，原始数据经过一系列复杂的算法和处理，最终还原成人眼能够识别的图像信息。

架构设计师在设计车载视觉系统时，需要考虑众多技术点，但其中最为关键的是 CIS 的分辨率，即像素阵列的数目。这是因为只有具备足够高的分辨率，CIS 才能捕捉到足够丰富的图像细节，从而为后续的感知算法提供高质量的图像数据。一般来说，座舱视觉子系统的 CIS 分辨率至少要达到 200 万像素才能满足要求。

此外，另一个值得注意的技术参数是帧率。帧率，即 CIS 每秒能够采集的图像数量。高帧率能够满足人工智能识别算法对实时性的要求，因此，通常要求帧率至少在 30 帧 /s 以上。这一参数的选择将直接影响到系统的响应速度和识别准确率。

7.2.2　摄像头接口

为了与外界交互并正常工作，一个 CIS 模组至少会有 2 个接口：一个是控制接口，用于与座舱 SoC 通信，以接受配置参数；另一个是数据接口，用于输出像素数据。

1. 控制接口

目前，众多主流的 CIS 采用 I2C 串行总线来接收来自座舱 SoC 的寄存器读写命令。作为一种主 – 从结构的串行通信协议，I2C 总线主要用于连接控制器与外围设备，如传感器、存储器等。在 CIS 的应用场景中，座舱 SoC 担当主设备的角色，主动向 CIS 等从设备发送指令。而 CIS 则根据主设备的指令执行相应的操作。

鉴于 I2C 通信协议是一种低速的双向通信协议，其时钟频率通常维持在 100KHz 左右，最高也不会超过 400KHz。因此，I2C 仅需两根信号线即可完成信号的传输工作。其中，第一根信号线名为 SCLK，主要用于传输时钟同步信号；第二根信号线名为 SDAT，负责传送双向数据。值得注意的是，I2C 通信的双方仅在 SCLK 为高电平时对数据进行采样。I2C 的时钟频率和传输距离均有所限制，无法高水平传送这种同步信号。

I2C 总线的主要用途在于实现座舱 SoC 与 CMOS 摄像头传感器之间的通信。座舱 SoC 通过 I2C 总线发送配置命令，对 CMOS 摄像头传感器进行多样化的设置，包括曝光时间、白平衡、色彩饱和度以及分辨率等关键参数。这些配置命令确保摄像头能够根据实际应用需求进行精确操作。

2. 数据接口

早期的 CIS 通常采用 DVP（Digital Video Port，数字视频接口）等并口方式传输图像数据。然而，随着传感器分辨率的不断提升和体积的持续缩小，并口方式在带宽、体积以及功耗等方面的局限性日益凸显，难以满足日益严苛的指标要求。因此，目前主流的 CMOS 传感器已经转向使用基于高速串行总线的 MIPI 接口，特别是 500 万像素以上的传感器几乎无一例外地采用了 MIPI 接口。

第 6 章详细介绍了 MIPI DSI 协议在显示接口信号输出方面的应用。与之相对应，MIPI CSI 接口则专门用于摄像头的数据输出。与 DSI 接口类似，CSI 接口也采用了分层架构模型，以确保数据传输的高效性和稳定性。图 7-4 展示了 MIPI CSI 的分层架构模型。

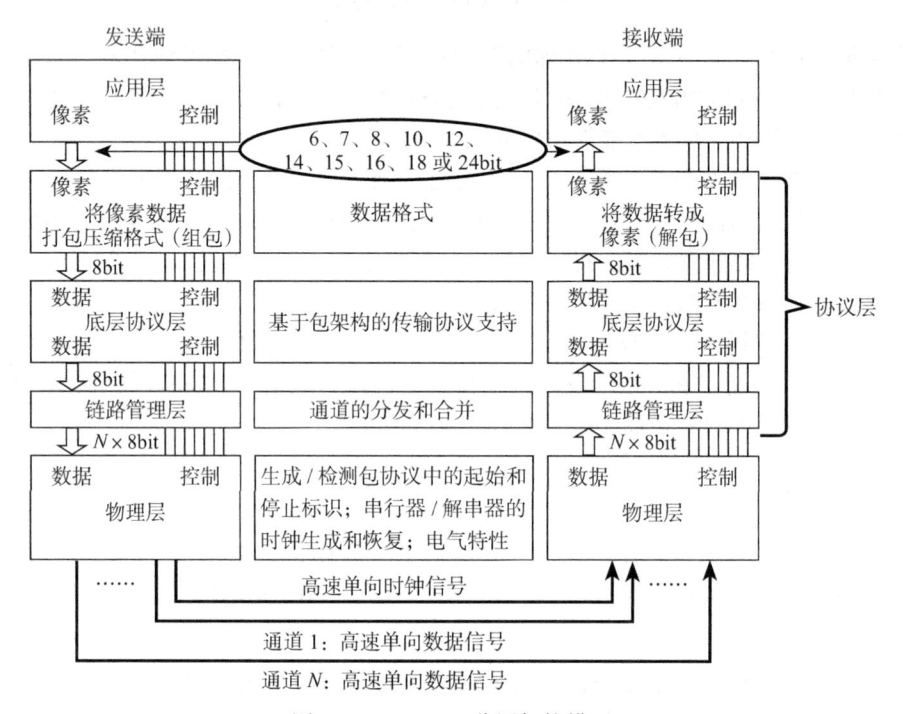

图 7-4 MIPI CSI 分层架构模型

从图 7-4 可以看出，CSI 协议大致可分为 5 个层次：应用层、组包/解包层、底层协议层、链路管理层以及物理层。与 DSI 协议类似，应用层的核心职责在于捕获图像的像素数据，并将其传递给下一层级以进行后续传输。组包/解包层则负责根据预设规则，将像素数据整合成 8bit 大小的数据包。底层协议层与链路管理层协同工作，负责生成可发送的数据包，并依照数据链路规范进行发送。物理层则主要定义传输媒介、电气特性以及串行编码等相关标准。

在 CSI 协议的物理层，支持 D-PHY 和 C-PHY 两种传输协议。D-PHY 采用 4 对数据 Lane 和 1 对时钟 Lane 的构造，每对 Lane 包含两根差分数据线，其最大支持速率可达 2.5Gbit/s，从而实现了总数据带宽高达 10Gbit/s 的高效传输。相比之下，C-PHY 则采用了截然不同的数据传输方式。C-PHY 的传输接口被称为 Trio，每个 Trio 由三根信号线组成。相较于 D-PHY 使用的

10 根数据线，C-PHY 仅需 3 个 Trio，即 9 根线即可完成数据传输。每个 Trio 均配备有独立的嵌入式时钟，并采用 3 相位符号编码技术，每个相位符号大约相当于 2.28bit。因此，C-PHY 每条传输线路的速率为 2.5G 个相位符号，最高可达 17.1Gbit/s（2.5×2.28）的传输速率。

系统架构师在设计 CIS 数据通路时，若 D-PHY 的带宽无法满足需求，可考虑将 C-PHY 作为备选数据接口。目前，尽管 CIS 的数据接口多数仍以 D-PHY 为主流，但在解串器与座舱 SoC 之间，C-PHY 已作为更高性能的数据接口得到了应用。随着技术的不断进步和需求的提升，C-PHY 在未来可能会成为更多设计场景下的优选方案。

7.2.3 WDR 技术

在车载摄像头领域中，普遍面临的一个挑战是处理 WDR（Wide Dynamic Range，宽动态范围）问题，有时也被称为 HDR（High Dynamic Range，高动态范围）。这是一项至关重要的技术，旨在确保摄像头在明暗对比强烈的环境下也能捕捉到清晰、细节丰富的影像。与之相对的则是 SDR（Standard Dynamic Range，标准动态范围）处理技术。

具体而言，当车载摄像头面对的场景中包含受到强烈光源（如直射阳光、灯具反射光等）照射的高亮度区域，以及阴影、逆光等相对亮度较低的区域时，SDR 技术往往因其有限的动态范围而表现不佳。在这种情况下，高亮度区域可能因曝光过度而呈现为白色，而低亮度区域则可能因曝光不足而显示为黑色，这种对比度损失严重损害了图像的整体质量。

相比之下，WDR 技术通过一系列复杂的算法和硬件优化手段，能够在同一幅图像中同时保留高亮度区域和低亮度区域的细节。这使得图像更加清晰、层次感更强，为驾驶者提供了更为准确和全面的视觉信息。

图 7-5 直观地展示了 HDR（或 WDR）与 SDR 技术在不同光照条件下的对比效果。通过对比，我们可以清晰地看到 WDR 技术在处理高动态范围场景时的优势。

图 7-5　HDR 和 SDR 场景对比

如图 7-5 所示，当车辆驶出隧道时，所面对的场景正是 WDR 技术的典型应用场景。隧道内部光线昏暗，物体处于较暗的区域；而隧道出口外则是阳光直射的环境，形成高亮度区域。在这种环境下，车载摄像头必须能够同时捕捉到高亮区域和低暗区域的画面细节，以确保所有重要的路况信息都能被准确捕捉和处理。

图 7-5 左边采用了 HDR 技术的车载摄像头成功捕捉到了隧道内外不同亮度区域的细节。隧道外部的道路、车辆以及其他障碍物都清晰可见，为驾驶者提供了清晰的视觉信息。而右

边则展示了 SDR 技术的局限性。由于曝光过度,隧道外部的道路呈现出一片白色,关键的车辆图像数据被遗漏,无法为驾驶者提供足够的信息来做出准确的判断。

为了解决 WDR 的问题,工业界提出了多种解决方案,其中最常见的方法是采用多次曝光后合成的技术。

1. 多帧曝光合成

WDR 问题的第一种解决思路是采用多帧曝光的方法,通过融合多帧图像的优势来合成一幅高质量的图像。具体来说,摄像头传感器会输出多帧不同曝光时间的图像用于宽动态融合。例如,可以输出一帧短曝光图像,主要采集场景中的亮部信息,避免过度曝光;同时输出一帧长曝光图像,重点采集暗部信息,确保低亮度区域的细节得到保留。这两帧图像随后会同时输入到 ISP 模块中。

在 ISP 中,经过一系列的算法处理,如对齐、去噪、色彩校正等,两帧图像的信息被有效地融合。这个融合过程被称为帧拼接(Frame Stitching),或者更具体地称为宽动态范围融合(WDR Fusion),意味着将多个图像融合为一个完整的图像。通过这样的处理,生成的输出图像能够同时还原亮部和暗部的信息,提高图像的整体质量和动态范围。

在实际应用中,除了两帧融合的方案外,还有一些传感器支持长、中、短三种曝光模式。在这种情况下,可以将三帧不同曝光时间的图像融合成一帧,进一步拓展动态范围,提高图像质量。

图 7-6 展示了 WDR 三帧融合的方案。

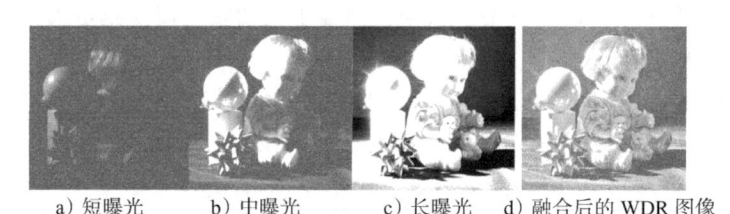

a) 短曝光　　b) 中曝光　　c) 长曝光　　d) 融合后的 WDR 图像

图 7-6　WDR 三帧融合方案

多帧曝光后合成技术存在一些难以解决的问题。例如,在处理运动物体图像时存在伪像(Motion Artifacts)问题,也被称为"鬼影"现象。这是由于不同帧曝光的时间先后次序不一致,导致运动物体在不同帧中的位置发生变化,从而在融合过程中产生重叠或错位,形成不真实的影像。

如图 7-7 所示,由于风扇的运动,在将长曝光帧和短曝光帧进行融合处理时,两帧叠加就产生了重叠的图像。

长曝光帧　　　　短曝光帧　　　　融合处理后　　伪像

图 7-7　WDR 融合产生伪像

在车载环境中，伪像问题会造成摄像头采集的数据错误，进而影响到感知算法，导致识别错误。为了解决伪像问题，业界又引入了行交替曝光技术。

2. 行交替曝光合成

为了解决多帧曝光合成后的伪像问题，一个可行的思路是降低多帧曝光的时间间隔。传感器不再以帧为单位输出，而是以行为单位输出，以此缓解运动伪像问题。如图 7-8 所示，传感器先输出一行长曝光像素，再输出一行短曝光像素，然后开始输出下一行长曝光。当最后一个像素扫描完毕时，传感器已经完成了两帧图像的输出。三帧合成 WDR 也是同样的道理。

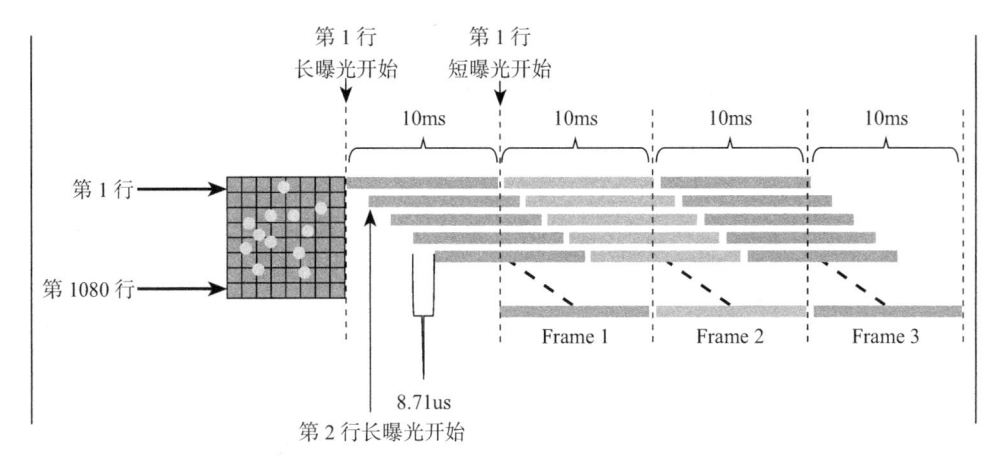

图 7-8 行交替曝光合成技术

如图 7-8 所示，OmniVision 公司（豪威科技）的 Staggered WDR 技术和 SONY（索尼）公司的 DOL（Digital Over Lap，数字重叠）技术，均采用了特殊的曝光策略来减少因运动导致的伪像问题。这两种技术通过精心安排长曝光和短曝光的时序，使得两帧图像在采集过程中有部分时间重叠，从而缓解了运动物体在不同帧之间位置变化带来的问题。

具体来说，Frame1 代表第 1 帧长曝光，而 Frame2 代表第 1 帧短曝光。当第 1 帧长曝光的最后一行曝光结束时，第 1 帧短曝光也即将结束。这种设计使得 Frame1 和 Frame2 的准备时间大大小于两帧分开曝光的时间。由于两帧图像在时间上如此接近，它们捕捉到的运动物体的位置差异也相对较小，因此在合成时能够减少伪像的产生。

处理 WDR 的方法还有其他的一些技术，这些技术为车载摄像头的应用提供了更为可靠和高效的解决方案。

7.2.4 RGB-IR 技术

在舱内摄像头的使用中，有一个至关重要的场景需求不可忽视。人们期望这种摄像头不仅能在白天或光照充足的条件下清晰捕捉图像，更能在夜晚或光线昏暗的时刻依然能够提供足够精度的图像信息。而能够满足这一需求的摄像头技术，正是 RGB-IR 技术。

CMOS 传感器中的 RGB-IR 技术是一种结合可见光和红外光（IR，只有黑白色）成像的技术。该技术通过在 CMOS 传感器中集成 RGB 和 IR 两种像素，使得传感器能够同时捕捉可见光和红外光的信息，从而提供更全面的场景信息。

RGB-IR 技术的实现主要依赖于特殊的像素设计和图像处理算法。在 CMOS 传感器的像素阵列中，部分像素被设计为 RGB 像素，用于捕捉可见光信息；而另一部分像素则被设计为 IR 像素，只允许红外光通过并捕捉红外光信息。这样，当光线照射到传感器上时，RGB 像素和 IR 像素会分别记录不同波段的光线信息。

通过图像处理算法，可以从 RGB-IR 格式的图像中分别提取出 RGB 和 IR 信息，并生成对应的 RGB 图和 IR 图。RGB 图主要用于呈现可见光下的场景，而 IR 图则用于提供红外光下的场景信息。这两种信息可以独立使用，也可以结合使用，以提供更全面、更准确的场景分析和识别能力。

图 7-9 展示了支持 RGB-IR 技术的 CMOS 传感器获取图像信息的过程。

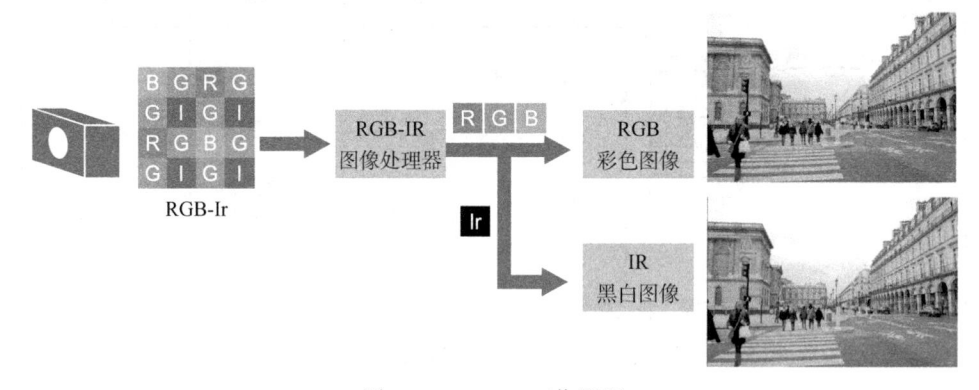

图 7-9　RGB-IR 工作原理

如图 7-9 所示，RGB-IR 摄像头的感光像素阵列包含了 R、G、B 以及 IR 4 种不同色彩的光电转换单元。在一次曝光过程中，这些光电转换单元将入射的光子高效地转换为电信号。入光量的多少直接决定了产生的电子数量，进而影响了图像的亮度和对比度。这种光电转换过程确保了图像信息的准确性和完整性。

随后，摄像头上的读出电路开始工作，它负责读取每个像素单元产生的电信号。经过 ADC（模数转换器）的精确转换，一帧混合了 RGB 和 IR 信息的原始图像数据被成功读入 RGB-IR 图像处理器内。

在 RGB-IR 图像处理器中，这些原始数据经过一系列复杂的处理算法和补偿计算，能够分离出 RGB 信息和 IR 信息，并分别生成两张图片。一张是 RGB 格式的彩色图像，它保留了原始场景的色彩信息，使得图像看起来生动逼真；另一张是只有 IR 信息的黑白照片，它突出了场景中的红外特征，对某些特定应用（如夜间感知等）具有重要意义。

图 7-10 展示了 RGB-IR 摄像头的感光像素的细节。

如图 7-10 所示，标准的 RGB 功能的感光像素

标准 RGB 的彩色像素　　RGB-IR 格式的像素

图 7-10　RGB-IR 摄像头像素阵列排布

阵列采用 B-G-G-R 的格式排列。相对地，在 RGB-IR 的像素阵列中，每 16 个像素单元中增加了 4 个 IR 像素，使得 IR 像素占据了 1/4 的比例。

虽然增加 IR 像素会导致彩色像素信息的损失，但我们可以通过算法的方式对损失的彩色像素信息进行补偿。这些算法通常基于图像处理的原理，通过插值、滤波等技术手段，根据相邻像素的信息来估计和恢复损失的彩色像素值。通过这种方式，我们可以在保留红外成像能力的同时，尽量保持彩色图像的质量和细节。

7.3 座舱视觉应用

经过上述对视觉子系统关键技术的介绍，我们已经对座舱视觉应用所依赖的核心技术点有了深入了解。接下来将探讨视觉子系统在座舱中的具体应用。

7.3.1 流媒体后视镜

流媒体后视镜有多个名称，例如电子倒车镜、电子侧视镜、电子后视镜等。ISO 国际标准化组织将其称为 CMS（Camera Monitor System，摄像头监控系统）。

要在乘用车上安装 CMS，必须先获得法规的批准。目前，全球多地已经制定了相应的标准来允许 CMS 作为玻璃后视镜的替代方案。在欧洲，主要的法规依据包括 UN ECE R46-2016《关于间接视野装置及安装间接视野装置车辆认证的统一规定》和 ISO 16505-2019《摄像头监视系统的人体工程学和性能方面的要求和试验程序》，这些标准详细规定了 CMS 的安装要求和性能标准。而在中国，最新的国家标准 GB 15084-2022《机动车辆 间接视野装置 性能和安装要求》也于 2023 年 7 月 1 日起生效，明确了符合规定的 CMS 系统可合法安装在乘用车上，进一步推动了 CMS 技术的广泛应用。

1. CMS 的组成

CMS 采用摄像头与监视器相结合的方式，替代了传统的光学后视镜。其工作原理是通过外部摄像头捕捉图像，经过处理后展示在舱内的显示屏上。同时，CMS 还能集成诸如盲区预警、障碍物提示等辅助功能，极大地提升了驾驶的安全性和便利性。

CMS 主要由以下三大部分组成。

1）高清摄像头：它采用高分辨率设计，用于捕捉后方的实时路况。为了确保在各种光线条件下都能拍摄到清晰的图像，摄像头支持 WDR 技术，能够自动进行光线补偿和亮度调节。此外，摄像头表面还涂有特殊的涂层，能够有效抵御雨雪和沙尘的侵蚀，即使在恶劣的天气条件下也能保持清洁。同时，摄像头还具备自动加热功能，防止在寒冷环境下出现雾化或结冰现象，确保驾驶员始终能够获取到清晰、准确的路况信息。

2）高清显示屏：它采用 OLED 材质，具有高对比度和广视角等特点。无论是在雨天、雾天、阳光直射还是黑夜无光等极端天气条件下，显示屏都能呈现出清晰、细腻的图像信号，为驾驶员提供最佳的视觉体验。

3）系统控制器：它负责处理摄像头捕捉到的图像信号，并进行必要的优化和调整，最终将高质量的图像呈现在显示屏上。系统控制器是整个 CMS 的核心部件，其性能直接决定了流媒体后视镜产品的质量和法规合规性。此外，系统控制器还集成了供电单元和 CAN 总线传输控制单元，实现了汽车各系统之间的信息共享和协同工作。

2. CMS 性能要求

在功能上，流媒体后视镜可以分为外后视镜和内后视镜两种。对乘用车而言，中国国家标准将内后视镜归为 I 类镜，将外后视镜归为 III 类镜。

I 类镜和 III 类镜的范例如图 7-11 所示。

Ⅰ类镜：内后视镜　　　　　Ⅲ类镜：外后视镜

图 7-11　I 类镜和 III 类镜

在图 7-11 中，I 类镜主要是利用后置摄像头，将摄像头拍摄到的视频流传输到车内中央的后视镜上进行显示。而 III 类镜主要用于替代车身左右侧外部后视镜，将安装在车身两侧的摄像头视频流显示在车内显示屏上。

I 类镜和 III 类镜除了安装位置不同之外，在性能上也有区别。表 7-1 整理了 CMS I 类镜、III 类镜与传统后视镜的对比信息。

表 7-1　CMS 与传统后视镜的对比

对比项目	I 类镜（内后视镜）		III 类镜（外后视镜）	
	电子后视镜	传统后视镜	电子后视镜	传统后视镜
镜面位置	座舱内部正中	座舱内部正中	座舱内部 A 柱附近，与驾驶员基准眼点夹角不超过 55°	座舱外部的左右两侧
视野	后向视野，宽度至少 20m，范围从驾驶员后 60m 延伸至地平线	受光学镜面畸变和后窗玻璃可视区域限制，视野受限	左右侧面的后向视野，从驾驶员后 4m 开始延伸到地平线，宽度从 1m 扩大到 4m	后视镜视场角（FOV）受光学曲面限制，视野较窄，盲区较大，镜面图像易变形失真
清晰度	依靠摄像头算法处理，解决强光、弱光、眩光、弥散等问题，需要支持 WDR 技术	依赖光学反射原理，易受后车强光影响，且受雨雪天气影响较大，需雨刮清除	依靠摄像头算法处理，解决强光、弱光、眩光、弥散等问题，需要支持 WDR 技术	依赖光学反射原理，易受后车强光影响，且雨雪天气影响较大，在雨天需要电热丝加热镜面
抗干扰	需要摄像头算法处理	依赖光学原理	需要摄像头算法处理	依赖光学原理
风阻	无	无	外延式摄像头迎风面积小，风阻系数低	外后视镜面积大，风阻系数高
功能安全	如果错误失效，可以降级到传统光学后视镜功能	无	应提供相关安全说明文档，说明有效工作范围，并在 CMS 安全相关功能失效时，通过告警信息提示驾驶员	无

在 GB15084-2022 中，对 CMS 的性能提出了非常具体的要求，并提出了检测标准。

1）亮度调节：监视器的亮度应能根据环境条件手动或自动调节。

2）方向均匀性：为了确保驾驶员在预期的不同方向观察显示屏时，显示屏具有足够的可见性，限制从不同方向观察的图像亮度衰减，并规定了方向均匀性要求。

3）亮度对比度复现：为了确保 CMS 在不同环境条件下的图像质量以及可辨识的车外视野，规定了亮度与对比度复现的要求，分别选取阳光直射、散射环境光、日落条件、夜间条件 4 种典型场景来评估。

4）灰度与色彩还原：CMS 应能在显示屏上显示至少 8 个不同的灰度等级；在色彩还原度测试上，按 ISO16505 规定的方法进行试验，并满足规定的要求。

5）弥散：为了避免强光源照射摄像机镜头而在显示屏上形成光芒状的亮条对驾驶员产生干扰，该标准规定了弥散亮度值不得大于引起弥散的光源的最大亮度值的 10%。

6）光晕和眩光：按 ISO16505 规定的方法进行试验，光晕和镜头眩光区域应不大于所显示影像面积的 25%。

7）点光源：为了在夜间行车时让驾驶员能够明确区分车后机动车的两个前照灯，规定了点光源的要求。点光源发现系数应不小于 2.7，或点光源对比度系数应不小于 0.12。

8）锐度、景深、几何畸变：为了使驾驶员具有观察车外视野内目标的识别能力，需要规定锐度、景深、几何畸变的测试标准，并按 ISO16505 规定的方法进行验证。

9）帧率：CMS 的帧率至少为 30 帧/秒，在低光照条件或车辆低速行驶时可以降低到 15 帧/秒。

10）成像时间和系统延迟：显示器成像时间应小于 55ms，车外事件发生时到车内监视器输出图像的时间为系统延时，不应低于 200ms。

根据上述国标的测试标准来看，CMS 要满足汽车前装的要求，需要针对摄像头、控制芯片、ISP 处理、显示屏等进行系统性分析，在光学、机械、电子等方面进行软硬件综合一体的设计，才能得到满意的结果。

3. CMS 系统架构

CMS 系统的核心在于系统控制器，而系统控制器可以采用 MCU 或 SoC 来实现。MCU 方案是在 ISP 的基础上增加了少量控制单元构成的微控制器，具有简单、高效的特点。而 SoC 方案则更为复杂，内部不仅包含 ISP，还集成了各种算力单元，能够实现诸如盲区预警、障碍物提示等高级功能。

在 MCU 方案中，ISP 处理的位置可以灵活选择，既可以放在显示屏内（这通常是显示屏 Tier1 厂商更偏好的方式），也可以放在摄像机中（这是摄像机 Tier1 厂商更倾向的方式）。而 SoC 可以作为一个独立的 CMS 控制器存在，未来随着技术的发展，它也有可能被集成到智能驾驶域控制器或智能座舱域控制器中，实现更高级别的集成和智能化。

针对不同的 CMS 系统控制器方案，流媒体后视镜有 3 种系统架构方案可供用户选择。

（1）架构 1：处理芯片 ISP 集成在屏幕，与相机模组分离

这种方案是将整个处理过程囊括在显示屏内，这意味着将以显示屏为处理核心的模块嵌入到显示屏的主板上。通过这种方式，显示屏能够直接处理前端相机传输进来的图像信息，

从而与整个显示屏模组实现高度模块化的集成。这种方案有助于简化系统结构，提升集成度，并可能降低整体成本。同时，由于处理过程在显示屏内部完成，有助于减少信号传输的延时，提高图像显示的实时性。图 7-12 展示了这种系统架构。

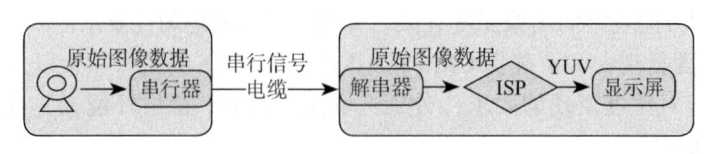

图 7-12 显示屏集成 ISP

（2）架构 2：处理芯片 ISP 与相机集成在外耳，与舱内显示屏分离

耳镜（摄像头）供应商提出的方案是将处理器嵌入到两侧耳镜中，以适配不同舱内显示屏的厂家。这种设计使得整个系统更为小型化，更便于集成。具体而言，处理器可以嵌入在长条形或半圆形的耳镜模块中，采用小型封装技术，从而保持耳镜的紧凑性和美观性。

在这样的配置下，摄像头采集到的原始图像数据可以直接在耳镜端通过 ISP 进行处理。处理后的图像数据再通过视频传输技术传输到舱内的显示屏进行显示。图 7-13 展示了这样的架构。

图 7-13 摄像头模组集成 ISP

（3）架构 3：处理芯片 ISP 集成在智能座舱域控制器内部

在这种优化后的方案中，以中央计算平台为核心，充分利用智能座舱 SoC 强大的 ISP 处理能力，不仅提升了图像质量，还实现了成本的最优化。通过复用车载摄像头的原始数据，有效减少了数据传输的复杂性和成本，同时保证了图像信息的完整性和准确性。图 7-14 给出了系统架构示意图。

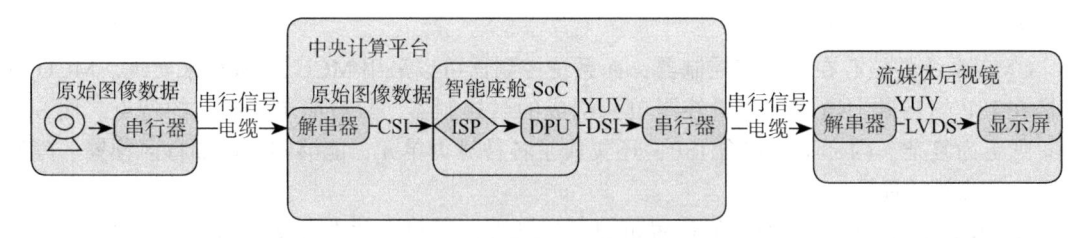

图 7-14 座舱 SoC 集成 ISP

本方案利用原车载 ADAS 域摄像头和中央计算平台中的智能座舱 SoC 进行 ISP 处理，实现了成本优化。相较于其他方案，本方案仅需新增显示屏，因此成本效益显著，是三种方案中的最佳选择。然而，该方案在面临Ⅲ类镜所需的功能安全要求时，确实存在一定的挑战。功能安全是汽车领域的重要标准，对 CMS 系统而言，确保在各种情况下的稳定运行和图像质量至关重要。因此，架构 3 方案需要针对整条数据通路进行功能安全分析。在没有获得可信任的功能安全认证之前，这种Ⅲ类镜方案不应用于具体的实践中。

7.3.2 OMS

OMS（Occupant Monitor System）又称乘客及后座感知系统，主要用于舱内乘客的视觉识别。例如，OMS 为多项应用功能提供了有力支持，包括车内视频会议系统、安全支付系统等，极大地提升了驾驶与乘坐体验。

在法规层面，OMS 承担着一项重要使命——实现车内儿童存在检测功能。目前，多个地区和国家已经立法要求车辆配备此功能。欧洲 NCAP 计划自 2023 年 1 月起，将车内儿童存在检测的评分纳入其评价体系，各项规定详尽且严格。同时，美国也在积极推进相关立法，要求所有新车预装儿童存在检测功能，并预计于 2025 年全面实施。国内也在积极评估与制定相关规范，以适应这一国际趋势。

OMS 摄像头是满足车内儿童存在检测需求的关键部件。实践中，通常在前排后视镜位置安装一颗高清晰度的 500 万像素 RGB-IR 摄像头，同时在第二排和第三排座位上方增设 200 万像素的后排 RGB-IR 摄像头。这些摄像头不仅能够捕捉可见光下的图像，还能在红外光模式下工作，确保在各种光照条件下都能有效检测目标。

通过结合视觉感知、动作捕获、活体检测等先进的 AI 算法，OMS 能够准确识别被遗留在车内的儿童，及时发出警报，避免由于无人照顾而导致儿童受到伤害。

此外，OMS 作为视觉输入的源端，在实现舱内多模态识别方面发挥着重要作用。例如，在智能座舱中，通过采用深度识别技术，OMS 能够精准识别用户的手势动作，从而替代传统的触屏操控方式，实现更智能、更精准的手势交互操控功能。这一技术的应用，不仅提升了驾驶的便捷性，也为未来智能汽车的发展开辟了新的可能性。

图 7-15 展示了这样的手势操控需求。

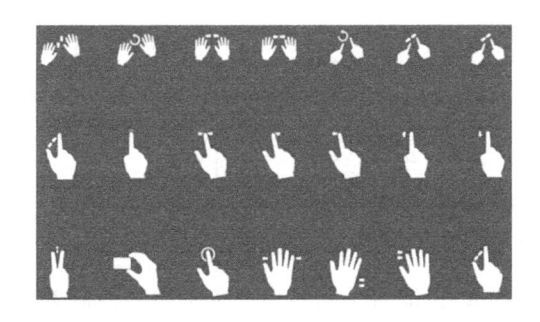

图 7-15 舱内手势交互基本动作

从图 7-15 中可以看出，OMS 通过先进的深度识别技术，能够精确捕捉并分析手部动作的运动轨迹，甚至能细致到识别手指的每一个细微动作。这一技术的运用，极大地提升了智能座舱系统对乘客手部动作的感知能力。

结合基于 AI 的自动识别手势技术，智能座舱系统不仅能够准确识别出乘客的手势动作，更能深入解读这些动作背后的意图。例如，当乘客做出调整音量的手势时，系统能够迅速识别并自动调整车内音响的音量大小。这种精准的手势识别与意图解读，使得乘客能够通过简单的手势动作，实现对车辆设备的便捷操控，提升了智能座舱系统的人机交互体验。

7.3.3 DMS

DMS（Driver Monitor System，驾驶员感知系统）致力于全天候监测驾驶员在行驶过程中的疲劳状态以及危险驾驶行为。一旦系统检测到驾驶员出现疲劳、打哈欠、眯眼睛、抽烟或接打手持电话等不当行为，DMS 会立即对这些行为进行深入分析，并通过语音和灯光等多种方式向驾驶员发出警示，以纠正其错误的驾驶行为，确保行车安全。

鉴于 DMS 的核心功能是监测驾驶员的异常行为，它主要归属于自动驾驶域，而非智能座舱域。尽管如此，由于 DMS 通常安装在舱内 A 柱下方，直面驾驶员面部，因此也可以将其视为智能座舱内部摄像头系统的一部分。在中央计算平台架构下，同一颗 DMS 摄像头所提供的图像数据，可以同时为智能驾驶域控制器和智能座舱域控制器服务。

DMS 一般采用 200 万像素的红外摄像头，无须采用 RGB 工作模式。这种配置旨在确保摄像头拍摄的画面能够让 AI 算法清晰地分析驾驶员的状态，而无须追求人眼视觉的舒适度。因此，200 万像素分辨率足以满足 DMS 的需求。同时，为了确保在任何光照条件下都能准确捕捉驾驶员的面部特征，DMS 配备了红外补光摄像头。

在 DMS 和 OMS 同时存在的条件下，由于 DMS 和 OMS 都配备了红外补光灯，为避免二者同时工作时产生的过度曝光现象，需要设计专门的红外补光灯同步信号（即帧同步信号），确保它们不会同时开启。这个技术主要由智能座舱 SoC 中的 ISP 来控制，如图 7-16 所示。

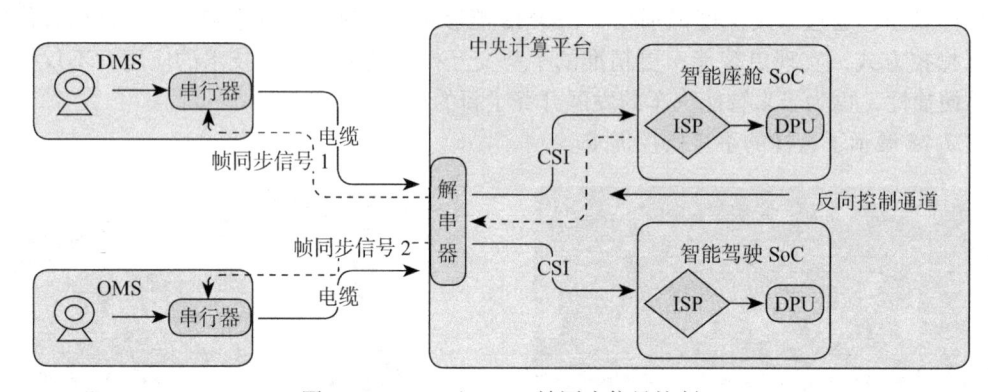

图 7-16　DMS 和 OMS 帧同步信号控制

从图 7-16 可知，中央计算平台中的智能座舱 SoC 扮演着关键角色，负责精准控制 DMS 摄像头和 OMS 摄像头。通过高速视频传输技术中的反向控制通道功能，智能座舱 SoC 能够实现对这两个摄像头功能的精细调节。

智能座舱 SoC 利用两根 fsync（帧同步信号）线，分别控制 DMS 和 OMS 的曝光时间以及红外补光灯的启动时间。这种设计巧妙地确保了两个摄像头的曝光时间不会重叠，从而有效避免了红外补光灯的相互干扰和可能产生的过度曝光现象。例如，当 DMS 工作时，帧同步信号 1 控制 DMS 摄像头的红外补光灯点；而帧同步信号 2 则同时控制 OMS 的红外补光灯进行关闭。这种精确的时间管理对确保图像质量和系统稳定性至关重要。

DMS 所采集的图像数据在经过解串器处理后，不仅可以发送给智能座舱 SoC 进行进一步的分析和处理，还可以同时发送给智能驾驶 SoC。这是因为两个不同的域都对 DMS 的图像数据有使用需求。智能座舱 SoC 可以利用这些数据来优化座舱内的用户体验和安全性，而智能驾驶 SoC 则可以利用这些数据来监测驾驶员的疲劳程度，以确定对智能驾驶系统的影响，判断是否应提醒驾驶员主动关注驾驶动作和行为。

7.4 本章小结

本章详细阐述了座舱视觉子系统的主要功能及其系统架构信息。正是基于这一先进的视觉子系统，汽车座舱内的智能感知能力得以显著提升。在计算机视觉技术的有力支持下，众多视觉应用纷纷在座舱内亮相。其中，我们特别选取了流媒体后视镜、OMS 以及 DMS 这三种典型应用进行深入介绍。这些应用依托 WDR 技术、RGB-IR 技术等前沿科技，为座舱带来了无可比拟的价值，极大地提升了驾驶的便捷性、安全性和舒适性。

第 8 章 座舱音频子系统

随着智能时代的到来，车内智能感知系统以语音助手操控为起点，逐步向多模态识别演进，对音频的使用也提出了更高的要求。这些先进功能均通过座舱音频子系统得以实现。

8.1 座舱音频子系统的框架

座舱音频子系统功能丰富且全面。它不仅能够实现语音的输入与精准识别，还具备出色的音响播放能力。这些功能的实现，离不开强大而先进的硬件设备与软件算法的协同工作，它们共同实现了车载音频系统的强大功能。

8.1.1 音频子系统的主要功能

图 8-1 展示了座舱音频子系统主要的功能。

如图 8-1 所示，座舱音频子系统是一个功能丰富且结构完整的组合体，其主要包括声音输入和音响输出两大核心部分。首先，声音输入主要依赖一套高质量的麦克风阵列设计。无论是驾驶员还是乘客，他们的座位前都精心布置了麦克风，这些麦克风共同构成了多音区的阵列结构，旨在全面捕捉乘客的语音指令。通过先进的音源定位技术，系统能够准确判断说话者的位置和身份，确保指令的精确执行。此外，为了满足车外语音交流和智能声音识别的需求，系统特别在左右后视镜位置布置了 2 个车外麦克风。这些麦克风能够有效捕捉车外的声音信号，并通过智能算法进行处理，为用户提供更为便捷的交互体验。

在声音输出方面，扬声器技术的运用至关重要。智能座舱的扬声器经过精心布局，以确保声音能够均匀覆盖整个车厢空间。例如，系统在每个车门和座舱前部都配备了三分频音箱，这些音箱能够在一个声音通道上细腻地呈现出高、中、低三种音频信号。根据实际需求，系统还可以灵活配置后置低音音箱、环绕立体声音箱等多样化的音响设施。通过结合先进的音效处理算法，这些音响系统能够为用户营造出沉浸式的听觉盛宴。

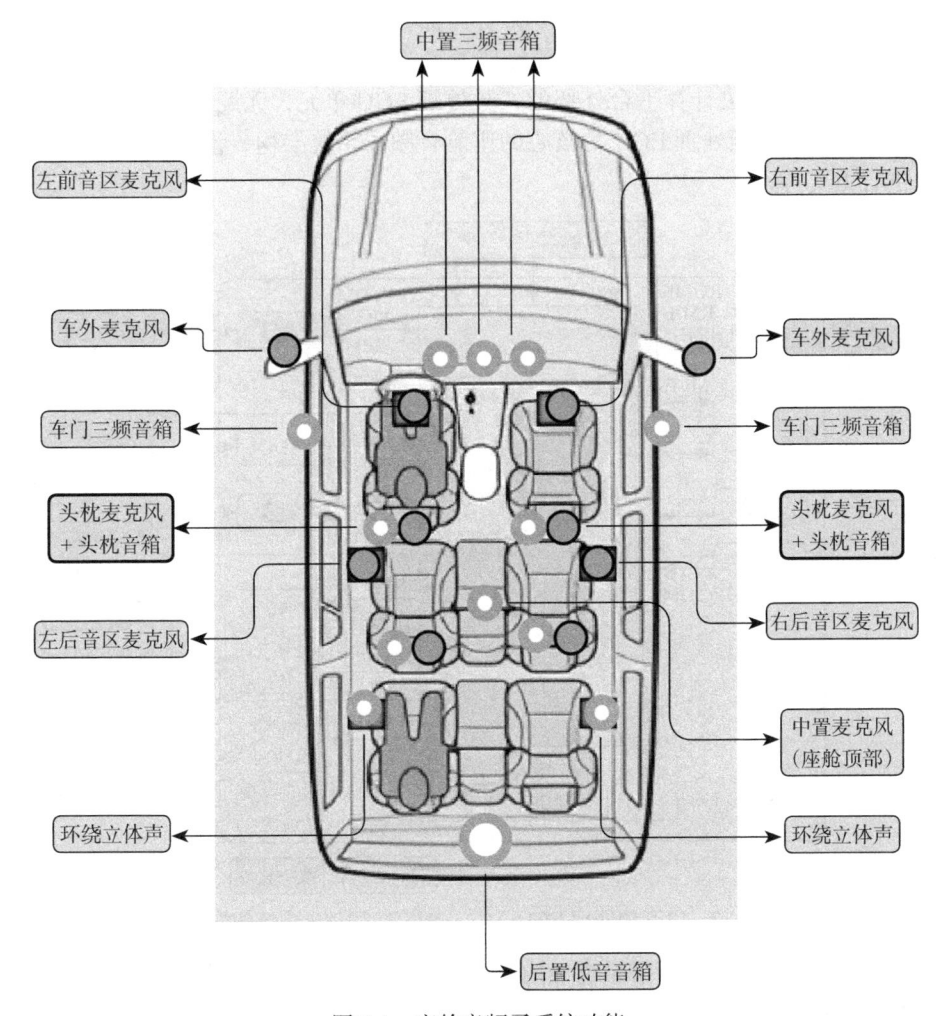

图 8-1　座舱音频子系统功能

系统中还引入了头枕音响和头枕麦克风这类创新设备。它们不仅能为乘客提供私密的交流环境，还可应用于主动降噪技术中，有效减少噪声干扰，进一步提升驾乘舒适度。

8.1.2　音频子系统的架构

音频子系统必须满足音频输入与音响输出两大核心功能。座舱 SoC 在应对音频的多样性需求时往往显得力不从心。例如，为了实现更为精细的音频算法，音频处理器必须配备专为声音处理而设计的高算力单元；为了连接多个麦克风，音频处理器必须支持多路语音信号的输入；同时，为了支持多个扬声器的播放，音频处理单元还需增设多路 DAC 和音频功率放大器。这些需求不仅要求音频处理器具备更高的算力，还需要为其提供足够的电源功率支持，否则将无法满足驱动音频功率放大器达到影院级别的视听体验要求。

1. 面向高级音频系统的架构

目前，座舱 SoC 在声音处理接口和算力方面面临挑战，而座舱域控制器在电源功率和散热方面难以满足需求。因此，在面对高等级座舱音响效果的需求时，将音频子系统的核心功能从座舱 SoC 迁移至中央计算平台外部的音频处理 ECU 单元，无疑是一个切实可行的方案。图 8-2 展示了一种以音频处理 ECU 为核心的座舱音频子系统架构，该架构将为实现出色的音响效果提供有力支持。

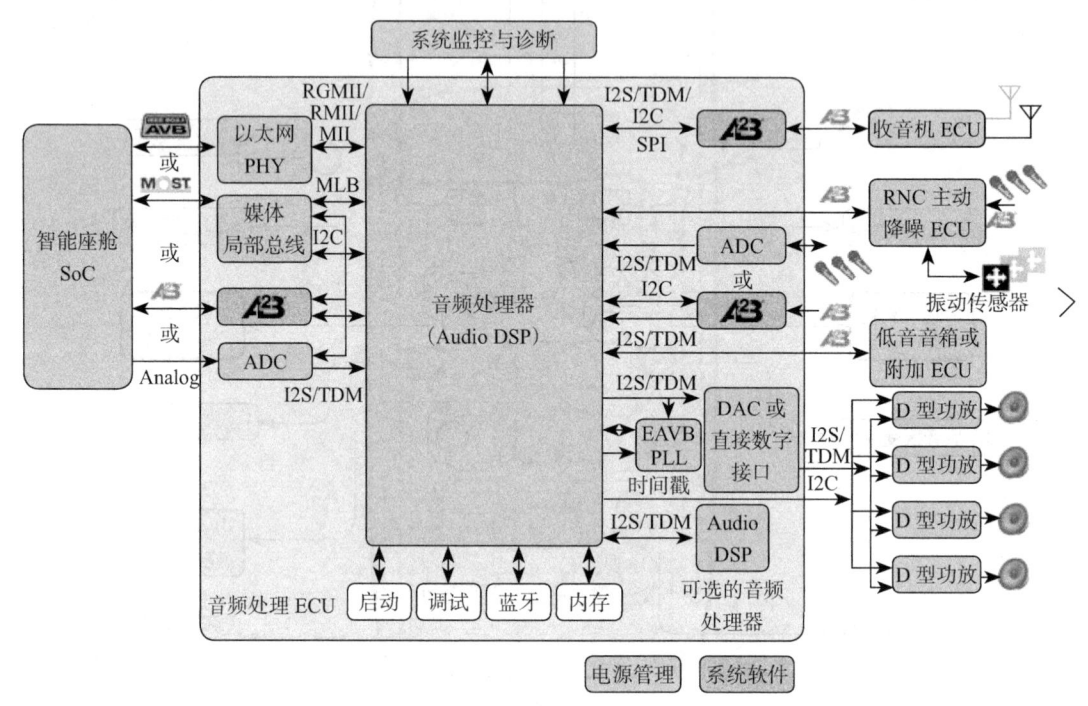

图 8-2 以音频处理 ECU 为核心的座舱音频子系统架构图

图 8-2 所示为一种座舱音频子系统架构方案。它以 DSP（Digital Signal Processor，数字信号处理器）为核心，依托独立的音频处理 ECU 为载体，并采用 A2B（Automotive Audio Bus，汽车音频总线）作为主要连接方式，形成了一个完整的音频架构体系。从图 8-2 可以直观地发现，音频处理器不仅拥有强大的算力单元，还配备了丰富的外部接口，集成了启动代码存储器、音频算法调试接口、蓝牙音响接口以及运行内存接口等，完全可以视作一个功能完备的计算机子系统。

在外部接口设计方面，音频处理器具备高度的灵活性，可以通过 AVB/A2B/MOST/Analog（模拟音频线）等多种接口与智能座舱 SoC 进行连接。用户可以根据实际需求选择这些接口中的一种或多种进行组合，以实现智能座舱 SoC 与音频处理 ECU 之间高效、稳定的音频数据传递功能。

音频处理 ECU 还支持收音机的声音输入。在本方案中，收音机 ECU 内部集成了收音机调谐（Radio Tuner）单元，并通过 A2B 总线与音频处理 ECU 紧密相连。在音频处理器与 A2B 传输芯片之间，采用了 I2S（Inter-IC Sound，数字音频传输标准）或 TDM（Time Division

Multiplexing，时分多路复用）协议进行音频信号的传输，同时利用 I2C 协议或 SPI（Serial Peripheral Interface，串行外围设备接口）协议实现控制命令的顺畅传递。

为了满足不同场景的麦克风接入需求，音频处理器提供了两种方案。第一种方案支持模拟麦克风，每个模拟麦克风通过一根模拟音频数据线接入 ADC 中，多路 ADC 支持多路麦克风阵列输入。第二种方案则支持数字麦克风，多个麦克风阵列通过 A2B 总线以菊花链的形式接入 A2B 主节点。ADC、A2B 节点芯片与 Audio DSP 之间的接口均为数字接口，通过 I2S 或 TDM 接口实现无缝连接。

在音频输出方面，音频处理器通过 I2S 或 TDM 接口将多路数字音频信号传输至功放接口单元。若系统选用 D 型的数字功放驱动扬声器，功放接口单元可选用直接型数字音频接口芯片，数字音频信号经过分路单元后，直接输出至不同的 D 型功放，从而驱动扬声器发声。若选择模拟类型的功放，则功放接口单元需配备 DAC，将数字音频信号转换为模拟信号后，再通过模拟音频线传输至 AB 型功放，进而驱动扬声器发声。

此外，为了支持 RNC（Road Noise Cancellation，道路噪声消除）功能，音频处理器还通过 A2B 接口与 RNC ECU 相连。RNC ECU 采用振动传感器、头枕麦克风、头枕音响等部件，共同实现 RNC 的功能。

2. 面向低成本音频系统的架构

上述方案是一种面向高级音频系统的架构方案，其核心在于独立的音频和功放处理 ECU。在这种架构中，音频 DSP 扮演了主要的处理单元角色，而座舱 SoC 则更多地作为音频媒体信号的输入源。

然而，对于相对低成本的音频系统需求，我们可以考虑另一种以座舱 SoC 为核心的音频子系统架构方案。在这种方案中，座舱 SoC 不仅负责音频媒体信号的输入，还承担了部分音频处理的功能，从而降低了系统的复杂性和成本。图 8-3 展示了这种方案架构。

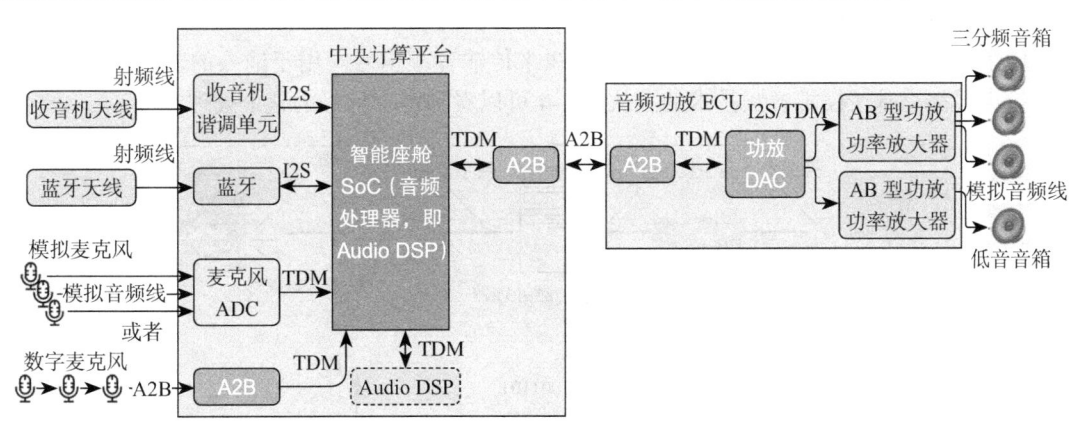

图 8-3 以座舱 SoC 为核心的音频子系统架构图

从图 8-3 中可以看到，座舱 SoC 是整个音频子系统的核心，它负责接收来自各种音频源的信号，包括收音机、蓝牙音响等。这些信号在座舱 SoC 内部进行初步的处理和转换，以确保它们能够满足后续音频处理的需求。

此外，座舱 SoC 还具备接收多种麦克风输入的能力。它可以通过 ADC 接收多路模拟麦克风的声音输入，同时也可以通过 A2B 总线接收数字麦克风以菊花链形式传入的语音信号。这种设计使得座舱 SoC 能够灵活处理不同类型的音频输入。

为了实现音响的播放功能，处理后的声音信号会通过 TDM 协议传递到 A2B 主节点，然后经由 A2B 总线发送至外部的音频功放 ECU。这种架构中的音频功放 ECU 设计相对简化，去除了音频处理器 DSP，仅保留了 DAC 和功率放大器。这样的设计既降低了成本，又提高了系统的集成度。

多路数字音频信号从 A2B 子节点传送到 DAC 进行数模转换，转换后的模拟音频信号再通过 AB 型功率放大器驱动外部音箱发声。这种处理方式确保了音频信号的高质量传输和播放效果。

从图 8-3 可以直观地看到，这种以座舱 SoC 为核心的音频子系统架构将音频算力单元集中在了 SoC 内部。由于所有的音频算法都在 SoC 内部实现，因此这种架构主要支持基础的语音输入和音响输出功能。虽然功能相对基础，但其成本也更为适中，适合对成本有一定要求的场景。

总的来说，在选择音频子系统架构时，需要综合考虑系统性能、成本预算以及用户体验等因素，以找到最适合的解决方案。

8.2 音频传输总线

从图 8-3 中可以看到，音频输入设备及音频输出设备均被巧妙地布置在整车的各个角落。为了确保这些分散的音频设备能够与音频处理器有效连接，音频传输总线便扮演着至关重要的角色，它如同联络神经一般，构建起了完整的音频处理系统。

8.2.1 模拟音频总线

传统的车载音响系统通常借助模拟信号线来传输音频信号。用于输入的麦克风和用于输出的扬声器都是基于模拟音频技术的。从图 8-4 可以看到声音信号的整个处理流程。

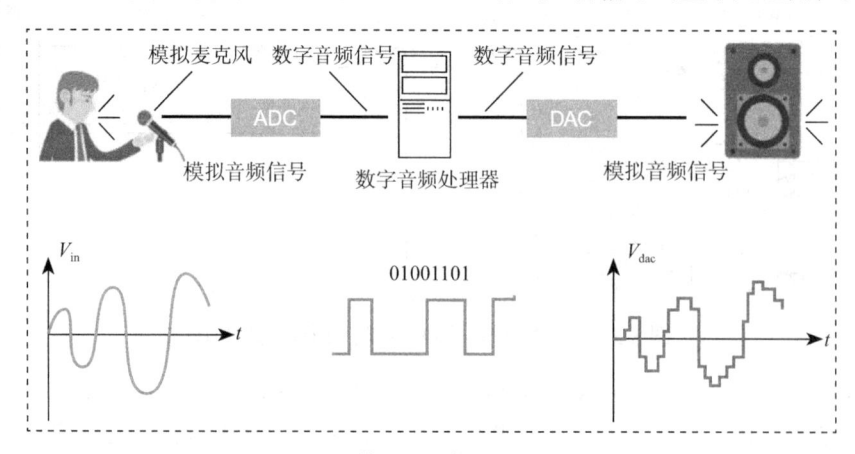

图 8-4 模拟音频信号处理流程

首先，声音采集设备麦克风捕捉的是模拟音频信号。模拟音频信号被送入 ADC 中进行模数转换，输出数字音频信号。数字音频信号通过数字音频接口再传入数字音频处理器，并接受一系列后期算法的处理，以提升音质或实现特定音效。

经过处理后的数字音频信号通过音频数字接口送入 DAC（模数转换器），还原为模拟音频信号。最终，这一模拟音频信号被通过模拟音频信号线送到扬声器，驱动其发声。

可以看到，声音信号在这个处理过程中经历了模拟 – 数字 – 模拟的转换，这不可避免地会引入一定的噪声，并可能导致信号质量的损耗。

在这个处理过程中所涉及的组件如下。

1）模拟麦克风：采集到现实世界中的声音，通过正弦波形输出声音信号，并通过模拟音频信号线传输到 ADC 中。

2）ADC：将正弦波形通过波形调制转换成数字信号，而后传入数字信号处理器。这个数字信号处理器可以是专用的 DSP 芯片，也可以是 SoC 主芯片内部的 Audio DSP，甚至是 CPU 等之类能处理数字信号的设备。

3）DAC：经过数字系统处理后的声音数字信号，通过数模转换器转换为模拟形态的声音正弦波，经由模拟信号线传输到扬声器。

4）扬声器：一般只接收模拟信号，并且需要经过功放器进行功率放大，而后通过扬声器放出音响。

采用模拟声音传输方式最大的问题之一在于传输线缆和传输接口的数量限制。具体来说，每个麦克风只能采集一个声道的数据，因此，当需要多声道音频时，就必须为每个麦克风配备一根独立的模拟音频传输线，并接入 ADC。这导致了 ADC 的输入接口数量成了一个瓶颈，限制了可接入的麦克风数量。同样，如果在输出端需要支持多个扬声器，那么 DAC 的输出接口也会成为限制因素。

此外，模拟音频传输方式的扩展性和灵活性也显得不足。例如，假设车载音响系统最初仅设计支持左右两个声道的扬声器输出，当车主希望升级到更高级的 5.1 环绕立体声系统时，就会发现很难通过简单增加模拟接口和音频线来连接额外的 4 个扬声器。

因此，随着音频技术的不断发展，越来越多的系统开始采用数字音频传输方式，以克服模拟传输的这些局限性，实现更高的音质、更灵活的扩展性以及更便捷的接口管理。

8.2.2 AVB

3.2 节曾对以太网音视频桥接技术 AVB 进行了简要的介绍。传统的以太网设计并非针对时间精确性，因此在实时应用，特别是在音视频传输方面存在局限性。为了满足音视频信号传输的需求，以太网技术进行了相应的改进，从而能够支持时间敏感的数据传输。

在音频系统中，AVB 可以被用来传输不同设备之间的数字音频信号。这些应用场景包括但不限于：从智能座舱的 SoC 向音频功放 ECU 传输多通道的音源信号，确保高质量的音频输出；从收音机 ECU 向智能座舱 SoC 传送数字音频信号，实现音频信号的灵活处理与分发；从一个外部设备（如笔记本电脑）向智能座舱 SoC 传输音视频信号，提升车载娱乐系统的功能性和互动性。

AVB 网络的核心价值在于其协议栈，它是基于传统以太网物理层基础之上的链路层协议，主要用于解决传输音频信号时的精确延时问题和播放时间同步问题。图 8-5 展示了 AVB 的协议栈分层情况。

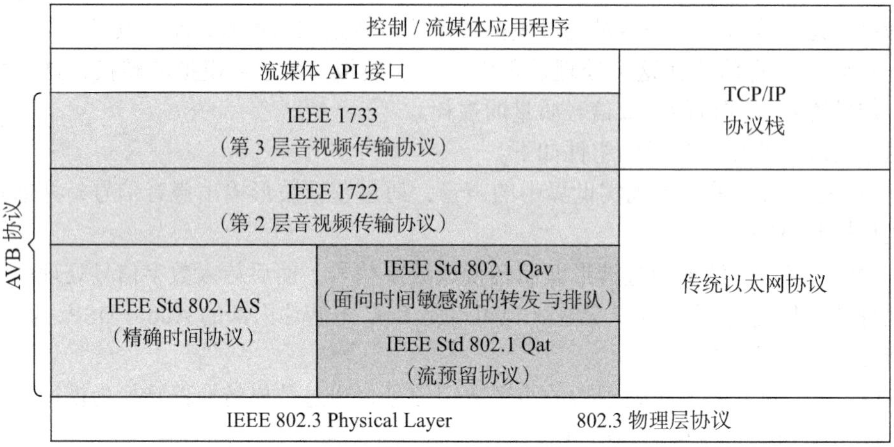

	控制 / 流媒体应用程序	
AVB 协议	流媒体 API 接口	TCP/IP 协议栈
	IEEE 1733（第 3 层音视频传输协议）	
	IEEE 1722（第 2 层音视频传输协议）	传统以太网协议
	IEEE Std 802.1AS（精确时间协议） / IEEE Std 802.1 Qav（面向时间敏感流的转发与排队） / IEEE Std 802.1 Qat（流预留协议）	
	IEEE 802.3 Physical Layer	802.3 物理层协议

图 8-5　AVB 协议栈分层

从图 8-5 可以看出，AVB 主要是链路层的协议，它和传统的 TCP/IP 协议栈是并列共存的关系。

AVB 协议栈的主要协议包括：

- IEEE Std 802.1AS：精确时钟同步协议（generalized Precision Time Protocol，gPTP），用来将网络内所有节点的时钟同步到同一个主时钟。
- IEEE Std 802.1 Qat：流预留协议（Stream Reservation Protocol，SRP），用于音视频流的动态带宽分配。
- IEEE Std 802.1 Qav：面向时间敏感流的转发与排队（Forwarding and Queuing for time-sensitive streams，FQTSS）协议，负责在交换机中对时间敏感流的流量进行排队和转发管理，以进行传输控制和帧的中间缓冲。
- IEEE 1722（第 2 层传输协议）：是位于第 2 层的 AVB 传输协议。IEEE 1722 包含 2 个主要的子协议：一个是 IEEE 1722-2016 AVTP 协议（Audio Video Transport Protocol，音视频传输协议），主要负责传输音视频数据；另一个是 IEEE 1722-2013 AVDECC（Audio Video Discovery,Enumeration,Connection management, and Control Protocol，音视频的发现、枚举、链接管理和控制协议），负责实现 AVB 的服务发现、节点遍历、链接管理和控制等功能。
- IEEE 1733（第 3 层传输协议）：是基于 AVB 的 RTP/RTCP 传输协议，作用主要是将传统的 RTP（Real-Time Transport Protocol，实时传输协议）和 RTCP（Real-Time Control Protocol，实时控制协议）流映射到第 2 层的 AVB 流上，使用下一层 AVTP 协议所提供的传输能力来传递数据和控制命令，达到降低延时、提高同步精度的目的。

AVB 可支持智能座舱中的多个扬声器同时工作。智能座舱域控制器通过 AVB 传输音频信号到各扬声器，由于 gPTP 协议保证了所有扬声器的时钟是同步的，而后通过播放时间同步，使得各扬声器可同时进行播放。

8.2.3　A2B

A2B 是另外一种可以解决智能座舱音频播放的延时问题与同步问题的数字音频总线技术。

A2B 是由 ADI（亚德诺半导体）公司开发的一种高带宽双向数字音频总线。它具备卓越的能力，能够在相当长的距离上（节点间距离最大可达 15m，整个菊花链长度则能超过 40m）通过一条非屏蔽双绞线实现 I2S/TDM/PDM 数据的传输，同时还能传输 I2C 控制信息以及时钟和供电信号。在一个 A2B 网络中，时钟能够确保所有节点保持同步，同时每个节点都能接收麦克风和串行音频数据。这样的设计使得 A2B 总线在音频传输领域具有广泛的应用前景。

1. A2B 总线优点

（1）可配置，灵活，低风险且易于使用

A2B 收发器具有高度的可配置性和灵活性，低风险且易于使用。它使得 I2C 主机能够方便地访问系统中的所有收发器。借助 SigmaStudio 图形化开发环境，极大地简化了采用 A2B 技术的系统设计流程。此外，ADI 公司还提供了丰富的全功能评估系统，从而能够快速完成 A2B 网络的原型制作，并加速早期系统概念验证、测试、认证以及调试过程，为用户提供了全方位的支持。

（2）降低系统和电缆的成本和复杂性

使用 A2B 技术无须依赖昂贵的微控制器和外部存储器，从而进一步降低了系统成本。A2B 收发器具备独特的功能，能够在用于传输数据的同一 UTP 电缆上向远程节点供电。这意味着在每个总线供电的从机节点上，无须额外的本地电源，显著降低了整体系统的 BOM（物料清单）成本。与其他数字总线架构（用两个或三个双绞线，甚至更昂贵的布线方案）相比，A2B 不仅简化了布线、降低了复杂性，还节省了系统级的成本。例如，在连接车辆音频系统时，A2B 能够大幅减少所需的重型电缆线束。

（3）出色的音频质量

A2B 支持可配置的 44.1kHz 或 48kHz 音频采样速率，以及高达 50Mbit/s 的传输带宽，使得数字音频的传输变得更为高效和顺畅。这一特点使得 A2B 成为传输数字音频的理想选择，并能提供比模拟连接更出色的音频质量。

在系统设计方面，A2B 系统节点在每个方向上支持多达 32 个总线插槽（Slot），这些插槽的采样宽度最高可达 32 位，能够灵活支持 16 个插槽 ×32 位宽或者 32 个插槽 ×16 位宽的配置。这一设计使得 A2B 能够轻松应对各种复杂的音频传输需求。

此外，A2B 还支持本地 PDM（脉冲密度调制）输入。收发器能够将 PDM 输入高效地抽取为 PCM（脉冲编码调制）格式，然后将其放置在 A2B 总线上进行传输。这一功能进一步增强了 A2B 的实用性，使得它能够适应更多种类的音频信号输入。

（4）确定性低延迟

A2B 技术以其出色的同步性能确保了每个帧上所有系统节点的采样和数据传递保持高度一致。主机节点能够完全控制帧结构，这使得用户能够灵活地在两个方向上的使用时隙对每个收发器进行编程。无论是上行还是下行数据，A2B 都能确保数据被高效地传递到线路拓扑结构中的下一个节点。

最为可贵的价值在于，A2B 技术有效地消除了因总线冲突或分组数据重组可能导致的延迟问题。这一特性使得 A2B 在实时性要求极高的应用场景也能表现出色，例如音频传输等。此外，A2B 还具备低于 50μs 的确定性极低延迟，这一性能指标进一步巩固了其在高性能音频总线技术领域的领先地位。

（5）多种网络拓扑连接

A2B 技术支持点对点、菊花链和分支网络拓扑连接结构。

2. A2B 总线拓扑结构

每个 A2B 网络均由一个主节点和多达 10 个从节点共同构建。主节点内置一个 A2B 收发器，该收发器与主机处理器紧密相连，负责将音频、控制数据以及 I2C 数据高效地发送至 A2B 总线。而从节点的设计则各具特色，从功能强大的功率放大器到简洁的总线供电麦克风节点，应有尽有。每个从节点同样配备了 A2B 收发器，能够与各种设备实现无缝连接，包括但不限于麦克风、数字信号处理器、扬声器、传感器（如加速度计）以及 D 类功放等。

主从收发器件不仅功能丰富，还支持多种先进特性，例如 TDM（时分多路复用）和 PDM（脉冲密度调制）麦克风输入，为音频传输提供了更多的灵活性和高效性。此外，为了满足不同应用场景的需求，A2B 收发器还衍生出了一系列简化产品。这些简化产品具有不同级别的功能，如端点从节点（不支持 TDM 接口）、简化型主节点（支持较短的电缆和更少的从节点数量），以及简化型端点从节点（支持较短电缆和更少的 PDM 接口），使得用户能够根据实际需求选择最适合的产品。

图 8-6 展示了一个菊花链形式的 A2B 总线拓扑结构示意图。

从图 8-6 可以看到，A2B 的主节点构成包括一个主机和一个 A2B 主收发器。主机具有灵活性，它既可以是智能座舱 SoC，也可以是 Audio DSP（音频处理器）。主机借助 TDM 通道与 A2B 主收发器之间高效传输多路数字音频信号，并通过 I2C 通道实现对控制命令的精准下发。

在 A2B 主收发器的设计中，特别设置了 A 和 B 两个总线接口。其中，A 接口专门用于与上游的 A2B 收发器连接，而 B 接口则负责连接下游的 A2B 从收发器。由于本节点担任主收发器的角色，A 接口并未连接任何总线。A2B 总线采用了成本较低的 UTP 线缆作为物理传输介质，并通过 BP 和 BN 这一对总线接口实现差分信号的传输。

在 A2B 的从节点 0 中，集成了 1 个从收发器、1 个 ADC 以及一个用于控制的 MCU 芯片。ADC 通过 I2S 或 TDM 与从收发器紧密相连。通常，ADC 的另一端连接模拟麦克风，负责将模拟音频信号转换为数字音频信号，并通过 A2B 的从收发器发送至主机。

从节点 1 的配置则有所不同，其从收发器连接的是 DAC。这样，从 A2B 总线下发的数字音频信号能够被转换为模拟音频，随后通过功放和音箱实现音频播放。

从节点 N 作为菊花链的端点从节点，具有独特的设计。它的从收发器仅连接了 A 接口，B 接口保持空置。在此节点上，1 个或多个数字麦克风阵列通过 PDM 接口将音频输入 A2B 总线，进而传输至主机。

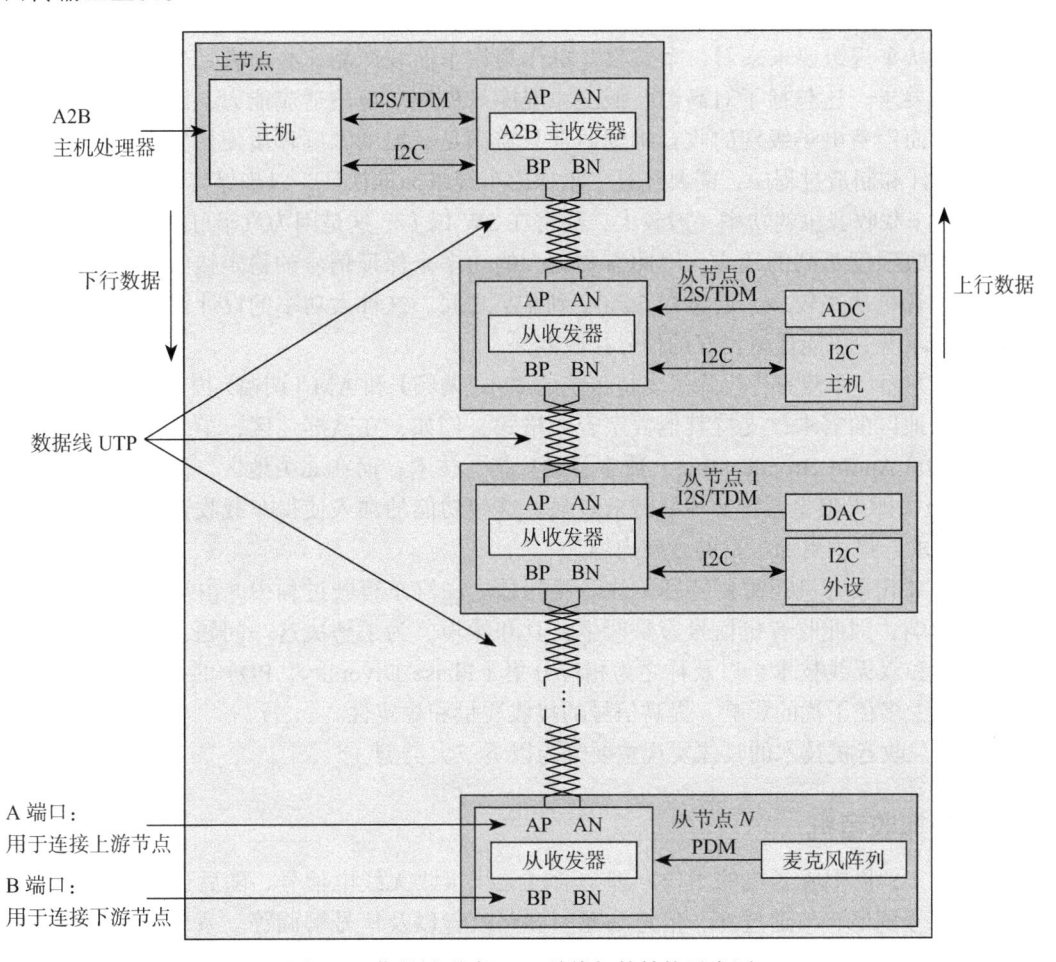

图 8-6　菊花链形式 A2B 总线拓扑结构示意图

3. A2B 总线应用场景

车载音频子系统经常采用 A2B 总线来连接独立的功放控制单元和数字麦克风阵列。除此之外，A2B 总线还常用于连接 RNC ECU，为车辆提供高质量的噪声消除或降噪功能。此外，对于需要连接远端收音机集成 ECU 的情况，A2B 总线同样能够胜任，确保音频信号的稳定传输和高效处理。

A2B 总线之所以在车载音频系统中受到青睐，主要是因为它具备高带宽、低延迟、抗干扰能力强等优点，能够确保音频信号在复杂的车载环境中稳定传输。同时，A2B 总线还支持菊花链式的拓扑结构，使得多个音频设备可以方便地连接到同一个主机上，从而简化了系统的布线和管理。

8.3 收音机

车载收音机作为汽车座舱的标准配置，与消费电子级别的收音机有所不同。下面，我们将进一步探讨车载收音机与消费电子级别收音机的区别，以及车载收音机的一些独特技术和特点。

首先，从车规级要求来看，车载收音机作为汽车前装产品，必须满足严格的工作环境温度和可靠性要求。这包括了对高温、低温、湿度等极端环境的适应能力，以及长时间的稳定运行能力。而消费电子级别的收音机则通常只需满足一般的家庭环境使用要求。因此，车载收音机在设计和制造过程中，需要经过一系列的车规级标准认证，以确保其质量和可靠性。

其次，车载收音机的功率一般较大，通常在 5W 以上。这是因为汽车可能行驶到乡村或山区等信号接收强度不高的地方，因此需要更大的功率来保证信号的稳定接收。相比之下，一般的家用收音机功率较小，通常在 50mW 到 1W 之间。这种大功率的设计使得车载收音机在恶劣的行驶环境中也能保持良好的信号接收效果。

在功能方面，车载收音机除了支持传统的 FM（调频）和 AM（调幅）模式外，还需要根据不同国家和地区的需求，支持其他数字音频格式。例如，在欧洲地区，车载收音机需要支持 DAB（Digital Audio Broadcasting，数字音频广播）技术；而在北美地区，消费者对卫星收音机（如 SXM，即天狼星系统）等的需求较强。这些功能的加入使得车载收音机能够满足更广泛的用户需求，提供更加丰富的音频内容。

此外，车载收音机还需要特别关注降噪问题。在汽车行驶过程中，由于多普勒效应和电波反射的影响，因此收音机信号容易产生失真和噪声。为了解决这一问题，车载收音机采用了双调谐器和双天线技术，以及称之为相位分集（Phase Diversity，PD）的技术。这些技术可以有效地减少多径干扰的影响，提高信号的接收质量和稳定性。

目前车载收音机技术的具体实现主要分为以下三大类型。

8.3.1 模拟收音机

顾名思义，模拟收音机的工作原理是通过天线接收无线电信号，随后这些信号经过调谐模块进行信号调谐、信道过滤、信道均衡、多路改善以及信号解调等一系列处理。经过这些处理后的信号最终输出给功放，由功放驱动车载扬声器，从而实现广播的播放。

超外差式收音机则是车载模拟收音机的一种。在变频器中，输入信号与本机振荡信号相结合，产生一个固定的中频信号。由于这个中频信号位于高频信号与低频信号之间，被称为超音频信号，因此得名超外差式。

图 8-7 给出了一个超外差式收音机的工作原理说明。

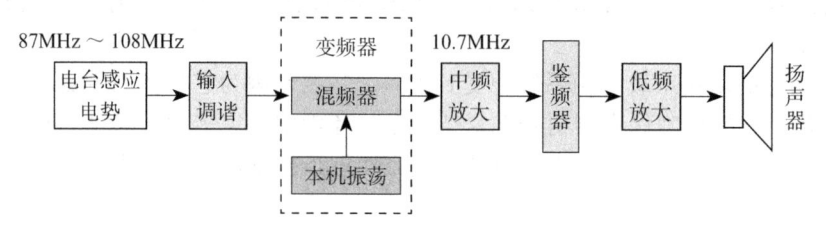

图 8-7 超外差式收音机的工作原理

从图 8-7 可以看出，超外差式收音机的工作原理主要涉及信号的接收、变频、中频放大和鉴频等过程。

1) 从天线接收进来的高频信号进入输入调谐回路。这个回路的任务是筛选出与输入调谐回路频率相同的信号，同时将其转换为高频电流。这样，只有特定频率的电台信号能够进入收音机。

2) 这些高频信号会与本机振荡器产生的高频等幅信号一起送到混频器。本机振荡器的作用是产生一个稳定的振荡信号，其频率比电台信号高出一个固定的中频值。在混频器中，这两个信号会混合，并产生许多新的频率成分，其中包括两者频率之差的差频信号，即中频信号。

3) 这个中频信号会进入中频放大器进行放大。中频放大器的目的是提高信号的幅度，以便后续的处理。中频信号的频率是固定的，这使得中频放大器的设计和制造变得相对简单，同时也提高了接收机的选择性。

4) 经过中频放大后的信号会进入鉴频器，将音频信号从载波信号中提取出来。检波后的音频信号再经过低频放大器的放大，就可以推动扬声器发声了。

超外差式收音机的核心优势在于其高度的选择性和稳定性。通过变频和中频放大，它可以将不同频率的电台信号转换为同一频率的中频信号进行处理，从而大大提高了接收的灵敏度和选择性。同时，由于中频信号的频率是固定的，这也使得接收机的设计和调整变得更加容易，性能更稳定。

此外，现代超外差式收音机还可能采用数字处理技术，如自动增益控制、信号调谐等，进一步优化接收效果。这些技术的应用使得超外差式收音机在音质、抗干扰能力等方面都有出色的表现。

作为入门级的模拟收音机，需要支持 FM 和 AM 两种调制方式，一般采用单调谐器单天线的方式来实现。

8.3.2 数字收音机

与模拟式收音机相比，数字收音机是一种能够接收和播放数字音频广播信号的设备。它的工作原理可以简单阐述如下。

首先，数字广播技术需将模拟音频信号转换为数字信号，这一过程通过 ADC 完成。转换后的数字信号经过压缩和编码后，进一步通过调制技术转换为适合无线传输的形式。调制的目的在于将数字信号适配为可无线传播的模拟信号，经过放大后，这些信号通过天线发送至空中，以电磁波的形式覆盖特定区域。

在接收端，数字收音机捕捉到这些模拟信号，并通过一系列步骤还原为数字信号。采样过程将模拟信号切割成若干等长的小段，每段的采样值随后被量化为数字形式。这些数字信号随后被送入数字信号处理芯片，进行包括滤波、调制解调、通道编码、信号压缩等一系列处理，以确保信号的清晰度、精确度和稳定性，同时提升解码的准确性。

最终，数字信号通过解码模块的处理，还原为原始的音频信号。在这一过程中，解压缩和解码技术发挥着关键作用，使原始模拟信号得以重现。

数字收音机的核心是数字信号处理技术。这种技术为数字收音机带来了更为清晰、稳定的音频体验，并有效减少了外界信号对音质的干扰。

此外，数字收音机在设计和功能上也进行了诸多创新。例如，一些数字收音机配备了数字显示功能，可直接展示接收的频率，便于用户获取和定位所需电台。另一些则具备数字调谐功能，能够自动搜索并储存电台频率，使用户能够更便捷地切换不同的电台。相比模拟式收音机，数字收音机能承载的功能更多，音质也更好。

随着技术的发展，不少国家和地区都开发了数字音频广播技术。表 8-1 简单总结了数字收音机标准。

表 8-1 数字收音机标准

名称	国家/地区	主要描述
HD Radio	美国、巴西、墨西哥等	HD（High-Definition，高清）Radio 是一种数字广播技术，工作频率和当前分配给 AM 和 FM 电台的频率一致，利用正交频分复用（OFDM）数字技术，HD Radio 将新的数字信号放置于现有任一 AM 和 FM 边带之上。在 AM 波段上常用的模式是同时联播，即将同一个节目以模拟和数字两种信号格式进行传输
DAB	欧洲	DAB 是继 AM、FM 传统模拟广播之后的第三代广播——数字信号广播，它提供了接近 CD 质量的声音及商机无限的附加数据服务，具有抗噪声、抗干扰、抗电波传播衰落、适合高速移动接收等优点，保证固定及移动时接收信号的质量
T-DMB	韩国、欧洲等	T-DMB 和 T-DMBVR 是 DAB 标准的扩展，用于向移动接收机传输视频。这需要使用特殊的 T-DMB 音视频编码器。T-DMB 扩展标准与 DAB 标准使用相同的射频编码和频率。现有的 DAB 和 DAB+ 发射机也可用于 T-DMB。T-DMB 的基带编码与 DAB 和 DAB+ 有两大不同之处：①视频采用了 MPEG-4 H.264 进行传输和显示，音频则采用了 HE-AAC（高级音频编码），韩国地区采用 BSAC（带宽语音和音频编码）；②具有更大深度的附加前向纠错（FEC）机制和更强的时间交织功能

除此之外，为了确保数字收音机在各种环境下的稳定性和接收质量，还需要考虑支持相位分集技术和后台扫描技术。相位分集技术通过利用多个接收路径或天线来增强信号的接收能力，特别是在信号较弱或存在干扰的情况下，能够显著提高接收效果。后台扫描技术则允许收音机在后台自动搜索和更新可用的电台列表，为用户提供更便捷的使用体验。

为了实现这些功能，数字收音机需要具备双调谐器和双天线的设计。双调谐器能够同时处理两个不同的频率或信号，使得收音机能够在进行后台扫描或接收相位分集信号时，不中断当前正在播放的音频。而双天线则能够增强信号的接收范围和稳定性，特别是在建筑物密集或信号覆盖不佳的地区。

图 8-8 展示了一种数字收音机的工作范例。

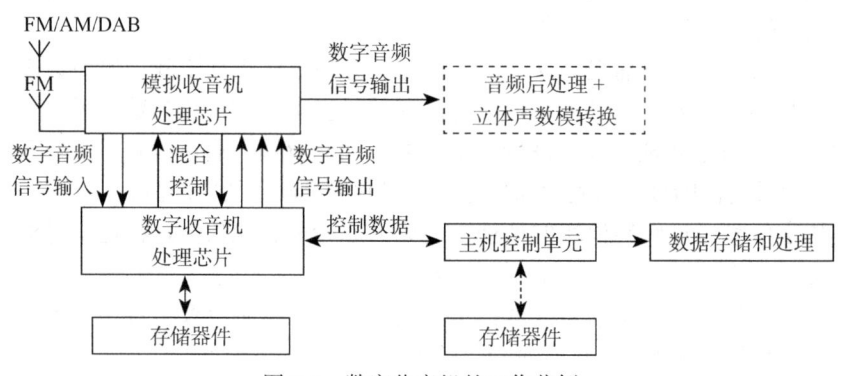

图 8-8 数字收音机的工作范例

从图 8-8 可以看出，这款数字收音机采用了双芯片架构。具体来说，模拟收音机芯片连接了两根无线天线，能够接收 FM、AM 以及 DAB 等多种信号。在模拟收音机处理芯片内部，模拟信号会被高效地转换成数字信号，随后这些数字音频信号会通过专门的输入接口传送到数字收音机处理芯片中进行进一步的处理。经过处理的数字音频信号再被模拟收音机处理芯片转发，经过音频后处理和立体声数模转换模块的精细调整，最终实现了声音的播放。这种双天线的设计方案主要是为了更好地实现相位分集功能和后台扫描，提升了收音机的性能和用户体验。

8.3.3 卫星收音机

在北美市场，消费者对卫星收音和音频流媒体服务的需求日益旺盛。对美国车载市场的高端座舱系统而言，SXM 卫星收音模块成为主流配置。SXM 是一家总部位于曼哈顿市中心的美国卫星广播公司，由 Sirius 卫星广播和 XM 卫星广播于 2008 年合并而成，如今已成为北美地区领先的卫星广播和音乐流媒体服务提供商之一，满足了消费者对于高品质音频内容的追求。

通过地球同步卫星，SXM 能够向覆盖范围内的接收器发送广播信号。SXM 的广播信号首先在地面上进行编码和调制，然后通过地面站发送至卫星。卫星接收到信号后，会将其转发至地面上的接收器。接收器接收到信号后，再进行解码和解调，还原出原始的音频信号，最终通过扬声器播放出来。

SXM 用于车载收音机市场主要具有如下特点。

- 广泛的覆盖范围：SXM 的卫星广播系统具有广泛的覆盖范围，几乎覆盖了整个北美大陆。这意味着无论是在城市还是偏远地区，车载用户都能接收到稳定的广播信号，享受高质量的音频娱乐。
- 多样化的内容：SXM 提供多种类型的广播节目，包括音乐、新闻、体育、谈话等，满足了不同用户的需求。
- 高质量的音频：通过卫星传输的数字音频信号，SXM 能够提供激光唱片级别的音频效果。
- 便捷的定制服务：车载用户可以根据自己的喜好和需求，选择特定的频道和节目，定制个性化的收听服务。同时，SXM 还提供了在线服务和移动应用，让用户可以随时随地管理自己的收听列表和偏好设置。
- 与车载系统的无缝集成：许多现代汽车都配备了与 SXM 兼容的接收器和控制系统，这使得用户可以轻松地将 SXM 与车载系统连接起来，实现无缝的音频播放和控制。这种集成方式不仅提高了使用的便捷性，还提升了驾驶的安全性。

如果某家车企考虑进入美国市场，那么在智能座舱系统中搭载 SXM 系统是一个值得考虑的选项。表 8-2 总结了使用 SXM 的两种方案。

表 8-2　SXM 对比方案

对比项	方案 1	方案 2
架构	智能座舱域控制器内置 SXM 芯片	采用外部的 SXM ECU
SXM 芯片	使用 SXM 公司提供的 SXM 解码芯片	使用 SXM 公司提供的 SXM 解码芯片
Audio 协处理器	需要 Audio DSP 协处理器，可以搭配各种不同厂家的芯片	需要 Audio DSP 协处理器，根据 ECU 厂商的解决方案，可以搭配各种不同厂家的芯片

(续)

对比项	方案 1	方案 2
接口	SXM 解码芯片通过 I2S 接口与 Audio DSP 相连，通过 UART 与智能座舱主机相连	SXM 解码芯片通过 I2S 及 UART 与 Audio DSP 和控制 MCU 相连，SXM ECU 通过以太网（AVB）与智能座舱相连
认证	单独车型需要通过 SXM 公司的 TA1～TA11 认证，包括整车、天线、硬件、软件、应用程序等认证规范	采用 SXM ECU 以通过 SXM 公司的 TA 认证，这样每一款车型就无须再单独认证
软件 SDK	座舱内操作系统需要集成收音机芯片的软件协议栈、娱乐系统应用程序，以及底层驱动软件等	大部分软件工作集中在 ECU 内部，智能座舱域控制器需要将 SXM 的应用程序集成到座舱操作系统中去

8.4 车载音响

车载音响系统主要涵盖了声音的输入和输出两个核心设备，形成了完整的音频处理链。在这个系统中，声音的输入设备负责捕捉并转换各种音频信号，如麦克风接收的语音指令或外部音频源的输入。而输出设备（如功放和扬声器）则负责将这些信号转换为可听的声音，为乘客提供高质量的音频体验。

8.4.1 功放与扬声器

在车载音频子系统中，功放和扬声器是声音播放的核心设备。功放（即功率放大器）的主要作用是将来自音源或前级放大器的微弱信号进行增强，进而驱动音箱发声。一套出色的音响系统，功放的贡献不容忽视。由于需要考虑功率、阻抗、失真、动态性能以及不同使用场景下的控制调节功能，因此不同的功放在内部的信号处理、线路布局以及生产工艺上都会有所差异。因此，在选择功放时，需根据音响系统的整体要求以及个人的听音偏好来做出合适的决策。

扬声器类型众多，每一种都有特定的用途。例如，根据图 8-1，我们可以得知车载音响使用了多个音箱。

- 三分频音箱：三分频音箱通常指的是由三个单元组成的音箱。这些单元包括低音单元、中音单元和高音单元。三分频音箱通过内部的功放电路和分频器将声音分成不同的频率段。这种音箱在高保真音响级别中较为常见，通过对不同单元的波长特性进行分波处理，使得音乐更具层次感。
- Woofer：Woofer 指的是三分频音箱中的低音炮。低音炮主要用于产生中低频音效和低频音效。它的频率响应范围通常为 35Hz～800Hz，能够产生适中的低音和中低音，从而提高音响系统的音质。
- Midrange：Midrange 指的是三分频音箱中的中频扬声器。中频扬声器主要负责音频信号的中间频率范围，通常为 250Hz～4000Hz。这个频段包含了大部分乐器的音域，如人声、吉他、键盘乐器等。中频扬声器的重要性在于它能够提供音乐的明亮度和清晰度，确保人声和乐器的表现准确、逼真。
- Tweeter：Tweeter 指的是三分频中的高音扬声器，也被称为高频扬声器，主要负责音频信号的较高频率范围，通常为 4000Hz ~ 20kHz。高音扬声器能够呈现出钹声、小提琴、铃铛等高音色。
- SubWoofer：在音响中，Subwoofer 通常指的是超低音扬声器。它负责重放深沉的低频音，频率范围大致从上限的 150Hz 或 100Hz 延伸至最低的 25Hz 左右。

图 8-9 展示了一个功放和扬声器的案例。

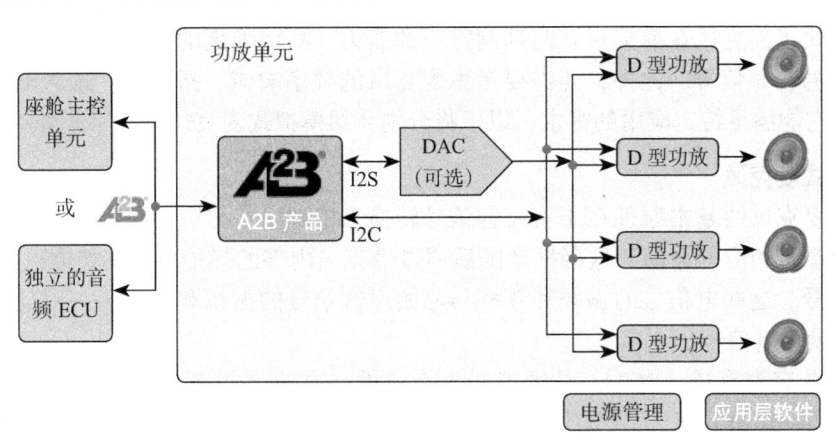

图 8-9　功放与扬声器

从图 8-9 可以看到，功放单元内部集成了 A2B 收发器和 DAC 等关键组件。座舱主控单元通过 A2B 总线传递数字音频信号。这些数字信号随后通过 I2S 接口从 A2B 芯片输入到 DAC 中，实现了数字信号到模拟信号的转换。最后，经过处理的模拟音频数据被送至 D 型功放芯片进行放大，并通过扬声器播放出清晰悦耳的声音。在这个小型的音响系统中，有如下的功能角色参与了声音播放。

- 音源设备：音源设备为座舱主控单元或者独立的音频 ECU。由于功放单元通常被设计为独立的 ECU，它通过 A2B 总线与音源设备相连。根据功放所需支持的功能需求以及座舱 SoC 主芯片的音频处理能力强弱，决定是否增加独立的音频 ECU。例如，若车载音频子系统需运行 ECNR（回音消除）、车载混音、杜比全景声（Dolby Atmos）、RNC、ICC（舱内私密通话）等复杂音频算法，则需配备功能强大的独立音频 ECU，内置高性能 Audio DSP 以处理这些算法。
- 分布式功放单元：如果系统对音响功放的功能需求较为简单，且座舱 SoC 内部集成的 Audio DSP 性能足够强大时，功放可采用简化的分布式功放单元。它通过 A2B 总线接收来自座舱主控单元的音源信号，随后通过 D 型功放驱动扬声器发声，实现音频的播放。
- D 型功放：也被称为数字式放大器，通过转换开关电路来放大音频信号。这种功放具有效率高和体积小的优点，使得许多功率高达 1000W 的 D 类功放体积仅相当于录像带大小。然而，由于它在带宽频带放大方面的限制，因此这类放大器主要应用在有源超低音音箱中。

8.4.2 麦克风

麦克风作为音频子系统的核心输入设备，其精度和数量都对系统功能的实现至关重要。在设备类型上，麦克风主要分为模拟式麦克风和数字式麦克风两大类。根据布置位置的不同，麦克风也可以分为舱内麦克风、头枕麦克风和舱外麦克风等。

系统架构师在设计音频子系统时，在麦克风的选型上需要考虑多个因素。首先是**灵敏度**，它决定了麦克风对声音的捕捉能力。灵敏度高的麦克风能够更准确地捕捉声音细节，但也可能更容易受到背景噪声的干扰。因此，在选择时需要根据实际应用场景进行权衡。其次是**信噪比**，它反映了麦克风在捕捉声音时抑制噪声的能力。高信噪比的麦克风能够在嘈杂环境中提供更清晰的音频信号。此外，还需要考虑麦克风的频率响应、指向性、最大输入电压等参数，以确保它能满足特定应用的需求。以下将分别介绍模拟式麦克风和数字式麦克风的区别。

1. 模拟式麦克风

模拟式麦克风的基本原理在于将声音信号转换为模拟电信号。当声波撞击麦克风的振膜时，振膜会产生相应的振动。这种振动随后通过麦克风内部的换能器（例如电磁式或压电式）转换为电信号。这些电信号的振幅和频率与原始声音信号的振幅和频率一一对应，从而成功地将声音转换为电信号。

驻极体电容麦克风（ECM）是模拟式麦克风的一种重要类型。在汽车应用中，典型的 ECM 麦克风将 ECM 单元与小型放大器电路巧妙地整合在一个外壳内。这种设计使得放大器能够提供一个电压电平适宜的模拟信号，从而确保信号能够通过数米长的电线稳定传输，满足汽车内部布线的需求。如果不进行放大，原始的 ECM 信号经长距离传输后会显得过于微弱，导致电线上的电磁干扰严重影响信噪比（SNR）。

在系统工作时，通过提供一个偏置电压（通常为 8V）来为麦克风装置供电。在接收端，ECM 麦克风的模拟信号被送入 ADC 器件中。经过模数转换后，模拟信号被转换为数字式音频信号，随后这些数字信号会被送至后端的 Audio DSP 进行进一步处理。

2. 数字式麦克风

在实际应用中，人们逐渐发现麦克风阵列具有广泛的适用性。这主要是因为，麦克风阵列能提供更好的声音定向性能，可以使用分组的两个或更多个合适的麦克风来从麦克风信号中提取声音传输方向的空间信息。这类算法常被称为波束成型（BF）算法。

在研究 ECM 技术的过程中，人们发现不同 ECM 器件之间存在显著的灵敏度和频率响应差异。这是由于 ECM 的制造公差相对较大所导致的。对单个麦克风应用而言，这种差异可能并不构成问题。然而，在麦克风阵列应用中，当多个麦克风信号在较小的间距内被部署时，麦克风之间的严格匹配就变得至关重要，它直接关系到阵列性能的优劣。在这种情况下，传统的 ECM 麦克风就显得难以满足需求。

为了克服这一挑战，人们开始寻求替代方案，其中之一就是采用基于 MEMS（微机电系统）技术的数字式麦克风。MEMS 数字式麦克风的主要工作原理是通过感知声波振动，并将其转换为电信号。其核心部件是一个微小的振膜，当声波作用于振膜时，振膜会随之振动。这种振动会改变振膜与感应电极之间的距离，进而引起它们之间电容值的变化。这一电容值的变化随后被精确地转换成一个数字信号，从而实现了声音的数字表示。

随着技术的不断进步，MEMS 技术迅速崛起，成为麦克风行业的新标准。与传统的 ECM 麦克风相比，MEMS 数字式麦克风具有诸多显著优势。首先，它使得声音传感器比现有的 ECM 单元更小，这为麦克风阵列的设计和应用提供了更多的可能性。其次，通过将 MEMS 传感器与 ADC 集成在单个芯片上，我们得到了可以直接进行波束成型算法处理的数字式麦克风。这不仅简化了信号处理流程，还提高了声音定向的准确性和实时性。

在应用方面，MEMS 数字式麦克风也展现出了诸多优势。由于其体积小巧，使得麦克风阵列可以设计得更为紧凑和隐蔽。此外，由于其声音入口非常小，MEMS 麦克风阵列甚至可以做到几乎不可见，这对于一些需要隐藏麦克风的应用场景来说无疑是一个巨大的优势。然而，由于传感器入口和声音通道对设计与生产质量的要求极高，因此在制造过程中需要特别小心，以确保声学密封的严密性。任何微小的泄漏都可能影响波束成型算法的性能，从而降低声音定向的准确性。

图 8-10 对模拟式麦克风和数字式麦克风的音频链路进行了对比。

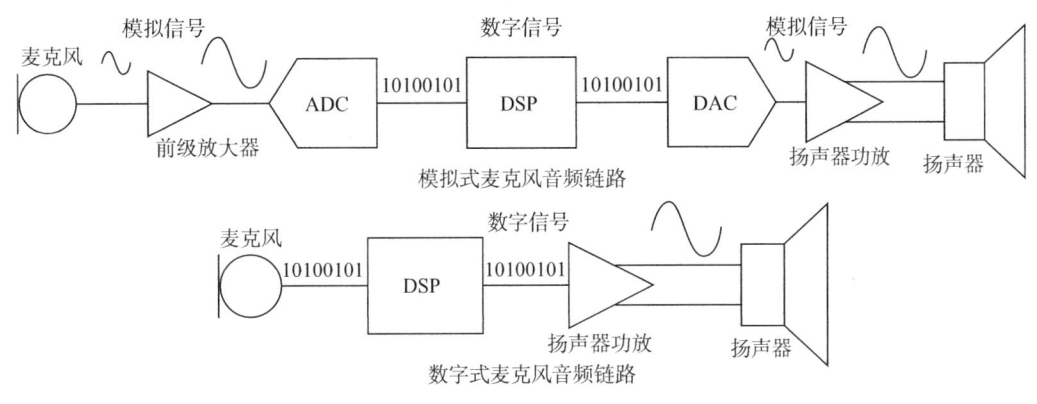

图 8-10 麦克风音频链路对比

根据图 8-10 可知，模拟式麦克风输出的是模拟音频信号，而数字式麦克风则直接输出数字音频信号。在处理链路上，都需要由 DSP 对数字音频信号进行后处理，然后通过 DAC 转成模拟信号后驱动扬声器发出声音。

8.4.3　杜比全景声

杜比全景声是由杜比实验室研发的一种前沿的 3D 环绕声技术，于 2012 年 4 月 24 日正式发布。该技术突破了传统 5.1 声道、7.1 声道的概念，能够结合影片内容，呈现出动态的声音效果，从而更逼真地营造由远及近的音效体验。

在杜比全景声出现之前，传统上会把音响系统分为 5.1/7.1 声道系统。其中，5.1 声道系统包含前置的左、右声道，中央声道，后置的左、右环绕声道以及 1 个重低音声道。中央声道主要负责播放人物对白，前置声道则负责播放画面两侧及屏幕之外的声音，后置环绕声道则营造背景音乐和整体声场，而重低音声道则专注于呈现低频音效，如机器轰鸣、空间崩裂等。而 7.1 声道系统在 5.1 声道系统的基础上增加了中左和中右两个发音点，进一步提升了听感。

然而，杜比全景声技术的创新之处在于它摒弃了传统的基于声道的混音技术，转而采用基于发声物体的声场技术。其核心在于空间编码，它将声音信号分配到三维空间中的具体位置，而非特定的通道或扬声器。

在杜比全景声中，描述物体在声场中具体位置的元数据被编入基本的杜比无损（Dolby TrueHD）音轨中，并随音源文件一同传输。播放时，音频处理器内的杜比全景声对象音频渲染器算法模块会智能决定使用哪些音箱来精准呈现目标物体的三维声音定位。

此外，杜比全景声在音箱布局上也进行了创新，引入了垂直方向上的声道。传统的5.1/7.1声道家庭影院系统声音主要来自水平方向，而杜比全景声通过使用4个顶置扬声器，将二维声场升级为三维声场，因此也被称为7.1.4声道系统。

在座舱环境中，由于舱内空间的独特性，布置杜比全景声音响系统尤为合适。众多新能源车型都自豪地宣称支持"7.1.4"声道系统。图8-11直观地展示了7.1.4声道系统的空间布局示意图。

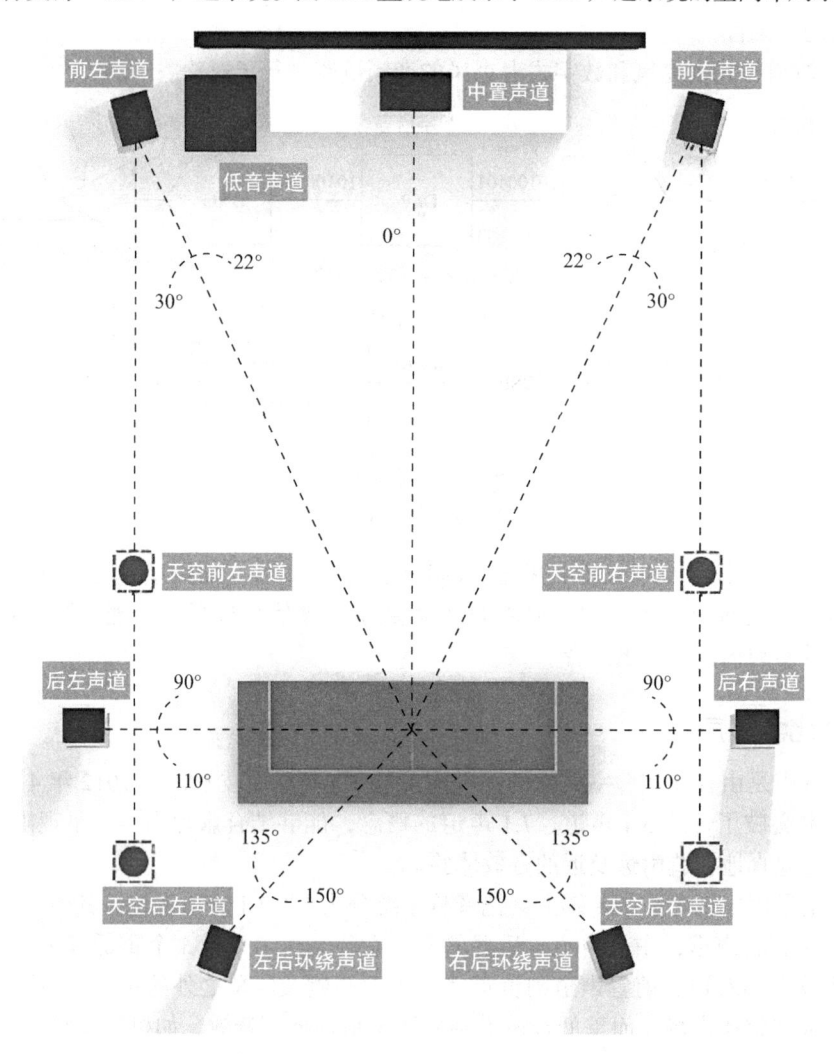

图 8-11 7.1.4 声道系统空间布局图

从图 8-11 中可以看到，一套完整的 7.1.4 声场系统由多个声道位组成，它们分别是：4 个主声道位（前左、前右、后左、后右），用于呈现主要的音频内容；1 个中置声道位，专门负责播放对话和中心音频效果；2 个环绕声道位（左后环绕、右后环绕），用于营造更宽广的声场效果；1 个低音声道位（SubWoofer），专注于产生深沉而有力的低音。

除此之外，该系统还引入了 4 个天空声道位，这些声道位通常通过顶置的扬声器实现，将声音投射到座舱的上部，从而打造出立体且沉浸式的听音体验。这种设计使得声音不再局限于传统的水平方向，而是能够在三维空间中流动，为听众带来更为逼真的听觉享受。

在音箱的选择上，这些声道位有可能会采用三分频音箱，这种音箱能够更精确地分离并播放高、中、低三个频段的音频，从而进一步提升音质和听感。

因此，一套 7.1.4 声场系统，在配置齐全的情况下，有可能支持多达 23 个扬声器。这些扬声器协同工作，能够呈现出丰富、细腻且立体的声音效果。

8.5 车载音响算法

麦克风、扬声器、功放无疑是汽车音响系统中的核心硬件部件。然而，仅有这些硬件是不足以实现高质量的音效的。车载音响算法就像是这些硬件设备的"灵魂调校师"。

8.5.1 空间声场调音算法

在汽车座舱环境中，由于空间结构的复杂性和多扬声器系统的配置，声音的传播会受到多种因素的影响。每个扬声器发出的声音到达不同乘客区域（如主驾、副驾、后排）的时间存在差异。此外，座舱内部空间的反射、折射等声学现象也会进一步影响声音的分布和清晰度。

如果不进行混音和调音处理，乘客可能会感受到声音的不均衡、模糊或失真，这显然会降低整体的听觉体验。为了解决这一问题，混音算法就显得尤为重要。

混音算法能够通过对多个扬声器发出的声音进行精确控制和处理，来实现声音在座舱内的均匀分布和高质量传播。这些算法可以调整每个扬声器的音量、音色、相位等参数，以确保声音能够准确、清晰地传递到每个乘客区域。同时，混音技术还可以考虑座舱内部的声学特性，通过合理的声音反射和折射设计，营造出更为舒适、自然的听觉环境。

汽车座舱内的空间声场调音算法是一门综合性的艺术和科学，它深度融合了人的主观感受与先进的音频处理技术。在追求高品质听觉体验的过程中，音质音色和空间印象成为两大核心要素。

音质音色作为声音的基本属性，直接关联到音源的质量和播放设备的精度。汽车音响系统要求音源清晰无杂质，播放设备能够精准还原音频信号，确保声音的纯净度和层次感。

而空间印象的营造则更为复杂，它涉及声音在三维空间中的传播和分布。为了确保每个座位的乘客都能获得稳定的听音感受，调音算法需要综合考虑座椅高度、人头转动等因素，通过精确控制每个声道的延时、增益和 EQ（均衡器）等参数，营造出宽广而逼真的声场效果。

对于拥有多达十几个声道和每个声道数十个 EQ 片段的汽车音响系统而言，调音和混音的过程无疑是一场浩大的工程。这需要先进的算法支持、精确的调音工具，以及经验丰富的调音师共同参与。经过数百小时的主观听音和调试，才能最终得到令人满意的主观效果。

因此，高品质的车载音响系统往往强调采用最先进的调音算法，集成多年的调试参数和经验，与经验丰富的调音师紧密合作。这样的系统不仅能够提供震撼的听觉体验，更能够在不同驾驶场景下为乘客带来稳定而舒适的听音环境。

8.5.2 回音消除算法

车内多位置语音交互作为智能座舱的核心入口，集成了语音识别、唤醒和定位等先进功能，极大地提升了驾驶者和乘客的交互体验。随着技术的不断进步，声源定位、个性化音区、分区控制、后排交互以及多音区唤醒/识别/定位等功能将成为智能座舱语音技术的研发重点。

然而，车载环境中的语音识别和通话质量常常受到多种噪声的干扰，包括发动机噪声、空调噪声、人声以及多媒体声音等。这些噪声不仅影响了语音信号的清晰度，还可能导致语音识别系统的误判，从而降低了整体的语音交互体验和识别率。

为了克服这一问题，人们在车载音频处理模块中引入了 ECNR（Echo Cancellation & Noise Reduction，回声消除和降噪）模块。ECNR 模块通过先进的算法和技术，能够有效地消除语音信号中的回声和噪声成分，从而还原出清晰、纯净的语音信号。

ECNR 主要处理如下功能。

1. 声源定位

借助声源定位技术，ECNR 可以迅速确定发音人的具体位置，从而实现高效的语音识别与唤醒功能。这一技术对提升车内多个位置的语音交互体验尤为关键。根据麦克风的布置位置以及多音区的划分与识别需求，我们可以灵活采用多种声源定位方案。这些方案包括双麦 2 音区、L 型 3 麦 2 音区、线阵 2 麦 + 分布式 2 麦四音区、分布式 4 麦四音区、6 麦五音区以及 10 麦五音区等。这些方案的目的都是为了提高唤醒率，进而实现更加智能的语音交互功能。

如图 8-12 所示，我们展示了一种 2 麦阵列 +2 麦阵列的 4 音区识别方案。这种方案能够有效地覆盖车内的多个区域，提升语音识别的准确性和效率。

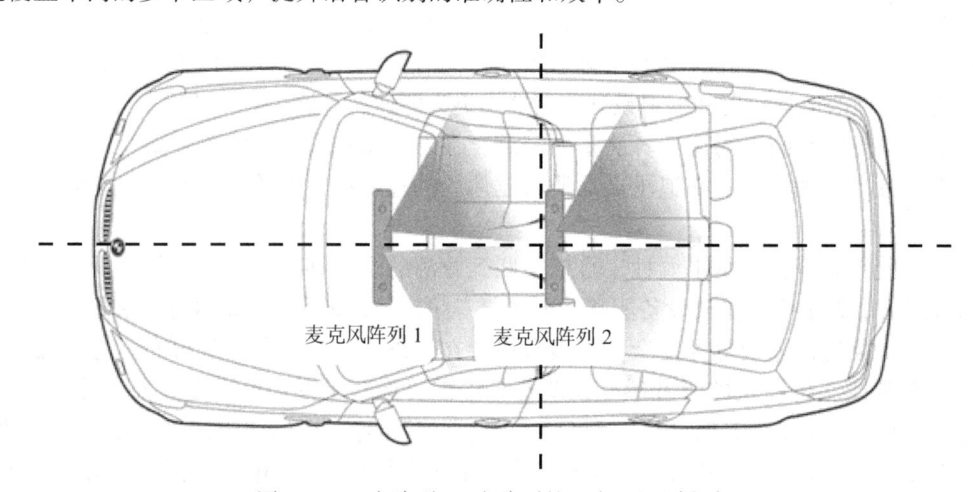

图 8-12　2 麦阵列 +2 麦阵列的 4 音区识别方案

2．回声消除

在车内语音识别和免提通话中，ECNR 被用于消除近端媒体的回声啸叫问题，确保全双工、实时的语音交互得以顺利实施。

图 8-13 展示了回声啸叫产生的原理，以及如何进行回声消除处理。

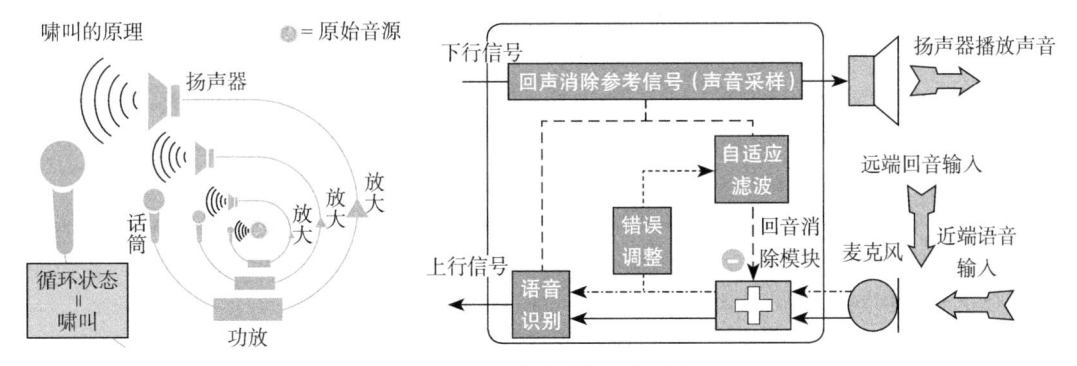

图 8-13　回声啸叫与回声消除

从图 8-13 可以看出，回声啸叫问题产生的原理主要在于麦克风和扬声器在近距离的空间中相互作用。当原始音源发出的声音数据被麦克风采集后，经过放大电路的处理，声音从扬声器输出。然而，由于麦克风和扬声器距离过近，扬声器输出的声音再次被麦克风捕捉，进而经过新一轮的放大和播放。这个过程不断循环，每一轮循环都会导致特定频率声音信号的放大，形成了一个正向反馈的闭环。如果不及时打断这一死循环，声音通路将陷入无限循环，最终导致尖锐的啸叫现象。

打破死循环的一个有效思路是在音频回路中消除二次输入的声音信号。参考图 8-13 的右半图，我们可以看到回声消除模块在其中起到了关键作用。

在扬声器播放声音信号之前，该信号首先被作为回声消除的参考信号，同步传送到回音消除模块。当麦克风再次采集到远端回音输入时，回音消除模块会迅速启动其处理机制。它利用之前接收到的参考信号与当前采集到的远端回音输入进行对比分析。

通过精确的滤波电路处理，回音消除模块能够准确地识别并消除与参考信号相匹配的回音成分。这样，我们就可以从麦克风采集到的信号中去除大部分的回音干扰，从而得到更为干净、清晰的语音输入信号。

8.5.3　主动降噪技术

NVH（Noise、Vibration、Harshness，噪声、振动、不舒适感）是衡量汽车座舱内舒适程度至关重要的指标。NVH 参数的大小直接关系到用户在座舱内的体验效果，同时也是评判汽车等级的一个重要考量因素。

在 NVH 中，噪声是影响用户舒适程度的关键要素。车内噪声来源主要有 3 个：动力系统噪声、路面-轮胎噪声和风噪声。随着车速的逐渐提高，车内噪声的主要来源将会发生变化，路噪和风噪所占的比重越来越大。另外，动力系统的变动也会影响噪声的来源。例如新能源车采用电动机作为动力系统，它将不再被发动机的噪声所困扰。

为了降低汽车噪声，汽车制造商采用了多种技术手段，如优化发动机结构、使用降噪材料、加强密封性等。这些降噪措施被称为被动降噪。主动降噪（Active Noise Cancellation，ANC）和路噪降噪（RNC）正在迅速发展，帮助提高乘客的整体体验。

ANC/RNC 技术的工作原理与降噪耳机存在相似之处，它们都是基于主动降噪的原理来实现噪声的降低。具体来说，ANC/RNC 技术通过使用软件和电子元件，如加速度传感器和麦克风来测量并降低噪声。

首先，ANC/RNC ECU 通过安装在轮胎处的加速度传感器探测轮胎的胎噪。这些加速度传感器能够感知轮胎在行驶过程中产生的振动和噪声，并将其转化为电信号。同时，舱内麦克风也会获取风噪声和其他内部噪声，从而实现对多种噪声源的全面监测。

接下来，这些噪声信息将被传输到 ANC/RNC 的 ECU 中。在 ECU 内部，ANC 算法会对这些噪声信号进行处理。这一算法的核心思想是通过分析噪声信号的特性，生成一种与噪声相位相反、振幅相同的反向音频信号。

最后，通过扬声器发回这种反向音频信号。当反向音频信号与原始噪声信号相遇时，由于它们的相位相反，会相互抵消，从而达到降低噪声的效果。这种精确消除所探测到的噪声的过程，就是 ANC/RNC 技术实现降噪的关键所在。

图 8-14 给出了一个 ANC/RNC 的系统架构方案。

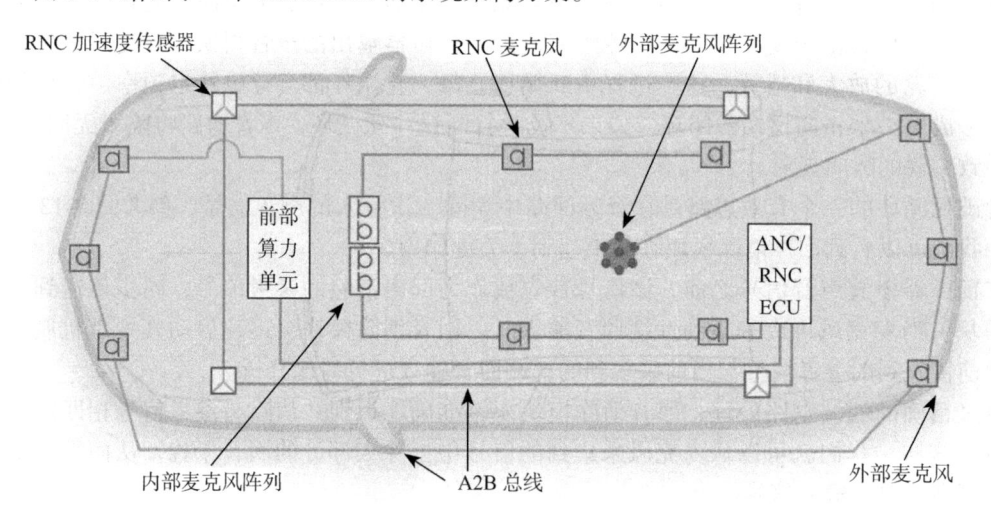

图 8-14 ANC/RNC 系统架构方案

从图 8-14 可以看到，为了有效支持 ANC/RNC 功能，ANC/RNC ECU 采用了三根 A2B 总线，以菊花链的形式巧妙地将各种传感器连接起来。这种连接方式不仅简化了布线，还提高了数据传输的效率和稳定性。

具体来说，第一根 A2B 菊花链负责连接舱内的麦克风阵列。这些麦克风阵列既包括了乘客座位前方的座舱麦克风，又包括了座椅头枕上的麦克风。通过这些设备，能够精准地捕捉舱内的各种声音，包括乘客的语音、娱乐系统的声音以及可能的噪声源。

第二根菊花链则用于连接舱外麦克风阵列。这些麦克风通常安装在车身外部，能够捕获风噪、路噪等外部环境产生的噪声。

第三根 A2B 菊花链则专门用于连接轮胎侧的加速度传感器。这些传感器能够实时监测轮胎的振动和加速度变化，从而提供关于胎噪的详细信息。这些信息有助于 ANC/RNC 系统更精确地识别并消除胎噪。

通过这三根 A2B 菊花链，ANC/RNC ECU 能够全面、实时地获取舱内、舱外以及轮胎侧的噪声信息。然后，它利用先进的算法对这些信息进行计算和处理，生成反向音频信号来消除噪声。这种设计使得 ANC/RNC 系统能够在各种复杂环境下都保持高效的降噪性能。

8.6　本章小结

本章剖析了座舱音频子系统的功能与系统架构，详细阐述了它如何实现与设备及算力平台的互联。为了实现座舱音频系统的多样化功能，音频子系统采用了先进的音频传输总线技术和数字音频接口技术。这些技术的应用不仅确保了音频信号的高效、稳定传输，还实现了不同设备之间的无缝连接与协同工作，为用户提供了更加流畅、连贯的音频体验。

在音频应用方面，收音机、车载音响设备以及车载音响算法各自发挥着不可或缺的作用。在这些技术的共同支持下，座舱音频子系统成功为用户打造了一个沉浸式的视听环境。

第 9 章

座舱基础软件

在"软件定义汽车"的理念引领下,智能汽车在硬件和软件两大领域均经历了前所未有的颠覆性变革。特别是在软件层面,面向服务的软件架构重塑了汽车座舱的生态格局。这一架构的革新使得座舱能够凭借软件升级不断拓展功能边界、提升用户体验。如今,众多座舱新功能的实现主体已然是软件,而硬件则更多地扮演着软件功能实现的载体角色。

座舱基础软件平台作为智能座舱的核心组成部分,为各种座舱内的应用软件提供了实施的基础和平台。它具备高度的开放性和可扩展性,能够支持多种不同类型的应用软件的开发和集成。正是在基础软件平台的支持下,各类应用软件得以充分发挥其潜力,为座舱内乘客提供更加丰富多彩、智能便捷的出行体验。

9.1 座舱基础软件架构

随着汽车 EEA 从分布式 ECU 向中央计算平台架构转变,软件平台也随之从面向信号的架构转向 SOA 架构。同样,座舱基础软件也经历了从面向信号到面向服务的转变。在 SOA 架构下,座舱基础软件提供了更加统一、高效和安全的服务接口,使得不同的应用和功能能够更加方便地集成到智能座舱中。

9.1.1 面向信号的座舱基础软件架构

在传统的观念中,座舱域主要被视为娱乐域,座舱基础软件往往仅指运行在信息娱乐域控制器上的软件系统,其核心功能在于处理各种娱乐信息,因此这一平台也被广泛称为 IVI(In Vehicle Infotainment,车载信息娱乐)系统。

与之相对应的，是基于面向信号的座舱基础软件架构，如图 9-1 所示。

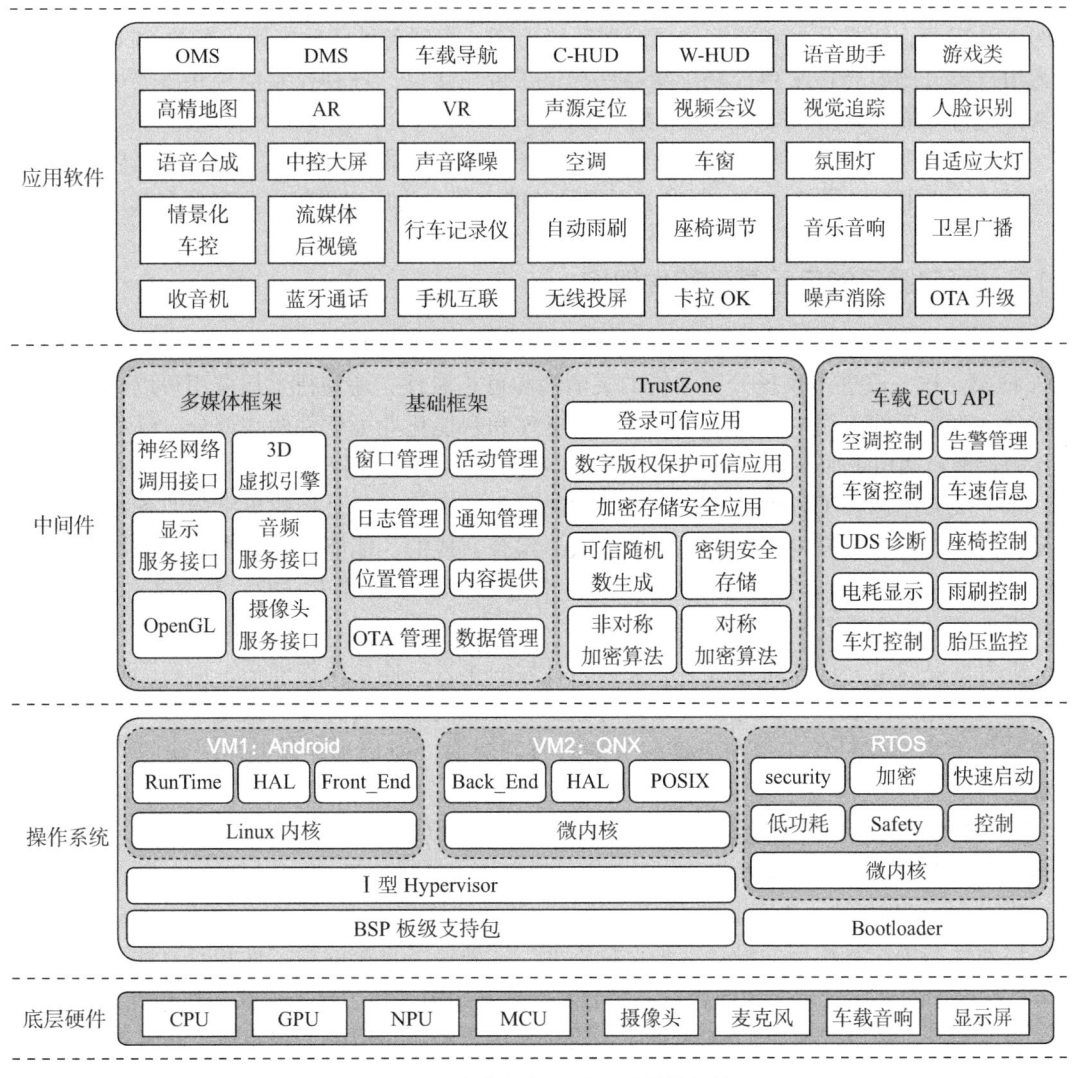

图 9-1 面向信号的座舱基础软件架构

从图 9-1 可以看出：

底层硬件主要包括座舱 SoC 以及 SoC 内置的 MCU。

在操作系统层面，本架构支持虚拟化和区域硬隔离技术，以实现不同功能模块之间的隔离和协同工作。RTOS（实时操作系统）独立运行在 MCU 上，它采用微内核设计，为底层安全服务提供强大的支持。

其中，Ⅰ型 Hypervisor 扮演着关键角色，它提供虚拟机运行支持，确保各个虚拟机实例的稳定运行和安全性。在本架构中，Hypervisor 分别支持 Android 和 QNX 两种虚拟机实例，使得不同的操作系统和应用能够在同一硬件平台上共存,实现了软件资源的最大化利用。

在中间件层面,系统提供了多媒体框架和基础管理框架。这些框架为上层应用提供了丰富的 API 支持,使得开发者能够便捷调用底层功能,实现各种座舱应用。车载 ECU API 模块则为用户通过座舱软件平台控制车身器件提供了调用接口,各种控制信号和命令可以通过这些 API 进行传输和调用,实现远程和集中控制。

在应用软件层面,面向信号的软件架构为各种座舱应用程序提供了坚实的基础。这些应用程序通过调用下一层的 API,获得了所需的功能支持,为用户提供了丰富的车载体验。

9.1.2 面向服务的座舱基础软件架构

面向服务的座舱基础软件架构在中间件层进行了显著的改进,其中最为关键的是增加了 SOA 框架。这一改进不仅提升了架构的灵活性和可扩展性,还使得上层应用得以更好地改造和优化。改造后的上层应用被划分为原子服务库和智能化业务软件两大部分,这种划分使得服务的管理和调用更加高效和便捷。

原子服务库包含了各种基础、原子级别的服务,这些服务是构成更复杂业务逻辑的基础单元。而智能化业务软件则是由这些原子服务组合而成的,能够实现更为复杂和智能化的功能。通过 SOA 框架,这些服务得以有效地组合和调用,形成了丰富的组合服务和流程服务,从而满足了座舱软件多样化的功能需求。

更为重要的是,这种面向服务的架构为日后的车云一体化架构铺平了道路。随着汽车智能化和网联化的发展,车辆与云端之间的数据交互和服务协同将变得愈发重要。面向服务的座舱软件架构能够轻松实现与云端服务的对接和集成,使得车端能共享云端的服务和算力资源。

图 9-2 为面向服务的座舱基础软件架构。从图中可以看到,该架构的各个层次和组件之间关系紧密、协同工作,共同构成了一个高效、智能的座舱软件平台。

从图 9-2 可以看出,与面向信号的座舱基础软件架构相比,面向服务的座舱基础软件架构在底层硬件和操作系统层的设计几乎保持不变,这确保了系统的稳定性和兼容性。然而,从服务框架与中间件层开始,面向服务的座舱基础软件架构进行了显著的改进和升级。

具体来说,该架构增加了 SOA 框架,这是实现服务化转型的关键步骤。SOA 框架提供了一系列核心功能,包括服务注册、服务发现、服务调用和服务分发等,这些功能共同构成了服务化架构的基础。

基于 SOA 框架中间件,上层应用得以通过原子化服务实现组合,进而共同成为流程服务的一部分。这种服务化的设计方式使得上层应用能够更加灵活、高效地调用和组合各种服务,从而满足复杂多变的业务需求。

通过引入 SOA 框架,本架构不仅提升了软件的模块化程度和可重用性,还降低了系统的耦合度,使得系统更加易于维护和扩展。同时,这种服务化的设计方式也为日后的车云一体化架构提供了有力的支持,为汽车智能化和网联化的发展奠定了坚实的基础。

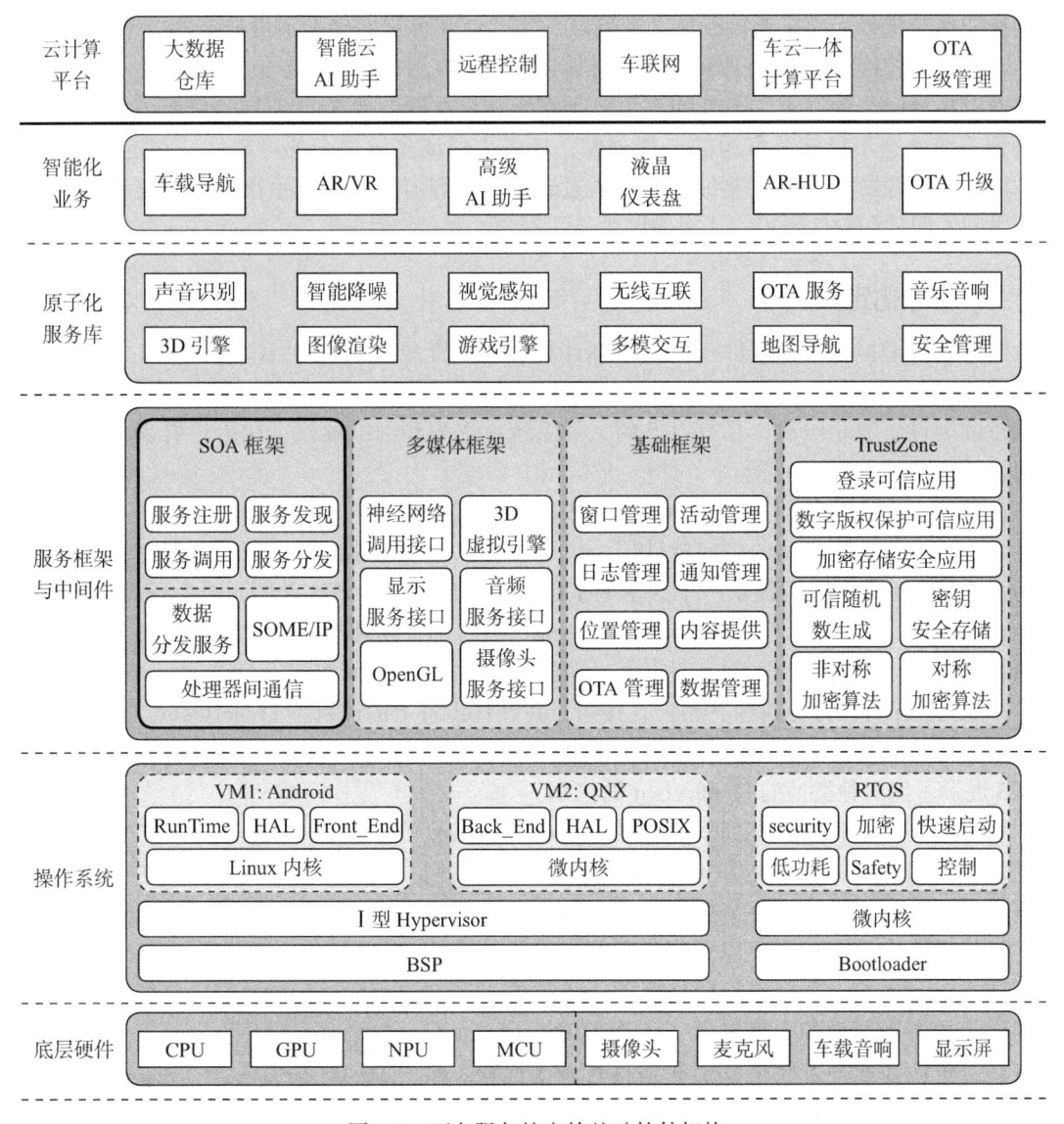

图 9-2　面向服务的座舱基础软件架构

9.2　虚拟化技术

随着汽车 EEA 的不断演进，多域融合已成为行业发展的必然趋势。在这一过程中，车载中央计算机集成了原本分散的 ECU 功能，使得复杂的控制逻辑和强大的算力支持得以通过多核 SoC 实现。然而，多域业务各自拥有不同的技术需求，这对操作系统的选择和资源划分提出了巨大的挑战。

对座舱域业务而言，良好的交互体验和丰富的应用生态至关重要。因此，Android 成为理想的操作系统选择。而车辆控制域和智驾域的实时性和可靠性也是不可或缺的技术要求。RT-Linux 和 QNX 等操作系统因其实时性和可靠性而广泛应用于多域业务中。

面对多域融合的需求，未来的汽车电子系统需要在同一颗 SoC 上划分资源，并发运行多种操作系统。这不仅涉及资源的合理分配，还需要保证多域融合的可靠性。在这一过程中，资源隔离技术发挥着至关重要的作用。通过虚拟化、容器化等技术手段，可以实现不同操作系统之间的硬件和软件隔离，从而确保各自的安全性和稳定性。

9.2.1 虚拟化定义

操作系统虚拟化通过软件将一台物理计算机上的资源（如 CPU、GPU、内存、网络设备等）虚拟化成多个功能完整的独立系统，并可以运行多个操作系统实例。每个操作系统实例都与真正的硬件资源相隔离，具有自己的文件系统、进程和网络堆栈。在用户看来，就好像有多台计算机同时在运行一样。

在实际应用中，我们通过 Hypervisor 来实现虚拟化技术。Hypervisor 是一种运行在物理硬件系统和操作系统之间的中间软件层，也可以被视为一种虚拟化管理程序。它的核心作用是为多个操作系统和应用提供一个共享的基础物理硬件环境，允许它们同时运行而互不干扰。Hypervisor 可以协调多个操作系统并行访问 SoC 上的所有物理组件，并为虚拟机分配适量的资源，如内存、网络和外设端口。同时，它还负责在虚拟机之间实施安全防护。

Hypervisor 可以分为两种类型：直接运行在硬件设备上的裸机型 Hypervisor，以及运行在具有虚拟化功能的操作系统上的宿主型 Hypervisor。前者被称为 I 型，后者则被命名为 II 型。图 9-3 展示了这两种类型的 Hypervisor 的区别。

从图 9-3 中我们可以看到，I 型的 Hypervisor 是直接部署在物理硬件之上的。基于这种 Hypervisor，我们能够创建出多个虚拟机，每个虚拟机都能够独立运行不同的操作系统内核和应用程序。这些虚拟机的操作系统可以透过 Hypervisor 直接访问硬件资源，无须经过其他中间层。从实现原理的角度来看，I 型的 Hypervisor 在延时、安全性和效率方面相较于 II 型具有显著优势。然而，这种 Hypervisor 需要特定的硬件支持，因此其移植难度较大，开发成本也相对较高。

II 型的 Hypervisor 运行在宿主操作系统之上，所有的硬件资源都由宿主操作系统统一进行管理。基于这种 Hypervisor 的虚拟机操作系统在访问硬件资源时，必须通过宿主操作系统。这种设计使得 II 型 Hypervisor 在延时方面存在一定的劣势。此外，由于宿主操作系统的任何错误都可能影响到其上面的虚拟机，因此 II 型 Hypervisor 在安全性方面相对较弱。然而，它的优势在于移植难度较小，开发成本也较低。

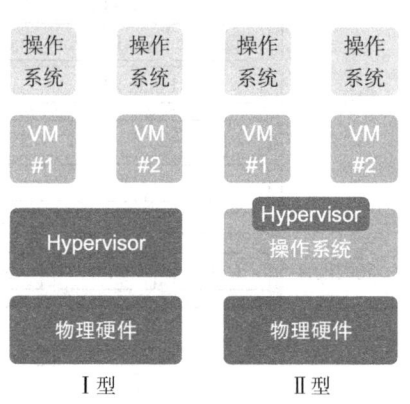

图 9-3 两种类型的 Hypervisor

Hypervisor 作为虚拟化技术的核心组件，具备多项关键功能。

❑ 设备模拟：Hypervisor 能够创建虚拟硬件组件，供客户操作系统访问。这些虚拟组件的创建与否取决于客户操作系统上运行的应用程序的实际需求。
- 内存管理：Hypervisor 负责高效管理和分配硬件内存资源，确保自身及客户操作系统能够稳定运行。
- 设备分配和访问：Hypervisor 能够智能地将硬件组件分配给各个客户操作系统，并控制它们对硬件的实际访问权限，从而保障系统的安全性和稳定性。
- 上下文切换：当 Hypervisor 需要在内核上调度新的客户操作系统时，它会保存当前运行的客户操作系统的上下文到内存中，然后加载新的客户操作系统的上下文，以实现无缝切换，确保执行环境的连续性。
- 捕获指令：客户操作系统有时可能会尝试执行超出其权限范围的指令。Hypervisor 能够分析这些指令，并模拟硬件给出对客户操作系统指令的响应，从而避免潜在的安全风险。
- 异常处理：当发生异常行为时，Hypervisor 能够捕获并处理某些特定的异常，确保虚拟化环境的稳定运行。
- 虚拟机管理：作为虚拟化环境的核心管理者，Hypervisor 负责启动、停止和管理在其上运行的虚拟机，确保客户操作系统的正常运行。

这些功能的综合作用使得 Hypervisor 成为构建高效、安全、可靠的虚拟化环境的关键所在。无论是 Ⅰ 型还是 Ⅱ 型的 Hypervisor，都在不同程度上实现了这些功能，以满足不同场景下的虚拟化需求。

9.2.2 Hypervisor 与区域硬隔离

相对于 Hypervisor 虚拟化，另一种实现多操作系统共存的技术是区域硬隔离。该技术是通过物理隔离来确保不同系统组件间的安全性。

在智能座舱 SoC 芯片的规划与设计过程中，根据功能需求的不同，在同一颗 SoC 内部精细划分出不同的 CPU 内核及其他物理硬件资源，并专门分配给各功能模块使用。例如，仪表盘可以配备独立的 CPU 内核和专用的显示模块，并运行独立的实时操作系统。

相比 Hypervisor 技术，区域硬隔离在智能座舱应用中展现出一个尤为突出的优点，即具有更高的实时性和系统执行效率。由于区域硬隔离采用物理隔离的方式，不同的系统组件能够直接访问 CPU、内存和外设硬件资源，无须通过虚拟化层的间接处理。这种直接访问硬件的方式极大地减少了数据传输和处理的中间环节，从而提高了系统的响应速度和执行效率。

另外，区域硬隔离技术还具有高安全性和强隔离性。它能够有效避免不同系统组件间的相互干扰，从而极大提升智能座舱系统的整体可靠性和安全性。在关键系统组件的保护方面，区域硬隔离技术尤为适用，它能够为这些组件提供坚实的安全屏障。

在智能座舱中，无论是使用 Hypervisor 虚拟化技术还是区域硬隔离技术，都有其各自的优势与不足。Hypervisor 虚拟化技术能够实现资源的灵活分配和管理，提高系统的可扩展性和灵活性，但也可能引入额外的复杂性和性能开销。而区域硬隔离技术则以其高安全性和强隔离性见长，但可能受限于硬件资源的固定分配，导致资源利用率的不足。表 9-1 对比了它们的优缺点。

表 9-1 Hypervisor 与硬隔离的对比

类别	区域硬隔离	Hypervisor
优点	**高可靠性和安全性**：区域硬隔离可以将不同的系统组件物理隔离，避免它们之间的相互干扰，从而提高整个系统的可靠性和安全性 **实时性**：在关键任务执行时，由于没有额外的软件层，区域硬隔离可以实现非常快的响应时间，满足实时性的要求 **面向裸机的优化**：区域硬隔离可以充分利用硬件资源，提高系统的性能	**灵活性**：Hypervisor 可以根据应用程序的需求动态地分配硬件资源，从而提高整个系统的灵活性 **可扩展性**：Hypervisor 可以在同一个物理 SoC 上运行多个虚拟机，从而支持多种应用程序和服务，提高整个系统的可扩展性
缺点	**灵活性**：区域硬隔离的划分是静态的，不具有灵活性，难以满足应用程序的动态需求 **硬件资源浪费**：由于每个区域都需要一定的硬件资源，如果系统规模比较小，则可能会导致硬件资源浪费	**额外的软件层**：由于 Hypervisor 需要提供虚拟化隔离，需要额外的软件层，可能会导致系统的响应时间增加 **安全性问题**：虽然 Hypervisor 可以提供虚拟化隔离，但是如果 Hypervisor 本身存在漏洞，则可能会导致整个系统存在安全问题 **复杂度**：Hypervisor 软件的复杂程度远远超过区域硬隔离，带来更大的软件代价 **成本**：成熟的 Hypervisor 往往都需要额外付出软件授权费用，因此价格不菲

9.2.3 Hypervisor 的技术原理

Hypervisor 是一种复杂的技术，其实现需要从 CPU 的架构设计阶段就开始考虑。以 ARM（安谋科技公司）的 CPU 为例，为了支持 I 型 Hypervisor，通常需要实施以下步骤。

1. CPU 特权指令模式

为了支持 Hypervisor，必须将 CPU 的运行模式分为不同的优先等级。在早期的 ARM 架构中，CPU 仅有普通运行模式、异常中断模式和超级用户模式，无法满足 Hypervisor 虚拟机架构的需求。然而，随着技术的不断进步，ARM 从 v7 版本开始逐步引入了特权指令模式，这为 Hypervisor 的实现提供了必要的技术支撑。

在 ARMv8 架构下，特权指令模式得到了进一步的完善和发展。图 9-4 展示了 ARMv8 架构下的特权指令模式，这些模式为 Hypervisor 提供了必要的运行环境和管理功能。

	非安全世界		安全世界
EL0	用户应用程序	用户应用程序	安全可信服务
EL1	虚拟机操作系统 （Guest OS）	虚拟机操作系统 （Guest OS）	安全可信操作系统
EL2	Hypervisor		Hypervisor*
EL3	安全世界切换和监控指令		

图 9-4 ARMv8 架构下的特权指令模式

从图 9-4 可以看到，ARMv8 架构下的 CPU 分为 4 个运行等级。EL3 是最高优先级的特权指令级别，只有涉及与安全世界切换相关的指令才能运行在这个级别。例如，ARM CPU 分为安全世界和非安全世界两种状态。在安全世界状态下，CPU 只运行可信的操作系统（Trusted OS），这类操作系统可被用于运行支付级别的安全应用。在非安全世界状态下，CPU 可以运行各种常用的操作系统，例如 Android 或者 Linux 等。

EL2 级别被称为虚拟机监视器（Hypervisor Mode）模式，当 Hypervisor 的指令运行在 EL2 级别时，它拥有管理虚拟机所需的高级权限和功能。当上层虚拟机操作系统（Guest OS）需要切换到另一个 Guest OS 时，它无法直接进行切换，因为它运行在较低的指令级别（如 EL1）下。此时，虚拟机操作系统会发起一个 HVC（Hypervisor Call，虚拟机调用请求），即向 Hypervisor 发出请求，请求进入 EL2 级别。

HVC 是一种特殊的指令或系统调用，允许虚拟机操作系统与 Hypervisor 进行通信。当虚拟机操作系统发出 HVC 调用时，CPU 会切换到 EL2 级别，并将控制权转交给 Hypervisor。Hypervisor 随后会处理这个请求，执行必要的切换操作，如保存当前虚拟机操作系统的状态、加载新虚拟机操作系统等，并最终完成虚拟机的切换。

在 ARMv8 架构中，EL1 和 EL0 被视为 CPU 的普通运行模式。EL1 为操作系统的内核态运行提供支持。内核态是操作系统管理硬件资源、执行底层任务的重要运行模式。在这个模式下，操作系统能够直接访问硬件资源，执行特权指令，并管理内存、进程等系统级功能。

而 EL0 属于应用级权限，主要运行用户态的程序。用户态是应用程序运行的常规模式，它受到操作系统的限制和保护，不能直接访问硬件资源或执行特权指令。应用程序通过系统调用等方式与内核进行交互，请求内核执行特权操作。

用户态和内核态之间的切换是操作系统正常运行的关键过程。当应用程序需要执行特权操作时，它会发起系统调用，请求进入内核态。此时，CPU 会从用户态切换到内核态，执行相应的内核代码。内核在完成特权操作后，再切换回用户态，继续执行应用程序的代码。

2. 虚拟内存地址映射

确保每个虚拟机拥有独立的地址空间和运行资源是虚拟化技术的核心原则之一。为了实现这一目标，Hypervisor 为每一个虚拟机分配独立的内存空间，并通过虚拟内存地址映射技术，建立 Guest OS 的逻辑内存地址与实际的物理地址之间的一一对应关系。这种虚拟地址映射关系确保了每个虚拟机在运行时都认为自己拥有完整的物理内存空间，而实际上这些内存空间是通过 Hypervisor 进行管理和分配的。Hypervisor 维护了一个地址映射表，用于记录每个虚拟机的逻辑地址与物理地址之间的映射关系。当虚拟机尝试访问内存时，Hypervisor 会拦截这些访问请求，并根据映射表将逻辑地址转换为实际的物理地址。

图 9-5 展示了虚拟化下的虚拟地址映射关系。

如图 9-5 所示，为了支持多个虚拟机的运行，Hypervisor 需要分别为它们分配物理内存。

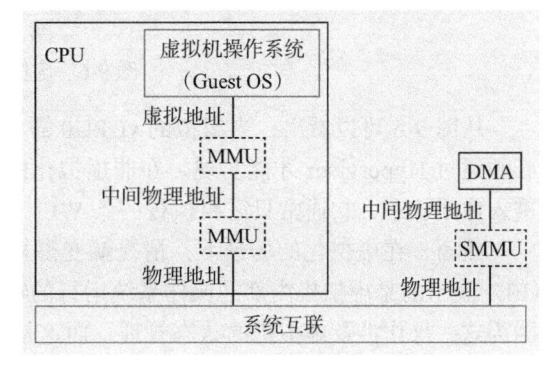

图 9-5 虚拟地址映射关系

从 Hypervisor 的角度来看，虚拟机操作系统所访问的内存地址空间属于虚拟地址范畴，而它自身所管理的则是实际的物理地址。

对虚拟机操作系统而言，用户态程序所操作的地址同样是虚拟地址，而其内核所能直接管理的内存地址则被认为是物理地址。这种情况导致了二级虚拟地址转换需求的产生。因此，在 Hypervisor 技术中，我们将虚拟机操作系统所认为的"物理地址"特别定义为中间物理地址（Intermediate Physical Address，IPA）；虚拟机操作系统的"虚拟地址"则仍称为虚拟地址（Virtual Address，VA）；而 Hypervisor 自身所管理的真实物理地址，则明确标识为物理地址（Physical Address，PA）。

为了支持二级虚拟地址变换，在 CPU 与实际的物理内存之间，需要采用两级页表的方式进行地址转换。这一过程涉及两次 MMU（内存管理单元）的介入。首先，MMU 将虚拟机操作系统的虚拟地址转换为中间物理地址，这是第一级地址转换。随后，为了将 IPA 映射到实际的物理地址，需要再次经过 MMU 的转换，这是第二级地址转换。

另外，为了支持 DMA（直接内存访问）设备能够通过中间物理地址访问内存，并与 Hypervisor 保持相同的地址空间访问能力，我们需要在 DMA 设备与物理内存之间引入一个 SMMU（系统级内存管理单元）。SMMU 的存在确保了 DMA 设备在进行内存访问时能够正确地理解和使用中间物理地址，从而保证了 Hypervisor 的完整性和安全性。

通过引入 SMMU 和二级虚拟地址变换，我们能够有效地支持多虚拟机的内存管理和 DMA 设备的内存访问，同时确保 Hypervisor 对物理内存的完全控制和管理。

3. 虚拟 CPU 调度

为了支持多个虚拟机并发执行，Hypervisor 需要实现虚拟 CPU 的调度。这种调度是通过执行 HVC 调用来实现的。图 9-6 展示了一次虚拟 CPU 调度的过程。

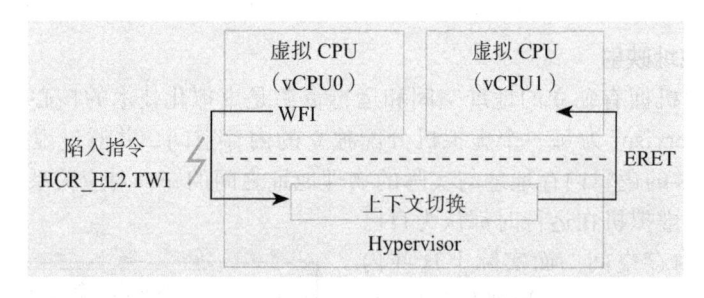

图 9-6 虚拟 CPU 调度过程

从图 9-6 可以看出，当虚拟的 vCPU0 需要切换到另一个虚拟的 vCPU1 时，这个切换过程必须通过 Hypervisor 才能实现。在非虚拟化的环境中，如果一个 CPU 核心（如 vCPU0）需要进入休眠状态，它通常只需要执行一条 WFI（Wait For Idle）指令即可。

然而，在虚拟化的场景下，情况就变得复杂了。当 vCPU0 运行的特权指令等级为 EL1 时（EL1 表示的是虚拟机内部的操作系统运行的特权等级），直接执行 WFI 指令会导致 CPU 异常，因为这一操作涉及虚拟机的状态管理，而这是 Hypervisor 的职责范围。

因此，为了确保虚拟机的正确切换和休眠，vCPU0 需要执行一条特殊的陷入指令 HCR_

EL2.TWI。这条指令的作用是将控制权陷入到 EL2 级别的 Hypervisor 中。在 EL2 级别，Hypervisor 可以安全地管理虚拟机的状态，包括决定哪个 vCPU 应该运行或休眠。

当 Hypervisor 执行完相关的状态管理操作，使 vCPU0 进入休眠状态后，它会通过 ERET（Exception Return，异常返回）指令来退出异常处理步骤，并调度下一个 vCPU（在这个例子中是 vCPU1）投入运行。这样，就实现了虚拟机之间的安全切换。

9.2.4　Hypervisor 的应用场景

在智能座舱基础软件平台上，要使用 Hypervisor 建立虚拟机以支持不同的操作系统，应对相关场景，需要从业务目标开始分析多系统的使用需求。

以仪表盘和中控大屏的实现为例，它们的业务目标可细化为：

1）确保液晶仪表盘的高安全性和高可靠性，提供准确的驾驶信息。

2）为中控娱乐大屏提供丰富的生态应用，满足乘客的多样化需求。

现代智能座舱的发展，要求支持"单芯多屏"的功能。顾名思义，就是要在一颗智能座舱 SoC 芯片上，同时支持实现液晶仪表盘功能和中控娱乐大屏功能，甚至还有其他的屏幕。

由于液晶仪表盘属于高安全性和高可靠性领域，因此一般需要使用 Linux 或者 QNX 操作系统。中控娱乐大屏需要有丰富的生态应用，一种可选的方案是使用 Android 系统来提供系统服务和座舱服务。

图 9-7 展示了 Hypervisor 的一种应用场景。

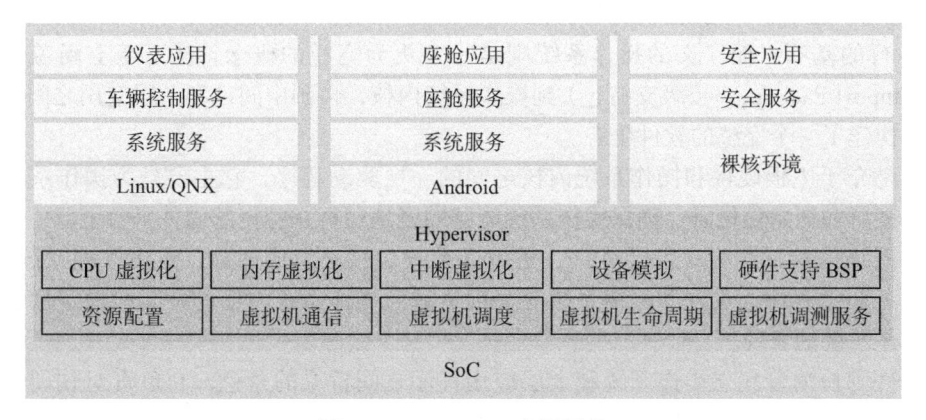

仪表应用	座舱应用	安全应用
车辆控制服务	座舱服务	安全服务
系统服务	系统服务	裸核环境
Linux/QNX	Android	

Hypervisor				
CPU 虚拟化	内存虚拟化	中断虚拟化	设备模拟	硬件支持 BSP
资源配置	虚拟机通信	虚拟机调度	虚拟机生命周期	虚拟机调测服务

SoC

图 9-7　Hypervisor 应用场景

从图 9-7 可以看到，Hypervisor 提供了 2 个虚拟机，可以在 1 颗 SoC 上运行 2 套虚拟化操作系统。

虚拟机 1：采用实时 Linux 或者 QNX 操作系统，专门用于运行液晶仪表盘系统。Hypervisor 确保虚拟机的高安全性和实时性，同时提供必要的硬件抽象和隔离。

虚拟机 2：用于运行中控娱乐大屏系统。Hypervisor 提供对 Android 系统的支持，包括必要的硬件加速和性能优化，以确保流畅的用户体验和丰富的应用生态。

为了实现 Hypervisor，首先需要选择合适的 Hypervisor 供应商软件方案。此时应该考虑多种因素，包括方案的成熟度、性能、安全性、兼容性以及技术支持等。这些因素对智能座舱的应用场景尤为重要，因为智能座舱不仅需要处理大量的实时数据，还要确保系统的稳定性和安全性。

例如，Xen、KVM 和 QNX 等 Hypervisor 软件方案都是业界的主流选择。Xen 作为一个成熟的开源 Hypervisor，具有广泛的社区支持和丰富的功能特性；KVM 则与 Linux 内核紧密集成，能够提供高效的虚拟化性能；而 QNX 以其高可靠性和实时性在嵌入式系统领域享有盛誉。

在选择 Hypervisor 方案时，还需要考虑它与智能座舱基础软件平台的兼容性以及对 RTOS 和 Android 等操作系统的支持情况。

在 Hypervisor 内部，虚拟化服务的实现至关重要。CPU 虚拟化需要确保虚拟机能够透明地访问物理 CPU 资源，同时保证性能损失最小化；内存虚拟化则需要实现内存资源的动态分配和管理，以满足不同虚拟机的需求；中断虚拟化则需要确保虚拟机能够正确地接收和处理外部中断。

这些虚拟化服务的实现涉及复杂的底层技术和算法，需要仔细斟酌和认真调试。此外，还需要对 Hypervisor 进行性能优化和安全性加固，以确保它能够满足智能座舱系统的实时性和安全性要求。

9.3 操作系统

座舱基础软件平台的核心支柱主要由 Hypervisor 虚拟化技术和虚拟机操作系统构成。狭义上的操作系统特指可直接搭载在硬件上的操作系统内核，它提供操作系统最基础的功能，是系统运行的基石。而广义的操作系统则是一个更为宽泛的概念，从下至上涵盖了从 BSP（Board Support Package，板级支持包）到操作系统内核，再到中间件和上层应用之间的所有程序，共同构建了一个完整的软件生态。

BSP 是介于主板硬件和操作系统内核之间的一层驱动程序，它主要是为操作系统提供必要的硬件接口和初始化代码，确保操作系统能够顺畅地运行在特定的硬件平台上。

操作系统内核又称为"底层OS"，是操作系统的核心组成部分，负责管理系统的进程、内存、设备驱动程序、文件和网络系统等关键资源。操作系统内核的性能和稳定性直接决定了整个操作系统的表现。

中间件则扮演着底层操作系统和上层应用程序之间桥梁的角色，它负责对软硬件资源进行管理、分配和调度，确保它们能够高效、稳定地协同工作。中间件的存在，使得软件和硬件之间的耦合度降低，提高了系统的可维护性和可扩展性。

因此，从座舱软件架构的角度来看，选择车载操作系统时，我们需要综合考量 BSP、操作系统内核以及中间件等多个因素。这些因素不仅关系到操作系统的基本功能和性能，还影响了整个座舱系统的稳定性和用户体验。

9.3.1 Android

Android 系统凭借其在国内丰富的应用生态成功切入汽车智能座舱系统。尽管在安全性、稳定性方面存在一定不足，但由于车载信息娱乐系统对安全性的要求相对较低，Android 系统依然凭借其强大的应用生态和广泛的用户基础,在国内车载信息娱乐系统领域占据主流地位。此外,各大互联网巨头、自主品牌以及造车新势力纷纷基于 Android 系统进行定制化改造,推出了各具特色的智能座舱操作系统。

目前,基于 Android 的智能座舱操作系统主要有 3 类,它们分别是 Android Auto、Android automotive OS 以及基于通用 Android 的定制化修改版本。

1. Android Auto

Android Auto 是 Google 公司在 Android 操作系统基础上推出的一个超级应用,它并不是一个独立的操作系统,而是作为 Android 系统的一个功能特性存在。在 Android 的官方分类中,Android Auto 与 Android TV、Web OS by Google 等并列,都是 Android 生态系统的重要组成部分。

Android Auto 的使用方式与苹果公司的 CarPlay 系统相似,它允许用户通过 USB 线缆或 Wi-Fi 无线模式连接 Android 手机与支持 Android Auto 的智能座舱域控制器。一旦连接成功,手机的操作系统将自动加载 Android Auto 应用,并将手机屏幕上的图像投屏到座舱的中控娱乐屏上。在这个过程中,手机提供计算能力和图形渲染能力,而智能座舱则主要承担屏幕显示功能。

图 9-8 展示了 Android Auto 的使用场景。

图 9-8 Android Auto 使用场景

在图 9-8 中,我们可以看到支持 Android Auto 的智能手机通过 USB 线与智能座舱域控制器相连。显示屏上所显示的谷歌应用图标,实际上都是运行在手机的 Android 系统上的。当用户点击这些图标时,对应的应用程序会在手机上启动并运行。在这种应用场景下,智能座舱可以视作显示屏和音响系统的集成体。用户只需通过中控娱乐屏与 Android Auto 进行交互,便能轻松享受导航、音乐、电话等多样化的车载服务。

2. Android Automotive OS

与 Android Auto 不同,Android Automotive OS 是谷歌专门为车载娱乐设计的操作系统。它像 Chrome OS 一样,是一个独立的系统,以下简称 AAOS。AAOS 采用了与传统 Android

迥异的显示和交互逻辑，"区块"成为 AAOS 最基本的设计要素。在车内环境中，由于操作准确度要求极高，触屏反馈可能相对较弱，但谷歌通过设计巨大的图标和清晰的菜单划分，有效补偿了这一不足。

AAOS 是在原手机 Android 系统架构的基础上，针对车载环境进行了定制和优化，替换为与车辆相关的模块，以提供更加适用于车载娱乐和信息系统的功能及体验。其主要组成部分如下。

- Car App：这一部分涵盖了主机厂、Tier1 或者第三方开发者为 AAOS 平台开发的应用程序。这些应用专为车载环境设计，以满足用户在行驶过程中的各种需求。
- Car API：Car API 为车载应用程序提供了特有的接口，使得这些应用能够与车辆的硬件和软件进行深度集成，实现更加丰富的功能和交互体验。
- Car Service：这是系统中与车辆相关的核心服务部分，负责管理和协调车载系统的各种功能，包括与车辆硬件的通信、数据处理、服务调度等。
- Vehicle Network Service：汽车的网络服务，负责处理车载系统与外部网络的连接和通信，包括互联网连接、车辆间的通信等，以实现远程服务、在线内容更新等功能。
- Vehicle HAL（硬件抽象层）：这是 AAOS 的一个重要组成部分，它定义了一个标准接口，使得车载系统可以与各种车辆硬件进行通信和控制。硬件抽象层的作用是屏蔽了车辆硬件的具体实现细节，使得软件开发者可以更加专注于应用层的开发，而无须关心底层硬件的差异。

图 9-9 是 AAOS 的一个显示界面。

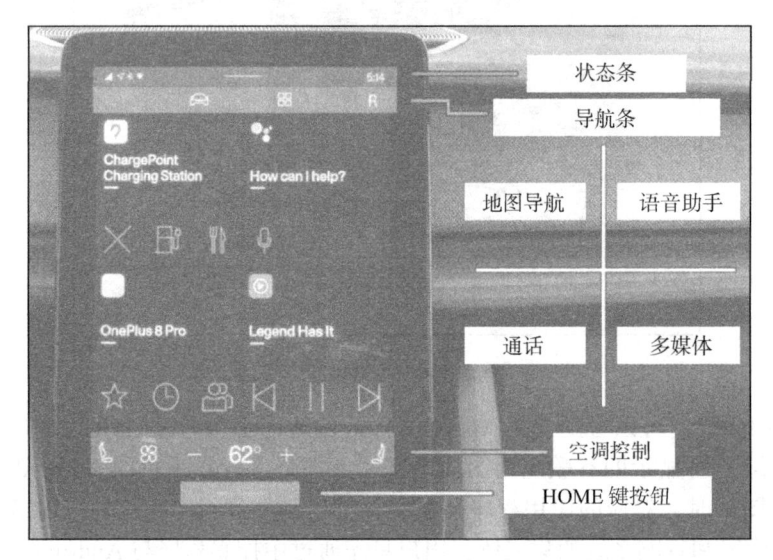

图 9-9　AAOS 显示界面

从图 9-9 中可以看到，AAOS 的显示界面采用了平均分配的 4 张功能卡片设计。这些卡片以四象限的布局方式呈现，分别展示了使用最为广泛的 4 类应用图标：谷歌地图（Google Map）、语音助手（Google Assistant）、电话以及多媒体。这种设计使得驾驶员在行驶过程中能够迅速找到并使用所需的功能。

在主界面的上方，AAOS 巧妙地融入了状态条和操作导航条的快捷按钮，方便驾驶员随时查看车辆状态并进行导航操作。而在主界面的下方，AAOS 则提供了空调（HVAC）和座椅操控的快捷按钮，使得驾驶员能够轻松调节车内温度和座椅舒适度。

这样的用户操作界面设计充分考虑了车载环境下的使用需求，对驾驶员来说十分友好。

3．通用 Android 修改版

国内新能源车企选择在传统 Android 版本的基础上进行定制和修改，以打造出具有自身品牌特色的智能座舱操作系统。这一做法具有诸多优势。

1）提升用户便利性：由于系统是根据车企自身的需求和设计理念进行定制的，因此能够更加贴合用户的使用习惯，提供更加直观、便捷的操作界面。这种定制化的设计使得用户在使用过程中能够减少学习成本，快速上手，从而提高了用户的使用体验。

2）增强用户黏性：通过打造具有品牌特色的操作系统，车企能够塑造出独特的品牌形象和用户体验，使得用户对其产品产生更强的认同感和归属感。这种情感上的连接能够促使用户更加倾向于选择该品牌的产品，从而增强用户黏性。

3）更多的自主权和创新空间：相比使用通用的操作系统，自研 OS 使得车企能够根据自己的需求进行功能的添加和修改，甚至可以进行底层架构的优化和创新。这种灵活性使得车企能够迅速响应市场变化，推出更具竞争力的产品。

与外资车企相比，国内车企在自研座舱操作系统方面表现出了较大的不同。许多外资车企更倾向于采用成熟的第三方操作系统或进行有限的定制，而国内车企则更倾向于进行深度的自研和定制。这种差异可能源于不同的市场环境和竞争策略，但无疑为国内车企在智能座舱领域的发展提供了更多的机会。

9.3.2　Linux

这里的 Linux 特指非 Android 的 Linux 发行版软件，或者由开源 Linux 内核修改而来的厂商自研操作系统。尽管 Android 也是构建在 Linux 内核之上的操作系统，但由于它早已形成独立且强大的生态系统，因此我们会单独对它进行介绍。当提到基于 Linux 开发新的操作系统时，我们指的是在 Linux 内核的基础上进一步集成中间件、桌面环境以及部分应用软件。

Linux 操作系统可进一步细分为三类：第一类是完全独立的开发版本，如特斯拉所采用的 Linux 系统；第二类是松散联盟性质的 Linux 发行版，如 GENIVI 和 YOCTO；最后一类是车规级 Linux，以 AGL 为代表。

1. 独立开发的 Linux

这种系统以特斯拉为例。特斯拉的座舱软件平台采用了一个基于 Linux 的自主开发操作系统，即 Tesla OS。这个系统源自 Debian Linux，但特斯拉对其进行了深入的修改和定制，以满足车辆独特的需求和功能。Tesla OS 不仅支撑着座舱软件平台，还涵盖了车辆的控制系统、网络系统等多个关键部分。

特斯拉的座舱软件平台汇聚了一组精心定制的应用程序，这些程序包括导航、娱乐、通信、驾驶辅助以及车辆设置等。用户可以通过车载屏幕、语音控制以及手机应用程序等多种方式与这些应用进行交互。

在技术层面，Tesla OS 基于 Linux 4.4 开源操作系统开发，这使得特斯拉能够充分利用 Linux 开源、自由的特性，避免受制于操作系统厂商。同时，Linux 内核紧凑、高效的特点也得以充分发挥，为特斯拉的车辆带来了出色的性能表现。此外，Tesla OS 还支持 PyTorch（深度学习编程框架）和 Kafka（开源流实时数据处理平台），这些技术为信息娱乐系统（IVI）和驾驶辅助系统（ADAS）等提供了强大的支持。

2. GENIVI

GENIVI 是一个开源的汽车软件联盟，致力于开发和推广开放标准和技术，以支持汽车电子系统的开发和集成。该联盟成立于 2009 年，由一些主要的汽车制造商、供应商和软件开发公司组成，包括宝马、戴姆勒、通用汽车等。GENIVI 的目标是创建一个基于开放标准的汽车软件平台，以促进汽车电子系统的发展和创新。

GENIVI 的软件平台基于开放标准的 Linux 操作系统开发，包括许多开源软件组件和工具，如 QT、GStreamer、DBus、WebKit、BlueZ、Systemd 等。GENIVI 的软件平台提供了许多功能，如车载娱乐、导航、通信、驾驶辅助、车辆诊断和远程服务等。该平台还提供了一个开发框架，使开发人员可以快速开发和部署汽车应用程序和服务。

3. YOCTO

YOCTO 是一个广受欢迎的开源嵌入式 Linux 发行版，它为开发人员提供了一个全面的开发框架，旨在简化、加速并增强嵌入式 Linux 系统的构建过程。通过 YOCTO，开发人员能够高效地创建定制的 Linux 发行版，以满足各种嵌入式设备，特别是汽车领域的特定需求。

目前，众多汽车厂商纷纷采用 YOCTO 作为他们的开发工具，特别是在车载娱乐系统和智能座舱软件的开发中。YOCTO 的灵活开发框架使得这些厂商能够迅速构建和定制 Linux 系统，以满足汽车应用中复杂且独特的需求。此外，YOCTO 还提供了丰富的软件包和工具集，为开发人员提供强大的支持，使他们能够更快速地开发和部署嵌入式应用程序。

一些知名的汽车厂商，如通用、丰田、福特、雷克萨斯以及捷豹路虎等，都采用了 YOCTO 成功构建出了高效、稳定且符合自身需求的嵌入式 Linux 系统。

4. AGL

AGL 是专为汽车行业设计的 Linux 发行版。该项目始于 2016 年 1 月，最初由 Linux 基金会与 LiMo 基金会共同发起，旨在替代 MeeGo（由英特尔和诺基亚发起的开源 Linux 项目）与 LiMo（由摩托罗拉等发起的开源 Linux 项目）平台，并在 Linux 基金会的技术指导小组（TSG）的管理下逐渐发展。

AGL 的主要优势之一在于其统一的代码库（UCB），这是一个全新的 Linux 发行版，它融合了另外两个知名的汽车开源项目的内容，即 Tizen（三星电子基于 Linux 开发的操作系统）和 GENIVI 系统。UCB 作为第二代 Linux 汽车系统，从底层开发一直延伸到特定的汽车应用软件，完成了操作系统约 70% 的工作，为汽车行业提供了高效、稳定且灵活的解决方案。

9.3.3 QNX

QNX 是一款类 UNIX 的操作系统，严格遵循 POSIX 规范。这意味着在 Linux（同样遵循 POSIX 规范）上开发的应用程序，经过简单的重新编译后，即可直接在 QNX 上运行，无须进行大量的修改。

在汽车领域，QNX 确立了其领先地位。据不完全统计，QNX 在车用市场的占有率高达 75%。目前，全球已有超过 230 种车型采用 QNX 系统，众多知名汽车电子厂商，如哈曼贝克、德尔福、大陆、通用电装、爱信等，均基于 QNX 系统构建自己的座舱平台。

QNX 之所以能够在众多领域取得如此卓越的成就，离不开其独特的技术设计。

1. 半虚拟化

QNX Hypervisor 采用半虚拟化的方式来支持硬件设备的虚拟化操作。

例如，在一个双虚拟机的架构体系中，设定 VM2（Virtual Machine 2#，2 号虚拟主机）为 Android 虚拟机，VM1 为 QNX 虚拟机，由 QNX 提供底层 Hypervisor 软件。当 VM1 的 Android 操作系统需要访问某一个硬件资源时，它可以有两种方式来达成目的。

（1）前–后端模式

前–后端模式要求在 Android 虚拟机中实现前端驱动，在 QNX 虚拟机中实现后端驱动。前后端通常遵循 VirtIO（虚拟 I/O 通道）标准来实现协同工作，其中后端驱动是硬件的实际访问方。在 QNX 虚拟机中，前端驱动通过 VirtQueue（虚拟队列）等通信机制与 Android 虚拟机中的后端驱动进行交互。前端驱动负责将用户的操作请求传递给后端驱动，后端驱动进一步将请求发送给相应的硬件驱动。硬件驱动处理完请求后，再将结果传给前端驱动。

这种前–后端的硬件访问流程如图 9-10 所示，通过明确的分工和通信机制，确保了虚拟环境中硬件访问的高效性和安全性。

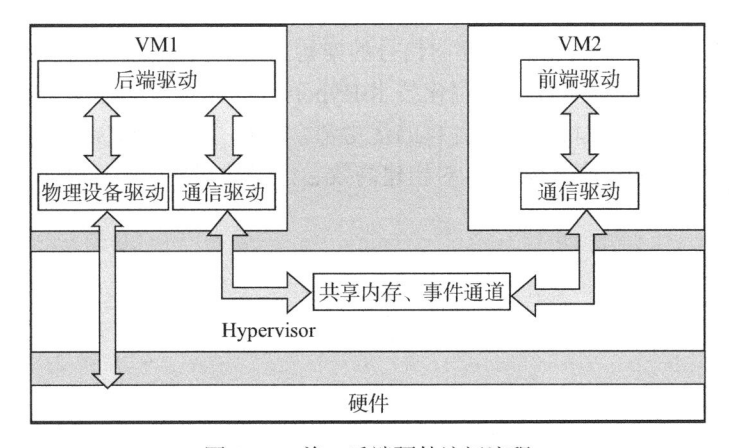

图 9-10 前–后端硬件访问流程

从图 9-10 可以看到，Android 虚拟机通过 Hypervisor 向 QNX 虚拟机发送硬件资源访问请求，QNX 虚拟机则负责具体实施，再把得到的结果返回给 Android 虚拟机。这种方式效率较低，时延也会过长。但好处是它提供了硬件访问的抽象和隔离，使得虚拟机可以像访问本地硬件一样访问物理硬件，而无须关心底层的实现细节。同时，它也提高了系统的安全性和灵活性，因为所有的硬件访问都通过宿主机的后端驱动进行，可以进行必要的安全检查和权限控制。

（2）直接访问模式

QNX Hypervisor 支持将硬件资源直接分配给 Android 虚拟机使用，无须通过 Hypervisor 进行地址和指令翻译。例如，串口、USB 等接口资源可以通过直接访问模式分配给 Android 虚拟机使用。

当需要确保 Android 虚拟机的实时性能时，它可以采用直接访问模式，绕过 Hypervisor 的控制，实现独占访问外部硬件资源的目的。由于 QNX 支持这两种访问硬件的方式，它既保证了虚拟化的功能隔离，又能最大程度地减少不必要的开销，因此在实际应用中具有显著的优势。

2. 功能安全

QNX 已经成功获得了 ASIL-D（功能安全 D 级）认证，这一成就凸显了其卓越的安全性和可靠性，使得 QNX 成为满足汽车电子系统安全标准的理想选择。ASIL-D 认证是对 QNX 产品满足最高级别汽车功能安全标准的认可，证明了 QNX 能够在高度安全性和可靠性的环境中稳定运行。

QNX 的 ASIL-D 认证涵盖了多个核心产品，包括 QNX Neutrino 实时操作系统、QNX Momentics 开发工具和 QNX Hypervisor 虚拟化平台等。这些产品经过严格的测试和验证，均符合国际标准 ISO 26262 的要求，为汽车电子系统的开发提供了坚实的安全保障。

9.4 本章小结

本章详细阐述了座舱软件架构从面向信号的架构逐步向 SOA 转变的过程。在智能座舱基础软件平台的探讨中，我们不仅对虚拟化技术 Hypervisor 和操作系统的技术原理与应用场景进行了全面分析，还深入比较了它们各自的优劣势。无论是 Hypervisor 还是操作系统，它们都是软件平台中不可或缺的核心要素，对构建高效、稳定的智能座舱系统至关重要。

第 10 章 Chapter 10

应用软件与服务

在智能座舱的软件平台中,应用软件占据着举足轻重的地位。作为智能座舱功能的承载者,应用软件与汽车的业务形态紧密相连,它们根据驾驶者和乘客的多样化需求进行精准开发与优化,旨在为用户带来独一无二且高效便捷的使用感受。

车载生态系统则以座舱为核心,积极引入各类第三方应用软件和底层算法,通过彼此间的互补与协同,共同构建出一个完整且动态的系统。这样的生态系统能够最大程度地满足用户的多元化需求。

10.1 座舱应用软件概述

在满足用户需求方面,应用软件无疑是至关重要的角色。它深度整合了智能汽车场景下的算法、座舱功能以及数据地图等核心内容,为汽车智能座舱的差异化竞争提供了关键支持。

10.1.1 应用软件与生态入口

在当前阶段,用户对智能座舱的最直观体验莫过于应用软件。应用软件让用户能够像操作手机一样轻松使用各种娱乐和消费功能。座舱应用不仅是技术的展示,更是生态的竞争。智能座舱应用生态为内容提供商提供了优质的车端落地场景,并赋予场景化服务以强大的能力。

与此同时,各车厂积极构建自己的应用生态,旨在深度吸引并留住用户,培养他们对品牌的忠诚度。这种策略与手机厂商基于 Android 系统打造独特 OS Launcher(操作系统桌面)的思路不谋而合,都是通过提供独特的用户体验来增强品牌竞争力。

在争夺座舱生态服务入口的竞赛中,主机厂拥有天然的优势。以"蔚小理"为代表的新能源主机厂在 Android 操作系统的基础上,通过自研并提供上层应用软件,打造了自己的应用生态系统,从而吸引并留住用户。

（1）与第三方应用合作

首先，新能源主机厂通过与第三方应用厂商合作，可充分利用成熟的 Android 应用生态。随着 Android 生态的不断拓展，在开放式架构的支持下，会有更多应用软件具备上车的条件。

（2）自研应用软件

以蔚来汽车为例，在蔚来智能座舱系统中蔚来自研的 NIO Radio、NIO 沉浸声等应用软件，初步展现了蔚来以内容提供者为依托，致力于打造全面而完善的生态应用系统的宏大目标。

NIO Radio 作为蔚来为用户精心打造的专属声音社区，功能丰富多样，不仅涵盖了音乐、资讯、娱乐、知识、本地生活等，更为用户提供了一个互动与共创的平台。在这里，用户不仅可以收获新知与愉悦，也能参与到声音内容的创作中，与蔚来共同成长。

而 NIO 沉浸声则是蔚来推出的声音内容平台，旨在为用户提供极致的沉浸式声音体验。该平台支持蔚来 5.1 及 7.1.4 声道音响配置，并兼容杜比全景声格式的音频播放，为用户带来前所未有的听觉盛宴。作为首个汽车品牌自营的高品质声音内容平台，NIO 沉浸声通过自制原创、用户共创、版权合作、宣发合作等多种方式，不断打造多维度内容，为用户持续输送高品质声音内容。

（3）快捷座舱场景

主机厂通过研发快捷座舱场景系统，实现了对座舱硬件的综合控制，进一步满足了乘客在旅途中对车内空间多元化利用和设计的需求。

例如，智能座舱提供的休憩空间应用，能够自动落锁车门，调整座椅至最舒适状态，并营造出星辰、篝火、海浪等多种自然场景，同时搭配白噪声，为乘客打造一个静谧、放松的休息环境，让忙碌后的疲惫心灵得到充分的滋养。

此外，智能座舱还提供了露营空间应用。在这一模式下，座舱能够保持车辆内部的恒温与通风条件，为乘客提供舒适的休息环境。同时，它允许用户在离车状态下保持电源供应，并支持对外放电功能，从而满足了露营时的电器使用需求。无论是烹饪、照明还是娱乐设备，都可以得到充分的电力支持，让出行变得更加惬意与精致。

（4）车机-手机互联

部分主机厂在手机和车机应用方面的独特思考和认识，为它们提供了打破传统壁垒、实现应用生态互联的可能性。它们认为，通过将手机和车机的应用无缝衔接，不仅能够优化用户体验，更能提升整体系统的智能化水平。

在实际应用中，这种互联生态展现出了强大的潜力。手机应用可以轻松地流转到车载大屏上，无须烦琐的安装过程，也无须消耗额外的流量。这种无缝流转不仅体现在音乐、地图等基础应用上，更可以扩展到手机投屏、平行视窗等高级功能，为用户带来更为丰富和便捷的使用体验。

此外，手机作为媒介，还可以实现一系列智能化功能。例如：通过高精度寻车功能，用户可以迅速找到停放的车辆；通过自动控制功能，用户可以在手机上实现对车辆的远程操控；甚至可以用手机代替传统的车钥匙，实现无钥匙进入和启动车辆。

10.1.2 基于生态的应用软件框架

综合来看，应用软件作为智能座舱生态系统的核心组成部分，为座舱的智能化提供了实实在在的体验价值，不断吸引着用户去感受智能座舱的独特魅力。而支撑这些应用软件的正是基于生态构建的应用软件框架，读者可参考图 9-2 的智能化业务层、原子化服务库层、服务框架与中间件层。

从图 9-2 可以看到，TrustZone 是基于 ARM CPU 的安全世界的运行基石。它为应用软件提供了可信任的操作环境和安全中间件服务。多媒体框架和基础框架是 Android 系统自带的中间件平台，它们起着承上启下的关键作用。上层应用则提供了诸如显示服务接口（Surface Flinger）、音频服务接口（Audio Flinger）、摄像头服务（Camera Service）接口和 3D 虚拟引擎（Unity XR）、神经网络（NN）调用接口等中间层服务，这些服务为各种应用提供了强大的多媒体接口和交互能力。同时，它们也为 Android 系统的事件处理、窗口管理、活动调度以及通知机制等核心功能提供了基础的组件服务。

除了这些传统的 Android 系统框架，为了满足分布式软件系统和 SOA 服务的需求，新增了 SOA 框架。该框架的功能主要如下。

- **服务注册与发现机制**：通过统一的服务注册和发现机制，实现服务提供者和服务消费者之间的动态绑定与解绑，确保服务的灵活性和可扩展性。
- **服务调用与通信**：提供高效的服务调用和通信机制，支持同步和异步调用，确保服务间的数据交互畅通无阻。其底层的通信协议可以采用数据分发服务（Data Distribution Service，DDS）、SOME/IP（Scalable service-Oriented MiddlewarE over IP，可扩展的面向服务的 IP 中间件）或者处理器间通信（Inter-Processor Communication，IPC）。
- **服务分发**：负责对服务进行配置管理、负载均衡、容错处理等操作，同时通过监控工具对服务的运行状态进行实时监控和预警。

在服务框架与中间件层之上，我们构建了一个原子化服务库。这一层的设计理念是"高内聚、低耦合"，将各种基础应用程序进行组织和划分，形成一个庞大的原子服务资源池，其中包含各种基础且核心的功能模块。例如，地图导航、OTA 服务等，都以原子服务的形式进行整合。这些原子服务具有高度的独立性和可重用性，只提供最为核心和必要的功能，使得整个系统更加灵活和高效。

原子化服务库的上一层是智能化业务层。这一层充分利用了原子化服务库中的丰富资源，通过组合和调用多个原子服务，实现了更为复杂和智能化的业务流程。例如，在智能化业务层的 OTA 升级应用中，我们通过调用底层多个域控制器的 OTA 原子服务，实现了对整个系统的无缝升级。这种组合调用的方式不仅提高了系统的整体性能，还大大简化了开发流程，降低了维护成本。

通过这种方式，我们的系统形成了一个清晰、分层的架构，使得每一层都专注于自己的核心任务，同时又能够与其他层进行高效的协同。

接下来，我们将选取智能座舱中的几个具有代表性的应用业务进行详细介绍。

10.2 车载导航系统

根据调查报告,车载导航、音乐、空调和蓝牙电话无疑是现代座舱中最为常用且最受欢迎的 4 项功能。其中,车载导航因其实用性成为智能座舱最直接、最原始的需求之一。

10.2.1 车载导航系统介绍

车载导航系统通过卫星信号确定车辆的确切位置,并结合电子地图为驾驶员提供路线指引。车载导航系统通常由导航主机和导航显示终端两部分构成,可以方便地安装在汽车内部。

在导航显示终端部分,系统会通过多种显示设备来呈现导航信息,以确保驾驶员能够以更方便、更直观的方式获取和使用这些信息。一般来说,系统可以通过以下 4 种方式呈现导航信息。

(1)中控屏导航

在智能座舱操作系统上安装导航应用后,驾驶员可以直接在中控大屏上查看导航信息。此外,导航应用能够实时联网,可根据当前的路况信息动态更新导航路径。

(2)3D 导航

3D 导航是中控屏导航的重要升级。与传统的地图导航相比,3D 导航的主要变革在于将地理信息元素以三维化的形式展现,更加直观和真实。3D 导航基于三维电子地图数据库构建,它按比例真实再现了现实世界或特定区域的三维场景。部分网络三维电子地图应用不仅为用户提供查询和出行导航等核心功能,还集成了生活资讯、电子政务、电子商务、虚拟社区等多元化服务。

3D 导航具有以下特性。

1)**立体性**:三维地图为用户提供了一种具有立体感的视觉体验。在地图上展示的各种地理要素和专题信息都带有深度感,当某一要素被其他要素遮挡时,在图形展示上会做相应的消隐处理。这一特点显著区别于传统的二维地图。

2)**方位性**:三维地图是从特定视角展示地图的,因此它并不能一次性展示真实世界的完整面貌。若想要全面了解真实世界,需要借助计算机的高效处理能力,连续生成不同视角的三维地图。

3)**直观性**:三维地图的本质是模拟人类的视觉感知,使用户能够一目了然地获取地理信息。

4)**真实性**:利用空间技术制作的立体地图,通常采用高精度的卫星影像数据作为地理信息背景。结合数字城市中的虚拟现实仿真技术,三维地图能够真实地呈现地表信息。

(3)AR-HUD 导航

当导航信息与 AR-HUD 技术相结合时,便产生了 AR-HUD 导航。它将转向指示、车道线提示、前车距离警示以及行人识别警告等关键的驾驶信息,通过 AR-HUD 技术精确地投射到驾驶员前方的挡风玻璃上。它涉及感知与数据收集、数据的混合与分析、3DHMI(人机界面)信息的生成。

为了实现这些功能,AR-HUD 不仅需要融合来自导航和 ADAS 的信息,还必须考虑精确的定位、时间戳的同步、高质量的 3D 渲染效果以及用户友好的 HMI 设计。此外,为了提供具有前瞻性和预见性的显示内容，AR-HUD 还需具备预测功能。

（4）语音导航

在使用车载导航系统时，交互操作都可以通过语音助手控制来完成，从而解放了驾驶员的双手。

在语音导航系统中，通过用户发出的语音指令可以实现导航目的地设置、路线选择和规划、实时路况查询和路线调整等功能。

10.2.2　导航技术要点

对于导航系统而言，定位和地图是两大关键技术。

1. 定位技术

在定位方面，现代导航系统通常综合运用了多种技术来提高定位的准确性和可靠性。以下是对定位技术中涉及的 GNSS、RTK（实时动态测量）和 IMU（车辆惯性单元）的简要介绍。

（1）GNSS

GNSS 是一个统称，它一共包含 4 大卫星导航系统：美国的 GPS、中国的北斗、俄罗斯的格洛纳斯，以及欧洲的伽利略。目前，GPS 和北斗已经分别达成了独立构建覆盖全球的导航网络的目标。GNSS 定位的基本原理是，接收高速运动的卫星瞬间位置作为已知数据，利用空间距离后方交会法来确定待测点的准确位置。

简而言之，天上有至少 24 颗卫星不断发送信号，确保我们在地球上的任何位置都能接收到至少 4 颗卫星的信号。通过接收这些卫星信号，并结合每颗卫星相对于地球的位置信息，我们就能够精确地定位出自己在地球上的绝对位置，这个位置以经度和纬度的形式来表示，就像我们在初中地理课上学到的那样。这种定位技术不仅精确度高，而且覆盖范围广。

（2）RTK

RTK 也被称为 AGPS（辅助 GPS），是一种基于载波相位观测的实时差分 GNSS 技术。该技术堪称测量技术发展史上的一次重大突破，它由基准站接收机、数据链和流动站接收机三大部分构成。

在实际操作中，我们会在基准站上安置一台接收机，这台接收机将作为参考站，对卫星信号进行持续不断的观测。观测所得的数据和基准站的相关信息，会通过无线电传输设备实时地发送给流动站，也就是接收导航信号的汽车。流动站的 GNSS 接收机在接收 GNSS 卫星信号的同时，也通过无线接收设备接收来自基准站的数据。

利用这些数据，根据相对定位的原理，流动站可以实时解算出自身的三维坐标及其精度。具体来说，就是先计算出基准站和流动站之间的坐标差（$\triangle X$、$\triangle Y$、$\triangle H$），然后结合基准坐标，得到流动站的位置。最后，通过坐标转换参数进一步得出流动站的平面坐标（X、Y）和海拔（H）。

（3）IMU

IMU 是一种关键的测量设备，它包含有陀螺仪和加速度传感器，能够精确检测运载物体的三轴姿态角（或角速率）以及加速度。通过对这些加速度数据进行积分和一系列运算，系统能够得出运载体的速度和位置，从而实现对运载体的导航定位功能。

IMU 的所有组件都安装在运载体内，因此其工作完全不依赖任何外界信息，也不会向外界辐射能量。这种独立自主性使得它极少受到外界干扰，成为一种非常可靠的自主式导航系统。在导航技术中，IMU 是对 GNSS 和 RTK 的重要补充。在那些 GNSS 信号难以到达的地方，比如隧道、桥梁等，IMU 能够对定位进行必要的补偿计算，确保导航的连续性和准确性。

2. 地图技术

地图是导航系统的另一个必不可少的要素。

（1）离线地图

在早期的导航系统中，导航地图通常是离线的，它们被存储在一张 TF（闪存）卡内。用户首先需要通过网络将地图数据下载到个人计算机上，然后将这些数据复制到 TF 卡。TF 卡被安装到无法上网的导航设备上之后，该设备就能够结合 GNSS 信号和地图数据，为用户提供汽车导航服务。

（2）手机实时地图

随着智能手机的普及，离线地图和专用导航仪逐渐被手机所取代。这主要是因为智能手机安装应用非常方便，并且手机内部自带 GNSS 信号接收机和 IMU，具备了导航所需的硬件基础。在国内，高德地图、百度地图、腾讯地图等应用通过免费的方式迅速占领了市场。

智能手机的导航功能不仅便捷，而且具有实时性。由于手机可以随时上网，手机导航可以根据实时路况信息进行导航路线规划，这为用户提供了极大的便利。相比之下，传统的离线地图和专用导航仪在这些方面存在明显的不足。

（3）车载实时地图

在智能汽车上，车载导航已经逐渐替代了其他导航方式，成为主流。这主要得益于车载中控大屏的广泛应用，使得导航地图能够更加清晰、直观地显示出来。与手机屏幕相比，车载中控大屏不仅尺寸更大，而且显示效果更好，这为驾驶员提供了更为丰富的信息，使得路线规划更加明确和易懂。

特别是对新能源汽车来说，车载导航系统的优势更加明显。由于新能源汽车需要定期补能，如何高效、准确地找到补能站点就显得尤为重要。车载导航地图软件能够与汽车的电池管理系统相连，实时获取车辆的剩余电量和预估的剩余里程，然后根据这些信息来合理规划行车路线上的补能站点。这样可以确保驾驶员在需要补能时能及时找到充电站，避免因为电量耗尽而抛锚的情况发生，从而大大缓解用户的补能焦虑。

10.3 人机交互

随着汽车座舱智能化的发展，多模态感知与人机交互技术的融合，正推动汽车座舱交互能力的提升。第 15 章会介绍人机交互的演进方向——多模态交互，所以本节将简单介绍一下人机交互的基础交互方式——语音交互。

语音交互需要解决 3 个问题：如何让机器听清楚用户的语音内容？如何让机器理解用户的

意图？如何让机器执行用户的命令？

要解决这 3 个问题，就需要用到几个底层的技术：语音识别、NLP、对话管理、自然语言生成、下达执行指令等。

1. 语音识别

语音识别技术负责将用户的语音信号转换成文本内容，其核心过程包括语音输入、预处理、解码、输出结果等关键步骤。图 10-1 清晰地总结了语音识别的处理流程。

图 10-1 语音识别处理流程

从图 10-1 可以看到，语音识别技术首先通过麦克风捕捉用户的语音信号。在座舱内部，考虑到乘客可能分布在不同的位置，因此采用多音区识别技术显得尤为重要。这种技术利用多个麦克风实现多音区定向识别，确保能够精确获取每个用户的语音输入，并根据每个音区构建会话的上下文。

预处理是语音识别中的关键步骤。它涉及对录音文件的分帧、去噪、语音增强和加窗等操作，旨在提取出有效的声音特征，为后续的语音内容分析提供高质量的数据。

在解码阶段，经过预处理和特征提取的原始音频信号特征被输入语音识别模型中。通过声学模型、词典和语言模型的协同计算，系统能够得出最终的识别结果。

最终，系统输出转换后的文本或指令，这些文本或指令准确地反映了用户的原始语音内容。

2. NLP

在完成语音内容的识别之后，为了确保设备能够准确执行用户的意图，NLP 模型发挥着至关重要的作用。NLP 模型会对计算机可识别的文本进行深入的分析和处理，旨在理解用户语言的含义和意图。这一过程通常涵盖词法分析、句法分析和语义分析等关键环节。图 10-2 展示了 NLP 处理流程。

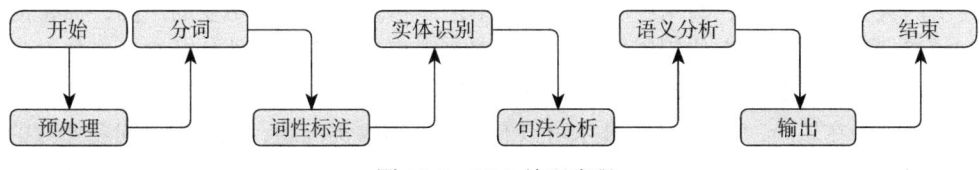

图 10-2 NLP 处理流程

从图 10-2 可以看到，词法分析主要关注文本中的词汇层面，对单词进行词性标注、分词等操作，为后续的句法分析和语义分析打下基础。句法分析则着眼于句子中词语之间的语法关系，构建出句子的结构，从而帮助机器更好地理解句子的构成和含义。而语义分析则是对文本进行深层次的解读，旨在捕捉文本中所蕴含的真实意图和信息，使机器能够更为精准地做出响应。

3. 对话管理

在 NLP 对语音识别的文本进行分析、处理后，对话管理系统会进行意图识别，明确用户的具体需求。这一过程中，系统会跟踪对话状态，并基于预定义的对话模型来决定下一步的操作或回复方式。对话模型详细定义了对话流程、状态和策略，确保系统能够灵活地响应用户需求。

以"导航到换电站"为例，对话管理系统首先识别出用户的意图是导航，并确定目标为换电站。随后，根据对话模型中的策略，系统可能会生成联想动作，如"动作：搜索；目标：换电站；起点：当前位置"。这一联想动作不仅体现了用户的核心需求，还扩展了相关的操作，如从当前位置开始搜索附近的换电站，从而为用户提供更全面的服务。

4. 自然语言生成

当对话管理系统决定继续与用户对话或反馈执行结果时，自然语言生成模块将发挥关键作用。该模块根据对话管理系统的指令，从知识库或语料库中提取相关信息，并结合语境和上下文，将结构化数据转化为自然、逻辑连贯的文本。自然语言生成的过程一般包括句法分析、语义分析、语法分析、信息抽取、输出文本等步骤。

5. 下达执行指令

在指令生成后，为实现具体执行，需要通过 SOA 体系将指令下发到对应的执行器。以"设置温度 22℃"为例，生成的执行指令会明确动作、目的和条件。然而，由于执行器（如车载空调）可能位于不同的控制域，因此需要一种机制来实现跨域融合。

SOA 体系为此提供了解决方案。在 SOA 体系中，不同的服务可以在不同的控制域中注册并发布。车身控制域的空调 ECU 注册并发布了控制空调的原子服务。智能座舱域的应用客户端可以通过 SOA 系统搜索并发现这个服务，然后下发服务调用的请求。

10.4 OTA 升级

与传统汽车迥异，智能网联汽车的车载软件已不再是一锤子买卖。当前，汽车软件的发展呈现出两大趋势。其一，整车厂所交付的汽车已不再是功能一成不变的产品，而是能够持续更新的智能装备。在整个使用周期内，这类汽车需要不断进行软件的升级，以使在汽车出厂后依然能为用户提供更多的功能，达到"常用常新"的状态。其二，随着软件量的激增，软件漏洞带来了潜在风险，通过 OTA 技术可以有效地解决这类问题，减少软件问题导致的召回事件。OTA 已逐步成为智能网联汽车的标配功能，通过软件的持续更新，不断提升汽车的潜在价值，进而引领智能网联汽车行业探索全新的商业模式。

10.4.1 OTA 的定义

顾名思义，OTA 是一种通过无线网络实现软件升级的技术。从功能上来区分，软件 OTA 可以分成 FOTA（Firmware OTA，固件 OTA）和 SOTA（Software OTA，软件包 OTA）两种。FOTA 指的是域控制器软件包的升级，包括中央计算平台的智驾域、座舱域、车控域、Zone 区域控制器以及 ECU 等设备。而 SOTA 仅指单个应用程序的版本升级，比如座舱域内一个视频应用程序的版本升级，就属于 SOTA。

FOTA 升级旨在实现全车软件包的固件更新，其复杂性远超智能手机的 FOTA。在车载软件中，座舱域控制器与智能手机较为相似，因此其 FOTA 升级流程与智能手机的升级过程相仿。然而，在实现智驾域、车控域、Zone 区域控制器以及 ECU 执行器等设备的 FOTA 升级时，我们必须面对更多的技术挑战和异常情况。这些区域的 FOTA 升级不仅涉及软件包的传输与安装，还包括对车辆硬件和软件的深度整合，同时要确保在升级过程中车辆的安全与稳定运行。因此，在进行这类复杂系统的 FOTA 升级时，需要采取更为精细和周密的技术方案。

从复杂程度来说，SOTA 升级只需要实现单个应用软件的升级即可，它一般只能应用在座舱域的智能操作系统（对比 RTOS 等不可安装应用程序的操作系统）上。其实现原理类似于智能手机的应用程序升级，难度不高。

10.4.2 OTA 需求分析

FOTA 通过无线网络接口，从云端服务器下载固件软件包，对车辆的域控制器或 ECU 进行远程刷机升级。在升级过程中，新的 FOTA 软件包会被写入域控制器或 ECU 的 ROM（Read-Only Memory，只读存储器）空间中，覆盖原有的软件包。一旦新的固件升级成功，ECU 会进行重启，开始执行新的软件包。

针对 FOTA 升级的需求，在不同的 EEA 时代，其实现难度是不一样的。

1. 分布式 ECU 时代

在分布式 ECU 时代，汽车的功能由多个独立的 ECU 来实现，而这些 ECU 可能由不同的供应商提供，采用不同的计算芯片，运行不同的操作系统，并使用不同的通信接口。如果想针对每一个 ECU 实现 FOTA 升级，将面临诸多难点。

- 谁来执行车辆端的 FOTA 升级控制和软件包拆解？一辆车有数十个 ECU，那么 FOTA 软件包应如何设计？在从云端下载了 FOTA 软件包后，由谁来负责将其拆解成针对每个 ECU 的独立 FOTA 包，并掌控每个 ECU 的升级启动？
- 软件包应通过什么通信渠道进行分发？在分布式 ECU 时代，ECU 之间的连接通常使用 CAN 或 LIN 这样的通信链路，它们的通信速率普遍偏低，且通信通道只能串行使用。如果要完成全车所有 ECU 的升级，将会耗费大量时间。
- 怎样确保升级的成功率？在 FOTA 升级前，ECU 通常需要备份原有软件，以便在升级失败时进行版本回滚。但当面对数十个 ECU 的 FOTA 升级时，如果其中一个升级失败，是否意味着所有 ECU 的升级都需要进行版本回滚？

由于存在以上难点，在分布式 ECU 时代进行 FOTA 升级是非常困难的。

2. 域控制器时代

当 EEA 演进到域控制器为主流方案时，车载通信网络转变为以以太网为主干、以域控制器为中心，并融合了部分 ECU 的功能。一般而言，整车的功能可以划分为三个主要的域控制器——智能驾驶域、智能座舱域和车辆控制域，以及未被整合的其他 ECU。在此背景下，FOTA 技术可以解决部分难题。

- FOTA 的升级操作由中央网关（Central Gateway）执行。作为以太网的通信枢纽，中央网关能够通过高速以太网连接上述三个域控制器，并通过 CAN 和 LIN 总线与其他未整合的 ECU 保持通信。
- 车内 FOTA 的物理通信主要通过以太网和 CAN 总线进行。以太网主要负责连接域控制器，而 CAN 总线则用于传输未整合的 ECU 数据。
- FOTA 升级的成功率需要得到严格保证。部分 ECU 功能被整合到域控制器中，这使得 ECU 的数量减少，进而降低了升级失败的风险。然而，若升级失败，系统仍需进行版本回滚。

在域控制器时代，中央网关虽然在 FOTA 升级过程中扮演着至关重要的角色，但也带来了一系列挑战：中央网关的处理能力是否足够强大？升级失败后，中央网关执行版本回滚的效率如何？是否能同时处理多个 ECU 的升级任务？如何保障通信信道的安全性和可靠性？这些问题都需要在 FOTA 技术方案中加以考虑。

3. 中央计算平台时代

在迈向中央计算平台与区域控制器相结合的 EEA 时代，智能驾驶域、智能座舱域和车辆控制域将与中央网关融合，共同构成一个统一的中央计算平台。其余分散的 ECU 将依照车辆的物理区域进行划分，并分别整合挂载到各个区域控制器下。这些区域控制器通过高速以太网与中央计算平台相连，甚至形成环状网络结构。在这样的架构下，虽然 ECU 之间仍然通过 CAN 或 LIN 进行通信，但它们不再直接连接到中央网关，而是隶属于各个区域控制器，如前车身区域控制器、后车身区域控制器等。

在这种 EEA 下，FOTA 将实现更进一步的优化。

- 中央网关的功能将进一步与车辆域控制器整合，被纳入中央计算平台。因此，FOTA 的控制逻辑单元也将从中央网关迁移至中央计算平台内的车辆域控制器。
- 鉴于 ECU 现已挂载在区域控制器之下，这些区域控制器便成为 FOTA 的分发节点。例如，车辆域控制器会对完整的 FOTA 包进行拆分，生成针对智能驾驶域、智能座舱域、前车身区域控制器和后车身区域控制器的 FOTA 分包，随后通过以太网将这些分包传送至对应的控制器。
- 以太网以环网的形式运作，使得中央网关不再是 FOTA 升级的瓶颈，同时通信传输信道出错的概率也显著降低。
- 各个 ECU 的 FOTA 升级过程将由其对应的域控制器独立负责。这样的做法不仅提升了升级的并发效率，还确保了在升级出错时，能够由各自的域控制器执行回滚操作，从而减少了影响升级的瓶颈节点。

10.4.3 OTA 关键技术

针对 FOTA 升级的全流程分析，我们可以从以下几个关键技术点入手，并分析其可行性。

1. FOTA 包管理机制

对于整车 FOTA 升级而言，首要考虑的是确定需要刷机升级的域控制器和 ECU。同时，根据工业和信息化部装备工业发展中心《关于开展汽车软件在线升级备案的通知》，智能网联汽车的 OTA 升级必须进行报备，严禁随意进行 OTA 操作。

为满足这些要求，FOTA 需构建一套完善的软件包管理机制。在此机制下，所有可进行 OTA 升级的部件、部件管理编号和软件版本号等信息都需详细记录。当主机厂计划实施 FOTA 升级时，需收集与问题相关的全部部件信息，分析需升级的部件，确定其当前软件版本号和升级的目标版本号，以及预计解决的问题等。这些信息都应在 FOTA 包管理程序中登记，并以此为基础生成 FOTA 升级包配置表。

在 FOTA 包管理服务器的运营方面，应采用数字化管理的方法。针对每个车系和车型，都应设立专门的配置管理器，建议使用树形结构来管理 FOTA 升级包。例如，可以将车型设为树形结构的根节点，域控制器和区域控制器作为中间节点，而 ECU 则作为叶子节点。每个节点都应根据时间轴规划自己的版本更新计划。在进行大版本升级时，可以从根节点开始，为每个中间节点和叶子节点定义版本号，通过横向串联的方式，形成可升级的大版本号系统。

2. FOTA 差分包技术

在进行 FOTA 升级时，若将全部软件包都写入 ROM 分区，则存在数据量大、写入时间长、升级速度慢的问题。为解决这些弊端，可以采用差分包技术。差分包技术通过对比新版本和旧版本的可执行二进制文件，生成增量差分包。在升级过程中，仅需下载这个差分包，再与旧版本合并，即可得到新版本。这种技术显著减少了升级包的大小，从而降低了网络传输量和存储空间。

FOTA 差分包技术在智能手机升级中已得到广泛应用，其效果和效率得到了充分验证。目前在车载领域，三星哈曼所提供的产品在市场上占有较大份额，而三星哈曼的这项技术来源于它收购的 RedBend 公司。随着智能网联汽车的快速发展，FOTA 差分包技术有望在车载系统中发挥更大的作用。

3. FOTA 网络传输协议

在车载领域，一般通过车载无线通信模块从云端服务器下载 FOTA 升级包。车载无线通信模块一般称为 T-Box，它通过 4G 或者 5G 无线通信网络进行数据传输。

4. FOTA 数据分发接口

在进行 FOTA 升级时，需明确待升级的对象。一般来说，这些对象可分为两类：一类是具有智能操作系统，且主要依赖以太网进行数据传输的域控制器单元，例如智能驾驶域、智能座舱域、车辆控域及其他区域控制器等；另一类是采用 RTOS 或根本无操作系统的执行单元 ECU。

对于第一类升级对象，FOTA 升级刷写机制应主要满足文件存储、安全刷机及版本控制等要求。而对于第二类升级对象,则通常由它们的上位机通过 CAN 总线进行刷写更新,且其刷写程序接口需符合 UDS(汽车通用诊断服务)协议标准。

5. FOTA 双区刷写机制

在 FOTA 技术的演进过程中,曾发生过升级失败导致车机系统"变砖"的事故。这类事故的主要原因是采用了单一的程序存储区,且在 FOTA 升级时直接刷写了此区域。若升级过程中遇到掉电、数据错误或异常死机等问题,域控制器将无法自行恢复,只能依赖厂商现场救援。

为解决这一问题,人们自然而然地想到了 A/B 分区升级方案。简而言之,该方案为程序提供了主运行区(A 区)和备份运行区(B 区)。在正常情况下,A/B 区的程序是完全相同的。当 A 区程序运行时,FOTA 升级仅在 B 区进行。只有在 B 区的升级完成且经过校验确认无误后,所有域控制器才会切换到 B 区执行。若因某种原因 B 区无法正常运行,则系统引导程序会迅速将执行分区切换回 A 区,从而有效避免死机或"变砖"事故的发生。

10.4.4 OTA 架构范例

经过 OTA 的需求分析和关键技术分析,我们可以绘制出 OTA 的系统架构框图,如图 10-3 所示。

从图 10-3 所示的系统架构中可以看出一个 OTA 升级的流程如下。

1)设计 OTA 升级方案:根据域控制器和 ECU 的型号和版本,设计 OTA 升级方案,包括升级内容、升级方式、升级时间等。

2)部署 FOTA 升级包:根据车型配置表生成 FOTA 差分包,并且部署在 OTA 服务器上。

3)连接 OTA 服务器:OTA 客户管理端通过车载网联模块连接到 OTA 服务器,建立通信连接。进行安全认证,确认待升级的正确版本以及合法的升级许可。

4)下载 FOTA 升级包:OTA 服务器向 OTA 客户管理端发送升级包,OTA 客户管理端接收并下载升级包。

5)验证升级包:OTA 客户管理端对升级包进行验证,确保升级包的完整性和正确性。

6)分发升级包:OTA 客户管理端对 FOTA 包进行分拆,并按树形结构将各子 FOTA 包通过以太网分发到 OTA 子客户端。此时 OTA 子客户端一般为域控制器。

7)备份原始数据:OTA 子客户端在备份运行区准备原始数据,以备升级失败后还原。

8)升级域控制器:OTA 子客户端在备份运行区进行差分升级,通过原始版本和差分包生成新的软件包,并刷写到备份运行区中。此时一般需要采取安全刷机的刷写方式。

9)升级 ECU:OTA 子客户端通过对应的通信协议,如 CAN、USB、I2C 等,对 OTA 节点(如 ECU 等)进行升级,将新的软件版本写入 ECU 中。

10)验证升级结果:域控制器和 ECU 对升级结果进行验证,确保升级成功。

11)如果升级失败,域控制器和 ECU 可以切换回主运行区,整个车载程序仍然可恢复为初始版本。

12)如果升级成功,域控制器和 ECU 将备份运行区标记为主运行区,原主运行区降级为备份运行区。同时针对备份运行区再次升级,确保主分区和备份运行区的程序保持一致。

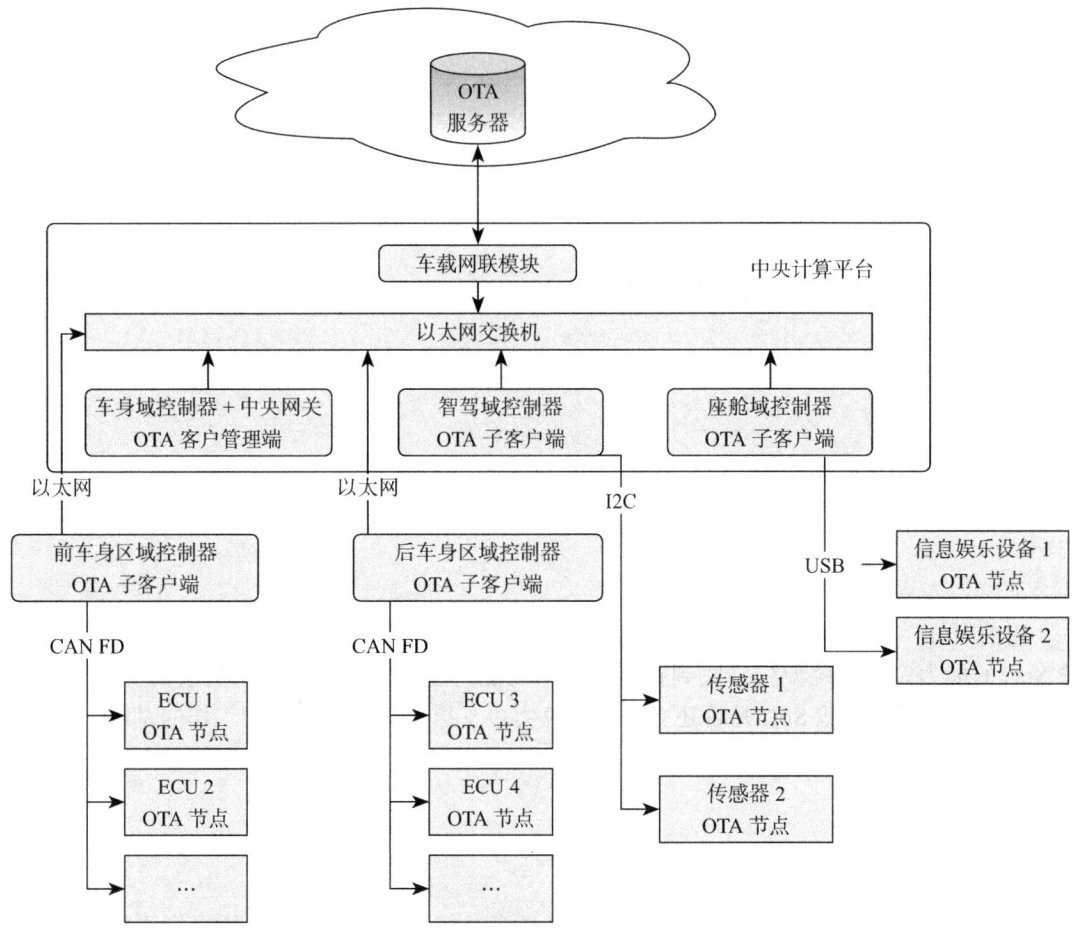

图 10-3　OTA 系统架构

10.5　本章小结

  本章详细介绍了智能座舱中的应用软件框架与主要应用。在新的应用软件框架支持下，各类应用软件得到了快速发展。为了更直观地展现智能座舱环境下应用软件的实际运作方式，我们特意分析了导航软件、人机交互以及 OTA 升级这三个核心应用程序。

第 11 章

芯片算力评估

由前可知，智能座舱的显示子系统、视觉子系统、音频子系统等的性能均取决于智能座舱 SoC 的能力。当系统架构师收到智能座舱新功能的设计需求时，在系统级的整体架构下，他们需要仔细考虑座舱 SoC 是否还有充足的算力可支撑新功能。这一切工作的基础，都依赖于对芯片算力的精确评估。

11.1 座舱高算力需求

对智能座舱系统而言，理论上算力资源是越多越好，因为这将为系统提供更强大的处理能力和更丰富的功能支持。然而在现实中，这种看似无限的资源只是一种理想状态。实际上，可供选择的智能座舱芯片种类相对有限，并且其选择还受到诸多商业因素的制约，如成本预算、市场成熟度以及供货稳定性等。更为复杂的是，政治因素和国际关系也可能对智能座舱 SoC 的选择产生影响。因此，即使系统架构师选择了市场上性能最强的 SoC，也无法确保它能完全满足不断更新的功能需求。

在这样的背景下，如何精确评估可用的算力资源，成为系统架构师面临的一项重要挑战。为了准确评估算力资源，系统架构师需要先深入了解 SoC 的算力单元及其性能特点。这包括了解各个算力单元的处理能力、功耗效率以及它们之间的协作方式等。同时，架构师还需要对新的功能需求进行详细的算力需求分解，以确定每个功能模块对算力的具体需求。

11.1.1 SoC 主要算力单元

在分析座舱的系统功能时，我们需明确它必须满足的多种能力需求，如通用计算能力、多媒体音视频处理能力以及图形图像渲染能力等。观察个人计算机、智能手机以及智能座舱的发展历程，我们发现计算芯片的集成化趋势日益显著。

在个人计算机领域，其关注重点是通用计算和多媒体娱乐功能，因此常采用多芯片架构，也就是"CPU+显卡+声卡"的组合方式。为了满足市场对高性价比的需求，显卡和声卡的功能往往被整合到主 CPU 芯片中，使得系统结构更为精简。

智能手机领域则不同，为了支持通话、上网、运行多样化的应用程序以及拍照功能，并且强调低功耗和便携性，手机厂商多选择单芯片架构。这种架构在 SoC 中融合了"CPU+GPU+DSP+ISP+NPU+DPU+VPU+调制解调器（Modem）"，以此满足手机的多功能需求。

而在座舱领域，因为对多屏显示、高品质车载音响、人机交互以及多模态识别等高级应用的重视，多媒体处理能力和 AI 计算的需求显著增加。虽然座舱 SoC 中包含的算力单元与智能手机 SoC 相似，但其功能和所需的算力资源更为强大和精细。

通常，只有旗舰级的智能手机 SoC 在内部算力单元的配置和性能上，才能与座舱 SoC 相提并论。简而言之，座舱芯片可以看作手机芯片的升级版。尽管两者都依赖于一些基础单元，如 CPU、GPU 和 DPU 等，但在特定方面有着明显的差异。

一般来说，手机芯片更注重低功耗设计，追求性能（Performance）、功耗（Power）和芯片面积（Area）之间的平衡，即所谓的 PPA 权衡。这是因为手机芯片在保持良好性能的同时，还需实现较长的电池续航时间和紧凑的芯片尺寸。相比之下，座舱芯片在算力和外设接口方面有着更高的标准，同时还需要具备强大的 AI 算力，以满足复杂的智能交互需求。

为了满足座舱芯片的这些特殊需求，我们在表 11-1 中对座舱 SoC 的主要算力单元进行了总结。

表 11-1 座舱 SoC 中的主要算力单元

算力单元	定义	主要功能
CPU	负责通用计算任务，以及系统和软件的整体运行	• 运行操作系统和应用程序，负责系统的整体逻辑和控制 • 加载和管理应用程序，包括启动应用程序、分配内存等 • 处理用户输入和触发事件，如点击、滑动等 • 处理应用程序的逻辑计算和数据
GPU	用于图形渲染，支持多屏显示，还可以支持通用并行计算	• 负责图形渲染和图像处理任务 • 执行图形计算和渲染操作，包括绘制图形、渲染纹理、执行着色器程序等 • 优化图形特效和动画展示，提高用户界面的流畅度 • 负责 3D 游戏、视频播放和图形密集型应用的图像处理任务
DSP	用于处理、优化音频和视频的信号	• 将数字音频信号解码为模拟音频信号，以便在扬声器中播放 • 编码：将模拟音频信号编码为数字音频信号，以便传输或存储 • 混音：将多个音频信号混合在一起，以便同时播放或录制 • 回声消除：识别并抑制在扬声器和麦克风之间由音频信号反馈引起的回声 • 噪声抑制：识别并抑制环境中的噪声，以提高语音清晰度和音频质量
ISP	负责处理摄像头捕获的图像	• 图像传感器（摄像头）控制：包括调整曝光时间、增益、白平衡等参数，以获取高质量的图像数据 • 图像预处理：将从图像传感器获取的原始图像数据进行预处理，包括去噪、去马赛克、颜色校正等，以提高图像质量 • 图像增强：应用图像增强算法，如锐化、对比度增强、色彩增强等，以改善图像的清晰度、对比度和色彩饱和度

(续)

算力单元	定义	主要功能
NPU	神经网络处理单元，旨在加速 AI 算法和机器学习的计算任务	• 语音识别：使用神经网络模型对输入的语音信号进行识别和转录，将语音转化为文本形式 • 语音合成：将文本转化为语音，生成自然流畅的语音输出。 • 自然语言处理：进行自然语言处理，包括语义理解、情感分析、实体识别等，以理解用户输入的自然语言 • 情感识别：对用户的情感进行识别和分析，以更好地理解用户的情绪和需求 • 图像识别：对输入的图像进行识别和分类，识别物体、场景等 • 图像生成：使用神经网络模型生成图像，如风格迁移、图像修复等 • 数据处理：使用神经网络模型进行数据处理和分析，如数据清洗、特征提取等
DPU	用于输出显示图像，并管理显示接口	• 控制和管理显示设备的输出 • 将 GPU 渲染的图像数据传输到显示设备，如屏幕或外部显示器 • 处理显示设备的分辨率、刷新率和色彩空间等参数 • 支持多屏幕显示和屏幕切换等功能
VPU	视频处理单元，专门负责视频的编解码任务	• 视频编码：对输入的视频数据进行压缩编码。常见的视频编码格式包括 H.264、H.265（也简称为 HEVC，高效视频编码）、VP9 等 • 视频解码：对压缩的视频数据进行解码，将其还原为原始的视频帧，以便在显示设备上进行播放 • 图像处理：如图像旋转、缩放、色彩空间转换、图像增强等。这些图像处理功能可以用于实时视频通话、图像编辑和图像识别等应用场景

从表 11-1 中可以看到，除了调制解调器是用于上网和通话之外，智能座舱 SoC 已经囊括了几乎所有的关键算力单元。随着市场对座舱性能要求的持续提高，这些算力单元的处理能力也必将得到进一步的增强。

11.1.2 座舱算力需求分解

智能座舱在显示、视觉、音频等多个领域的主要应用依赖于座舱 SoC 中各计算单元的紧密配合与高效协作。表 11-2 简要总结了座舱 SoC 的算力分解情况。

表 11-2 座舱 SoC 算力分解

功能特性	SoC 组成	说明
中控娱乐屏	CPU、GPU、DPU	CPU 负责运行操作系统，进行整体系统的控制和应用程序的管理，并处理触摸屏的点击。GPU 负责图形渲染和图像处理。DPU 负责管理和控制显示设备的输出
多媒体音视频播放	CPU、GPU、VPU、DPU	CPU、GPU、DPU 承担的工作与中控娱乐屏中的一样，VPU 则作为硬件加速器，负责视频编/解码和图像处理任务，可提高系统性能，减轻 CPU 负担
流媒体后视镜	CPU、ISP、DPU	CPU 用于整体系统的控制，DPU 负责显示输出，ISP 负责将从图像传感器获取的原始图像数据进行处理和优化，提供高质量的图像
抬头显示器	CPU、GPU、DPU	CPU 负责运行操作系统、导航软件，通过接收导航数据，解算车辆运行姿态并生成道路航向信息。GPU 负责图形渲染和图像处理，如果是 AR-HUD，还需负责运行 AR 3D 引擎。DPU 负责管理和控制显示设备的输出
乘客感知系统	CPU、ISP、NPU	CPU 负责整体系统控制；ISP 负责从图像传感器获取原始数据，生成高质量的图像；NPU 负责通过深度学习方式生成感知结果
语音交互系统	CPU、Audio DSP、NPU	CPU 负责运行操作系统，并处理音频数据的输入和输出；Audio DSP 负责运行各类音频处理算法，提供可用的音频数据；NPU 负责执行语音识别、自然语言处理、对话管理，以及生成响应结果

11.2 CPU 算力评估

在座舱 SoC 的所有算力单元中，CPU 无疑占据着举足轻重的地位。甚至可以说，有经验的工程师只需了解一颗 SoC 所采用的 CPU 类型，就能大致预测出这颗 SoC 的性能上限。这是因为 CPU 作为核心处理单元，对整体性能起着决定性的作用。

11.2.1 CPU 性能评估公式

CPU 是计算机系统的核心组件，负责运算和系统控制。它是信息处理及程序运行的关键执行单元，掌控着系统内的所有资源，如存储器、输入/输出通道、数据处理以及逻辑计算等。

对智能座舱用户来说，最直观的感受就是车机系统运行应用程序的响应速度。而这个响应速度，最直接的体现就是 CPU 执行程序的时间。

1. 影响 CPU 性能的因素

我们都知道，CPU 在执行任务时需要依赖时钟，时钟掌控着每条指令在 CPU 流水线中的执行节奏。因此，时钟周期的长短，或者称为"滴答数"，就显得尤为重要，通常用时钟频率来表示这一指标，其单位是 Hz，即时钟周期的倒数。例如，如果某 CPU 的时钟频率为 1GHz，那么它的时钟周期就是 $1s/(1 \times 10^6)$，即 1ns。

对于 CPU 执行一段程序所消耗的时间，可以使用一个公式来表示：

$$程序的CPU执行时间 = 程序的CPU时钟周期数 \times 时钟周期$$

一段要执行的程序，首先要由编译器生成指令。所生成的总程序指令数被称为 IC（Instruction Counter，指令计数）。假设执行**每条指令的时钟周期平均数为 CPI**（Clock Cycle per Instruction），那么程序的 CPU 时钟周期数就可以按如下公式来进行计算：

$$程序的CPU时钟周期数 = IC \times CPI$$

现在，我们可以使用 IC 和 CPI，以及时钟周期来写出基本的性能公式：

$$CPU时间 = IC \times CPI \times 时钟周期$$

或者

$$CPU时间 = \frac{IC \times CPI}{时钟频率}$$

表 11-3 总结了影响 CPU 性能的构成因素，以及如何测量这些关键因素。

表 11-3 CPU 性能因素

性能的构成因素	测量单位	如何衡量
CPU 时间	程序执行的时间，以秒为单位	可以用计时器测量出一段程序执行的时间
IC	程序执行的指令总数	可使用体系结构仿真器测算，如运行仿真程序来统计 IC 值
CPI	每条指令平均执行的时钟周期数	难于测量，与 CPU 微架构体系设计密切相关，一般由 CPU 设计者提供参考数值，也可以通过性能公式反推
时钟周期长度	每个时钟周期的长度，以秒为单位	由 CPU 设计方在硬件设计时确认并给出，与芯片工艺、CPU 体系结构、流水线设计等相关

根据表 11-3 所总结的信息，我们可以用 IC、CPI 和时钟周期这三个参数来评估 CPU 的性能，进而得出用户可感知的 CPU 执行时间。CPU 时间是衡量计算机性能的全面且可靠的指标。而 IC、CPI 和时钟周期这三个参数是相互影响的，不能单独用其中一个因素来全面衡量 CPU 的性能。

例如，如果我们修改指令集架构，使用采用了 CISC（复杂指令集）的 CPU，那么对于同一段程序而言，编译器生成的指令数可能会减少。然而，在 CPU 的微架构设计中，采用复杂指令可能会导致 CPI 和时钟频率的增加。这样一来，指令数量减少所带来的性能提升可能会被抵消，甚至可能产生负面影响。因此，我们需要综合考虑这三个参数，才能更准确地评估 CPU 的性能。

2. 影响程序性能的因素

程序的性能受到多方面因素的影响，包括算法、编程语言、编译器、指令集架构以及硬件微架构设计。表 11-4 简要概述了这些因素是如何具体影响 CPU 性能公式中的各个参数的。

表 11-4 影响程序性能的因素

设计因素	影响什么	如何影响
算法	IC、CPI	算法决定源程序执行指令的数目。算法也可能通过使用较快或者较慢的指令影响 CPI，例如，当算法采用更多的除法运算时，将会导致 CPI 增大
编程语言	IC、CPI	编程语言会影响指令数目，因为编译器将编程语句翻译成指令，从而决定了指令数。同时语言特性也可能影响 CPI，例如 Java 语言强调数据抽象，会频繁进行间接调用，导致在执行时会使用 CPI 较高的指令。注意，使用更接近于硬件的编程语言（如 C/C++）可能会减少编译后的指令数，而高级语言（如 Java）可能会增加指令数。编译器的优化能力也会影响生成的指令数量和类型
编译器	IC、CPI	源程序到指令的翻译过程是由编译器实现的，因此编译器的工作效率既影响指令数，又影响 CPI。编译器的优化往往是 CPU 架构设计的重点
指令集架构	IC、CPI、时钟频率	指令集架构影响全部的 3 个因素，因为指令集架构（CISC 和 RISC）是 CPU 设计的基础
硬件微架构	CPI、时钟频率	硬件微架构决定了时钟频率、流水线的设计方式、缓存设计等，所以会影响 CPI 和时钟频率

11.2.2 CPU 性能基准测试

针对智能座舱 SoC 的 CPU 性能评估，我们需要使用一个直观和便于理解的评价标准，以便于横向比较各家 SoC 的能力。其中，有一些人们常用的标准。

1. DMIPS 标准

在评估 CPU 算力时，大部分厂商会使用 DMIPS 这个衡量参数。DMIPS（Dhrystone Million Instructions executed Per Second），意思是在 CPU 上运行 Dhrystone 测试程序，每秒能够执行的百万指令数。例如，最新的高通 8295 座舱 SoC，其 CPU 号称可达 220k DMIPS 算力，意思是每秒可以执行 220 000 000 000 条 Dhrystone 指令。

Dhrystone 被称为合成测试基准程序，它主要用来评估处理器在执行整数和逻辑运算时的性能。Dhrystone 包含了多种整型语句和逻辑语句的循环，这些循环涉及各种赋值操作、数据类型及区域、控制流指令、过程调用、参数传递以及整数逻辑运算等。通过这些测试，可以对处理器在执行这类操作时的性能有全面了解。

然而，正因为 Dhrystone 主要关注整型和逻辑运算，所以仅凭 DMIPS 测试结果并不能表明 CPU 的整体算力。特别是当涉及浮点运算、内存访问速度、I/O 性能等其他关键因素时，Dhrystone 的测试结果就显得不够全面了。在这种情况下，有必要引入另外一种标准化的算力衡量方法。

2. 关于合成测试基准程序的说明

在《计算机体系结构：量化研究方法》一书中，两位作者 John.L.Hennessy 和 David A.Patterson 非常详细地阐述了 CPU 算力衡量的方法。

在测量计算机性能时，采用实际的应用程序进行基准测试被认为是最佳实践。这是因为简单的合成基准测试程序，如 Dhrystone，虽然易于实施和比较，但可能无法真实反映复杂应用程序的性能表现。其原因在于：

（1）性能隐患与合成基准测试的局限性

通常合成基准测试远比实际应用程序简单。因此，它们可能无法全面揭示处理器在处理复杂任务时的性能。编译器的编写人员和架构师可能通过优化特定程序来优化，使得计算机在执行这些简单程序时表现得更快，而这并不代表程序在实际应用中的性能。

（2）编译器的优化与专有标志的问题

为了在 Dhrystone 等基准测试中取得好成绩，编译器的编写者可能会使用专有标志对程序进行特定优化。这些优化虽然提高了测试分数，但可能引发其他程序的非法转换或性能损耗，因为其本质是服务测试，而非通用性能增强。

为了确保测试的公平性，需在测试的标准化和源代码修改方面进行约束。

1）测试人员通常要求使用相同的编译器（如 GCC 或 LLVM）和统一的编译标志。这样做可以减少因编译器差异或优化标志不同而导致的性能测量误差。

2）允许修改源代码可能会导致测试结果的偏差，因为优化可能只针对特定测试而非实际应用场景。通常，对源代码的修改应该受到限制或完全禁止，以保持测试的公正性。

3. SPEC 基准测试程序

基准测试应用程序集（基准测试套件）是性能评估的重要工具，在设计时尽可能接近实际应用程序，以便更准确地衡量处理器在处理不同类型任务时的能力。这些套件包含了多个基准测试，每个测试都针对特定的性能方面，如 CPU 单核/多核计算能力、内存访问速度、I/O 性能等。通过使用这样的套件，可以获得处理器在多种应用场景下的综合性能表现。

在众多基准测试套件之中，SPEC（标准性能评估组织）的系列套件堪称典范，自 SPEC89 起不断进化到 SPEC2017。其中，用于 CPU 测试的为 SPEC CPU2017 基准测试程序。

SPEC CPU2017 由 43 个基准测试程序组成，分为 20 个整型和 23 个浮点基准测试程序。整型和浮点类基准测试程序又依据吞吐量和速度进行了细分，即将 43 个测试程序分为整型吞吐量（SPECrate 2017 INT）、整型速度（SPECspeed 2017 INT）、浮点吞吐量（SPECrate 2017 FP）、浮点速度（SPECspeed 2017 FP）4 个类别。

其中，SPECspeed 类型用于 CPU 单核的测试；SPECrate 类型用于 CPU 多核测试，即测试多个副本进程。测试值越大，表示时间越短，CPU 处理能力越高。表 11-5 和表 11-6 分别按整型和浮点分类标准，整理了 SPEC 2017 测试程序的说明。

表 11-5　SPEC 2017 整型测试程序的说明

SPECrate 2017 INT	SPECspeed 2017 INT	编程语言	千行代码数	应用场景
500.perlbench_r	600.perlbench_s	C	362	Perl 编程语言解释器
502.gcc_r	602.gcc_s	C	1304	GNU C 编译器
505.mcf_r	605.mcf_s	C	3	路径规划
520.omnetpp_r	620.omnetpp_s	C++	134	使用离散事件模拟技术来模拟和分析计算机网络的行为和性能
523.xalancbmk_r	623.xalancbmk_s	C++	520	XSLT 将 XML 转换为 HTML
525.x264_r	625.x264_s	C	96	视频压缩
531.deepsjeng_r	631.deepsjeng_s	C++	10	Alpha-beta 树搜索（如在模拟国际象棋游戏中的应用）
541.leela_r	641.leela_s	C++	21	蒙特卡洛树搜索（在围棋游戏中的应用）
548.exchange2_r	648.exchange2_s	Fortran	1	递归式解决方案发生器（在数独游戏中的应用）
557.xz_r	657.xz_s	C	33	通用数据压缩

表 11-6　SPEC 2017 浮点测试程序的说明

SPECrate 2017 FP	SPECspeed 2017 FP	编程语言	千行代码数	应用场景
503.bwaves_r	603.bwaves_s	Fortran	1	模拟地震波传播
507.cactuBSSN_r	607.cactuBSSN_s	C++、C、Fortran	257	模拟物理学中针对相对论的计算
508.namd_r		C++	8	分子动力学
510.parest_r		C++	427	生物医学成像
511.povray_r		C++、C	170	光线跟踪
519.lbm_r	619.lbm_s	C	1	流体动力学
521.wrf_r	621.wrf_s	Fortran、C	991	模拟天气预报计算
526.blender_r		C++、C	1577	3D 动画渲染
527.cam4_r	627.cam4_s	Fortran、C	407	大气建模
	628.pop2_s	Fortran、C	338	大规模海洋气候建模（如气候等级）
538.imagick_r	638.imagick_s	C	259	图像处理
544.nab_r	644.nab_s	C	24	分子动力学
549.fotonik3d_r	649.fotonik3d_s	Fortran	14	计算电磁学
554.roms_r	654.roms_s	Fortran	210	区域海洋气候建模

从表 11-5 和表 11-6 可以看出，SPEC CPU2017 基准测试是一些实际的应用程序，它们经过简单修改就可以移植到不同架构的 CPU 上运行，并能在最大程度上降低 I/O 对性能的影响。

4. SPEC 基准测试结果

使用 SPEC 基准测试程序套件，可以横向对比不同的 CPU，得到可比性较强的测试结果。

图 11-1 引用了 AnandTech 网站对 Intel i9 系列芯片和 AMD Ryzen 7950x 芯片所做的评测，读者从中可以看到相关的测试结果。

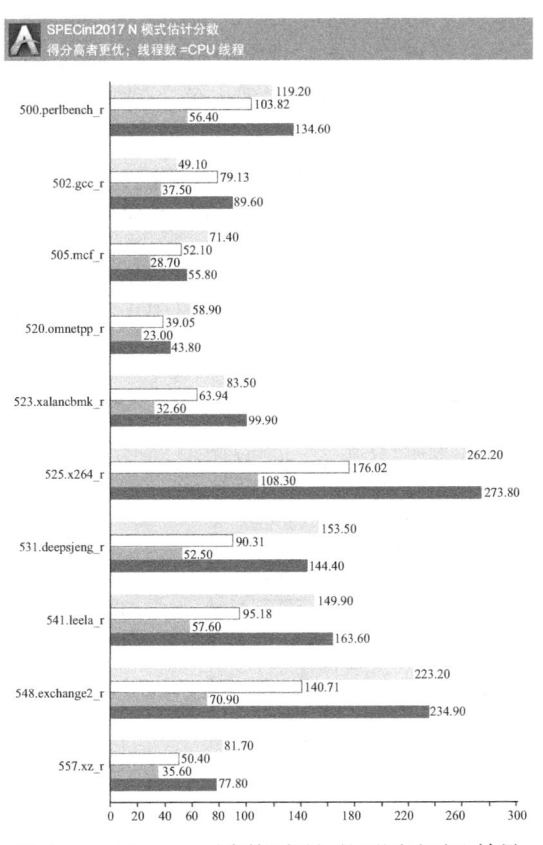

图 11-1　SPECrate（多核测试）整型测试对比结果

注：从上到下的 4 个柱状图依次表示 Core i9-13900K、Core i9-12900K、Core i9-11900K、Ryzen 7950X 的测试结果。

图 11-1 采用直方图形式，可以直观地比较 4 种类型 CPU 在多核测试条件下的各种测试表现。比如，在各种测试中，AMD 公司的 Ryzen 7950x 和 Intel 公司的 Core i9-13900K 芯片性能相当。而 Intel 的 Core i9-11900K 的性能指标几乎总是最低的。

11.3　GPU 算力评估

在智能座舱中，显示子系统特别依赖 GPU 的处理能力，同时视觉感知子系统也在一定程度上需要借助 GPU 进行计算。合理评估 GPU 的算力资源，从而判断 SoC 是否能支持座舱内各种显示屏的运作，是一项至关重要的任务。

11.3.1　GPU 架构原理

从本质上看，GPU 是一种基于 SIMD（单指令多数据）架构的计算机系统。与 CPU 相比，

GPU 配备了更多的处理单元，并具备更高的并行处理能力，因此能更迅速地处理大量的图形和图像数据。GPU 之所以适用于并行计算，主要是因为它拥有出色的并行处理能力和丰富的计算单元。GPU 的设计初衷在于提升数据吞吐量，也就是在一次操作中处理尽可能多的数据。为此，GPU 采用了流式并行计算模式，能对每个数据行进行独立的并行计算。这种独特的设计使得 GPU 在处理大规模并发计算任务方面表现出色，例如矩阵乘法、图像处理以及深度学习等。

为了理解 GPU 的工作原理，我们首先需要探究计算机系统是如何绘制并渲染图形的。

从本质上讲，计算机所能处理的图形图像都是由一系列的顶点（Vertex）和纹理（Texture）数据组成的。这些顶点会构成多个三角形，当在这些三角形上贴合相应的纹理后，就能输出用户可见的最终图像。这一过程 CPU 和 GPU 的协同工作，以实现最高效率。图 11-2 给出了一个图形绘制的流程示意图：

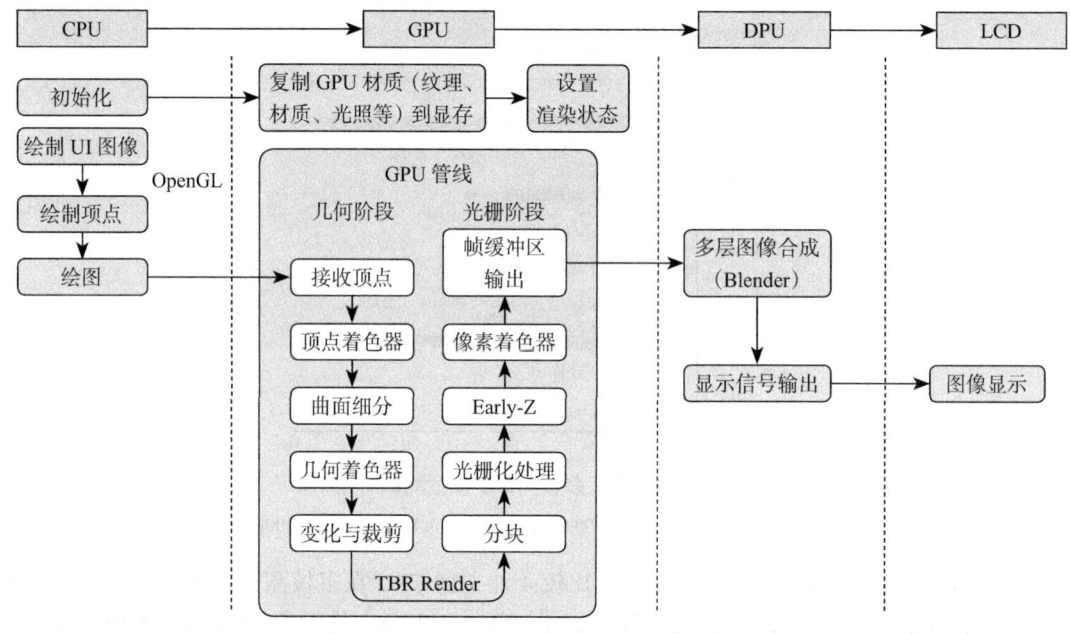

图 11-2 图形绘制流程示意图

绘制过程涉及 CPU、GPU 和 DPU 的共同参与。图形绘制和渲染的核心在于 GPU 管线（GPU Pipeline）。这里的"管线"并非指 CPU 的并发流水线，而是用来比喻 GPU 处理图像的流程，就像物品在生产流水线上从一个环节传递到下一个环节，直到全部加工完成。在 GPU 管线中，图像数据经历一系列的处理步骤，最终输出我们所需的图形图像。表 11-7 详细列举了 GPU 管线的主要步骤。

表 11-7 GPU 管线绘制步骤说明

操作	含义	处理单元	包含内容
Input Assembler	输入材质	CPU	CPU 将需要渲染的纹理、材质、贴图等材料从外部存储器复制到 GPU 显存中，以提升处理速度

(续)

操作	含义	处理单元	包含内容
Vertex Shader	顶点着色器	GPU	处理单个顶点的坐标以及相关参数（颜色、位置）
Geometry Stage	几何处理阶段	GPU	根据顶点信息生成图元。在几何阶段，顶点着色器输出的数据将进一步被处理，包括进行曲面细分、几何着色、裁剪和屏幕映射等操作
Viewport transform and Clipping	视口变化和裁剪	GPU	让画面内容适配实际的显示分辨率，如果显示的三角形超出了可视范围，那么也会被裁剪
Tiling	分块处理	GPU	将整块屏幕渲染划分成小块处理，适合移动 GPU 架构
Triangles & Rasterization	光栅化处理	GPU	根据顶点信息，绘制三角形矢量图形，并将矢量图形格式表示的图像转换为位图以进行显示
Early-Z Test	提前深度测试	GPU	测算每个分块缓冲区域是否被遮挡，提前去掉被遮挡的缓冲区，只处理最顶层应该显示的区块
Pixel Shader	像素着色器	GPU	使用渲染的纹理和材质，对每一个像素位图进行填充
Raster Operations	光栅操作	GPU	图形渲染的最后一个阶段，经过深度测试和颜色混合后，将生成的像素数据写入 GPU 的帧缓冲区（framebuffer），然后传送给 DPU 进行输出
Blender/Output Merger	图层混合与输出合并	DPU	DPU 负责实现多图层的合并处理，并输出到显示接口中，如 DP 或 DSI 接口

在这些操作中，光栅化（Rasterization）和像素着色器（Pixel Shader）是需要进行大量并行处理的关键步骤，要求有足够多的运算单元来执行。因此，在 GPU 的微架构中，这些处理单元被设计为多线程计算单元，以便能够同时处理多个任务，如图 11-3 所示。

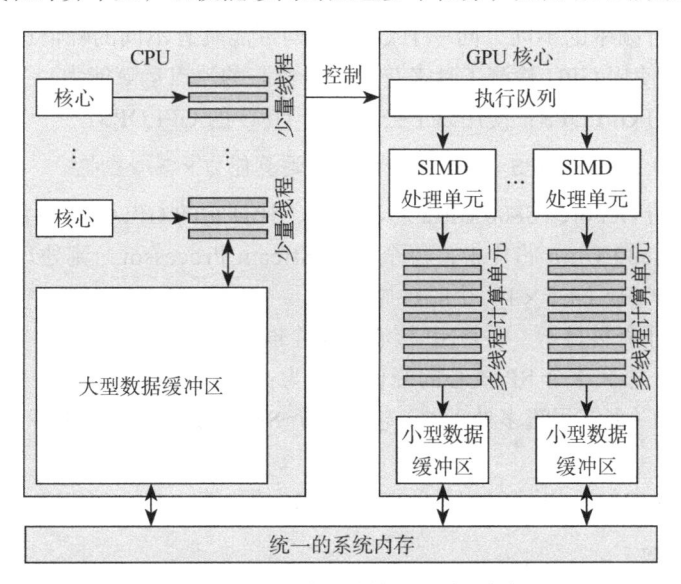

图 11-3　GPU 并行计算处理单元架构

从图 11-3 中可以看到 GPU 内部存在一个执行队列。GPU 从这个队列中获取指令，并将其发送到 SIMD 单元执行。SIMD 单元能够调度并执行一条计算指令，同时对多路数据进行处理。计算结果通过数据缓存最终写入系统内存。显然，这种架构非常适合进行矩阵运算或大量像素的并行计算，因为它能够高效地处理批量数据，从而提升整体计算性能。

11.3.2 GPU 性能评估标准

在智能座舱中，GPU 最主要的用途还是负责图形计算和渲染的任务，它与桌面个人计算机、智能手机的用途一样，首先要考虑图形图像显示的流畅度与画面的精美程度。更进一步，GPU 还要承担 3D 游戏的运行任务，当 GPU 运行压力达到阈值之后，屏幕画面的卡顿、掉帧、降频等问题会严重影响座舱用户的体验。

因此，需要针对 GPU 的性能进行评估，而评估标准既是系统架构工程师选择座舱 SoC 的参考要素之一，也是改进 GPU 性能和评估座舱应用是否可行的依据。

1. GFLOPS

人们习惯使用 GFLOPS（Giga FLoating-point Operations Per Second，每秒 10 亿次浮点运算）作为 GPU 的算力评价标准。我们首先来看一下如何计算 GFLOPS。

1）获取 GPU 的核心数量：核心数量是指 GPU 中包含的核心数量，通常以个为单位。可以通过查询 GPU 的规格或使用 GPU 检测工具来获取核心数量。

2）获取每个核心的频率：每个核心的频率指的是 GPU 的时钟频率，通常 MHz（以兆赫）为单位。可以通过查询 GPU 的规格或使用 GPU 检测工具来获取每个核心的频率。

3）获取每个核心的浮点运算能力：每个核心的浮点运算能力是指每个核心能够执行的浮点运算数量，通常以 MFLOPS（百万次浮点运算每秒）或 GFLOPS（十亿次浮点运算每秒）为单位。由于核心运行频率的不同，同一个 GPU 架构可能具有不同的峰值运算能力。可以通过查询 GPU 的规格或使用 GPU 检测工具来获取每个核心的浮点运算能力。

4）计算 GPU 的 GFLOPS：使用以下公式计算 GPU 的 GFLOPS：

$$GFLOPS = 每个核心的浮点运算能力 \times 核心数量$$

我们以英伟达的 GeForce 8800 Ultra 芯片为例，计算它的 GFLOPS 参数值。

- 在 GeForce 8800 Ultra 芯片中，每个 SP（Stream Processor，流处理器）核心运行的时钟频率是 1.5GHz（1.5×10^9 个时钟周期）。
- 据英伟达公开资料显示，1 个 SP 核心在 1 个时钟周期内的双精度（FP32）的计算能力为 3FLOPS，那么 1 个 SP 核心的峰值算力为：3FLOPS × 1.5GHz=4.5GFLOPS Ultra 芯片的每个 SM（多线程流多处理器）包含 8 个 SP 核心，SM 运行的峰值算力是 4.5 × 8=36 GFLOPS。
- GeForce 8800 GPU 一共拥有 14 个 SM，GPU 的总算力为：36 × 14 = 504 GFLOPS。

2. 其他评估参数

正如从 GFLOPS 的定义以及 GPU 架构原理中看到的那样，GFLOPS 虽然是计算能力的理论值，但并不能全面反映顶点处理、几何处理以及像素处理的能力。GPU 的实际性能会受到多种因素的影响，包括不同的 GPU 架构、驱动程序、应用程序以及显存等。

此外，还有其他一些评估参数也可用于评估 GPU 的性能。

1）帧率：帧率是指 GPU 在处理图形渲染任务时，每秒能够输出的图像帧数。测试结果显示，较高的帧率表示 GPU 能够更快地渲染图像，提供更流畅的视觉体验。

2）像素填充率（Pixel Fill Rate）：像素填充率是指 GPU 每秒能够渲染的像素数量。它与 GPU 的核心数、频率和内存带宽等因素相关。测试结果显示，较高的像素填充率表示 GPU 能够更快地渲染图像。

它可以通过以下公式来计算：

$$像素填充率 = \frac{每个周期的像素输出数}{时钟周期数}$$

其中，每个周期的像素输出数取决于 GPU 的 ROP（渲染输出端口）的数量和每个 ROP 的吞吐量。时钟周期数是指 GPU 的时钟频率，即每秒包含的时钟周期数。

3）纹理填充率（Texture Fill Rate）：纹理填充率是指 GPU 每秒能够处理的纹理像素数量。纹理是应用于物体表面的图像，较高的纹理填充率表示 GPU 能够更快地处理纹理映射，提供更细腻的图像。

4）像素着色器性能：像素着色器是 GPU 中负责对每个像素进行颜色计算的部分。像素着色器性能与 GPU 的核心数、频率和架构等因素相关。较高的像素着色器性能表示 GPU 能够更快地进行像素级别的计算，提供更复杂的图像效果。

5）渲染分辨率：渲染分辨率是指 GPU 能够支持的最大图像分辨率。较高的渲染分辨率表示 GPU 能够处理更大尺寸的图像，提供更好的图像细节和清晰度。

6）帧缓冲带宽：帧缓冲带宽是指 GPU 与帧缓冲区之间的数据传输速度。帧缓冲区是存储渲染结果的内存区域，较高的帧缓冲带宽可以提高数据传输效率，加快渲染速度。

3. 基准测试程序

正如在 CPU 的性能基准测试中使用 SPEC CPU2017 一样，GPU 也有相关的基准测试程序。

（1）3D Mark 测试

3DMark 由 Futuremark 公司开发的，用于测试计算机、移动设备和智能手机等设备的图形性能和稳定性。其测试结果可以反映设备性能的高低以及是否能够运行要求高的 3D 游戏。

3DMark 的测试包括多项测试，如 CPU、GPU、物理特性、帧数等，可以帮助用户在不同设备之间进行比较，为用户选择设备提供参考。其测试基于 DirectX、OpenGL 和 Vulkan 等图形 API 实现，模拟了现代 3D 游戏和应用程序中的复杂渲染效果。

目前主流的 3DMark 版本是 3DMark FireStrike，它包括了火焰测试段（Graphicstest）、物理计算测试段（Physicstest）和组合测试段（Combinedtest）三种测试模式。它可以适应绝大多数游戏的要求，能够对显卡的 3D 性能、CPU 的物理性能以及整机的综合性能进行测试评估。

此外，3DMark 还可以评估 GPU 在 VR 环境中的性能表现。测试基于 OpenVR API 实现，模拟了虚拟现实中的渲染和交互效果。

图 11-4 是使用 3DMark 对智能手机 SoC 中的 GPU 进行测评的评分。

3DMark 基准测试跑分对比

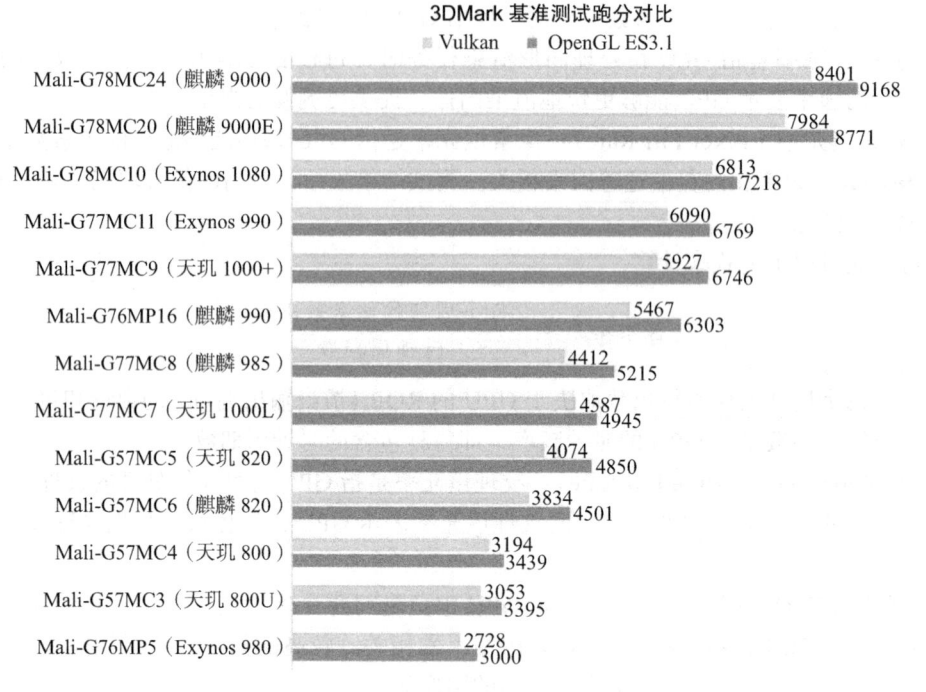

GPU	Vulkan	OpenGL ES3.1
Mali-G78MC24（麒麟 9000）	8401	9168
Mali-G78MC20（麒麟 9000E）	7984	8771
Mali-G78MC10（Exynos 1080）	6813	7218
Mali-G77MC11（Exynos 990）	6090	6769
Mali-G77MC9（天玑 1000+）	5927	6746
Mali-G76MP16（麒麟 990）	5467	6303
Mali-G77MC8（麒麟 985）	4412	5215
Mali-G77MC7（天玑 1000L）	4587	4945
Mali-G57MC5（天玑 820）	4074	4850
Mali-G57MC6（麒麟 820）	3834	4501
Mali-G57MC4（天玑 800）	3194	3439
Mali-G57MC3（天玑 800U）	3053	3395
Mali-G76MP5（Exynos 980）	2728	3000

图 11-4　多款 GPU 的 3DMark 基准测试结果

3DMark 测试程序主要使用了 2 种访问 GPU 的应用程序接口进行测试，一种是 OpenGL ES，另一种是 Vulkan。

从跑分结果来看，麒麟 9000 芯片使用的 Mali-G78MC24（24 核心）的分值最高。其中 Mali 系列 GPU 是由 ARM 公司发布的 IP 核（知识产权核）设计，SoC 厂商可以将其集成到自己的产品中来。

OpenGL ES 是 OpenGL（三维图形应用程序）接口的子集，为手机、个人掌上数字助理和游戏主机等嵌入式设备而设计。它去除了许多不必要的特性，并增加了一些适合嵌入式系统使用的特性。OpenGL ES 比 OpenGL 更为轻量级、高效，更适合在移动设备上运行。

Vulkan 是 Khronos Group 推出的新一代图形处理应用程序接口，旨在提供更高效的图形渲染和计算能力，特别适合移动设备。Vulkan 的设计目标是减少驱动程序的开销，并提供更直接的硬件访问能力，以提高性能和效率。

（2）曼哈顿测试

曼哈顿测试是 3D 图像测试中常用的基准测试软件，它是 GFXbench 的一部分。GFXbench 是一款跨平台的 3D 基准测试软件，可精准反映设备 GPU 的图形性能。它有多种测试场景，可以充分考察设备在运行 OpenGL ES 时的表现，并且可以进行电池续航测试。

GFXBench 的测试项目包括霸王龙（T-Rex）、曼哈顿 3.0（Manhattan）、曼哈顿 3.1、赛车（Car Chase）等。这些测试项目分别对应 OpenGL ES 2.0/3.0/3.1/3.1 标准下的性能。每个测试都会生成一个平均帧率（FPS），用以衡量测试结果的好坏。

另外，GFXbench 还提供了当屏（OnScreen）和离屏（OffScreen）两种测试。当屏即以设备屏幕原生分辨率运行测试，离屏则将分辨率统一到 1080P，便于跨设备对比。

例如，在曼哈顿 3.0 测试中，骁龙 888 的 GPU 达到了 175 帧/秒，而骁龙 7 Gen1 的 GPU 达到了 90 帧/秒。在功耗方面，骁龙 888 的功耗为 8.34W，而骁龙 7Gen1 的功耗为 5.91W。这些数据可以作为对比不同 GPU 性能的依据。

（3）安兔兔测试[①]

安兔兔测试是通过运行一系列特定的测试程序来对智能手机的 GPU 性能进行测试，根据测试结果给出一个总分。这些测试程序模拟了现实生活中的各种应用场景，如游戏、视频播放、网页浏览等，以评估 GPU 在处理这些任务时的性能表现。

具体来说，安兔兔测试会对 GPU 的渲染能力、计算能力、图像处理能力等方面进行测试。在渲染能力方面，测试程序会模拟复杂的 3D 场景，以评估 GPU 的渲染速度和效果；在计算能力方面，测试程序会进行大量的数学运算，以评估 GPU 的计算速度和精度；在图像处理能力方面，测试程序会模拟各种图像处理任务，如降噪、锐化等，以评估 GPU 的图像处理能力。

（4）游戏测试

除了基准测试程序之外，采用实际的应用程序对 GPU 性能进行评测是一种常见方法。在智能座舱 SoC 越来越向消费类电子性能靠近的时代，使用流行的游戏对 GPU 性能进行测试可以预测用户的直观感受。

目前智能手机上常使用的评测游戏有《原神》《王者荣耀》等。

11.4 NPU 算力评估

在智能座舱的应用中，专用的 AI 推理组件在座舱 SoC 中是不可或缺的。通常情况下，为了进行人工智能相关的模型运算，需要在座舱 SoC 中集成 NPU。

11.4.1 NPU 架构原理

在座舱内部的感知算法中，针对 NLP 主要运用 RNN（循环神经网络）或 LSTM（长短时记忆网络）。这些网络能处理诸如语音信号等序列数据，学习其特征和模式，并通过大量文本数据训练来提升机器理解和生成人类语言的能力。图像识别则主要采用 CNN，CNN 通过卷积运算精准提取图像特征，实现对象的有效识别和分类。

在选择座舱 SoC 中的 NPU 时，必须确保其能支持 RNN 和 CNN 模型。RNN 模型的节点以环状方式定向连接，具备出色的记忆能力，非常适合处理任意时序的输入数据。作为专门处理二维数据的多层神经网络，CNN 具备出色的容错、并行处理和自学习能力，广泛应用于模式分类、物体检测与识别等领域。因此，对这两种模型的支持情况是选择 NPU 的重要考量因素。

1. NPU 计算原理

顾名思义，CNN 和 RNN 都属于神经网络模型，它们通常采用神经元来进行计算。神经元是神经网络中的基本单元，它接收多个输入信号，通过一定的计算产生输出信号，并将输出

[①] 现代智能座舱主要参考手机芯片重新设计，所以安兔兔测试也适用。

信号传递给其他神经元。神经元的组成公式可以表示为：

$$\alpha = g\left(\sum_{i=1}^{n}\omega_i x_i + b\right)$$

在此公式中，α 代表神经元的输出，$g(\cdot)$ 是激活函数，w_i 是第 i 个输入信号的权重，x_i 代表第 i 个输入信号，而 b 为偏置参数。从公式中可以看出，NPU 所支持的计算模式以乘法和加法为主，因此需要大量的乘加单元（MAC）来构建运算矩阵。

为了用硬件实现这种乘加的计算关系，谷歌第 1 代 TPU（张量处理单元，NPU 的一种）给出的系统架构框图如图 11-5 所示。

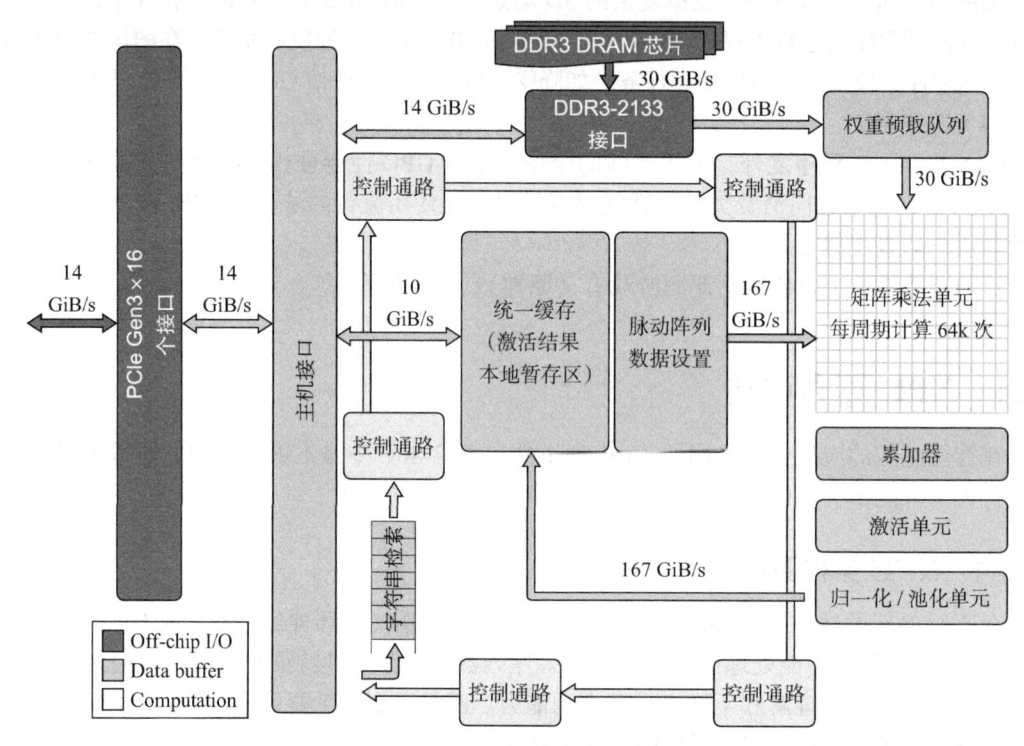

图 11-5 谷歌第 1 代 TPU 架构框图

从图 11-5 中，我们可以看到谷歌的 TPU 设计思路。

- TPU 指令通过 PCIe 接口从主机（CPU）发送至 TPU 的指令缓冲区。同时，NPU 会从主存储器中读取已训练好的权重参数，并将这些数据送往矩阵乘法单元进行乘法运算。由于运算量庞大，此处的数据带宽高达 30GB/s，以满足高速数据传输的需求。
- 矩阵乘法单元是 TPU 的核心组件，它包含 256×256 个乘加单元，能够对 8 位整型数进行乘加运算。每次乘加运算的结果会暂存于矩阵单元下方的累加器（Accumulator）中。这个矩阵乘法单元的运算能力非常强大，每个周期可以输出多达 64 000 个计算结果。
- 累加器负责处理加法运算的结果。这些结果在经过激活函数处理后，会被传输到归一化/池化单元进行进一步处理，并最终存储在统一缓存中。如果需要，这些中间结果还会通过脉动阵列再次进入矩阵乘法单元，参与下一轮的运算。
- 最终的计算结果会通过 PCIe 接口传送回主机，从而完成整个计算过程。这种高效的数据处理和传输机制使得 TPU 在处理大规模矩阵运算时具有出色的性能表现。

2. NPU 特性需求
因此，一个典型的 NPU，如果需要支持 CNN 和 RNN，应该具备以下特点。
- **硬件架构**：NPU 的硬件架构必须高效且灵活，能够同时满足 CNN 和 RNN 的计算需求。这意味着它不仅要支持卷积运算、池化运算、激活函数等 CNN 常用的操作，还要能够处理 RNN 特有的长序列记忆和时间维度信息传递。
- **数据流管理**：为了有效处理图像和文本等多种类型的数据流，NPU 需要具备先进的数据流管理能力。这包括高效的内存管理和数据调度策略，以确保各种类型的数据能顺畅地进行计算和传输。优化后的数据流管理不仅能提升处理速度，还能降低功耗和延迟。
- **并行计算能力**：为了应对复杂的计算任务，NPU 需要具备强大的并行计算能力。这包括支持多线程、多核心的计算方式，以便同时处理多个计算任务，从而提高整体计算效率。通过并行计算，NPU 能更快速地完成大规模数据处理和分析任务。
- **混合精度计算**：在保证计算精度的前提下，为了提高计算效率，NPU 应采用混合精度计算技术。这意味着在某些场景下，可以使用低精度的整数运算来加速计算过程，而在需要高精度的场合则使用浮点运算。这种灵活的计算方式能在保持精度的同时，最大限度地提高计算速度。
- **数据类型优化**：为了进一步提升计算效率，NPU 还应采用数据类型优化策略。例如，可以使用定点数代替浮点数进行计算，或者使用较低精度的数据类型来替代高精度数据类型。这些优化措施能有效减少计算时间和功耗，使 NPU 在处理各种任务时更加高效和节能。

NPU 中与并行计算紧密相关的核心组件是计算单元。这些计算单元专门负责执行神经网络的各类计算任务，如卷积、激活函数处理、池化等关键操作。计算单元通常由多个 PE（Processing Element，处理单元）构成，每个 PE 都独立负责处理一部分计算任务，从而实现任务的并行处理。

在 NPU 的架构中，PE 被视为最基本的计算单元。每个 PE 能够完成单个神经元或神经元小组的计算操作，这种设计有助于提高计算的并行性和效率。为了协调各个 PE 之间的工作，它们之间通过互联网络（Interconnect Network）进行高效的数据传输和协作。这种网络确保了数据能够在不同的 PE 之间快速流动，从而支持复杂的神经网络计算任务的完成。

由于 PE 在 NPU 中扮演着至关重要的角色，其性能和数量直接决定了 NPU 的整体计算能力和处理效率。换句话说，一个具备高性能计算单元的 NPU 将能够更快速地处理神经网络任务，提升整体的系统性能。

11.4.2　NPU 性能评估标准

在许多 NPU 的设计实现中，PE 经常被称为 MAC（即乘加单元）。因为神经网络的基本计算过程涉及权重与输入的乘积以及这些乘积结果的累加。具体来说，每个神经元的输出是其输入与相应权重的乘积之和，再加上一个偏置项，最后可能还会经过一个激活函数。在这个过程中，乘法和加法是两种最基本的数学运算。

NPU 的算力单位被称为 TOPS（Tera Operations Per Second），它表示每秒可以执行的万亿次操作，是衡量 NPU 性能的重要指标。由于 NPU 的计算单元采用并行计算的方式，理论上来说，我们只需要使用乘加单元的数目，再与 NPU 的时钟频率相乘，就可以得到单位时间内的操作次数，也就计算出了 TOPS 的值。

在评估 TOPS 时，还需要考虑操作类型和操作精度。

- 操作类型：在神经网络计算中，常见的操作包括矩阵乘法、加法、激活函数等。这些操作在计算复杂度和资源需求上有所不同。例如，矩阵乘法可能涉及大量的乘法和加法操作，而激活函数主要是比较和逻辑操作。
- 操作精度：操作精度对计算资源和时间的影响也很大。整型（如 Int8、Int16）和浮点型（如 FP32、FP16）数据在计算速度、内存占用和精度方面各有优劣。一般来说，较低精度的数据类型计算速度更快，但可能牺牲一定的准确性。

现在，我们以谷歌的 TPU 芯片为例，尝试计算它的算力标准。

1）在谷歌 TPU 的矩阵乘法单元中，含有 256×256 个乘加单元，因此它有 64 000 个 MAC 单元。

2）每个 MAC 单元在一个周期内将完成 1 次乘法和 1 次加法运算，计为 2 次操作。

3）假设谷歌 TPU 的执行时钟频率为 1GHz，那么每秒的计算次数是 2×64000×1GHz。要转换为 TOPS，还需要将这个数值转换为"万亿"，因此，需要除以 10^{12}。

4）在执行精度上，假设推理模型按 INT8（8 位整型）类型的精度来计算，刚好与 TPU 的矩阵乘法单元精度相同，因此 TPU 的算力公式为：

$$\text{Int8的TOPS} = \frac{2 \times 64000 \times 1\text{GHz}}{10^{12}} = 128 \text{ TOPS}$$

5）如果推理模型按 FP16（16 位浮点数）类型的精度来计算，由于每个 MAC 单元能处理的数据量从 8bit 改为 16bit，因此需要 2 个 MAC 才能执行 1 次计算，总计算次数将减少一半。TPU 的算力公式为：

$$\text{FP16的 TOPS} = \frac{2 \times 64000 \times 1\text{GHz}}{2 \times 10^{12}} = 64 \text{ TOPS}$$

11.5　主存储器性能评估

在 SoC 的性能评估中，存储器性能是一个至关重要的环节。在基于冯·诺伊曼架构的计算机体系中，所有的指令和数据都存储在存储器中，因此存储器的访问速度对计算机整体性能有着显著影响。举例来说，根据 CPU 的五级流水线体系，CPU 首先需要从存储器中取指令，然后取数据，最后将计算结果写回存储器。如果存储器的访问速度过慢，CPU 流水线中的指令周期将不得不与存储器的访问速度相匹配，这会大大降低计算机的整体性能。这就像水桶理论所揭示的道理一样，水桶的容量取决于最短的那块木板，而存储器的性能往往就是影响 SoC 整体性能的"短板"。因此，在 SoC 设计和性能评估中，必须充分重视存储器的性能优化。

11.5.1 主存储器架构原理

计算机中存储器的设计问题可以归纳为三个主要方面：容量、速度和价格。程序员往往期望存储器具有大容量、高速度和低成本，然而，实际上这三个要素往往是相互矛盾的，难以实现完美的平衡。这 3 个要素之间的关系可描述为：

- 存取时间越短，则平均每位的存储单元对应的存储成本越大。
- 存储容量越大，平均每位对应的存储器成本越小。
- 存储容量越大，存取时间就越长。

现代计算机系统通常采用层次化的存储结构（如缓存、主存、辅存等），以便在不同层次上平衡容量、速度和成本。这种层次化的设计允许系统在保持足够性能的同时，也能提供足够大的存储容量。

1. 存储器层次结构

根据计算机系统结构原理，智能座舱 SoC 的架构体系中有可能使用到的存储器类型如表 11-8 所示。

表 11-8　智能座舱 SoC 所使用的存储器类型

存储器	存储器类型	用途	器件位置	存取速度	每位成本	容量
寄存器	D 型触发器	用于 CPU 内部操作数的运算与存储	CPU 内部，流水线内	最快	极高	极小
缓存	SRAM（静态随机存储器）	指令和数据缓存	CPU 内部，流水线外	极快	高	小
DDR 主存	DRAM（动态随机存储器）	主存储器	SoC 片外，由高速总线连接	快	中	中
Nand 闪存	ROM（只读存储器）	外部存储器	SoC 片外，由低速总线连接	慢	低	大

根据表 11-8 中列出的存储器类型，我们可以看到 CPU 内部的寄存器速度是最快的。如果能全部使用寄存器作为存储器，那么性能无疑将达到极致。然而，由于其高昂的成本，无法大规模采用。另一方面，主存或闪存虽然容量充足且成本适中，但其存取速度相对较慢，无法匹配 CPU 的处理速度。

存储器层次结构的提出，旨在构建一种存储器系统技术，该技术旨在实现每字节成本与主存和闪存相当，而速度则接近最快的寄存器或高速缓存。

在计算机系统结构的设计中，构建这样的存储器系统是切实可行的。

2. 缓存原理

缓存的工作机制是基于局域性原理设计的。局域性原理表明，程序往往会重复使用它们最近使用过的数据和指令块。这里的"最近使用"不仅包含了时间上的局域性，也包含了空间上的局域性。为了充分利用这一特性，在指令预取阶段，处理器会一次性读取一段指令和一块数据。这样,下一条待执行的指令和数据很可能就包含在这已经预先读取的指令段和数据段中。

在常规情况下,指令和数据是保存在主存储器中的。然而,如果将预取的指令和数据保存在缓存中,就可以显著提升 CPU 对存储器中数据的存取速度。这种设计思路正是存储器层次结构的核心所在。通过这种结构,我们能够有效地提升系统的整体性能。图 11-6 展示了一个支持缓存的存储器层次结构。

从图 11-6 可以观察到,主存储器的容量相对较大,但由于其位置离 CPU 较远,访问速度相对较慢。相比之下,缓存离 CPU 更近,尽管其容量较小,却能提供更快的访问速度。CPU 通过高速总线高效地访问存储在缓存中的指令或数据。同时,根据局域性原理,缓存通过低速总线以块传输的方式从主存储器中成批读取指令或写入数据。这样的层次结构设计使得系统仅需增加一小块缓存的成本就能显著提升存储空间的访问速度,同时保持整体存储解决方案的经济性。

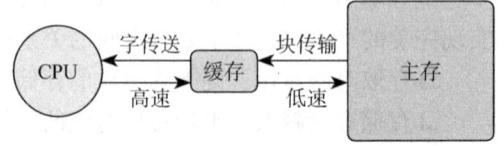

图 11-6 支持缓存的存储器层次结构

3. 缓存优化方法

缓存的设计是一门非常精妙的学问,尽管我们在此不打算深入探讨,但简要介绍其设计思路仍是有意义的。

缓存的设计初衷在于将低速主存中的指令和数据预先提取,并存储在速度更快的缓存中。当 CPU 需要读取指令或数据时,如果这些数据能从缓存中直接获取,则称之为命中;否则,系统将启动主存预取流程,将一段指令和数据从低速主存迁移到缓存中。这个过程不可避免地会打断 CPU 的流水线操作,从而影响处理效率。因此,命中率,即 CPU 需要从缓存中读取数据时能够直接命中的比例成为评估缓存性能的关键指标。提高命中率是缓存设计的核心目标,因为它直接关系到系统的整体性能和响应速度。

如何才能提升缓存的命中率?以下是一些可以考虑的方向。

- ❑ 容量:容量越大,则缓存中可存放的数据就越多,CPU 能命中的概率也就越高。
- ❑ 映射:缓存的容量必然不可能达到主存一样的容量大小,否则就不需要设置缓存了。如何将容量较大的主存映射到容量小的缓存中?这里需要考虑映射算法的设计。现在最常用的是组相联映射机制,但值得注意的是分组的大小,以及组的数目。不同的选择会带来不同的性能。
- ❑ 替换:一旦缓存存满,当需要装入新的块时,原来的块就需要被替换掉。采用什么样的替换算法才能最大限度地提升命中率?LRU(最近最少使用)、LFU(最不经常使用)、FIFO(先进先出)、随机算法等,这些都是常用的替换算法可选项。
- ❑ 写策略:缓存中的数据是否需要被写回主存中?SMP 系统中多核如何保证缓存一致性?这些问题都需要通过写策略来进行保证。
- ❑ 行大小:"行"指的是缓存架构中的行,负责从主存中读取数据并存放。主存中的数据块与缓存中的行相对应。由于局部性原理,CPU 在读取主存中的数据时,不是仅仅读取该数据本身，而是连带读取其周边区域的一整块数据。这些数据将会装入同一个行内。随着行大小的增加，命中率开始上升，但是当行大小达到临界点后，再增加反而会使得命中率降低。其原因在于，较大的行会导致被替换的可能性大大增加，这样可能不得不替换掉不久前刚写入缓存的数据。

❑ 分立缓存：最开始的缓存是将指令和数据放在一个缓存中的，这种架构也称为普林斯顿结构。但是现代 CPU 设计引入了超标量流水线架构，它需要支持执行并行指令，预取带预测的指令等功能。此时将指令缓存和数据缓存分开将有利于消除多条流水线带来的冲突。这种分立缓存的架构又被称为哈佛结构。

❑ 多级缓存：由于集成电路工艺的提高，缓存与 CPU 设计在一块处理器上是非常正常的思路。即使都在一块处理器 SoC 内部，由于半导体晶体管的特性以及容量大小的区别，缓存的速度也是不同的。相对来说，离 CPU 越近，则缓存的速度越快。离 CPU 越远，则缓存速度越慢，但容量可以增大。现代 CPU 的设计已经开始引入 L1、L2、L3 这种 3 级缓存设计。L1 离 CPU 最近，可以跟上处理器的高速时钟频率；L2 和 L3 容量更大，可以提升缓存命中率。

4. 多级缓存架构

根据上述分析，座舱 SoC 的存储器层次结构需要综合采用这些可行的方法。由于缓存设计与 CPU 设计息息相关，它涉及计算机系统结构的核心策略，一般来说由提供高性能 CPU IP（知识产权核）的设计公司（如 ARM 公司等）来提供。现代 CPU 设计主要采用了 3 级缓存的结构，如图 11-7 所示。

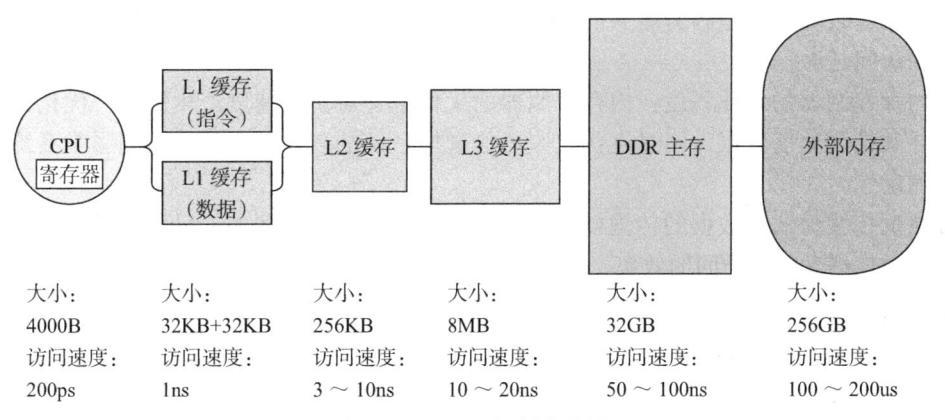

图 11-7　CPU 3 级缓存设计

从图 11-7 可以看到，存储器之间的速度、容量和价格的权衡。CPU 内的寄存器无疑是速度最快的存储器，但它的容量非常有限且价格昂贵。通常，一个处理器核心会配备十几个到几十个这样的寄存器，以确保关键数据和指令能够迅速被 CPU 访问。

主存，通常采用 DDR（双倍速率的动态随机存储器）器件，拥有大容量但速度相对较慢。它在存储系统中扮演着重要角色，能够存储大量的数据和程序。

在主存和 CPU 之间，设置了 3 级缓存（L1、L2、L3）以提高访问速度。其中，相比 L2

和 L3，L1 具有更快的速度，但其容量也相对较小。这种设计是为了确保 CPU 能够快速访问最近使用过的数据和指令，从而提高整体性能。

另外，缓存对程序员来说是透明的。这意味着在编写程序时，程序员无须考虑缓存的存在，系统会自动处理缓存的读写操作。这种设计使得编程更加简洁高效，对程序员更为友好。

在设计智能座舱 SoC 时，SoC 的系统架构师通常可以选择 L1、L2、L3 缓存的容量大小，在性能和成本之间取得平衡。只有少数自研 CPU 的设计师，才能恰当地设计满足特定需求的缓存内部架构。

11.5.2 主存储器性能评估标准

在对主存储器性能的评估中，存在两种主要的标准：存储器系统的速率和访问存储器的带宽。

1. 存储器系统速率评估

作为一个复杂系统，SoC 访问存储器的速率受多个因素的综合影响。

- 系统架构：不同的系统架构设计对内存访问的性能有着不同的影响。例如，在采用多级缓存的系统中，数据可能需要在不同级别的缓存之间进行传输，这会直接影响访问速度。
- DDR 类型：DDR 存在多种类型，如 DDR3、DDR4、LPDDR 等，它们的访问速度和性能各不相同。具体来说，DDR4 的访问速度通常快于 DDR3，而 LPDDR 往往比标准 DDR 具有更快的访问速度。
- 内存大小：内存的大小同样会影响访问速度。一般而言，内存越大，其访问速度可能会相对较慢，这是因为更大的内存意味着控制器需要处理更多的数据位，从而可能增加访问延迟。
- 内存控制器的优化程度：内存控制器的优化也会对访问速度产生影响。优化不足可能导致访问速度受限，而过度优化则可能增加系统的复杂性，甚至可能影响系统的整体稳定性。
- 数据传输模式：数据的传输模式同样会影响访问速度。例如，采用突发传输模式可以有效地提升内存访问的效率，进而减少访问延迟。

2. 访问存储器带宽评估

假设座舱 SoC 采用的主存是 LPDDR5（Low Power DDR v5，第 5 代低功耗 DDR 存储器），我们按如下的条件来计算带宽理论值。

1）DDR（Double Data Rate，双倍数据速率）技术：DDR 是 DRAM（动态随机存储器）的一种类型。DDR 在每个时钟周期的上升沿和下降沿都传输数据，因此每个时钟周期内实际可以传输两次数据。计算 DDR 带宽时，需将时钟频率乘以 2，以得出实际的数据传输速率。

2）等效时钟频率：LPDDR5 的标准核心时钟频率为 200MHz。DDR 内存的预取数据位通常为 16 位，意味着在每个时钟周期内，DDR 核心会预取 16 位数据到 I/O 缓冲区。因此，有效传输速率为 200MHz × 16 = 3200Mbit/s，常用 LPDDR5@3200Mbit/s 表示等效的数据时钟频率。

3）数据位宽：LPDDR5 的数据位宽由通道数和每通道位宽决定。常见的配置有 4 通道或

8通道，每通道的位宽通常为16位。因此，8通道LPDDR5的数据位宽为 $8 \times 16 = 128$ 位。

4）DDR理论数据传输速率，计算公式如下。

$$DDR速率 = \frac{时钟频率 \times 数据位宽 \times 2}{8}$$

所以，对于3200Mbit/s的时钟频率和128位的数据位宽，理论传输速率为 $3200 \times 128 \times 2/8 = 100GB/s$。注意传输速率是以字节为单位进行计算的。

综上所述，衡量LPDDR5带宽速率时，需考虑以下三个关键因素：等效时钟频率（例如3200Mbit/s）、通道数（可能是4或8）以及通道位宽（根据DDR供应链的标准，通道位宽一般都是统一的16位）。

DDR是影响SoC性能的关键因素之一，在评估座舱的计算能力时，系统架构师会综合考虑多个方面，通常会将CPU、GPU、NPU和DDR带宽数据一并纳入评估范围。

11.6 芯片算力评估实例

在详细阐述了座舱SoC算力评估的基本原理之后，我们将借助一个具体的实例，深入探讨如何对座舱SoC的性能进行准确评估，从而判断SoC是否能够满足我们的实际需求。

当主机厂计划引入一颗全新的座舱SoC时，进行算力评估是不可或缺的一环。这种评估并非仅仅局限于静态地对比两颗芯片的算力指标，而是需要紧密结合实际使用场景，深入分析和判断新SoC在何种程度上能够胜任智能座舱的多元化需求。

11.6.1 座舱使用场景假设

我们需要对智能座舱的使用场景进行一项假设性分析。

假设在当前的项目中，我们采用的是高通公司的SA8155芯片作为智能座舱SoC。为了满足新一代车型产品的市场需求和性能要求，我们需要评估是继续使用SA8155芯片，还是需要替换为算力更高的座舱SoC？为得到有依据的结论，我们需要先针对新旧两代车型产品的智能座舱功能进行详细的对比分析。表11-9列举了智能座舱的部分使用场景，以便进行评估。

表11-9 智能座舱使用场景范例

功能项	上一代智能座舱场景	新一代智能座舱场景
中控娱乐屏显示	采用分辨率为 1920×1080 的高清分辨率屏幕	采用分辨率为 3840×2160 的4K分辨率显示屏
多媒体音视频播放	要求支持2路 1920×1080 的高清分辨率视频同时播放	要求支持4路 3840×2160 分辨率的视频同时播放
玩大型游戏	无	要求在中控大屏上能支持《原神》游戏
HUD显示	支持 600×400 分辨率的W-HUD（直投风挡玻璃的抬头显示器）	要求支持 1600×800 分辨率的AR-HUD
360°环视摄像头显示	只能支持4路摄像头同时显示	可以支持4路摄像头环视拼接，并实现鹰眼图，可用于自动泊车功能
后排娱乐屏显示	无	支持分辨率为 1920×1080 的高清显示屏

从表 11-9 可以看到，新一代的智能座舱在使用场景上既增加了功能，又提升了性能。原有的座舱 SoC 算力是否能满足新的场景需求呢？让我们对使用场景进行分析。

根据表 11-2 的座舱算力分解数据来看，智能座舱在大部分使用场景中，CPU 和 GPU 均是不可或缺的算力单元。在视觉呈现相关的任务上，借助 DPU 计算是必需的，而在处理多媒体音视频数据时，除了 CPU 和 GPU 外，还需要额外借助 VPU 的算力。此外，在涉及摄像头图像处理的任务时，ISP 则成为必不可少的算力单元。因此，我们首先需要基于当前的硬件平台和应用软件层进行算力消耗情况的全面统计与分析。

11.6.2 座舱算力统计对比

下面我们以 SA8155 为座舱 SoC 核心的域控制器测算并统计各个座舱应用场景对 CPU 和 GPU 的具体算力需求。

1. CPU 测算

我们可以通过 Linux 系统下的 CPU 使用率统计命令 top 来进行 CPU 算力测算。图 11-8 展示了在 Linux 的命令行调试环境中输入 top 命令之后显示的结果。

```
  PID USER      PR  NI    VIRT    RES    SHR S %CPU %MEM     TIME+ COMMAND
 1428 root      20   0   80640  32028  14512 R 85.9  1.6  27:11.74 Xorg
 3065 dbj       30  10    5572   4196   3192 S 11.3  0.2   0:31.52 zoom
 2226 root      20   0    9964   3464   2944 R  1.3  0.2   0:15.53 top
    3 root      20   0       0      0      0 R  0.3  0.0   0:01.59 ksoftirqd/0
    7 root      20   0       0      0      0 R  0.3  0.0   0:06.81 rcu_sched
 2168 root      20   0   13500   6960   6064 S  0.3  0.3   0:03.10 sshd
    1 root      20   0   24172   5160   3748 S  0.0  0.3   0:05.47 systemd
    2 root      20   0       0      0      0 S  0.0  0.0   0:00.00 kthreadd
    5 root       0 -20       0      0      0 S  0.0  0.0   0:00.00 kworker/0:0H
    8 root      20   0       0      0      0 S  0.0  0.0   0:00.00 rcu_bh
    9 root      rt   0       0      0      0 S  0.0  0.0   0:00.00 migration/0
   10 root      rt   0       0      0      0 S  0.0  0.0   0:00.06 watchdog/0
```

图 11-8　Linux 命令行环境中的 top 命令运行结果

从图 11-8 中可以看到，Xorg 应用对应的进程 ID（PID）为 1428，它的 CPU 占用率为 85.9%。因此，我们在智能座舱的应用场景运行的同一时间输入 top 命令，就可以得到该应用所占 CPU 的百分比。为了最大限度地模拟真实的智能座舱应用环境，我们还应该将多个场景进行并发执行。在经过实验之后，我们可以拿到当前的智能座舱 SoC 的 CPU 占用率。根据公开信息显示，高通 SA8155 的 CPU 算力为 105k DMIPS。表 11-10 列举了部分应用场景下，SA8155 的 CPU 占用率测算结果和 CPU 算力消耗结果。

表 11-10　SA8155 的 CPU 占用率和算力消耗

功能项	是否存在并发场景	CPU 占用率	CPU 算力消耗 /k DMIPS
中控娱乐屏显示	是	10%	10.5
多媒体音视频播放	是	17%	17.85
玩大型游戏	否	0%	0
HUD	是	10%	10.5
360° 环视摄像头显示	否	15%	15.75

（续）

功能项	是否存在并发场景	CPU 占用率	CPU 算力消耗 /k DMIPS
后排娱乐屏显示	是	0%	0
总算力需求	仅并发	37%	38.85

而针对新一代智能座舱的应用场景需求，我们可以根据 SA8155 的使用情况进行推算。表 11-11 总结了下一代智能座舱在功能和性能的需求升级以后对 CPU 算力消耗的估算情况。

表 11-11　下一代智能座舱的 CPU 算力消耗估算

功能项	是否存在并发场景	CPU 占用率	CPU 算力消耗 /k DMIPS
中控娱乐屏显示	是	—	30（估算）
多媒体音视频播放	是	—	17.85（新增解码算力需求以 VPU 为主）
玩大型游戏	否	—	65（估算）
HUD 应用	是	—	20.5（估算）
360° 环视摄像头显示	否	—	30（估算）
后排娱乐屏显示	是	—	10.5（估算）
总算力需求	仅并发	—	78.85（估算）

从表 11-11 的数据可以看到，针对下一代智能座舱的使用场景，随着大型游戏和后排娱乐屏等功能的加入，对性能的需求也有了显著的提升。基于 SA8155 的实测数据，我们经过深入的分析和验证，得出下一代智能座舱部分应用场景的算力需求。这一需求是基于并发的应用场景进行的考量，尚未涵盖非并发的场景，但即便如此，这些场景下的总算力需求也已经高达 78.85k DMIPS。

那么，为什么在计算算力资源时，我们选择了 DMIPS 作为参考依据，而不是使用 SPEC CPU2017 的结果呢？这主要是因为，我们是通过测量各应用场景下 CPU 的占用率来估算 CPU 消耗的算力资源。当我们获得了 CPU 占用率之后，可以直接采用 SoC 厂家给出的 DMIPS 参考值来进行归一化的计算和对比。而 SPEC CPU2017 测试套件则更多地用于全面和客观地评估 CPU 的实际性能，通常用于 SoC 之间的对比评估。

在得到表 11-12 中的估算值后，再考虑到还有诸多应用场景对 CPU 资源的额外消耗需求，显然 SA8155 已经无法满足下一代智能座舱的算力要求。因此，我们必须寻求具备更高性能的新的 SoC 解决方案。

2. GPU 测算

类似于测算各场景下 CPU 的占用率，我们同样需要测算各场景下 GPU 的占用率。经过查询资料，我们发现高通公司在其底层软件驱动中增加了统计 GPU 占用率的功能。通过配置相应命令，我们可以统计各进程的 GPU 占用率（每个应用场景通常由一个或多个进程来实现）。

在 SA8155 的开发板上，我们首先通过 busybox（Android 系统下的一个调试工具包）进入 SA8155 的 QNX 命令行交互界面。然后，我们输入以下命令，以启动 GPU 占用率统计功能。

```
// 设置 Log 层级，打开详细信息记录
echo gpu_set_log_level 4 > /dev/kgsl-control
// 统计每个应用的 GPU 占用率
echo gpu_per_process_busy 1000 > /dev/kgsl-control
```

在输入这些命令后，每个应用的 GPU 占用率将通过系统日志（slog）进行输出。我们获取到这些 GPU 占用率数据后，会基于 SA8155 的 GPU 总算力资源（约为 1142GFLOPS）来计算每个应用的具体消耗值。此外，我们还会根据应用场景的升级需求，以 SA8155 的算力消耗为基准，进一步预测和计算下一代座舱所需的 GPU 算力值，并将这些数据总结在表 11-12 中。

表 11-12 SA8155 和下一代座舱的 GPU 占用率和算力消耗

功能项	是否存在并发场景	GPU 占用率	GPU 算力消耗 / GFLOPS	下一代座舱的 GPU 算力消耗 / GFLOPS
中控娱乐屏显示	是	25%	285.5	650
多媒体音视频播放	是	10%	114.2	150
玩大型游戏	否	—	—	1000
HUD 显示	是	1%	11.42	185
360° 环视摄像头显示	否	30%	342.6	600
后排娱乐屏显示	是	—	—	350
总算力需求	仅并发	36%	411.12	1335

在表 11-12 所统计的算力需求中，我们特地将并发的应用与非并发的应用分开进行计算。例如，在大型游戏的运行场景下，GPU 的消耗相当高，可能达到 1000GFLOPS 的算力。然而，考虑在行车途中玩游戏可能对用户的视力造成不良影响，甚至引发眩晕，我们将这类场景定义为仅在驻车模式下才允许启动。因此，在统计 GPU 的算力消耗时，这类场景的算力消耗不应计入最大并发场景的总体算力消耗中。

根据上述分析，我们认识到 SA8155 在 GPU 算力值上已无法满足下一代智能座舱的需求。在规划 GPU 的算力资源池时，我们不能仅局限于当前的应用场景需求，还必须充分考虑未来软件升级可能带来的 GPU 算力增长需求。这就要求我们在设计下一代座舱的算力系统时，必须预留出合理的算力升级空间，以应对未来可能的挑战。

11.6.3 其他组件性能评估

除了核心的 CPU 和 GPU 之外，座舱 SoC 还集成了多种算力子单元，每个子单元都拥有独特的功能和应用场景。在全面评估整个系统的算力时，我们必须充分考虑这些子单元的性能，确保它们能够满足各自的需求。接下来，我们将简要阐述 DPU、VPU 以及 ISP 的算力评估标准。

1. DPU 性能评估

DPU 主要负责将 GPU 渲染的图像数据传输到显示设备，因此它的性能评估标准应该是针对显示部分的各种处理能力。表 11-13 列举了 DPU 的数据处理能力。

表 11-13 DPU 数据处理能力

性能点	说明	典型值
分辨率	可支持的显示屏的像素点数目，一般为长 × 宽，除了有效像素点外，还需要包括屏幕外 Blanking（消隐比例）的像素数目	4K 分辨率屏，有效像素为 3840×2160

(续)

性能点	说明	典型值
刷新率	每秒可以显示的帧数	例如 60 帧/秒、90 帧/秒、120 帧/秒
像素深度	每个像素点采用多少位来存储彩色数据，记为 bpp，不同的颜色存储方式，所使用的 bpp 数目不同，其色彩还原真实的程度也不同。DPU 一般可以用 RGB 格式或者 ARGB 格式	如 RGB888 格式，其像素深度为 24，而 ARGB 格式，其像素深度为 32
数据处理能力	分辨率 × 刷新率 × 像素深度 ×1.1（消隐比例）	例如，分辨率为 4K 像素，刷新率为 60 帧/秒，像素深度为 24，则数据处理能力为 12.25Gbit/s

DPU 的一项关键功能是协助 GPU 完成多图层合成（Overlay）的操作，这使得 Android 系统能够分别渲染多个图层，并将它们合成后统一输出到显示屏上。此外，由于座舱芯片需要支持单芯多屏的技术，因此 DPU 必须能够支持多个显示通道的输出。每个显示通道都对应着一块或多块屏幕，这就要求 DPU 能够支持多图层合成和多屏幕显示的功能，以实现多屏幕的高效处理。

2. VPU 性能评估

VPU 是专门用于处理视频数据的硬件编解码器。从本质上看，它是一个以空间换时间的硬件解决方案。在 SoC 设计之初，就需要明确所需支持的视频编解码类型及相应的处理能力，因为一旦设计确定，后期通常无法再对这些特性进行更改，除非重新设计整颗 SoC。

对于 VPU 的性能评估，关键指标包括它所支持的视频数据类型以及像素处理能力。值得注意的是，VPU 的编码和解码能力是需要分别进行设计的，以满足不同的应用需求。表 11-14 简要列出了 SA8155 的 VPU 所支持的性能特性。

表 11-14　SA8155 的 VPU 性能统计

功能	数据类型	处理能力
编码	H265 main 10、H265 main、H264 High、VP8	最大支持 4K 分辨率，60 帧/秒的视频编码能力，编码格式包括 H265、H264、VP8
解码	H265 main 10、H265 main、H264 High、VP9 profile 2、VP8 和 MPEG-2	最大支持 4K 分辨率，120 帧/秒的视频解码能力，可支持 4K 60 帧/秒解码和 4K 30 帧/秒编码同时工作

3. ISP 性能评估

ISP 负责管理图像传感器的工作流程。它由一系列图像处理单元构成，这些单元在流水线中协同工作，本质上是一种通过增加硬件资源来优化处理速度的设计。在评估 ISP 的性能时，我们不仅要关注它能够连接多少个摄像头，还要着重考察其图像质量的解析能力。然而，由于 ISP 的图像质量解析能力涉及的内容广泛且复杂，在此不再详细展开，仅简要介绍 SA8155 在图像设备接入能力方面的表现。

表 11-15　SA8155 的图像设备接入能力

接口	SoC 规格	支持能力	说明
摄像头接口	MIPI CSI D-PHY	4 端口 ×4Lane、2.5Gbit/Lane	可以支持多个摄像头同时接入。例如 4 个环视摄像头，可以采用虚拟通道的方式，经由 1 个 MIPI CSI 接口输入。从理论上来说，该芯片总共可以支持 16 个摄像头

11.7 本章小结

针对座舱系统的算力评估需求，本章进行了全面的探讨和分析。首先，我们列举了影响座舱 SoC 的主要算力单元，并针对座舱内的主要使用场景进行了算力需求的详细分解。

在进一步的分析中，我们重点关注了 CPU、GPU 和 NPU 这三大核心算力单元。不仅深入介绍了它们的主要架构和工作原理，还提供了具体的性能评估公式。这些公式能够帮助读者更准确地量化 CPU、GPU 和 NPU 的性能表现，从而为座舱系统的设计和优化提供有力的数据支持。

此外，我们还着重讨论了影响 SoC 性能的另一个关键因素——存储器性能。存储器的读写速度和带宽对 SoC 的整体性能有着显著影响。因此，在评估 SoC 算力时，必须充分考虑存储器的性能表现。

希望读者能够通过本章内容对 SoC 的算力评估有一个全面、深入的了解。这不仅有助于读者更好地理解和选择适合的 SoC，还能为座舱系统的设计、优化和升级提供有力的技术支持。

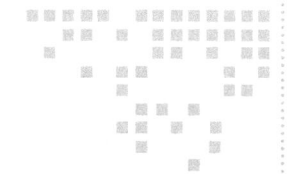

第 12 章 座舱 SoC 设计

本章将继续智能座舱 SoC 算力话题的探讨，着重阐述其中一部分核心算力单元的设计原理。最后，我们试图剖析一个 SoC 架构设计实例，旨在为读者提供更加深入的知识。

12.1 指令集选择

在智能座舱的 SoC 选择上，需要对 ARM 架构和 x86 架构仔细进行比较，因为它们代表着不同的生态选择。

12.1.1 x86

x86 架构不断演进，但其基本指令集和寄存器结构仍然保持着前向兼容性，使得早期的软件和程序能够在新的 x86 处理器上继续运行。

1. CISC 与 RISC 指令集对比

x86 架构的指令集是一种 CISC 架构，丰富的指令集使得单个指令能够完成更复杂的任务。针对相同的程序，其指令数量更少，从而提高了程序的执行效率。但复杂的指令集可能导致处理器设计更复杂，功耗更高。

与 CISC 架构相对应的是 RISC 架构。它的指令集相当精简，通常只包含最基本的指令，旨在通过简单指令的快速执行来提高效率。精简的指令集使得处理器设计更简单，功耗更低。但对于复杂任务，可能需要更多的指令来完成，增加了代码量。

图 12-1 对比分析了这两种指令集架构的特点。

此外，x86 架构的 CPU 还拥有丰富的应用软件生态。这意味着用户可以轻松找到各种类型的应用软件，从办公软件到游戏，从多媒体处理到专业领域的特定应用，应有尽有。这种丰富的软件生态进一步增强了 x86 架构 CPU 的吸引力，使其在各种计算环境中都能获得卓越的性能。

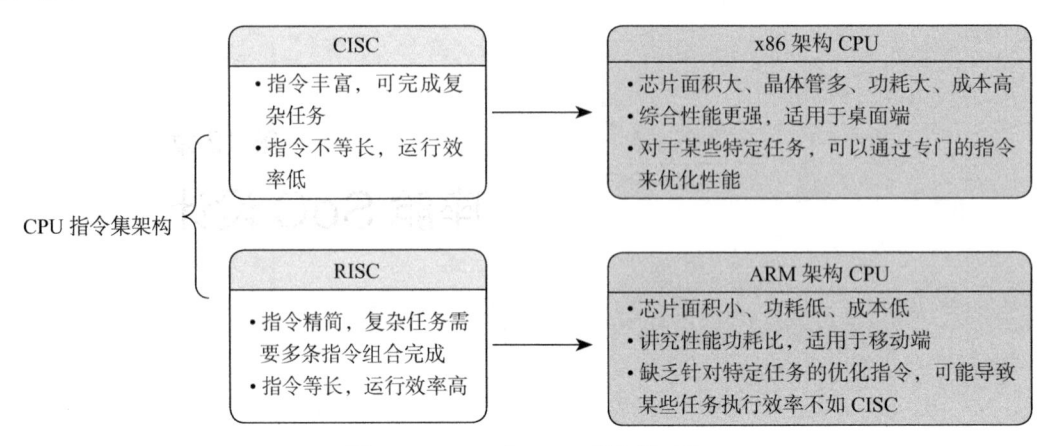

```
CPU 指令集架构 ┬─ CISC
              │   • 指令丰富，可完成复杂任务
              │   • 指令不等长，运行效率低
              │                              → x86 架构 CPU
              │                                • 芯片面积大、晶体管多、功耗大、成本高
              │                                • 综合性能更强，适用于桌面端
              │                                • 对于某些特定任务，可以通过专门的指令来优化性能
              │
              └─ RISC
                  • 指令精简，复杂任务需要多条指令组合完成
                  • 指令等长，运行效率高
                                               → ARM 架构 CPU
                                                 • 芯片面积小、功耗低、成本低
                                                 • 讲究性能功耗比，适用于移动端
                                                 • 缺乏针对特定任务的优化指令，可能导致某些任务执行效率不如 CISC
```

图 12-1　CISC 和 RISC 指令集对比

2. Intel 座舱 CPU 架构

Intel 最早推出的车规级座舱 SoC 是基于 Atom（凌动）内核的 CPU 芯片。Atom CPU 是 Intel 为满足移动智能设备需求而特别设计的处理器内核。它在架构设计上做了诸多优化，以适应小尺寸、低成本的应用场景。通过将所有关键组件和接口集成到单一芯片中，Atom 实现了高度集成。

在指令集兼容性方面，Atom 坚持了"前向兼容"的策略，并支持 CISC 指令，这确保了所有 x86 指令集都能在 Atom 上无缝运行。

然而，为了满足移动端对低功耗的严苛要求，Atom 在性能设计上做了一定的妥协。与 Intel 面向桌面端的酷睿系列 CPU 相比，Atom 没有采用 μOP（Mocro Operation，微指令）流水线指令进行处理，这是因为这种设计会导致更高的功耗。因此，Atom 放弃了乱序执行的优化设计，以降低功耗并延长移动设备的续航时间。但在最后的对比上，Atom 系列 CPU 的功耗并未达到 ARM 同规格芯片的优化程度。

2016 年，Intel 发布了车规级座舱芯片 A3900 系列，其中包括多款针对不同汽车制造商和车型的定制芯片。然而，自 2018 年推出升级款 A3920 后，该系列便未再进行更新。表 12-1 列出了 Intel Atom 系列芯片的规格，供读者参考。

表 12-1　Intel Atom 系列座舱芯片

型号	微架构	CPU 核/个	基础频率/Hz	升压频率/Hz	峰值频率/Hz	设计功耗/W	应用场景	制程/nm	发布时间
A3920	Atom	4	800M	1.6G	2.08G	12	—	14	2018 年
A3930	Atom	2	800M	1.3G	1.8G	6	座舱	14	2016 年
A3940	Atom	4	800M	1.6G	1.8G	8	座舱	14	2016 年
A3950	Atom	4	800M	1.6G	2.0G	9.5	座舱	14	2016 年
A3960	Atom	4	800M	1.9G	2.4G	12.5	座舱	14	2016 年

由于 Atom 架构 CPU 的性能已经落后于同时期的 ARM 架构芯片，因此 Intel 准备以第 13 代酷睿核心 Raptor Lake（芯片代号"猛禽湖"）为基础，重新推出适用于智能座舱的处理器芯片组。图 12-2 展示了第 13 代酷睿 Raptor Lake 的系统架构图。

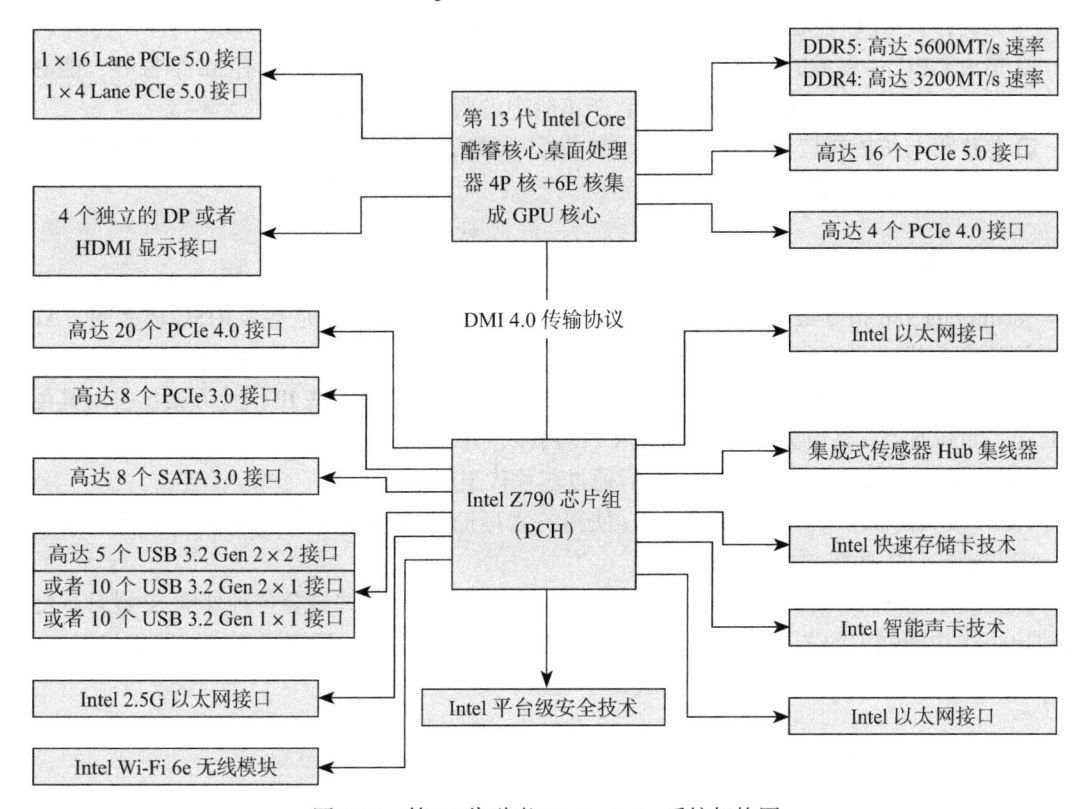

图 12-2　第 13 代酷睿 Raptor Lake 系统架构图

从图 12-2 可以看出，Raptor Lake 架构是典型的面向桌面系统的酷睿核心架构。它通过 DMI（Direct Media Interface，直接媒体接口）接口将核心处理器与 PCH（Platform Controller Hub，平台集线控制器）连接起来。酷睿系列 CPU 通常具有多核多线程的设计，支持高速的内存和扩展存储卡，并具有先进的图形处理能力。而 PCH 负责处理系统的低速 I/O、存储、音频、网络以及电源管理等功能。

❑ **核心架构**：在 Raptor Lake 架构中，CPU 核心处理器包括性能核（P 核）和效率核（E 核），同时集成了 GPU。这种设计相当于采用了大核+小核的方式，旨在提高处理器的整体性能和效率。

❑ **性能核**：基于革新的 Raptor Cove（CPU 核心代号）架构设计，每核心具有 2 个硬件多线程，搭载高达 2MB 的 L2 缓存。以 Core i5 13600K 为例，它具有 6 个 P 核，基准频率为 3.5GHz，超频可达 5.1GHz。

❑ **效率核**：基于 Gracemont（CPU 核心代号）内核设计，为单线程。以 Core i5 13600K 为例，它具有 8 个 E 核，基准频率为 2.6GHz，超频可达 3.9GHz。

- 线程与缓存：Core i5 13600K 一共具有 6P+8E 个核心，提供共 20 个 SMT（同步多线程）。同时，它共享 24MB 的 L3 缓存，这有助于提升整体性能。
- 功耗：虽然 Raptor Lake 架构提供了强大的性能，但功耗也相对较高。以 Core i5 13600K 为例，仅 CPU 核心的基准功耗就达 125W，最高可达 181W。
- 集成 GPU：集成的 GPU 采用 Xe-LP（GPU 核心代号）架构，具有 32 个核心，能够提供良好的图形处理能力，可满足智能座舱中的图形显示需求。
- 芯片组与扩展接口：Core i5 13600K 搭配 Z790 芯片组，可以提供丰富的扩展接口，如 PCIe、USB3.2 等。

12.1.2 ARM

与 Intel 的 x86 指令集架构不同，ARM 设计的 CPU 指令集架构是基于 RISC 体系的。ARM 所采用的商业模式与 Intel 截然不同。ARM 本身并不生产芯片，而是专注于设计核心的 CPU、GPU、系统总线以及 DSU（DynamIQ 共享单元）等。ARM 会将这些 IP 设计方案出售给其他芯片公司，如高通等。高通会购买 ARM 的 CPU 内核，并结合自家的 GPU 核、其他功能组件以及核心的通信系统，整合为 SoC 设计，随后通过芯片代工厂进行生产。

ARM 极大降低了芯片设计的门槛，使得各大厂商能够绕过复杂且高难度的 CPU 设计环节，专注于各自的优势领域。

大多数座舱 SoC 厂商以 ARM 内核为基础，通过购买 IP 核并结合各种外围 IP 设计，能够构建出一款功能强大的芯片，以满足座舱系统的需求。在本章的后续章节中，我们将以 ARM 架构为核心，详细阐述如何设计一颗 SoC。

12.1.3 RISC-V

在 ARM 架构之外，还有一种值得关注的 CPU 架构，那就是 RISC-V。RISC-V 代表着一种全新的指令集架构。它与 ARM 指令集相似，都属于 RISC 阵营，这与 x86 所属的 CISC 阵营形成鲜明对比。名称中的"V"蕴含了两层含义：一方面，它表明这是由美国加州大学伯克利（Berkeley）分校从 RISC-I 开始设计的第五代指令集架构；另一方面，它象征着变化（Variation）和向量（Vectors）的结合。有些人可能会提出疑问，既然 RISC 阵营已经拥有了出色的 ARM 架构 CPU，以及备受赞誉的 MIPS（一种基于 RISC 精简指令集的 CPU），那么为何还需要一个新的 RISC-V 架构呢？

答案是**免费与开放**。

无论是 x86 架构，还是 ARM 架构，这些都归属于特定的公司，存在着专利与架构授权的问题。未经许可，其他商业组织或者研究人员是不允许对其进行改变的。因此，伯克利分校的研究人员希望 RISC-V 能够支持计算机体系结构研究和教育，甚至发展成为工业界一个免费与开放的架构标准。

1. RISC-V 版权管理

在 2010 年诞生之后，经过几年的发展，伯克利为 RISC-V 开发出完整的指令集、软件工具链以及一些开源的处理器微架构参考实例，如 BOOM 和 Rocket-Chip。2016 年，非营利性质组织 RISC-V 基金会成立，负责维护标准的 RISC-V 指令集手册。今天，多个业界主要科技公司支持发展 RISC-V，成为创始会员或高级会员，包括谷歌、惠普、Oracle、西部数据等；国内的机构包括阿里、华为、中兴、中国科学院计算技术研究所、紫光展锐等。

RISC-V 与 x86 和 ARM 架构不一样的地方在于，它采用了 BSD（Berkeley Software Distribution License，伯克利软件许可协议）进行版权管理。BSD 是一种自由度很高的开源协议，使用者可以免费、自由地使用、修改和发布由 BSD 协议管理的开源代码。它唯一的条件是要求使用者在修改后的源代码中包含原来的 BSD 协议声明。除此之外，BSD 没有任何的费用与商业限制，也不强制使用者开源代码。图 12-3[⊖]将 RISC-V 与 x86 及 ARM 的版权管理进行了简单的对比。

指令集\微架构设计	① 开放免费的设计	② 需授权的设计	③ 封闭的设计	产品可选的设计（对应各指令集）
开放免费的指令集（RISC-V）	伯克利的 Rocket Chip、剑桥的 lowRISC、芯来科技的蜂鸟 E203	平头哥、SiFive、晶心科技 Andes 的 RISC-V 处理器核	谷歌和 NVIDIA 的自研 RISC-V 处理器	① ② ③
需授权的指令集（ARM）		ARM 的处理器设计，如 Cortex-A76 等	基于 ARM 架构的 Apple 处理器	② ③
封闭的指令集（x86）			Intel 和 AMD 的处理器	③

图 12-3　指令集架构版权管理对比

事实上，很多人希望 RISC-V 能像 Linux 在开源软件生态中的作用一样，成为开源硬件生态的系统基础，作为计算机芯片和系统创新的基石。

2. 香山处理器架构原型

虽然 RISC-V 拥有诸多优势，但我们仍需认识到它起源于学术界，并依赖众多开源爱好者的贡献来推动其发展。因此，在短期之内，我们可能还无法在汽车智能座舱 SoC 中看到商业化的高性能 RISC-V 核心应用。尽管如此，仍有一些人在不断努力提升 RISC-V 微架构的性能，朝着自主可控的目标迈进。

香山处理器便是这样一个不懈追求的例证。

2019 年，在中国科学院的支持下，中国科学院计算技术研究所牵头启动了"香山"高性能开源 RISC-V 处理器项目。该项目成功研发出目前国际上性能卓越的开源高性能 RISC-V 处理器核——香山。在 GitHub 上，"香山"项目收获超过 4100 个 Star（星标），并拥有超过 550 个分支，成为国际上备受瞩目的开源硬件项目之一。该项目还得到了国内外企业的积极响应，16 家企业联合发起了开源芯片创新联合体——北京开源芯片研究院，围绕"香山"进行了更

⊖ 此图源于 David Pattern 教授在 2019 年 ISCA ACM SIGARCH Visioning Workshop 上的报告" A Golden Age for Computer Architecture"。

深入的联合开发，推动示范应用的形成，从而加速 RISC-V 生态的建设。

香山处理器是基于 Chisel（一种硬件设计语言）实现的，专注于 RV64 指令集的开源 CPU 微架构设计。香山处理器采用湖泊命名，其第一版架构代号为"雁栖湖"，已于 2021 年 7 月采用台积电 28nm 工艺投片生产，运行频率达到了 1.3GHz。第二版架构"南湖"则支持 RV64GCBK（RISC-V 的 64 位通用指令集），已于 2023 年 6 月完成设计定型，并于同年 11 月采用 14nm 芯片工艺投片生产，预计运行频率可达 2GHz。目前，第三版架构"昆明湖"正在紧密规划中。

值得一提的是，香山处理器坚持开源理念，它在众多开源协议中，选择了木兰宽松许可证第 2 版。这意味着所有基于"香山"项目开发的处理器，除了需要在源代码中增加此许可证声明之外，可以随意进行复制、使用、修改、分发，并被授予版权许可和专利许可。

在硬件设计方面，香山处理器的部分模块设计受到了开源处理器、公开论文等的启发，曾参考了现有开源的 rocket-chip、berkeley-hardfloat、SiFive block-inclusivecache（以上都是开源的 RISC-V 设计方案）等代码。

12.1.4　应用案例

在智能座舱 SoC 的选择中，x86 架构和 ARM 架构的芯片都扮演了重要的角色，并且在实际应用中都得到了广泛的使用。

1. 特斯拉

在智能座舱领域，特斯拉已经迭代了 3 代智能座舱域的 SoC。图 12-4 总结了特斯拉的座舱 SoC 演进历程。

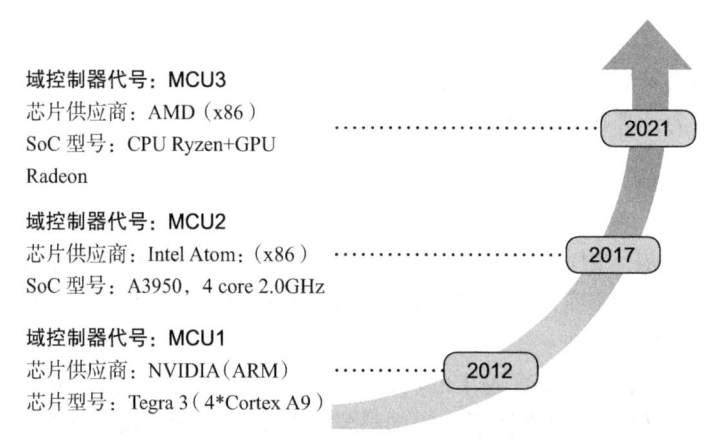

图 12-4　特斯拉座舱 SoC 演进历程

第一代座舱域控制器 MCU1.0 使用的是基于 ARM 体系的 CPU。它具体选用了 NVIDIA 公司的 Tegra 3 芯片，该芯片内置 4 颗 ARM Cortex-A9 内核。这一选择表明了当时特斯拉对芯片性能的需求以及 ARM 架构在能效和集成度方面的优势。

随着技术的演进和市场需求的变化，特斯拉的第二代座舱域控制器 MCU2.0 转向了 x86 架构，选用了 Intel 的 Atom 处理器 A3950。这款处理器采用 4 核心 4 线程微架构设计，并集成了 Intel HD 505 GPU，提供了更高的浮点运算能力，达到 187GFLOPS。这一升级显著提升了座舱系统的处理能力和图形渲染性能。

到了第三代座舱域控制器 MCU3.0，特斯拉再次进行了重大升级。2021 年发布的这一版本应用在特斯拉的电动汽车 Model S 和 Model Y 性能版车型中。特斯拉选择了 x86 架构的 AMD 处理器，其中 CPU 是 Ryzen 系列，拥有 4 核心 8 线程，而 GPU 则选用了 AMD 的独立显卡（代号 Radeon），其算力高达 10TFLOPS。这样的配置使得特斯拉的座舱系统在性能上达到了新的高度，能够提供更流畅、更逼真的图形界面和更强大的信息处理能力。

从上述演进路径来看，特斯拉在座舱 SoC 的选择上已经转向了 x86 架构，并且选用了 AMD 的 Ryzen 系列芯片。这一选择不仅体现了特斯拉对高性能芯片的追求，也反映了其将座舱视为类似 PC 的设备，而非手机。

AMD 的 Ryzen 系列芯片因其强大的性能而被广泛应用于各种高性能计算设备中，包括主流游戏机，如索尼的 Play Station 5 和微软的 Xbox Series X。这些游戏机需要处理复杂的图形渲染和高速运算任务，与特斯拉座舱系统的需求相似。

表 12-2 收集了特斯拉的 MCU3.0 与最新一代游戏机的 SoC 选型配置。

表 12-2 特斯拉 MCU3.0 与最新一代游戏机 SoC 选型配置表

配置项	特斯拉 MCU3	索尼 PlayStation 5	微软 Xbox Series X	微软 Xbox Series S
CPU 型号	14nm 的 AMD Zen+	7nm AMD Zen2	7nm AMD Zen2	7nm AMD Zen2
CPU 配置	4 核心 8 线程	8 核心 16 线程	8 核心 16 线程	8 核心 16 线程
CPU 主频	最高 3.8GHz	最高 3.5GHz	最高 3.8GHz	最高 3.6GHz
GPU 型号	AMD RDNA2 Navi 23	AMD RDNA2	AMD RDNA2	AMD RDNA2
GPU 配置	28 CU（计算单元）	36 CU	52 CU	20 CU
GPU 主频	2.79GHz	2.23GHz	1.83GHz	1.57GHz
GPU 算力	约 10 TFLOPS	10.28 TFLOPS	12.15 TFLOPS	4 TFLOPS
显存	8GB	16GB	16GB	10GB
最大带宽	224 GB/s	448 GB/s	560 GB/s	224 GB/s
发布时间	2021 年 6 月	2020 年 11 月	2020 年 11 月	2020 年 11 月

从表 12-2 可以看出，特斯拉 MCU3 架构所选用的 SoC 为 AMD 的 Zen+（V1000），而其他游戏机则全部选用了新一代的 AMD Zen2 SoC。从 CPU、GPU、显存、带宽等各项指标上，MCU3 的 SoC 均有所不如。估计是因为车载使用时需要满足车规的原因，导致特斯拉不能直接采用最新的消费级电子芯片来作为座舱 SoC 使用。

如果选择 x86 架构的主芯片作为座舱 SoC，按传统的认知理解，其操作系统就几乎无法选用 Android。尽管 Intel 和 AMD 都声称它们的 SoC 同样可以支持 Android 操作系统，但目前尚无 x86 芯片 +Android 系统的量产经验。以座舱平台为例，特斯拉利用开源且免费的 Linux 操作系统研发出专属的车机操作系统。然而，由于 Linux 操作系统的生态不如 Android 丰富，因此特斯拉不得不自行开发或适配一部分主流应用软件。

由于特斯拉在座舱域控制器上采用了 AMD 的高性能 x86 芯片和 Linux 系统，因此它可支持在车内玩大型游戏。例如，2021 年 6 月在新款特斯拉 Model S 车型的交付仪式上，特斯拉工作人员现场展示了使用手柄在车机上玩《赛博朋克2077》的场景。此外，特斯拉官网上展示的汽车内部渲染图中，车机屏幕上显示的是《巫师3》。这两个案例充分说明了MCU3.0能够支持3A级别的游戏，其使用体验在一定程度上可以媲美PC或游戏主机。

2. 造车新势力

在国内新兴的造车新势力中，以"蔚小理"为代表的企业多数选择了高通的SA8155，甚至是SA8295芯片，并依托Android系统自主开发了座舱操作系统。在支持高端3A级游戏方面，ARM架构因其多用于移动端，在性能上比x86架构的CPU稍显逊色。但是，Android系统在生态多样性上具有显著优势，远超Linux系统。

从特斯拉和国内新势力车企在智能座舱生态的选择上，我们可以看出，当前座舱的生态尚未形成像PC和智能手机市场那样的垄断格局。这一领域仍在持续演变中，未来的发展方向仍然模糊。可以预见，将有更多的车企会根据自己的发展战略和市场需求来调整技术路径。在汽车智能座舱的推广和应用中，ARM+Android与x86+Linux两大阵营的竞争仍然激烈，谁将胜出仍是未知数。

12.2 SoC架构思考

作为智能座舱系统架构工程师，在常规工作中，我们主要负责选择适合的座舱SoC，而无须从头开始设计芯片。但是，对于一家希望进军智能座舱芯片研发的半导体公司而言，将产品顺利量产并满足市场需求，则需要深入考虑，实现精准的目标定位。

12.2.1 目标定位

在设计一款成功的智能座舱SoC之前，首要考虑的不应是技术细节，而是市场定位和商业策略。我们必须明确，这款芯片是为哪类客户打造的？如何通过它实现盈利，避免亏损？

现代SoC设计实在是太花钱了。这一点在智能座舱SoC的设计过程中体现得尤为明显。首先，购买IP便是一项重要开销。CPU、GPU、NPU以及内部总线和外部高速接口等核心组件都是SoC不可或缺的部分。若企业在这些方面缺乏技术积累，则需通过购买来获取。

除此之外，EDA（Electronic Design Automation，电子设计自动化）工具的采购也占据了不小的开支。在美国对华为的"制裁"事件中，EDA软件的重要性逐渐为大众所认知。为了应用先进的半导体工艺制造SoC，企业需向Synopsys（新思科技）公司或Cadence（楷登电子）公司等行业领军企业采购EDA工具软件。同时，为了确保芯片设计的准确性和流片的成功率，在流片前进行充分的验证至关重要，因此还需购买相应的仿真平台，这无疑又增加了研发的成本。

更为关键的是，芯片流片的费用也十分惊人。若采用如5nm等先进工艺进行生产，选择台积电或三星等成熟代工厂进行流片，其费用堪称天文数字。最后，加上研发工程师的人力成本，便构成了设计一颗大型SoC所需的最基本研发投入。

因此，在决定投入智能座舱芯片研发之前，公司必须进行全面的市场调研和风险评估。

要明确目标客户群体：是高端豪华车品牌还是中低端市场？芯片应具备哪些特色功能以满足不同客户的需求？同时，还要对成本进行严格把控，确保在研发、生产和市场推广等各个环节都能高效运作。

那么，我们是否可以通过降低研发成本来提升商业竞争力呢？这确实是一个值得探讨的问题，但它涉及对目标客户群体的深入分析和对竞争对手的细致研究。在面向中低端目标客户的市场中，由于客户对座舱 SoC 的功能需求相对较低，降低了购买 IP 的费用空间，同时也能显著减少流片及芯片制造成本。然而，这样的市场定位也意味着技术门槛的降低，会吸引大量竞争者涌入，形成所谓的"红海市场"。在这样的竞争环境中，为了获得产品的比较竞争优势，企业必须努力摊薄研发和制造成本。这无疑对企业的研发能力、组织管理能力以及资源调动和协调能力提出了更高的要求。

12.2.2 顶层架构

SoC 是将计算机系统的大部分功能都巧妙地集成在单颗芯片上。这种芯片采用高度统一的数字工艺进行设计，并通过自主研发或购买 IP，能够像搭建积木一样灵活地构建出满足各种复杂系统需求的芯片。然而，这个过程远非想象中那么简单。设计一款功能全面、性能卓越的大型 SoC，既需要解决技术上的复杂性，又要考虑昂贵的研发成本。同时，为了达到功能、性能、功耗和成本等多重设计目标，其难度更是难以估量。

幸运的是，现代产业链的精细分工与紧密合作，为 SoC 的设计提供了有力支持。这使得即便是初创企业，也有可能借助行业资源，成功设计出具有竞争力的座舱 SoC。

图 12-5 展示了一个典型的座舱 SoC 系统架构。

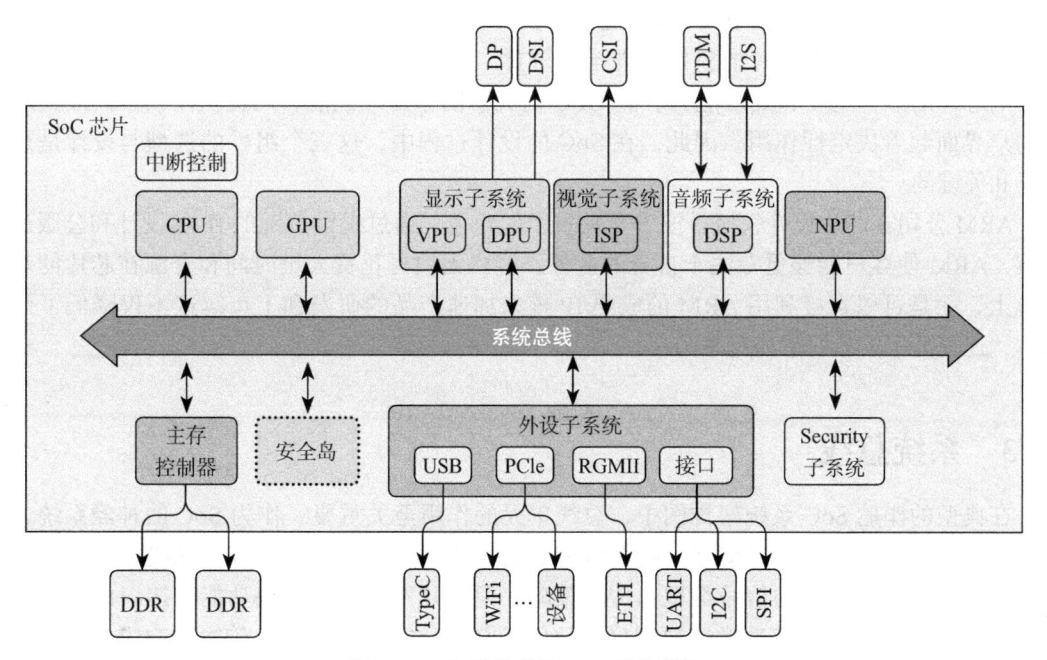

图 12-5　典型的座舱 SoC 系统架构

从图 12-5，我们看到的是一个片上系统的顶层视图。在这个视图中，系统总线是连接多个组件的通信通路。这些组件通过系统总线互联互通，任何一个组件发出的信号，都可以被其他组件接收。

在 SoC 架构中，算力单元由 CPU、GPU、NPU 等组成，它们共同为芯片提供强大的计算能力。显示子系统则专门负责显示功能，对外通过 DP 和 DSI 接口与外设连接；对内则依赖 VPU 和 DPU 等处理单元来完成图像的渲染与显示任务。

视觉子系统是处理视频图像输入的关键部分，它通过 CSI 接口接收外部相机的视频数据，然后利用 ISP 进行图像信号的处理和优化。

音频子系统通过 I2S/TDM 接口与外部设备交换音频数据，而 DSP 则负责运行音频处理算法，以确保音频信号的质量和效果。

主存控制器是管理 DDR 的核心，它确保数据的快速存储和访问。

Security（数据安全）子系统则专注于管理数据安全相关的事务，包括数据的加密、解密和身份验证等，以确保芯片内的信息安全。

外设子系统，负责管理各种外部数据接口，如 USB Type-C、以太网以及串行控制接口等，让芯片可以广泛连接外部设备，从而实现数据的快速传输和设备的互联互通。

在座舱 SoC 中存在一个特殊的组件单元——安全岛（功能安全）。这个安全岛实际上是由一个或多个独立的 MCU 核心组成的，其主要职责是处理与汽车功能安全息息相关的事务。值得注意的是，这个安全岛并非必须内置于 SoC 之中，它也可以通过外部的 MCU 来实现其功能。

SoC 主要由上述组件构成，而芯片的设计流程也主要是围绕这些功能组件展开的。在这个过程中，系统总线、CPU 和 GPU 的选择与设计显得尤为重要。系统总线作为数据传输的枢纽，其性能和稳定性对芯片的整体表现至关重要。CPU 作为核心处理单元，其算力与效率直接影响芯片的运行速度和处理能力。而 GPU 则关乎图形处理性能，对提供流畅、高质量的图形用户界面起着决定性作用。因此，在 SoC 的设计过程中，这三个组件的选型与设计是最为核心和关键的。

ARM 公司在芯片设计领域扮演着至关重要的角色。通过提供关键的 IP 核设计和公版设计方案，ARM 使客户能够更专注于自身的业务。客户无须再花费大量时间和资源在芯片的基础设计上，而是可以直接利用 ARM 的成熟 IP 核来加速产品的研发和上市。这不仅降低了研发成本，还提高了产品的市场竞争力。

12.3 系统总线

在典型的座舱 SoC 系统架构图中，总线单元的作用至关重要。作为 SoC 的神经系统，总线负责不同模块之间的数据交互，确保所有通信都遵循统一的接口标准。总线规范为连接不同模块定义了一套标准的信号类型和传输策略，但它并不规定各模块功能和接口的具体实现细节。一个 SoC 总线规范通常需要明确模块间的初始化、仲裁、请求传输、响应、发送和接收等过程中涉及的驱动方式、时序安排和策略选择。

12.3.1 总线基础概念

在设计之初，我们首先需要了解总线的基础知识和功能作用。

总线分为数据线、地址线和控制线。这3组线路用于在系统模块间实现数据和命令的互联互通。然而，总线的使用受到一定的限制，典型的使用场景限制就是如何解决多核访问时的缓存一致性问题。

1. 缓存一致性原理

在多核系统中，每个处理器都有自己独占一级或二级缓存的情况，而更高级别的存储如主存储器或 L3 缓存则是多个处理器共享的。当这些处理器核心通过总线进行互联时，确保缓存一致性（Coherence）成了一个关键问题。一致性问题产生的原因在于，不同的处理器核心可能会同时读写同一内存位置，导致数据在不同核心的缓存中变得不一致。表 12-3 列举了产生缓存一致性的案例。

表 12-3 缓存一致性问题产生的原因示例

时间	事件	处理器 A 缓存 x	处理器 B 缓存 x	主存储器数据 x
1	数据 x 在主存储器中初始化	—	—	1
2	处理器 A 读取 x 到缓存	1	—	1
3	处理器 B 读取 x 到缓存	1	1	1
4	处理器 A 将 0 存储到 x	0	1	0

表 12-3 所描述的场景是多核系统中常见的缓存一致性问题的一个经典例子。当多个处理器核心拥有各自的缓存，并且共享主存储器时，它们之间的数据同步就成了一个挑战。

1）初始状态：数据 x 保存在主存储器中，值为 1。

2）处理器 A 读取：处理器 A 读取数据 x，该数据的值 1 被加载到处理器 A 的缓存中。此时，处理器 A 的缓存和主存储器中的数据是一致的。

3）处理器 B 读取：处理器 B 也读取数据 x，于是数据 x 的值 1 也被加载到处理器 B 的缓存中。此时，两个处理器的缓存和主存储器中的数据仍然是一致的。

4）处理器 A 写入：处理器 A 将数据 x 的值修改为 0。这个修改仅更新了处理器 A 的缓存和主存储器（这取决于具体的缓存写回策略，如写直达或写回）。此时，处理器 B 的缓存并未得到更新，仍然保存着旧的值 1。这就导致了缓存一致性问题。

5）处理器 B 读取：如果此时处理器 B 再次读取数据 x，它将从其缓存中获取该数据，得到的是旧的值 1，而不是最新的值 0。

因此，具有缓存的多核系统要考虑到 2 个概念。

- 一致性：在多核系统中，一致性通常指的是多个缓存之间以及缓存与主存储器之间数据的同步状态。在这个例子中，当处理器 A 修改了数据 x 后，如果系统能够确保其他处理器（如处理器 B）在后续读取时得到的是最新值，那么这个系统就是一致的。为了实现这一点，通常需要采用某种缓存一致性协议（如 MESI 或 MOESI）。
- 一贯性（Consistency）：一贯性通常指的是数据在系统中的一种状态，即系统从一个状态转变到另一个状态时，必须满足某些预定义的规则或条件。在多核系统中，这通常意味着对数据的修改必须以一种可预测和有序的方式进行，以确保所有处理器都能看到一致的数据视图。在本例中，一贯性会要求处理器 B 在读取数据 x 时，能够看到处理器 A 所做的最新修改。

为了实现一致性和一贯性，多核系统通常会采用复杂的硬件和软件机制来确保缓存之间的数据同步。这些机制包括但不限于总线监听、目录协议以及软件层面的同步原语（如锁和屏障）。

2. 解决缓存一致性问题的方法

解决缓存一致性的方法主要分为软件和硬件两种。软件的解决方法通常依赖于编译程序和操作系统。当代码分析、识别出某项数据可能对高速缓存来说不安全时，会将其标记为"un-cacheable"（不能使用缓存），并在编译后禁止该数据进入缓存。

而硬件的解决方法则通常通过所谓的缓存一致性协议来实现，这种协议通过 CPU 硬件系统来动态处理，并对程序员透明，因此更加用户友好。硬件解决方案主要分为两大类。

（1）目录式

此方法使用目录来保存共享数据的存储状态信息。集中式目录保存在一个集中式控制器内部，该控制器负责更新状态信息，所有访问共享数据的请求都必须向控制器报告，写入操作必须向目录申请独占性存取权，并在写入完成后通知其他拥有缓存副本数据的处理器进行更新。显然，目录协议存在中央瓶颈的缺点，但在某些具有复杂互连结构的系统中，这种方式仍然有效。

（2）监听式

此协议将维护缓存一致性的责任分配给多处理器中的各个缓存控制器。每个缓存控制器都需要监听互联总线。当某个缓存更新共享数据时，它会通过一种广播机制通知所有其他缓存。这些缓存在收到广播通知后会做出相应的反应。监听协议非常适合基于总线的多处理器系统，但必须精心设计，以避免过多的广播和监听增加总线传输开销。

12.3.2 AMBA 介绍

针对总线需要解决的各类问题，ARM 公司提出了 AMBA（Advanced Microprocessor Bus Architecture，高级微控制器总线架构）标准，为 SoC 的设计提供了极大的便利。由于 AMBA 具有开放性并且免版税（royalty-free），同时它支持模块化设计和多处理器集成，各种非 ARM 架构的 CPU 也可以使用 AMBA 来集成 SoC 系统。因此 AMBA 已经成为嵌入式系统设计的重要基础组件之一，其灵活、高效、低功耗的特性使得它适用于各种不同的应用场景。

到目前为止，AMBA 已经发展了 5 代。图 12-6 给出了 AMBA 的演进示意图。

从图 12-6 可以看到，AMBA 在从 AMBA1～AMBA5 的发展过程中逐渐增添了许多新的协议，支持新的功能。目前，AMBA1 和 AMBA2 在现代 SoC 设计中使用较少，以 AMBA3～AMBA5 为主。

（1）AMBA3

AMBA3 使用了 AXI（Advanced eXtensible Interface，高级可扩展接口）总线，这是为支持更高性能和频率的系统而服务的。AXI 比 AHB 更高效的原因主要是它新增了许多高级特性，能够达到更高的频率。比如，AXI 将读和写通道分离，这样就可以做到全双工同时并行，而 AHB 只能以半双工协议工作。AXI 还支持 Outstanding 机制，即在第一条读数据的命令返回之前，可以再次发起新的读请求。它还支持乱序传输、非对齐传输、Burst 操作（只提供首地址，就可以一直按次序读取数据）。AXI 通过硬件握手机制实现 Master（主控端）和 Slave（从端）之间双向流控，使得发送端和接收端都有能力控制传输速率。因此，AXI 总线是 AMBA 的一次重大飞跃。

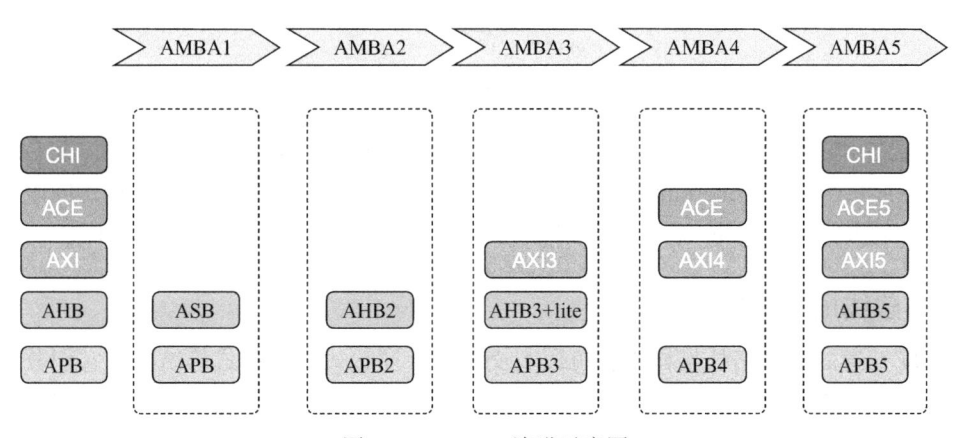

图 12-6 AMBA 演进示意图

（2）AMBA4

AMBA4 重点引入了 ACE（AXI Coherency Extension，AXI 一致性扩展接口）协议，ACE 是基于 AXI4 总线扩展而来，增加了 AC（地址通道）、CR（响应通道）和 CD（数据通道）3 个通道，用于实现 CPU 的缓存之间的互访问。

通过侦听通道，在总线内部就可以实现多缓存一致性的监控原理。正如 MOESI（协议一致性）所规定的，这样的实现方式避免了通过软件去控制缓存，可以节省 10 个访问内存的总线周期，功耗也优于直接访问内存。

ACE 的引入意义重大，它是构建大规模 SMP（对称多处理器）系统必备的协议标准。ARM 公司在其提供的 CCI-500 总线互联 IP 中实现了 ACE 协议，并且基于 ACE 总线构建了 big.LITTLE（大核-小核）架构。该架构允许两个 CPU 簇之间通过 CCI-500 总线连接在一起，通过 ACE 协议实现多核的一致性。

（3）AMBA5

ARM 在 AMBA5 标准上引入了 CHI（Coherent Hub Interface，一致性集线器接口）总线协议。这是一个支持完全一致性的总线标准。它将连接各组件的接口定义为节点。其中由主节点（Home Node，HN）负责处理所有的传输请求，包括侦听请求、访问缓存请求、访问主存请求等。其他的节点还包括请求节点 RN（Request Node，请求节点）和从节点 SN（Slave Node，从节点）。RN 负责生成事务，如读和写请求。这些事务会发送到 HN，由 HN 负责对请求进行排序，向 SN 传递事务，并由 SN 最后负责执行。图 12-7 展示了 AMBA5 CHI 总线的架构模型。

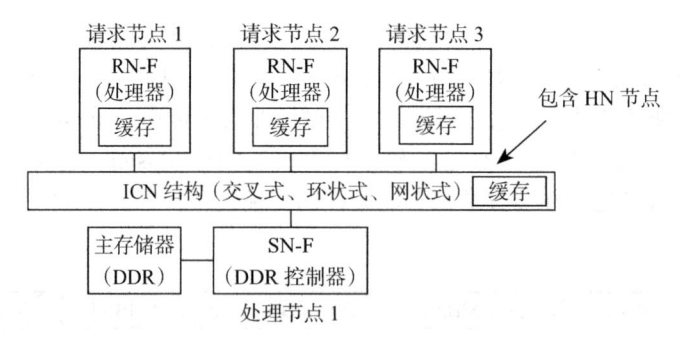

图 12-7 AMBA5 CHI 总线结构

从图 12-7 可见，CHI 总线结构中包含 RN-F（Fully Coherent Request Node，全一致性请求节点）、SN-F（Fully Coherent Slave Node，全一致性从节点）。它们分别连接访问服务请求方和响应处理方。ICN（Interconnect Node，互联节点）内部包含了一个或多个 HN。

12.3.3 总线拓扑结构

在互联互通的总线拓扑架构中，可以有交叉式、环状式、网状式等结构，它们分别用于满足不同类型的产品需求。

1. 交叉式

交叉式总线拓扑将所有数据主从模块都连接在同一个互连矩阵上。这种结构允许设备通过共享的总线进行通信和数据传输。它能够有效地连接多个设备，但其可扩展性有限。一旦尝试增加主从设备的数量，由于扇出效应的增加，电容和走线也需相应增加。这可能导致信号延迟和性能下降。图 12-8 给出了一个 5（输入）×4（输出）的交叉式总线拓扑结构。

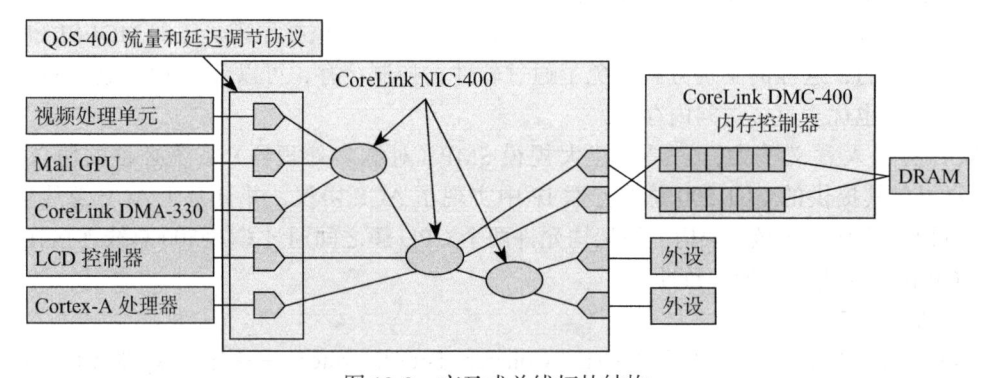

图 12-8 交叉式总线拓扑结构

从图 12-8 可以看到，交叉式总线拓扑架构适用于简单的 SoC 设计，也适用于多层次总线结构，例如高速的主存和低速的外设可以通过桥接节点实现互联。

2. 环状式

为了解决交叉式总线结构的扩展性问题，AMBA5 引入了环状式总线结构，用于拓展更多的设备接入，如图12-9所示。

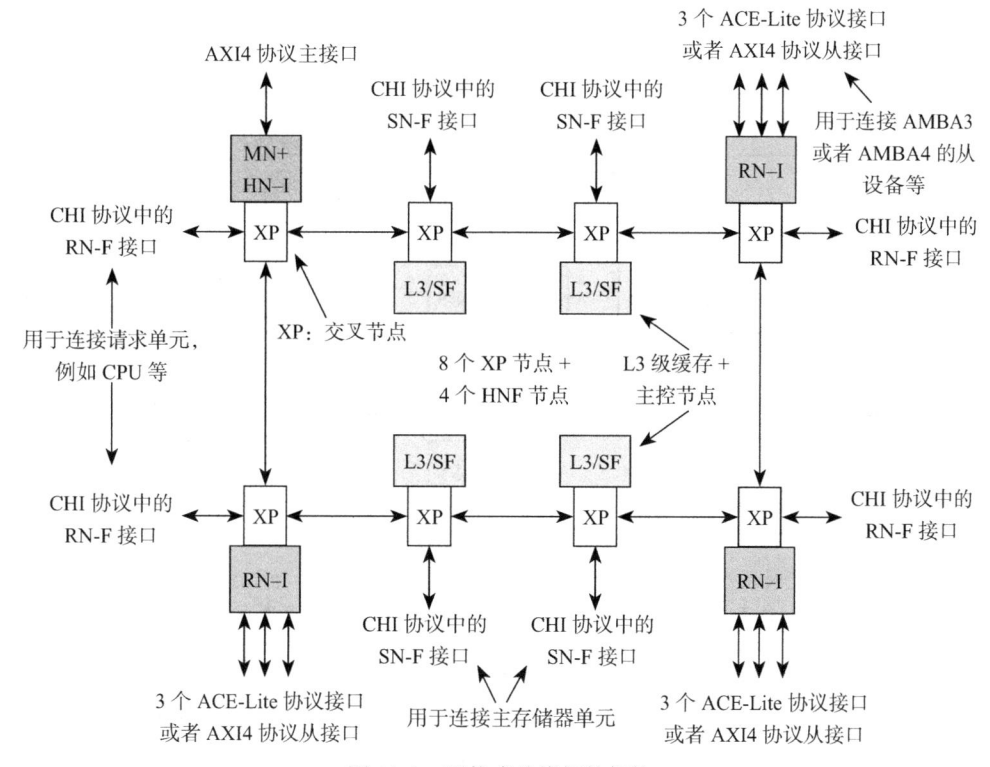

图 12-9　环状式总线拓扑架构

注：XP 为交叉节点；MN 为杂项节点，处理分布式虚拟内存事务；HN-I 为处理 I/O 事务的主节点；RN-I 为处理 I/O 事务的请求节点；RN-F 为全一致性请求节点；SN-F 为全一致性从节点；为支持侦听过滤功能的 L3 缓存。

从图 12-9 可以看到，环状总线通过将多个处理单元连接成一个环形结构，使得数据可以在环形路径上传输，避免了传统的交叉总线的传输瓶颈问题。环状总线可以提高处理器访问二级缓存的效率，增加系统频率并支持更多的主从设备。这种环状总线设计使得总线频率在某种程度上摆脱了连接设备数量的限制，在 16nm 工艺下，可以达到 1.2GHz 以上。

另外，图 12-9 所示的环状总线结构可以支持 AMBA5 的 CHI 协议，也可以支持 AMBA4 的 AXI 协议，甚至还可以支持 AMBA3 的 ACE 协议。因此，使用该结构可在同一颗 SoC 中集成不同等级的 CPU 核心，形成异构式的计算平台。

3. 网状式

在更高的性能要求下，由于系统总线需要连接的设备数量增多，同时还需要支持更高的工作频率，环状总线的性能就显得捉襟见肘了。为了满足这一性能需求，AMBA 引入了网状式结构，它能够更好地适应系统总线在连接众多设备且高频运作时的复杂环境。

图 12-10 给出了一个网状式总线拓扑架构的例子。

从图 12-10 来看，这是一个 4×2 网格结构的总线框架。每一个交叉点 XP 除了能与自己周围的 XP 节点通信外，还能够连接不同的工作节点。例如用于连接外设的 RN-I（I/O Coherent Request Node，处理 I/O 设备相关请求的节点），用于连接 DDR 的 SN-F，用于连接 CPU 等处理器的 RN-F 等。

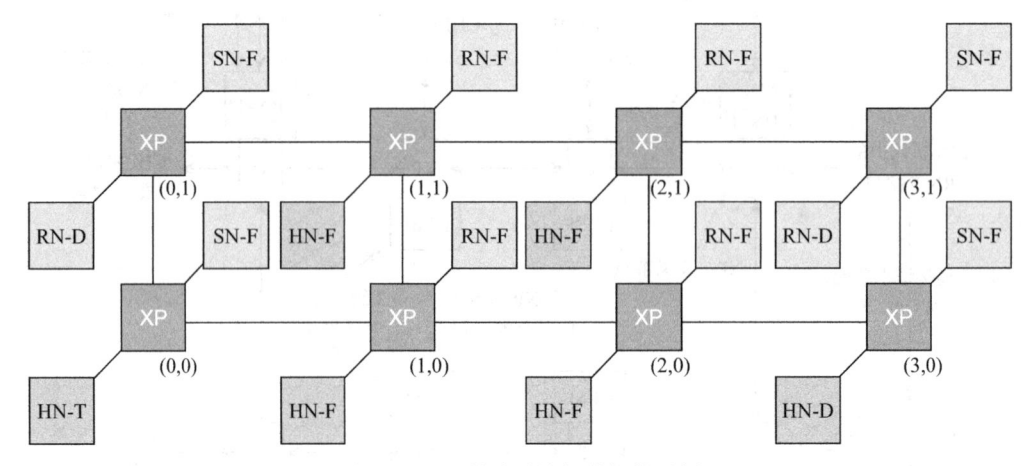

图 12-10　网状式总线拓扑架构示例

注：XP 为交叉节点；SN-F 为全一致性从节点；RN-F 为全一致性请求节点；RN-D 为支持分布式虚拟内存的 I/O 一致性请求节点；HN-F 为全一致性主节点；HN-D 为处理分布式虚拟内存事务的管理节点。

在 AMBA 定义的网状结构中，还分为 Mesh 式总线和 NoC 总线两种。

1) **Mesh** 式总线也可称为网格总线，它通常用于连接多核 CPU、DDR 等高速组件，它是一个可配置、可扩展，支持缓存一致性的互联总线结构。

2) **NoC**（Network on Chip，片上网络）总线用于连接不同频率、不同电源域的设备组件。它包含许多节点，这些节点是一个小型路由，它们之间传输的是异步的包，这样就不必维持路由之间大量的连线，从而提高传输效率，也能支持更多的设备。

12.3.4　AMBA IP 选项

ARM 的商业逻辑是销售 IP。如果说 ARM 在 CPU 架构上的实现载体是 CPU 核心，那么 AMBA 总线协议的实现载体就是 ARM 推出的互联 IP 产品。AMBA 总线协议仅仅定义了总线的读写规范，并未涉及 IP 的具体实现。理论上，任何厂商都可以基于 AMBA 总线标准推出自己的产品。而 ARM 实际销售的产品则是 CoreLink Interconnect IP（以 CoreLink 为商标的互联总线 IP）。这些 IP 主要分为两大系列：支持一致性互联（Coherent Interconnect）和不支持一致性互联（Non-Coherent Interconnect）的总线 IP 产品。

一致性互联协议可以支持 ARM CPU 簇之间的互联，以确保 CPU 簇之间的缓存一致性，同时还可以支持部分 I/O 设备和 CPU 簇之间的 I/O 一致性。相反，诸如 DMA、以太网、多媒体、CPU 等主控设备到 DDR 等从属设备的访问，由于不需要缓存一致性，因此可以采用非一致性互联协议来支持。

表 12-4 给出了 AMBA 部分商用 IP 的信息。

表 12-4 AMBA 商用 IP 列表

名称	一致性	AMBA 版本	拓扑结构	特性
NIC450	非一致性	AMBA4	交叉式	支持 AXI4、AXI3、AHB-Lite 和 APB 总线协议
CCI550	一致性	AMBA4	交叉式	最多支持 4 个 ACE4 接口（以支持 4 个 CPU 簇）；另外，最多支持 6 个 ACE-Lite 接口和 7 个 AXI4 从接口，可以对接主内存或外设
NI700	非一致性	AMBA5	NoC 网状总线	通过 packet 格式传输数据；支持以下协议：AXI5、AHB5、AXI3、APB3 和 APB4
CI700	一致性	AMBA5	Mesh 式总线	支持最大 3×4 的 Mesh 式总线，共 12 个 XP 节点；最大支持 8 个 CPU 簇；最大支持 8 个 SN 节点，可以对接 8 个 DDR 控制器；最多支持 24 个 ACE-Lite 从接口，可以支持 CHI.B/C/D/E 接口
CMN700	一致性	AMBA5	Mesh 式总线	最大支持 12×12 的 Mesh 式总线，共 144 个 XP 节点；最大支持 256 个 CPU 核心（在 1 片晶圆上）或者 512 个 CPU 核心（在 2 片晶圆上）；最大支持 64 个 SN 节点，可以对接 64 个 DDR 控制器；支持 CHI.B/C/D/E 接口；

因此，在设计一颗 SoC 时，系统架构师需要根据具体的应用场景和产品需求，选择不同的商用 IP 以支持自己的产品设计。例如，CMN700 IP 就不太适合用于智能手机 SoC 之类强调低功耗的应用场景。

12.4 CPU

在 SoC 系统中，CPU 的重要性毋庸置疑。在设计座舱 SoC 时，最重要的考量就是如何选择 CPU 的 IP。由 12.1 节可知，目前指令集架构的最佳选择仍然是 ARM。因此，我们主要针对 ARM 架构的 CPU 进行分析。

ARM 的 CPU 架构体系经历了从 ARMv1 到 ARMv9 的迭代。而具有现代 CPU 设计特征的主要是 ARMv7、ARMv8 和 ARMv9 架构。表 12-5 总结了 ARM Cortex-A 系列处理器的演进历程。

表 12-5 ARM Cortex-A 系列 CPU IP

架构版本	超大核	大核	小核	CPU 簇架构
ARMv7	—	A9、A15、A17（乱序）	A5、A7、A8（顺序）	没有大小核的概念
ARMv7	—	A15	A7	big.LITTLE
ARMv8	—	A57	A53	big.LITTLE
ARMv8	—	A73	A53	big.LITTLE
ARMv8.2	—	A75、A76、A77	A55	DynamIQ
ARMv8.4	X1	A78	A55	DynamIQ
ARMv9	X2	A710	A510	DynamIQ
ARMv9.1	X3	A715	A510	DynamIQ
ARMv9.2	X4	A720	A520	DynamIQ

ARM CPU 演进的思路是以 DynamIQ 簇架构为基础，通过超大核、大核、小核的组合搭配来实现性能和功耗的平衡。

12.4.1 大小核思路

智能手机的 SoC 既要求满足高算力的计算场景需求，又要求能够降低功耗、减少发热，从而延长手机的使用时间。为此，ARM 公司提出了大小核的设计理念。这一理念的主要思想是，大核处理器负责提供高性能算力以满足复杂计算需求，而小核处理器则在高能效的低功耗场景下发挥作用。对智能手机或平板用户来说，在进行游戏、观看视频或浏览门户网站等高性能需求时，大核处理器会投入工作；而在进行文字处理、听音乐、阅读小说等低功耗场景时，系统会动态切换到小核处理器工作。这一切对上层应用程序员来说是透明的，操作系统程序员也仅需做好适配工作，处理器自身会决定何时进行切换。

智能座舱 SoC 与智能手机 SoC 在设计理念和功能需求上存在一定的相似之处，尤其是在处理复杂任务和管理功耗方面。实际上，目前有一部分主机厂的智能座舱域控制器就是使用智能手机 SoC 来进行计算的，因此我们有必要了解 ARM 的大小核设计思路。

1. big.LITTLE 架构

在 ARMv7 版本中，ARM 首次提出了大小核的设计思路。图 12-11 展示了一个最早版本的 ARM big.LITTLE 架构实例。

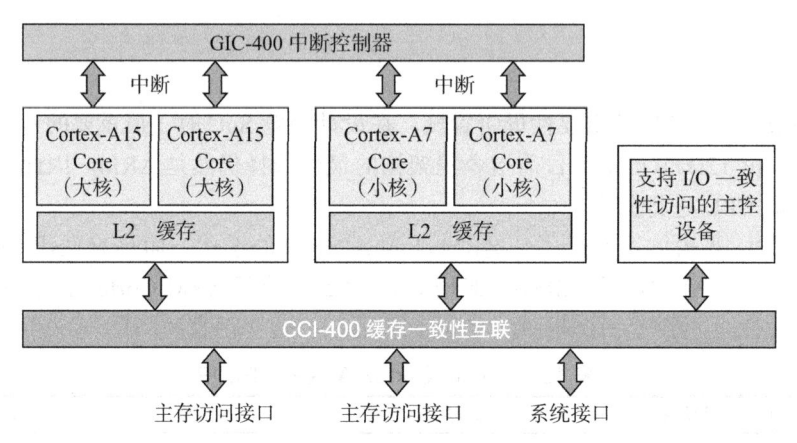

图 12-11　ARM big.LITTLE 架构实例

注：CCI 为缓存性一致性互联 IP。CCI-400 为 ARM 架构 CCI 的一种具体型号。

从图 12-11 中可以看到，大核处理器采用的是双核的 Cortex-A15，而小核处理器采用的是双核的 Cortex-A7。这两种处理器核心分别被集成在一个 CPU 簇单元中，且每个簇单元内部都配备了一个共享的 L2 缓存，这样的设计有助于提升数据访问的速度与效率。两个簇之间通过高效的交叉式总线 CCI-400 实现连接，确保了它们之间的数据交换与通信。CCI-400 总线不仅提供了高速的数据传输能力，还保证了两个簇之间的缓存一致性，这是实现高效多核协作的关键。

big.LITTLE 技术的要求或限制条件可以归纳为以下几点。

- 大核和小核使用的两种处理器必须采用相同的指令集，且每个簇内部的处理器类型必须相同。例如，大核 A15 和小核 A7 都支持相同的 ARMv7 指令集，在同一个 CPU 簇组织内，缓存只能同时是大核或者小核。
- 系统需要包含一个 GIC（Generic Interrupt Controller，通用中断控制器），它的作用是根据当前任务的需求动态分发中断信号给相应的处理器。
- 为了确保数据的一致性，系统需要提供缓存一致性支持。在范例所示的架构中，两个簇之间通过 CCI-400 来实现缓存一致性。

由于 big.LITTLE 架构限制只能有 2 个簇，因此每个簇内部必须是相同的大核或者相同的小核。每个簇内部的 CPU 核共享同一个时钟源，它们工作在相同的电压和频率下。当工作任务从大核向小核切换时，需要将整个大核的业务全部迁移到小核，才能将大核关断以节省功耗。这样在操作系统的任务调度中十分不方便，降低了实际使用时对功耗的收益。因此，ARM 提出了改进的 DynamIQ 架构。

2. DynamIQ 架构

DynamIQ 技术是 ARM 架构的一项重大进步，它通过引入 DSU（DynamIQ Shared Unit，DynamIO 共享单元）的概念，显著提升了多核处理器系统的灵活性和效率。DynamIQ 簇的设计允许将大核处理器、小核处理器和 DSU 集成在同一个簇的内部，这样的设计带来了诸多优势。

首先，DynamIQ 技术允许每个处理器芯片集成多个 DynamIQ 簇，提供了更高的可扩展性和配置灵活性。无论是需要高性能计算还是低功耗运行，都可以通过合理配置不同核心来满足需求。

其次，在同一个 DynamIQ 簇内，大核和小核之间的数据传输不再依赖传统的 CCI 总线。相反，它们通过 DSU 中的 L3 缓存来实现数据共享。这种设计简化了大核和小核之间任务切换时的数据共享复杂度，并改善了传输延迟性能，从而提高了整体能效。

此外，DSU 还带来了另一个显著的优势，即能够在同一个 DynamIQ 簇内为不同的处理器单独配置工作电压和频率。这意味着，当某个核心需要更高的性能时，可以单独提升其频率，而不必影响簇内部的其他核心。这种精细化的电源管理有助于实现更高效的能源利用，并允许工作任务在所有 CPU 核心间进行全局任务调度。

全局任务调度能够更充分地利用大核处理器和小核处理器的各自优势。例如，对于计算密集型任务，可以将其分配给大核处理器以获得更高的性能；而对于轻量级或后台任务，则可以将其分配给小核处理器以实现更高的能效。与 big.LITTLE 架构的大小核整体切换方式相比，全局任务调度能支持大核和小核并发执行，这种灵活的任务分配方式有助于提升系统的整体性能和效率。

总的来说，DynamIQ 技术通过将大核处理器、小核处理器和 L3 缓存集成在同一个 DSU 中，实现了更高效的数据共享、更灵活的电源管理和更优化的任务调度。DSU 支持三种配置方式：全大核、全小核、大核 + 小核。图 12-12 是一个 DSU 支持大核 + 小核的架构示意图，从中可以看到 ARM DynamIQ 架构与簇内的 CPU 核心配置。其中，大核为 A77，小核为 A55，它们通过 DSU 内部的共享 L3 缓存实现缓存一致性管理。同时，针对大核 + 小核的配置，可以采用 1b+7L、2b+6L、4b+4L 等架构。

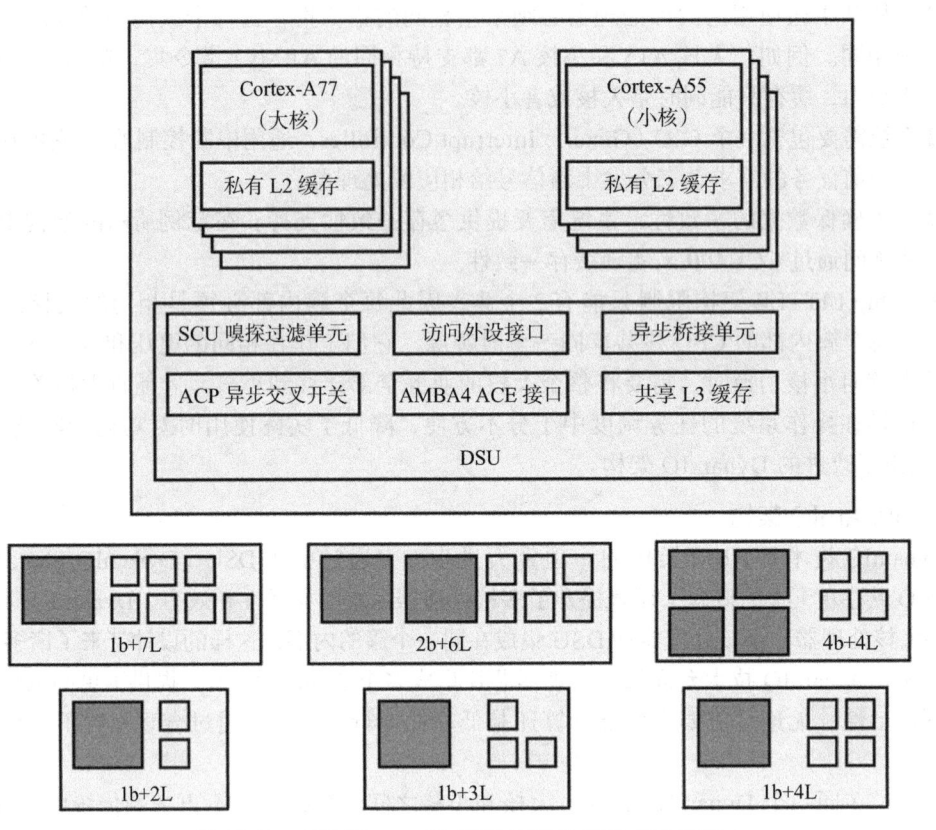

图 12-12 ARM DynamIQ 架构与簇内 CPU 核心配置

当然，DynamIQ 也支持在处理器内部集成多个簇的方式，通过 Mesh 式总线结构将多个簇连接起来。

12.4.2 先进 CPU 微架构设计

在计算机系统结构的学习和研究中，我们了解了指令级并行（ILP）和线程级并行（TLP）的基本概念。现代先进 CPU 的设计在很大程度上采纳并融合了这两种性能提升方式。在 ILP 设计中，超标量流水线是其中的核心设计，它融合了多发射和乱序执行技术。而在 TLP 设计中，SMT 则占据主导地位。然而，与 x86 架构 CPU 不一样的是，在 ARM 的微架构中，仅有少数 CPU 核心实现了 SMT，而大多数核心仍然采用 DSU 内部共享多核心的架构设计。接下来，我们将以 ARM Cortex-A77 为例，详细阐述其微架构设计是如何提高 CPU 执行效率的。

下面将详细介绍 A77 的微架构设计。

1. 基于硬件的推测

在流水线设计中，第一步为取指令。即由指令预取（Instruction Fetch）单元从 L1 指令缓存中取得指令。多流水线设计，常常一次取得多条指令。在执行分支判断指令时，系统如果不知道下面走哪一条分支，需要等到分支执行给出结果才可以再获取正确的指令。为了提升流水线性能，现代处理器提供了一个 BPU（Branch Predictor，分支预测单元），用来预测常用路径，并提前进行指令预取，确保流水线被填充完整。图 12-13 展示了 A77 中的 BPU 的结构。

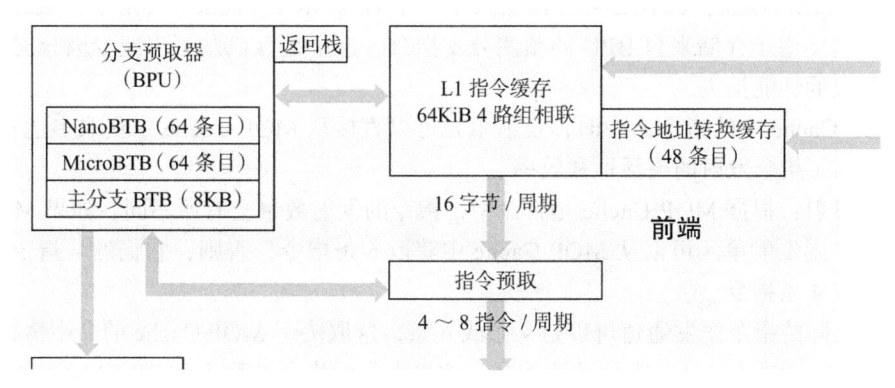

图 12-13　A77 中的 BPU 设计

注：BTB 为目标缓冲区。

A77 的 BPU 和指令预取单元是相互独立的组件，它们可以同时工作，以提高指令执行的并行性。BPU 提前推测并获取分支跳转后的指令，降低分支预测的延迟。

2. 多发射流水线

多发射流水线是现代 CPU 设计中的特征之一，它能有效提高 CPU 的指令吞吐量和执行效率。图 12-14 展示了 A77 中的多发射流水线的原理。

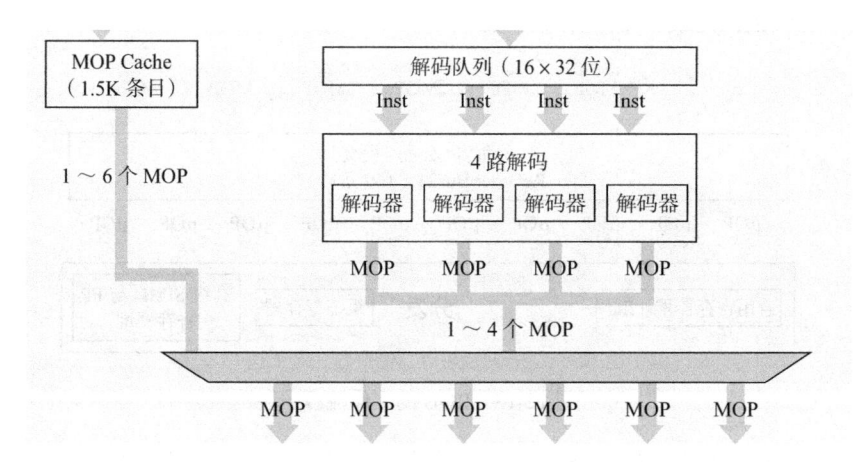

图 12-14　A77 中的多发射流水线的原理

注：MOP 表示宏指令；Inst 表示指令。

从图 12-14 可以看到多发射的执行过程。

- 指令预取队列：预取的指令首先进入一个 16 个条目（每个条目 32 位）的指令预取队列。这个队列作为指令流的缓冲区，确保解码器有连续的指令流可供处理。

- 四路解码器：指令预取队列中的指令随后被提供给一个四路解码器，该解码器能够并行地解码 1～4 条指令。这种并行解码能力有助于提高指令吞吐量，从而减少 CPU 的空闲时间。
- MOP Cache 模块：Cortex-A77 还引入了一个名为 MOP Cache（宏指令预取缓存）的模块，主要用于存储来自 BPU 的预测分支指令。这个缓存机制可以减少因分支预测错误而导致的性能损失。

当 MOP Cache 中的指令命中时，发射单元可以直接从 MOP Cache 中获取多达 6 条指令。这种设计提高了指令发射的灵活性和效率。

- 指令发射：根据 MOP Cache 是否命中，指令的发射数量会有所不同。如果 MOP Cache 命中，则发射单元可以从 MOP Cache 中获取 6 条指令；否则，它仍然从指令预取单元中获取 4 条指令。

因此，实际的指令派发通道可以是 4 条或 6 条，这取决于 MOP Cache 的命中情况。

- MOP 与 μOP 的转换：需要注意的是，这里发射的指令被称为 MOP（Macro Operation，宏指令），它们并不是实际可执行的指令。MOP 是更高级别的操作，可能包含多条实际的执行指令。

最终送到执行单元的指令被称为 μOP（即微指令），这是处理器可以实际执行的指令。

在后端单元中，MOP 会被拆解成处理器可以执行的 μOP。这种设计使得复杂的指令可以在更低的级别上被优化和执行，从而提高了 CPU 的执行效率。

3. 乱序执行窗口

乱序执行（Out-Order）是超标量流水线的又一个重要特征。图 12-15 展示了乱序执行的窗口——ROB（ReOrder Buffer）的工作流程。

图 12-15　ROB 的工作流程

在指令发射的策略中，处理器需要查找能进入流水线并执行的指令。与顺序执行（in-Order）相对的是，乱序执行并不会完全按照程序中的原始指令次序执行。处理器根据数据相关性进行判断，重新排列指令次序，将多条指令同时发射，进入流水线并行执行，避免因为等待上一条指令的结果而导致流水线停顿，从而更好地利用处理器资源。

当多条指令并行执行时，遇到的一个问题是寄存器冲突。为了解决多条指令使用同一个寄存器而导致的竞争问题，一种可行的解决方法是资源复制，也称为寄存器重命名（Rename）。因此，用于存放译码后指令的缓冲区被称为 ROB（ReOrder Buffer，重排序缓冲区）。

在 A77 微架构设计中，ROB 模块接收 MOP 指令，通过寄存器重命名和指令重排，输出 10 条 μOP 指令到发射槽位，以将这些指令提交到下一个执行阶段。

4. 并发执行单元

要想支持多发射流水线，就要在 CPU 后端支持多个并发执行单元。图 12-16 描述了 CPU 后端模块的并发执行单元设计。

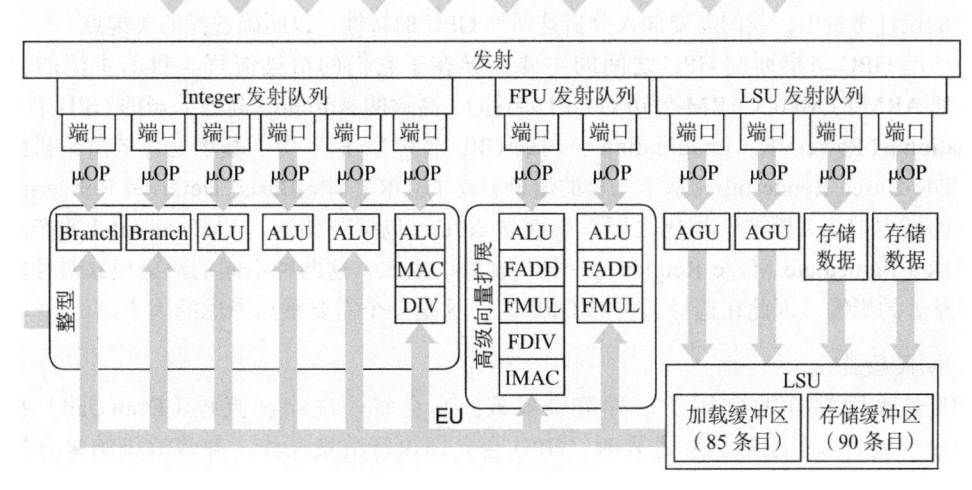

图 12-16 并发执行单元设计

A77 将发射列队（Issue Queue）统一成整型、浮点和读写发射列队，由于 A77 的执行单元多，将发射列队统一进行管理和分配可以进一步提升执行效率。

A77 包含一共 4 个整型 ALU（逻辑计算单元），其中 3 个是基础整型 ALU，还有一个是复杂整型 ALU，可以执行更复杂的计算（例如 MAC 是乘加操作，DIV 是除法操作）。A77 含有两路浮点单元（Floating Point Unit），用于浮点数据的运算。另外，对流水线至关重要的访存单元 LSU（Load Store Unit，加载 – 存储单元），可以看到 A77 有 2 条 AGU（Adress Generation Unit，地址生成单元）的路径和 2 条存储数据（store-data）的路径，可以同时执行 2 条地址产生的命令，以及 2 条存储数据的指令。

至此，我们已经深入探讨并分析了 ARM Cortex-A77 的微架构设计。从分支预测和指令预取机制的优化，到多发射技术和乱序执行，再到整型、浮点以及访存单元的并行设计，Cortex-A77 展现了现代先进 CPU 设计的精髓。它不仅具备了高性能处理器所需的基本功能，还在细节上进行了诸多创新和优化，以适应日益复杂和多样化的计算需求。

12.5　GPU

11.3 节已经介绍了 GPU 的工作原理。在智能座舱的 SoC 环境中，GPU 的主要作用是协助 CPU 加速计算机图形的渲染和处理操作。然而，在进行实际的 SoC 架构设计时，我们需要更深入地了解 GPU 的内部架构，这将有助于我们更明智地进行选择和设计决策。

12.5.1 移动端与桌面端 GPU

GPU 的起源可以追溯到计算机对图形图像处理的迫切需求。最初，GPU 是为了在个人计算机上进行图形化操作界面的渲染而诞生的。随后，计算机游戏的迅速崛起将 GPU 的需求推向了新的高度。因此，GPU 最初主要是为了满足个人计算机用户的需求。之后，智能手机的普及同样极大地推动了 GPU 的发展，智能手机 SoC 的需求催生了专为移动端设计的 GPU。在智能座舱 SoC 的设计考量中，我们需要深入分析这两种 GPU 的特性，以明确选择的关键点。

移动端 GPU 与桌面端 GPU 之间的主要差异在于它们的渲染流程。目前主流的移动端 GPU，如 ARM 的 Mali（ARM 公司的 GPU 名称）、高通的 Adreno（高通公司的 GPU 名称）或 Imagination 的 PowerVR（Imagination 公司的 GPU 名称），都采用了基于瓦片的渲染机制，即 TBR（Tile-Based Rendering，基于瓦片的渲染）或 TBDR（Tile-Based Deferred Rendering，基于瓦片的延迟渲染）模式。相比之下，桌面端 GPU，包括英伟达、AMD 和 Intel 的产品，则采用 IMR（Immediate Mode Rendering，即时渲染）模式。这两种不同的渲染模式对性能和功耗有着显著的影响，因此在选择适合的 GPU 时，这是一个需要重点考虑的因素。

1. IMR 模式

IMR 是桌面端 GPU 常用的一种渲染模式。它会将一次绘制流程（DrawCall）处理为严格的命令流。每个绘制流程进来时，GPU 会立即执行渲染操作，并将渲染结果直接写入 FrameBuffer（帧缓冲）内。由于 IMR 模式对每个绘制流程进行即时处理，因此它能够具有快速的响应时间和流畅的渲染效果。这种模式在处理复杂的 3D 场景和实时交互的应用中表现出色。图 12-17 展示了 GPU IMR 的基本工作流程。

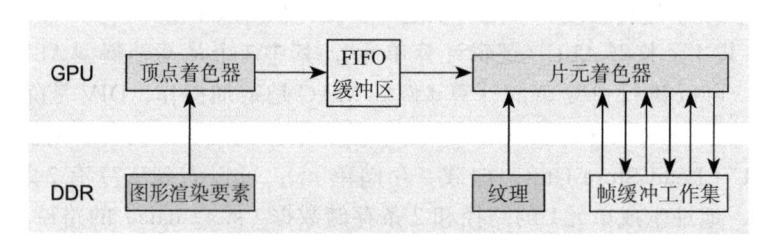

图 12-17　GPU IMR 渲染模式的数据流向

从图 12-17 可以看到，在 IMR 模式中，顶点着色器（Vertex Shader）的输出通过 FIFO 缓冲区直接传递给下一个片元着色器（Fragment Shader）或者像素着色器。这种处理方式保证了整个渲染管线的高效运转，无须额外的控制逻辑介入，从而避免了管线中断，使得性能达到最优。由于顶点数据通过 FIFO 缓冲区进行排队处理，IMR 模式无须依赖 DDR 等外部存储器来保存中间结果，显著减少了访问外部存储器的需求，从而避免了因访问 DDR 而产生的渲染速度下降问题。

IMR 模式的劣势在于，它需要进行全屏渲染处理，这导致帧缓冲区占用大量的内存容量。随着屏幕分辨率和色彩深度的增加，这一需求会变得更加显著。其次，在片元着色器处理阶段，各种操作都需要对帧缓冲区进行频繁的读取、修改、写入操作。这不仅消耗了大量的内存带宽，还会产生较高的能耗。为了提高渲染速度，IMR 模式不得不设计较大容量的片内缓存（On-Chip Cache）来保存最近访问的帧缓冲区的数据内容。这增加了芯片的复杂性和面积，从而增加了制造成本。

2. TBR 模式

TBR 的核心思想是将整个屏幕的图像帧缓冲区划分为多个小的区域，然后利用多个 SIMD（单指令多数据）处理单元对这些区域进行并行渲染处理。这种方法通过减少每次处理的数据量，优化了缓存利用率并提高了渲染效率。

在 TBR 中，每个瓦片内的图像都被独立地渲染，直到所有的瓦片都完成了顶点着色的工作，最终的渲染结果才会被组合并输出到显示单元。这种方法的好处是，由于每次只处理帧缓冲区的一小部分，因此可以大大减少所需的片内缓存空间。通过减小缓存需求，可以降低硬件复杂性和功耗，这对移动设备尤为重要。

以 1080P（1920×1080 分辨率）的屏幕为例，如果将它的帧缓冲区划分为 16×16 的瓦片网格进行并发处理，每个瓦片所包含的数据大小就是 120×120 像素。这意味着在渲染每个瓦片内部的图像时，理论上只需要能够存储几个瓦片大小的片内缓存，即可实现高效的并发渲染。这种方法显著降低了硬件复杂性和制造成本，同时有助于降低能耗，特别适合功耗和性能受限的移动设备。图 12-18 展示了 GPU TBR 的基本流程。

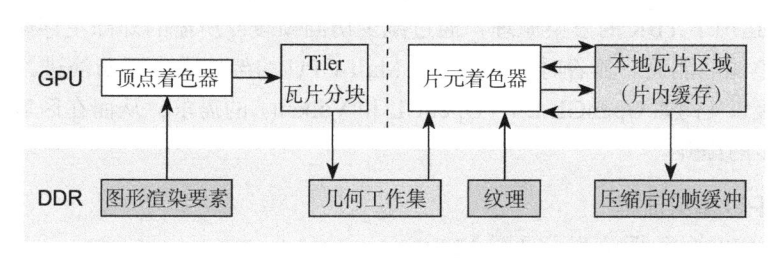

图 12-18　GPU TBR 渲染模式数据流向

从图 12-18 可以看到，瓦片分块器（Tiler）模块将整个显示区域的帧缓冲区分成了一个个瓦片，然后使用 DDR 中的几何工作集（Geometry Working Set）作为每个瓦片的工作区域。顶点着色器对每一个瓦片内的图像进行渲染，完成相关任务后，将数据送入本地片内缓存（Local Tile Memory）。存储在本地片内缓存中的数据随后被 GPU 内部的片元着色器单元处理。片元着色器负责处理像素级别的渲染效果，如纹理映射、光照计算等。得到的最终渲染结果会被写入帧缓冲。帧缓冲是 GPU 用于存储最终图像数据的缓冲区，一旦写入完成，图像就可以被输出到显示器上。

TBR 的优势在于，在片元着色器处理阶段减少了对帧缓冲的频繁读写，从而显著降低了带宽消耗，这也有助于减少功耗。另外，由于将整个帧缓冲区划分成了多个瓦片，那么片内缓存就可以设置得比较小。TBR 模式可以利用这块缓存来进行 MSAA（多次采样抗锯齿）处理，在片内缓存中读写数据，避免了大量的主存访问操作，所以 TBR 模式下的 MSAA 技术是相对高效的。

TBR 的一个主要劣势是它将 GPU 的渲染管线分成了两部分。顶点着色器的输出需要先存储到主内存中，然后片元着色器再读取这些数据，这会导致渲染管线的中断，从而影响 GPU 的性能。另外，在顶点着色器处理阶段处理顶点数据时，大量的数据需要写入主存中的瓦片内存块，此处带宽消耗较大。

3. TBDR 模式

TBDR 模式是在 TBR 的基础上增加了延迟机制，即延迟渲染的 TBR。TBDR 是对 TBR 的一种改进。在实际的绘图工作中，CPU 传递给 GPU 的渲染任务，有可能是多个相互重叠的几何体。这些几何体其实只需要渲染最上面的一层即可，否则就是浪费的。TBDR 就是在瓦片分块处理阶段和片元着色处理阶段之间插入了一个新的处理阶段，该阶段将纹理贴图和像素着色的工作"延迟"到可以计算出各瓦片的可见性为止。也就是说，在渲染管线的第二阶段，将首先计算各瓦片的可显示属性，然后再执行像素着色工作。

综合来看，TBDR 的模式利用延迟技术，帮助移动端 GPU 进一步提升了效率，降低了带宽和功耗。

12.5.2 ARM Mali GPU

在实际的 SoC 设计中，我们既可能采用基于 TBR 模式的设计，也可能选择基于 IMR 模式的 GPU 设计。而 ARM 为客户提供的可商用化 GPU IP 设计，就是著名的 Mali GPU。

Mali GPU 运用了 TBR 的渲染原理，通过减少访问帧缓冲所需的外部主存储器带宽，有效地提升了系统整体的能效。随着时间的推移，Mali GPU 的架构也在不断演进，以满足最新标准的应用程序接口（例如 OpenGL ES、OpenCL 和 Vulkan）的需求，从而在区域效率和能效方面实现了进一步的提升。

1. Mali GPU 渲染流程

ARM Mali GPU 的绘图流程参见图 12-19。

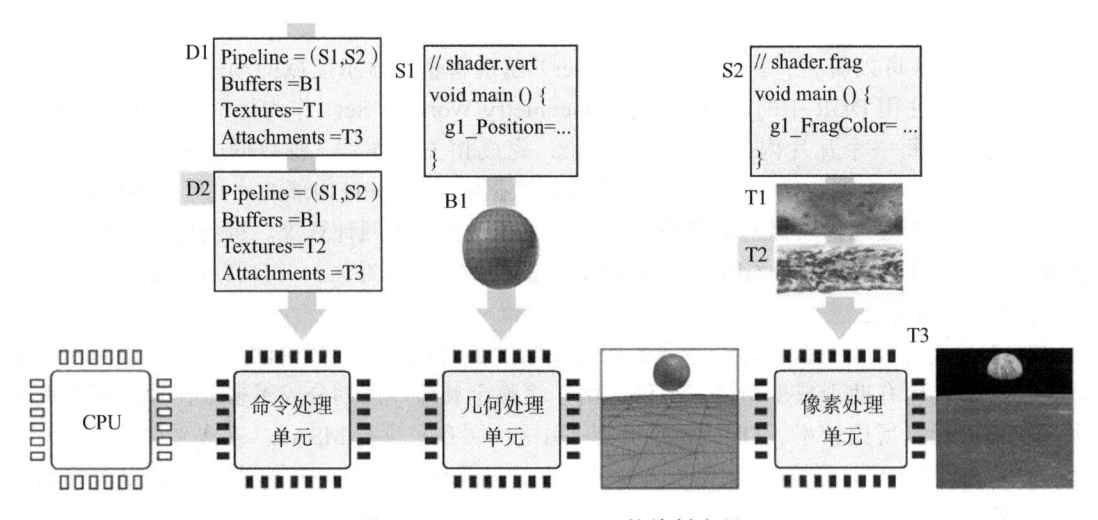

图 12-19 ARM Mali GPU 的绘制流程

从图 12-19 可以看到，Mali GPU 将一次绘图的流程划分为 4 个主要阶段。

（1）CPU 处理阶段
- 主要任务：执行应用程序，例如动画或用户操控界面绘制等。
- 具体过程：在此阶段，CPU 主要负责产生顶点数据。这些数据是图形渲染的基础元素。
- 结果：生成的顶点数据被写入 DDR 中，并且 CPU 会向 GPU 发送绘图命令。在本例中，CPU 设定了需要渲染的场景：一张从月球回望地球的照片。

（2）命令处理阶段
- 主要任务：此阶段是 GPU 处理的第一步，命令处理单元负责解析从 CPU 接收的命令，并准备 GPU 内部所需的数据与材质。
- 具体过程：命令处理单元根据 CPU 的命令生成了 D1 和 D2 两个渲染工作流。D1 负责生成月球的渲染图片，而 D2 则负责生成地球的渲染图片。这两个工作流中都包含了 S1（几何处理）和 S2（像素处理）的管线任务。

（3）几何处理阶段
- 主要任务：执行 S1 管线任务，即几何处理。
- 具体过程：几何处理单元首先从 DDR 中读入顶点信息，对这些信息进行计算和变换，组成图元（如三角形），进而构建出整个图像的框架。此外，此阶段还需将渲染画面细分为多个瓦片，以便于后续的并行处理。

注意，在本例中，S1 使用 B1 作为工作缓冲区。月球和地球的 3D 模型在生成之后被暂存在 B1 中。

（4）像素处理阶段
- 主要任务：执行 S2 管线任务，即像素处理。
- 具体过程：像素处理单元首先读取 B1 中的图元数据，进行光栅化处理，确定哪些像素需要被渲染。随后，像素处理单元从素材区 T1 和 T2 中读取贴图纹理，进行片元着色（或者称为像素着色）操作，即为每个像素赋予正确的颜色和深度信息。
- 结果：最终生成的月球–地球回望图片被写入 T3（即帧缓冲区）中，准备显示或进一步处理。

这一流程清晰地展示了 Mali GPU 如何处理一次复杂的绘图调用，从 CPU 的初始设定到最终的像素级渲染。

2. Mali GPU 硬件架构

Mali GPU 的硬件设计需要能完成 3 个阶段的工作，即命令处理、几何处理、像素处理。Mali GPU 的微架构包含一个或多个着色器核心（Shader Core）单元，以及统一的指令流处理单元——CSF（Command Stream Frontend，命令流前端）和瓦片分块器来实现的。图 12-20 给出了 Mali GPU 的微架构示意图。

从图 12-20 可以看到，Mali GPU 具有多个着色器核心单元（图中有 3 个重叠的框，表示有 3 个着色器核心单元），它们在同一组 CSF、L2 缓存、MMU 和瓦片分块器的支持下实现并发工作。

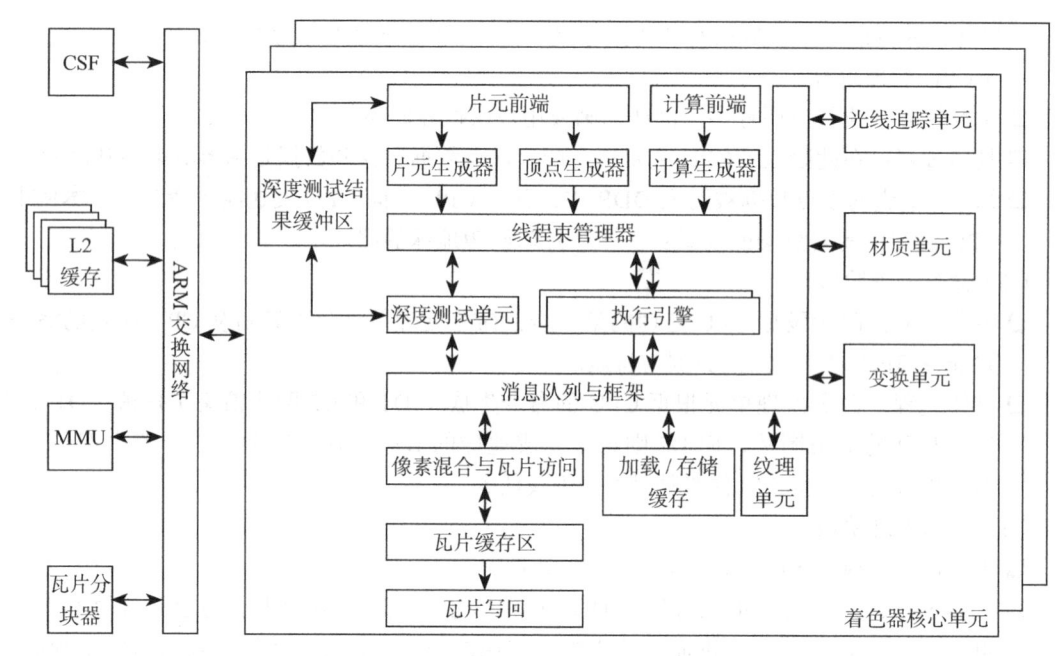

图 12-20 Mali GPU 微架构示意图

（1）CSF

在 Mali GPU 的架构中，CSF 负责处理 CPU 通过驱动程序写入的指令流，这些指令流包含了状态更新、渲染请求以及同步操作等关键信息。通过解析和执行这些指令，CSF 能够确保 GPU 正确地响应各种图形渲染和计算任务。

作为前端组件，CSF 还承担着任务调度的职责。它能够根据指令流的优先级和依赖关系，合理地安排任务的执行顺序，从而实现高效的并行处理。此外，CSF 还可能对指令流进行优化，以提高 GPU 的执行效率。

（2）着色器核心

在 Mali GPU 中，着色器核心单元将几何阶段和像素阶段的执行引擎进行统一设计，这意味着同一个着色器核心（包含计算前端和片元前端）可以用于处理不同类型的着色任务，包括几何着色和像素着色。这就是 ARM 推出的统一着色器架构。

每个着色器核心还包含各种特效单元，例如光线追踪模块就被用来处理光影特效，可在游戏场景中实现十分酷炫的效果。

（3）执行引擎

在每个着色器核心单元中，包含两个执行引擎（图中相应位置有两个重叠的框，表示有两个执行引擎）。每个执行引擎都是一个 SIMD 指令执行单元，能够并行处理多个数据元素。这种并行处理能力是 GPU 加速图形渲染和计算任务的关键。

每个执行引擎包含一个程序计数器和 16 个硬件 SMT。这意味着每个执行引擎可以同时处理 16 个线程。每个线程由一个 ALU 和 32 个寄存器组成，用于执行计算和存储中间结果。由于 GPU 使用一个线程处理一个像素，因此一个执行引擎可以同时处理 16 个像素。

一个着色器核心单元中的两个执行引擎共享 1024 个寄存器,这使得它们可以高效地协作和交换数据。由于每个执行引擎可以同时处理 16 个像素,因此一个着色器核心单元总共可以同时处理 32 个像素,从而实现了高度的并行处理能力。

3. 渲染工作流程

根据 Mali GPU 的微架构设计,我们可以了解 GPU 一次完整的工作流程。

第一阶段:CPU 运行应用程序,需要在屏幕上绘制一幅图片。它发出绘图命令,从而启动第一次渲染任务(Render Pass 1)。

第二阶段:GPU 的指令流处理单元在接收到这个命令后,会将其转发给计算前端,进而创建一个几何处理任务(Geometry Processing Task,属于 Render Pass 1)。随后,线程束管理器(Warp Manager)会调用 1 个执行引擎,分配 16 个线程来处理一个 4×4 的像素点网格。当这个阶段完成后,处理得到的图元(Primitive)会被写入瓦片缓冲区。

第三阶段:指令流处理单元向片元前端发送命令,创建像素处理任务(Pixel Processing Task,同样是 Render Pass 1 的一部分)。片元前端会从主存区域中读取一个瓦片缓冲区的数据,随后通知执行引擎执行像素处理任务。当瓦片中的 16 个像素点都经过像素着色和光栅化处理后,所得的渲染结果会被写入帧缓冲中,准备输出。

几何处理任务和像素处理任务的工作将循环进行,直至所有像素点都得到处理。当这些工作完成后,第一次渲染任务宣告结束,此时系统可以开始进行第二次渲染任务(Render Pass 2),绘制下一幅图片。

以上所描述的微架构设计和渲染工作流程,仅从原理层面展示了 ARM Mali GPU 的基础实现方式。然而,实际上的 GPU 设计复杂程度远超我们的想象。我们所讨论的 CFS、计算前端、线程束管理器、执行引擎等,只是 Mali GPU 中的一部分关键组件。实际上,一个完整的 GPU 还包括许多其他模块,如纹理单元、深度测试单元等,它们共同协作,才能呈现出精美的图形效果。

12.6 SoC 概念设计实例

本节将探讨如何设计一款符合产品需求的智能座舱 SoC。

需要特别指出的是,SoC 的设计涵盖多个方面,包括架构的选择与定制化设计、功能集成与性能改进、低功耗设计,以及芯片的验证与测试等。在此,我们并不打算详尽阐述 SoC 设计的所有细节,而是聚焦于如何选择最为核心和关键的 IP 核架构。

12.6.1 竞品分析

12.2.1 节曾经介绍过智能座舱 SoC 设计公司在研发前的关键准备工作。首先,进行全面的市场调研与风险评估是必不可少的。其次,在确定了座舱 SoC 的基础功能后,产品经理与系统架构师需对当前市场上的竞争产品进行深入分析,以此为基础设定待研发产品的性能指标。由于座舱 SoC 是大型半导体芯片,从构思到量产的周期往往超过两年。因此,我们的分析视野不能局限于现有的市场产品,而应预见到两年后市场的可能变化,确保在研发开始前就明确产品的未来竞争力。需要与关键的 IP 供应商保持紧密的沟通与互动,从而准确把握市场的发展方向。

这两个分析环节在芯片设计流程中合称为"概念"阶段，其核心目的在于明确需求，并评估产品机会与公司战略的一致性，以及是否符合公司的业务策略。在这一阶段，SoC 架构工程师的主要职责是与产品经理协同进行市场分析、竞争分析并撰写市场需求文档。

现在，让我们进一步聚焦智能座舱 SoC 市场，对市场上的主要产品进行深入的竞品分析。表 12-6 详细列举了部分智能座舱 SoC 的对比。

考虑到目前市场上在售的智能车已经普遍采用了高于高通 SA8155 芯片性能的智能座舱产品，若我们打算将智能座舱 SoC 芯片的目标市场定位于满足 2027 年高端智能电动车市场需求的领域，那么在深入分析当前座舱 SoC 市场的竞品之后，我们可以明确产品的需求，即需要设计出在性能上超越高通 SA8295P 芯片的下一代 SoC。所以在设计过程中，必须采用具备更高算力规格的 CPU、GPU 等核心组件。

12.6.2 CPU

为了获得更高的 CPU 算力，我们将目光投向 ARM。因为它能够为智能座舱 SoC 厂商和其他移动设备 SoC 厂商提供成熟可靠的商业化 IP。

1. CPU 设计

2023 年，ARM 发布了最新一代全计算功能解决方案 TCS23（Total Compute Solution 23，意思是 2023 年发布的解决方案）。它基于 ARMv9.2 架构，并升级了最新的 Cortex-X 和 Cortex-A 系列 CPU，同时改进了 DSU120（DynamIQ 共享单元）。

TCS23 体系涵盖了 2024 年即将应用的超大核 X4、大核 A720 和小核 A520。与 TCS22 的 CPU 核心（X3、A715、A510）相比，新的 CPU 设计已全面使用 64 位指令集，以提升 CPU 的性能和效率。

例如，相比 Cortex-X3，Cortex-X4 的性能提升了 15%，能更快地启动 Android 应用并响应用户界面；在相同性能下，A720 的能耗比 A715 降低了 20%，更适合长时间运行大型应用；而 A520 比 A510 的能效比提高了 22%，有助于延长移动设备的待机时间。

作为 ARM 目前性能最高的核心，Cortex-X4 的预期时钟速度为 3.4GHz，L2 缓存已至 2MB。

在提升性能的同时，ARM 成功地控制了内核芯片的面积增长，确保更复杂的 Cortex-X4 CPU 内核的裸片大小仅增加不到 10%（未计入额外的 L2 缓存）。

图 12-21 展示了 Cortex-X 系列核心从先前版本到现今的性能飞跃。

在设计 SoC 时，必须全面衡量芯片的性能、功耗和面积。这意味着，我们不能单纯为了提升算力而盲目采用最大的 X4 核心，因为这样做可能会导致功耗剧增和芯片面积过大，进而造成成本过高。因此，我们需要精心搭配大小核，以实现最佳的性能与功耗比。

2. DSU 设计

在 TCS23 中，ARM 同步推出了 DSU120 与基于 ARMv9.2 架构的 CPU 核心。新型的 DSU120 不仅集成了更大的共享 L3 缓存，还拥有更高的带宽和更强的扩展性。这款 DSU120 允许 CPU 簇支持多达 14 个 CPU 核心，提供了在 X4、A720 和 A520 之间灵活选择搭配个数的可能性。

表 12-6 部分智能座舱 SoC 对比[1]

比较项	型号					
	SA8295P	SA8155P	R-Car H3	i.MX8QM	Exynos Auto V9	RK3588
厂商	高通	高通	瑞萨	恩智浦	三星	瑞芯微
制程	5nm	7nm	16nm	16nm	8nm	8nm
CPU	采用 4×Prime Core＋4×Core，主频最高约 2.5GHz，算力约 200kDMIPS	采用 1×A76（2.4GHz）+3×A76（2.1GHz）+4×A55（1.8GHz），算力约 105kDMIPS	采用 4×A57+4×A53，主频最高 1.7GHz，算力约 45k DMIPS	2×A72（1.6GHz）+4×A53（1.2GHz），算力约 29kDMIPS	8×A76，算力约 111k DMIPS	4×A76（2.1GHz）+4×A55（1.7GHz），算力约 100kDMIPS
GPU	采用 Adreno660 型号，算力约 3000GFLOPS	采用 Adreno640 型号，算力约 1142GFLOPS	GPU 类型未知，算力约 288 GFLOPS	采用 Mali GC7000 的 2 核设计方案，算力约 128GFLOPS	采用 Mali G76 的 8 核设计方案，算力约 1205GFLOPS	采用 Mali G610 的 4 核设计方案，算力约 512GFLOPS
DDR	采用 LPDDR4x	采用 LPDDR4x	—	采用 LPDDR4x	采用 LPDDR4x/5	采用 LPDDR4x/5
AI 算力	约 30TOPS	约 8TOPS	—	—	约 8.5TOPS	约 6.0TOPS
量产时间	2023 年	2020 年	2019 年	—	2021 年	2023 年

[1] 表 12-6 的数据来源于网络公开信息。

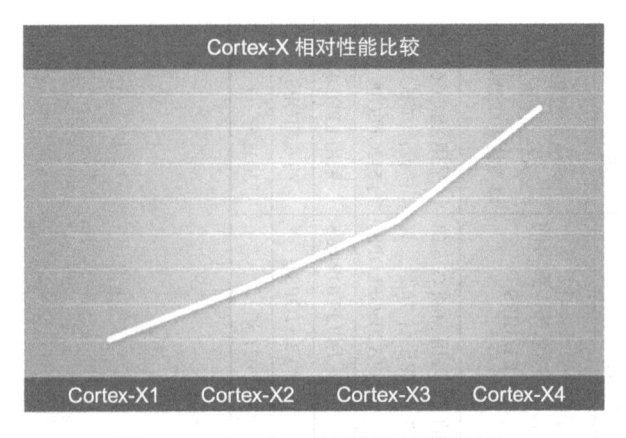

图 12-21　Cortex-X 系列核心性能对比

举例来说，我们可以选择采用 1（X4）+3（A720）+4（A520）的架构，或者选择 0（X4）+4（A720）+4（A520）架构，甚至 10（X4）+4（A720）+0（A520）的组合。然而，不同的组合配置可能并不会带来线性的性能提升。比如，ARM 在某次测试中发现，在相同频率下，当 TCS23 与 TCS22 都采用 1（X4）+3（A720）+4（A520）的配置时，进行 Speedometer 基准测试发现，TCS23 的性能提升了 33%。但当 TCS23 采用 1（X4）+5（A720）+2（A520）的配置，而 TCS22 保持 1（X4）+3（A720）+4（A520）的配置时，在 GeekBench 6 的多线程基准测试中，TCS23 的整体性能提升幅度降为 27%。值得注意的是，在这个配置中用 2 个 A720 替换了 2 个 A520，反而对性能测试结果产生了负面影响。

因此，在选择核心组合配置时，必须经过多次实验和仔细比较，才能找到最优的搭配方案。

3. 总线设计

为了使 CPU 和 GPU 等 SoC 内部各组件能够发挥出最大性能，在 TCS23 架构中选用合适的总线至关重要。ARM 为此提供了两种总线 IP 选项。

- 支持缓存一致性互联的 CI-700 总线 IP：CI-700 是一种 Mesh 式总线架构。由于支持缓存一致性，它很适合用来连接片内高速计算组件，例如 CPU 和主内存之间的互联互通。
- 非一致性互联的 NI-700 总线 IP：NI-700 是 NoC 总线架构，它不支持缓存一致性，但可传输异步包，可用于将各种内部和外部的高速组件连接到 CI-700 总线上。

图 12-22 展示了 TCS23 的互联总线架构。

CI-700 可以有效地连接系统级缓存（System Level Cache，SLC）、CPU 以及 DDR 主存储器。CI-700 的总线结构具有出色的扩展性，最大可以支持 4×3 个网络节点，同时能够支持 1 至 8 个系统级缓存区块（SLC Slice），每个区块的容量可达 4MB，因此整个系统缓存支持的最大容量可达 32MB。

而 NI-700 则负责将 GPU、NPU、DPU、ISP 等高性能处理单元以及一些外部设备接口连接到 CI-700 总线上。NI-700 将各个 IP 地址间的数据通信进行了优化。为了实现更高效的数据传输，NI-700 总线引入了数据分包技术，这一创新技术能够减少芯线数约 30%，从而显著提升了芯片的面积效益，使得整个系统在保持高性能的同时，也实现了更高的集成度和能效比。

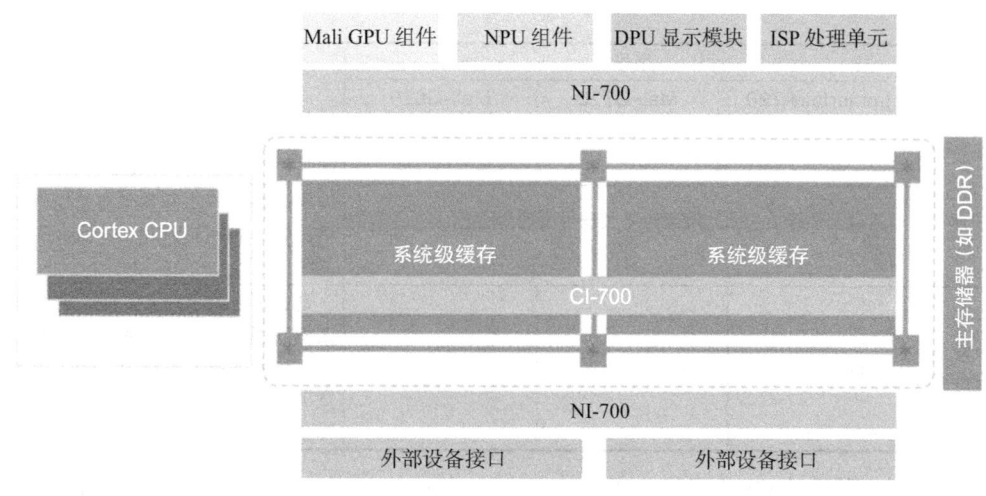

图 12-22 TCS23 的互联总线架构

12.6.3 GPU

在 TCS23 的方案中，ARM 提供的 GPU 可选 IP 型号为 Immortalis-720、Mali-G720 或者 Mali-G620。它们类似于 CPU 中的超大核、大核、小核的对应关系。表 12-7 简单总结了它们的功能特性。

表 12-7 ARM TCS23 的 GPU 功能特性总结

功能特性	型号			说明
	Immortalis-720	Mali-G720	Mali-G620	
抗锯齿	2x MSAA、4x MSAA、8x MSAA、16x MSAA			多重采样抗锯齿技术
应用程序接口	OpenGL ES 1.1/2.0/3.2、Vulkan 1.3、OpenCL 1.2/2.1、3.0 等全功能协议			全面支持下一代和传统的图形 API，包括 OpenGL、Vulkan、OpenCL 等
总线接口	支持 AMBAv4 版本的 ACE、ACE-LITE 和 AXI 总线接口			兼容第四代和第五代 AMBA 总线架构的接口
L2 缓存	可配置 512KB ~ 2MB	可配置 512KB ~ 2MB	可配置 256KB ~ 1MB	支持可配置的 L2 缓存
着色器核心	10 ~ 16 核心	6 ~ 9 核心	1 ~ 5 核心	支持可配置的 GPU 渲染核心
ASTC 自适应可扩展纹理压缩	支持二维和三维图像的低动态范围（LDR）和高动态范围（HDR）			通过提高图像质量、减少内存带宽，从而降低能耗，具有优于现有纹理压缩方案的优势
AFBC	支持的最高版本为 v1.3.2			AFBC 是一种无损图像压缩格式，支持 4×4 像素块粒度的随机像素数据访问。该技术有效减少了 GPU 内部和整个 SoC 外部的内存带宽
AFRC	支持的最高版本为 v1.0			AFRC 是一种有损图像压缩格式。AFRC 可用于压缩来自 GPU 的外部纹理输入和帧缓冲区输出。压缩比可配置成固定的值。相比 AFBC，AFRC 能保证更低的带宽消耗和内存占用。而 AFBC 是无法设置压缩比例的

(续)

功能特性	型号			说明
	Immortalis-720	Mali-G720	Mali-G620	
光线追踪	支持	可选	可选	光线追踪通过对单个光线在场景周围的路径进行建模来生成逼真的照明和阴影
可变速率着色	通过调整管道、图元的配置来实现可变速率着色 支持4×4像素着色率			用于将片段着色频率与光栅化频率解耦,从而在保持感知视觉质量的同时节省能源
DVS延迟顶点着色	支持	支持	支持	延迟顶点着色技术,这是第五代GPU架构新引入的。根据ARM公布的数据,在《精灵废墟》游戏中,DVS技术使带宽节省了41%;使GPU+DRAM的总功耗减少至原来的80%左右

除了ARM提供的GPU型号之外,市场上也存在其他商用的GPU IP。例如Imagination公司的PowerVR GPU,以其高效能和低功耗而著称,特别适用于移动设备和嵌入式系统。PowerVR系列也为用户提供了多种GPU配置,以满足不同的性能需求。总的来说,PowerVR GPU是市场上一种可选的、成熟的商用GPU IP,得到了广泛应用和市场认可。对需要集成GPU的SoC厂商来说,PowerVR GPU是一个值得考虑的选择。

12.6.4 NPU

在实际的工作中,SoC厂商在选择NPU的实现方式时,拥有多种途径和选择购买IP或自研。

与CPU或GPU市场不同,NPU的实现方式还没有被少数厂商垄断。这意味着市场上存在多种NPU设计方案,各有优缺点,适用于不同的应用场景。这种多样性为SoC厂商提供了更多的选择空间,可以根据产品定位和市场需求挑选最合适的NPU方案。

我们以ARM公司提供的NPU IP核——Ethos-N78为例进行说明,如图12-23所示。

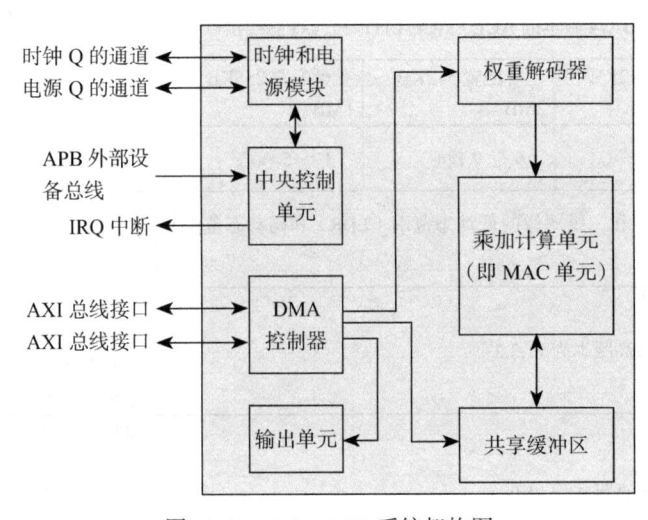

图12-23 Ethos-N78系统架构图

从图 12-23 可以看到，N78 具有最基础的 NPU 系统架构，它能支撑在 SoC 中进行深度学习和推理的相关任务。下面简单介绍其中几个主要部件。

- MAC 单元：这些是执行乘法和累加操作的核心计算单元，是 NPU 进行向量计算和矩阵计算的基础。Ethos-N78 的 MAC 单元配置非常灵活，可以根据性能需求进行扩展，从最小的 512 个单元配置到最大的 4096 个单元。
- 共享缓冲区：这是一种静态随机存取存储器，用于在 NPU 内部存储临时数据，以加速计算过程。通过减少对外部内存的依赖，SRAM 有助于提高处理速度并降低功耗。
- DMA 与总线接口（DMA 控制器）：用于在处理器核心、内存和其他系统组件之间高效传输数据。
- 中央控制单元：负责管理 NPU 的操作，包括任务调度、数据传输和同步等。

ARM 还提供了 Ethos-N78 的配置特性，如表 12-8 所示。

表 12-8 ARM Ethos-N78 配置特性总结

配置项	衡量要素	说明
基础功能	性能	支持配置 10/5/2/1TOPS
	MAC 配置（8×8）	可配置 4096、2048、1024、512 个乘加单元
	支持的数据类型	可支持 Int-8 和 Int-16
	可支持的 AI 网络	支持 CNN、RNN、LSTM（长短时记忆网络）
	是否支持稀疏运算	支持
	多核能力支持	可在一个簇中支持 8 个 NPU，一共可以通过 Mesh 式总线支持 64 个 NPU
内存系统	嵌入式 SRAM	可支持从 384KB～4MB 的配置
	带宽压缩	增强的压缩算法
	总线接口	可支持 128 位宽的 AXI4 接口和 ACE-5 Lite 接口
开发平台	可支持的神经网络框架	TensorFlow、TensorFlow Lite、PyTorch、MXNet、ONNX
	推理部署	使用 TVM 进行模型的预编译优化 使用 ARM NN 程序运行时动态解释和执行代码，并支持在 Android 设备上调用神经网络模型的 API
	软件模块	包括 ARM NN 软件框架、神经网络编译器程序、底层驱动和支持函数库等各种软件模块

在智能座舱环境下，感知算法和推理决策的需求日益凸显，同时新的推理模型也在不断涌现和演进。快速发展的技术给座舱 SoC 架构设计师在 NPU 选型上带来了一定的挑战。为了应对这一挑战，我们必须密切关注新兴的人工智能技术动向，从而及时把握最新的技术趋势。为此，加强与人工智能技术供应商之间的沟通与协作显得尤为重要，这样我们可以第一时间了解并采纳最前沿的 NPU 架构和技术。此外，我们还应增加对 NPU 架构研发的投入，持续推动 NPU 技术的创新与完善，以满足智能座舱不断增长的计算需求。

12.7　本章小结

本章从智能座舱系统架构设计师的视角出发，聚焦于关键算力单元，探讨如何挑选 IP 核，以设计出一款符合产品需求定义的座舱 SoC。

在设计座舱 SoC 之前，我们首先需要深入了解可用的指令集架构，因为它从根本上决定了智能座舱产品的技术生态。紧接着，我们必须掌握座舱 SoC 的顶层架构设计、系统总线、CPU、GPU 等核心组件的关键知识。在充分理解这些基础知识后，我们以一个 SoC 产品设计为实例，展示了如何将理论与实践相结合。

通过审慎的选型，我们选择了市场上的成熟货架化产品，以此为基础完成了智能座舱 SoC 的概念设计。从理论上讲，研发团队可以依据这一概念设计，进一步开发出具有市场竞争力的产品。通过本章的探讨，我们希望为读者提供一个清晰、系统的座舱 SoC 设计思路。

第 13 章 车规级芯片标准

在新能源汽车蓬勃发展的过程中，众多国产半导体厂商也渴望跻身汽车电子领域。相比已经沦为"红海"的消费类电子市场，汽车电子依然是一个高门槛、高利润的"蓝海"市场。由于质量因素的要求，主机厂对电子零件的首要要求是必须达到"车规级"。然而，对于刚进入汽车电子行业的企业来说，"车规级"的具体要求往往难以准确把握。

本章将详细阐述车规级芯片的定义，不仅会对比车规级和消费级的区别，还将为读者介绍车规级芯片的测试标准。最后，我们将探讨车规级芯片的通用设计流程。期望读者在阅读本章后能深刻理解汽车电子行业对质量的严苛要求。

13.1　车规级标准定义

在消费类电子行业中，国产半导体厂商已逐渐从实现"国产替代"的初衷发展到能够与海外行业巨头同台竞技的水平。然而，在汽车电子行业中，车载半导体芯片的市场仍然主要被英飞凌、德州仪器、恩智浦、瑞萨等国外厂商所占据。但随着国产新能源汽车工业的迅速崛起，国内半导体厂商迎来了进入汽车电子行业的契机。不过，我们必须保持足够的敬畏心，并深刻认识到汽车电子行业与消费类电子行业之间存在着巨大差异。而"车规级"标准无疑是其中最为关键的一环。

很多时候，人们对"车规级"的理解仅停留在"使用温度"的层面。普遍存在一个模糊的认识，即消费类级电子产品的使用环境的温度范围在 0℃～70℃之间，而车规级电子产品则需在 –40℃～125℃的温度范围内正常工作。然而，温度适应性仅仅是车规级标准中的一个重要考量因素，车规级所涵盖的内容远不止于此。

本节将从车规级标准的核心需求入手，解答"为何需要车规级标准"的问题，进而深入探讨车规的深层含义，以及车规级电子产品与消费级电子产品之间的核心差异。希望能够帮助读者建立对车规级标准的初步且全面的理解,以便在未来的车规级芯片设计中更好地满足汽车行业的要求。

13.1.1 为什么需要车规

在汽车电子行业中,我们常常会听到"车规级"这个词。似乎每家主机厂都要求汽车电子器件满足车规级的要求。但是,车规级到底意味着什么?为什么需要车规级?

在传统的汽车工业中,车规级是一项严格的标准,不满足车规级要求的电子器件没有资格在汽车上使用。这是因为,一辆汽车将会使用上百个 ECU,并且其中包含超过 1 亿行的代码,车辆的电子功能设计日趋复杂。随着电动化和智能化的发展,出现了中央计算平台 – 区域控制器架构,它们所使用的车载 SoC 的复杂度也远超 ECU 中使用的微控制器。一颗芯片出现问题,可能就会导致整个系统发生故障。因此,只有达到质量可靠性标准的芯片,才能应用在汽车上。

对汽车电子的质量可靠性而言,核心考虑因素有以下两点。

- 可靠性(Reliability):部件必须能够承受车载环境下的严酷和极端条件,包括温度、湿度、机械振动、冲击,以及车辆内部复杂的电气和电磁环境。
- 长寿命(Longevity):鉴于汽车的生命周期通常长达 15 年,必须确保电子器件具有足够长的使用寿命,并提供充足的供货周期,以满足汽车零部件更换的需求。

针对产品的可靠性和长寿命需求,人们提出了科学的评估方法和质量衡量标准。其中,业界形象地借助"浴盆曲线"来描绘产品从投入使用到报废的整个生命周期,同时,广泛采用 FIT(单位时间内的故障次数)和 MTBF(平均故障间隔时间)作为核心指标来量化评估产品的可靠性。

1. 浴盆曲线

业界普遍认为半导体的产品寿命包含三个主要阶段[⊖]。

- 早期寿命期(或称为婴儿死亡率阶段):在此阶段,产品失效率较高,但随着使用时间的增加,失效率会迅速降低。此时的失效率主要是由设计、原材料和制造过程中的缺陷导致的。
- 正常生命期:此阶段产品的失效率较低且相对稳定。偶然失效的主要原因包括质量缺陷、材料弱点、环境或使用不当等因素。产品的可靠性指标通常就是基于这一阶段来描述的。失效率通常以 FIT 为单位来表示,或者转换为 MTBF(以小时为单位)。
- 固有劣化期:在这一阶段,随着使用时间的延长,产品失效率会急速升高。此时的失效率主要是由磨损、老化和耗损等因素造成的。

这 3 个阶段构成了半导体产品从投入使用到最终劣化的整个生命周期。了解这些阶段对预测和管理半导体产品的可靠性至关重要。

产品生命周期通常被定义为从初始生产到产品性能开始劣化的整个时间跨度。为了更好地阐释产品失效率的三个关键阶段,我们可以借助一个形象的可视化模型——浴盆曲线。图 13-1

⊖ 参考了德州仪器公司官方网站上的说明,访问路径是"主页→质量与可靠性→可靠性术语"。

便利用浴盆曲线清晰地描绘了产品生命周期的各个阶段。

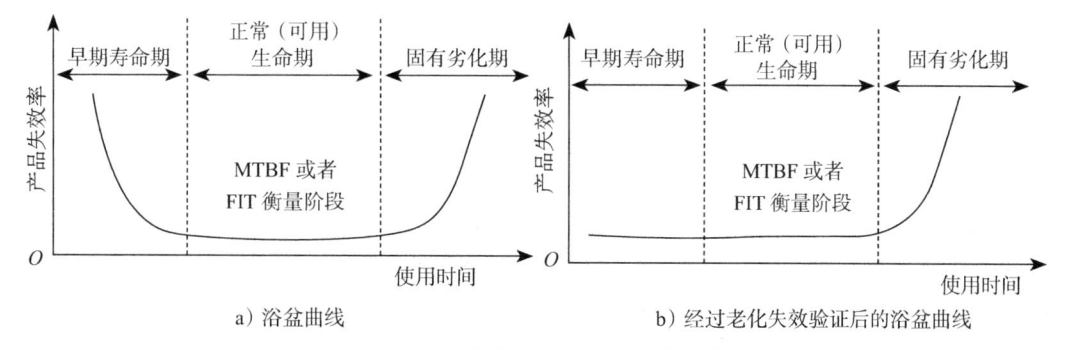

a) 浴盆曲线

b) 经过老化失效验证后的浴盆曲线

图 13-1 浴盆曲线：产品失效率说明

从图 13-1a 可以看到，浴盆曲线是一个用于描述产品从投入到报废的整个生命周期内可靠性变化的模型。它以使用时间为横坐标，以产品失效率为纵坐标，绘制出一条曲线。该曲线呈现出两头高、中间低的特征，类似于浴盆的形状，因而得名浴盆曲线。

浴盆曲线在经校准之前并不针对特定的电子器件，只是一个通用的说明工具。只有在收集了长期的故障信息后，才能利用浴盆曲线对具体的电子器件进行数据建模。数据建模可以指导我们如何定义产品的生命周期，并帮助我们在产品的不同阶段采取不同的维护和管理策略。

在早期寿命期，可以通过 ELFR（Early Life Failure Rate，早期寿命失效率）测试来验证半导体产品的可靠性。ELFR 测试实质上执行的是高温老化测试，严格要求测试中的所有样品均不能出现失效情况。若某产品能顺利通过此项测试，则表明其早期寿命期的失效问题得到了有效控制。此时，该产品在早期寿命期的失效率曲线将不再呈现为陡峭的下降曲线，而是会趋于平稳，与正常生命期的失效率曲线相连，形成一条平稳的直线。如图 13-1b 所示。

ELFR 测试并不能直接消除产品中存在的问题，其主要作用是验证半导体产品在早期寿命期能否达到既定的质量标准。如果产品未能通过 ELFR 测试，测试结果将为产品提供商提供重要的反馈，帮助它们深入剖析导致产品缺陷的根本原因。随后，产品提供商可以依据这些测试结果对产品进行重新设计，并采取有效的纠正措施，从而彻底消除产品中的潜在缺陷。

2. 产品质量衡量标准

在产品正常生命期，我们主要依靠几个关键的质量评估指标来衡量产品质量，包括失效率、MTBF 和 DPPM（每百万件中的不良品数）。实际上，车载半导体制造商在产品说明书中利用这些指标来详细阐述产品的稳定性和可靠性，从而帮助客户全面了解和评估产品的质量情况。

首先来看一下 FIT（Failures In Time）的说明，它是以固定时间单位（10 亿个小时，即 10^9 小时）来表述的器件失效率单位。而一般性的器件失效率用 λ 来表示，它指的是正常工作的 n 个器件，在工作了 t 个小时以后，有 m 个器件发生了失效。λ 计算方法为 m 除以 n，再除以 t。而 FIT 指的是每 10^9 小时的预期失效率。λ 对应的失效率（以 FIT 衡量）可以用如下的公式来表示。

$$\lambda\text{的失效率} = \lambda \times 10^9 = \frac{m}{n \times t} \times 10^9$$

举例而言，假如测试某批次的器件 A，被测器件一共 4000 个，在工作 5000 小时以后出现了 2 个器件失效，则 A 的失效率 A_{FIT} 为 100FIT。计算过程如下：

$$A_{\text{FIT}} = \frac{2}{4000 \times 5000} \times 10^9 = 100\text{FIT}$$

MTBF 是指设备从一次故障到下一次故障的平均持续运行时间，仅用于发生故障经修理或更换器件能继续工作的设备或系统。假设一批可修复的器件在测试中发生了 m 次故障，每次故障修复后又可重新投入使用。我们记录下每一次故障的时间，记为 $t_1, t_2, \cdots, t_m$，那么 MTBF 可以按如下的公式来计算。

$$\text{MTBF} = \frac{t_1 + (t_2 - t_1) + (t_3 - t_2) + \cdots + (t_m - t_{m-1})}{m} = \frac{t_m}{m}$$

由于 MTBF 针对的是可修复的器件，发生故障并修复后将继续进行测试，因此 t_m 这个时间等同于 n 个器件的总测试时间。这样 MTBF 就可以用器件失效率来表述。以上述例子而言，A 器件的平均无故障时间为：

$$A_{\text{MTBF}} = \frac{n \times t}{m} = \frac{1}{\text{失效率}} \times 10^9 = \frac{1}{100\text{FIT}} \times 10^9 = 10^7 \text{小时}$$

该器件的平均无故障时间非常长，达到了 10^7 小时。假设这个器件全天 24 小时无间断地工作，那么它平均需要约 1141.55 年的时间才会出现一次故障。

DPPM 是衡量产品或过程缺陷率的一个关键指标。它反映了生产过程中的质量控制能力，数值越低，说明产品的质量越高。在供应链管理中，DPPM 也被用作供应商质量评估的衡量指标，以选择合适的供应商并监控其质量表现。

DPPM 的计算过程可以用如下的公式来表示。

$$\text{DPPM} = \frac{m}{n} \times 10^6 = \frac{\text{失效率} \times t}{1000}$$

通过测试得到 A 器件的失效率以后，就可以推算出它对应的 DPPM。例如，A 器件的失效率为 100FIT，它的测试时间为 5000 小时，那么 A 器件的 DPPM 为 500。一般来说，DPPM ≥ 500 是消费级电子器件的标准，而车规级电子器件的 DPPM 标准通常要低于 50。

表 13-1 是德州仪器公司在其产品宣传页上给出的某器件产品质量说明。

表 13-1 德州仪器器件质量说明[⊖]

器件型号	MTBF	失效率	使用温度/℃	可信度/%	激活能量/eV	测试温度/℃	测试时间/h	样本数量	故障次数
DS90UB981	6.74×10^8	1.5	55	60.0	0.7	125	1000	7859	0

从这些质量衡量标准来看，车规级标准制定了严格的标准体系，以科学和可衡量的方法

⊖ 读者可以通过 https://www.ti.com/quality/docs/estimator.tsp 查询德州仪器的器件 MTBF 和失效率样本值。

来规范与指导车载半导体器件的生产和使用。

13.1.2 什么是车规级标准

为了确保从电子元器件到电子零部件再到整车的可靠性，汽车行业制定了严格的标准。其中，IATF-16949 和 AEC-Q 等相关标准在汽车零部件制造和质量测试方面起着至关重要的作用。人们通常以这两个标准来衡量电子产品是否满足车规级质量标准。

1. IATF-16949

IATF-16949 标准由国际汽车任务组（International Automotive Task Force，IATF）专为汽车行业量身定制，以 ISO 9001 质量管理体系为基础，同时融入了汽车行业特有的要求与指引。其核心使命在于提升整个汽车供应链的质量管理水平，进而优化产品质量。

IATF-16949 致力于通过明确的规范促进汽车制造商与供应商之间紧密协作，并确保供应链的每个环节都严格遵循质量管理最佳实践。它全面覆盖了产品从设计、开发、生产、安装、服务到退役的全生命周期，要求企业建立并实施一套完整、高效的质量管理体系。这一体系涉及质量目标的设定与追踪、全面过程管理、产品及过程的严格验证、供应商的有效管控、不良品的妥善处理，以及持续的质量改进等多个关键环节。同时，该标准还特别强调风险管理、员工培训与积极参与，以及数据的精准测量与深入分析等要素。

值得明确的是，IATF-16949 标准的核心是对组织质量管理体系的认证，而非直接针对产品本身进行质量认证。其根本目的在于确保汽车供应链中的各个组织都能建立起符合国际汽车行业高标准的质量管理体系。通过这样的体系化规范，组织内部的质量管理流程与操作得以优化，从而间接确保所生产的产品能达到既定的质量标准。

简而言之，遵循 IATF-16949 标准的组织，往往能够生产出高品质产品，进而赢得客户的信赖与市场的广泛认可。因此，有志于进军汽车电子行业的初创半导体公司，应该积极投入质量和流程管理方面的建设，这不仅是获取客户信任的关键，也是确保高质量产出和高投资回报率的重要保障。

2. AEC-Q

AEC-Q 是汽车电子委员会（AEC）制定的汽车电子元器件可靠性标准。该标准旨在确保汽车电子系统中使用的元器件具有足够的可靠性和耐久性，以满足汽车行业的严格要求。

在汽车电子行业的早期，各个主机厂对电子器件的认证是不通用的，这导致了重复工作和产品成本的增加。换句话说，一家芯片厂商的产品，如果想要给克莱斯勒、福特、通用汽车公司供货，那么需要分别通过三家的质量体系认证。这样的要求既造成了重复工作，又提高了产品的成本。那么为什么不能形成一个统一的认证标准呢？这样只需要经过一次认证，就能同时满足所有主机厂的标准。AEC-Q 标准的出现满足了这样的需求。

AEC-Q100 是首个被制定的 AEC-Q 标准，它是专门针对集成电路的测试标准。目前，AEC-Q 认证标准家族已经涵盖了多个标准，包括 AEC-Q100、AEC-Q101、AEC-Q102、AEC-Q103、AEC-Q104、AEC-Q200 等。

AEC-Q 标准通常包括以下方面的要求：产品可靠性和性能测试、材料要求、可追溯性和变更控制以及故障分析和报告要求。以 AEC-Q100 为例，其测试体系包含 7 大类别共 41 项测试，确保芯片的可靠性达到车规级要求。

AEC-Q 认证标准专注于电子元器件的可靠性，如半导体芯片、激光发射器和 MEMS 压力计等，而不包括中央计算平台、激光雷达或 ECU 等更大型的电子系统或零部件。这些标准旨在确保元器件在恶劣的环境中也能保持高性能和高可靠性。

关于产品是否符合 AEC-Q 标准，并没有中央权威机构来负责相关的认证工作。AEC-Q 提供了一套标准，制造商需要自行按照这些标准进行测试。如果产品通过了相关测试，制造商可以在其产品说明中声明该产品符合 AEC-Q 标准。然而，这一声明需要制造商提供详细的测试报告来支持。

在进行测试的过程中，制造商可以寻求有经验的实验机构的帮助。这些机构可以协助进行测试，并提供具有权威性的测试报告。这些报告对客户来说是非常有价值的参考，因为它们验证了产品的可靠性和性能。

13.1.3 车规级与消费级的区别

在介绍 AEC-Q100 之前，我们还需要先了解车规级与消费级之间的差异，以了解车规级产品的直观概念。我们从环境温度、使用寿命、失效率、产品生命周期、生产制造、产品测试等多个维度来对消费级电子、工业级电子和车规级电子进行对比。表 13-2 对这 3 类电子产品的规格进行了总结。

表 13-2　3 类电子产品的规格比较

比较项目	消费级电子	工业级电子	车规级电子
环境温度范围	0℃ ～ 70℃	–40℃ ～ 85℃	–40℃ ～ 150℃
期望使用寿命	2 ～ 3 年	5 ～ 10 年	10 年以上
可接受的 DPPM	500	100	10
产品生命周期	2 ～ 3 年	5 年以上	15 年以上
认证标准	JESD 47	JESD 47	AEC-Q100
三温（低温、常温、高温）测试	需要	需要	需要
专用制造 / 组装	不需要	需要	需要
专用工具 / 人员	不需要	不需要	需要
测试批量限制	不需要	需要	需要
室温下的 ATE 测试	需要	需要	需要
高温下的 ATE 测试	不需要	不需要	需要
电路设计	防雷设计、短路保护、热保护等	多级防雷设计、双变压器设计、抗干扰设计、短路保护、热保护、超高压保护	多级防雷设计、双变压器设计、抗干扰设计、多重短路保护、多重热保护、超高压保护

从表 13-2 所总结的信息可见，车规级标准的严苛性体现在多个层面。这种全面性确保了由众多 ECU 和电子元器件构成的汽车在长期使用中能保持卓越的可靠性。

从环境温度范围的比较来看，车规级电子产品的要求最严格，消费级电子产品的要求最为宽松，这也与它们的使用环境有关。对于认证标准来说，消费级电子和工业级电子遵循的是 JEDEC 47 标准。该标准主要涉及半导体器件（包括集成电路）的压力测试方法和程序，用于评估这些器件在特定环境条件下的可靠性和性能。而车规级电子产品则主要遵循 AEC-Q100 标准。

在功能上，消费级和车规级电子芯片可能相似，但在耐用性和寿命方面，车规级芯片在设计之初就考虑了复杂多变的使用环境。车规级芯片的生产要求使用高可靠性的制造工艺、优质的封装和连接材料，并对晶圆进行单独的光学及装配检查，以满足至少 15 年的使用寿命要求。车规级芯片的价格通常比消费级芯片高出 30% 或更多。

13.2 车规级测试要求

那么，产品究竟需要达到何种标准才能被称为车规级呢？答案就是必须符合 AEC-Q 系列测试规范。

13.2.1 AEC-Q 家族

截至目前，AEC 已经制定了 6 个主要的测试标准，它们分别针对不同类型的电子元器件，其中，与座舱芯片设计最为密切的是 AEC-Q100 和 AEC-Q104。

- AEC-Q100：该标准主要针对集成电路半导体器件，如 MCU（微控制器）、PMIC（电源管理集成电路）、SoC 等。
- AEC-Q101：该标准适用于分立器件，如三极管、二极管、金属氧化物半导体场效应晶体管（MOSFET）等。它规定了这些器件在汽车环境中的性能和可靠性指标。
- AEC-Q102：此标准针对分立的光电器件，例如激光雷达的激光发射器等。
- AEC-Q103：该标准针对分立的传感器器件，如微机电系统（MEMS）压力计、加速度计（ACC）、温度传感器等。
- AEC-Q104：该标准面向多芯片模块器件（MCM），特别是针对多块芯片集成在一块印制电路板（PCB）上的情况。同时，它对系统级封装（System In Package，SIP）也提供了指导，确保这些复杂模块的性能和可靠性。
- AEC-Q200：该标准是无源器件的测试标准，涵盖电阻、电容、电感等。

车规级认证是一个持续进化的标准，覆盖众多器件类型。AEC 不断根据技术发展审视并更新现有标准，同时开发新标准，以满足 ADAS、智能座舱、计算机视觉和激光雷达等新应用的需求。符合 AEC-Q 认证是产品系统设计和硬件选型时的关键因素。

13.2.2 AEC-Q100 测试标准

AEC-Q100 的正式名称为 Failure Mechanism Based Stress Test Qualification For Integrated Circuits，即基于失效机理的集成电路应力测试认证。智能座舱 SoC 需要通过 AEC-Q100 的验证。

1. AEC-Q100 测试标准介绍

AEC-Q100 标准包含 7 个测试组，以下是各测试组的详细介绍。

- A组：加速环境应力测试（共6项）。这些测试主要模拟不同环境条件下的应力情况，如室温、高温、湿度以及温湿度循环等，以评估芯片在这些环境下的性能和可靠性。
- B组：加速寿命模拟测试（共3项）。该组测试旨在模拟芯片在长时间工作后的寿命情况，包括高温工作寿命测试和早期寿命失效率测试等，以确保芯片具有持久的耐用性。
- C组：封装组装完整性测试（共6项）。这一组测试主要关注芯片封装的完整性，特别是与绑线（即芯片与外部连接的细小金属线）相关的测试，以确保封装过程中没有引入潜在的缺陷。
- D组：晶圆制造可靠度测试（共5项）。这些测试针对晶圆制造过程中的可靠性问题，如电迁移（术语的英文缩写为EM，是金属离子在电流作用下产生的迁移现象）和热载流子等效应，以确保晶圆的稳定性和耐久性。
- E组：电气特性确认测试（共11项）。该组测试旨在验证芯片的电气特性，包括静电放电（ESD）抗性、电磁兼容性（EMC）以及短路闩锁等关键参数，以确保芯片在电气环境中的稳定性和安全性。
- F组：瑕疵筛选监控测试（共2项）。这两项测试主要用于监控生产过程中的瑕疵情况，通过过程平均测试和良率分析来确保生产质量的稳定性与一致性。
- G组：空封器件完整性测试（共8项）。该组测试关注封装器件的完整性，包括封装凹陷整合测试以及机械冲击、震动、跌落等测试，以确保封装后的芯片能够在各种物理环境下正常工作而不受损。

为了描述这7个测试组的完整流程，AEC-Q100标准文件提供了可供参考的流程图，如图13-2所示。

从图13-2可以看出，车规芯片从设计开始就应该考虑如何通过车规的认证测试。AEC-Q100将整个认证测试过程分为两部分，分别是晶圆出厂时和晶圆出厂后。

2. 车规级晶圆出厂时的测试流程

对车规级芯片而言，从硅片设计（Die Design）开始，其整个晶圆生产与测试的流程就需与晶圆制造厂和封装测试厂进行紧密的沟通与协作。晶圆（Wafer）作为生产起点的一整片基础硅片，经过光刻机精确刻蚀后被切割成一小片一小片的半导体晶圆，我们称之为硅片（Die）。

在这个过程中，封装组装完整性测试（C组）和晶圆制造可靠度测试（D组）显得尤为重要。C组测试主要关注晶圆的封装和组装质量，具体包括绑线剪切（WBS）、绑线拉力（WBP）、可焊性（SD）、物理尺寸（PD）、锡球剪切（SBS）以及引脚完整性（LI）等多项细致的检测。而D组测试则聚焦于晶圆制造的可靠性，涵盖电迁移、经时介质击穿（TDDB）、热载流子注入（HCI）、负偏压温度不稳定性（NBTI）以及应力迁移（SM）等关键指标的评估。

在芯片准备出厂之前，还必须进行一系列功能及参数的电子电气特性验证。这一阶段主要涉及电气特性确认测试（E组），包含故障等级判定和特性描述，以及瑕疵筛选监控测试（F组），包含过程平均测试和统计良率分析。只有这些测试结果均符合设计标准，芯片才能顺利出厂。若有任何不符，芯片将需要返厂，以便对生产工艺进行重新校验和必要的纠正。这一系列严谨的流程确保了出厂的每一颗芯片都能达到高标准的质量和可靠性要求。

第13章 车规级芯片标准 ❖ 251

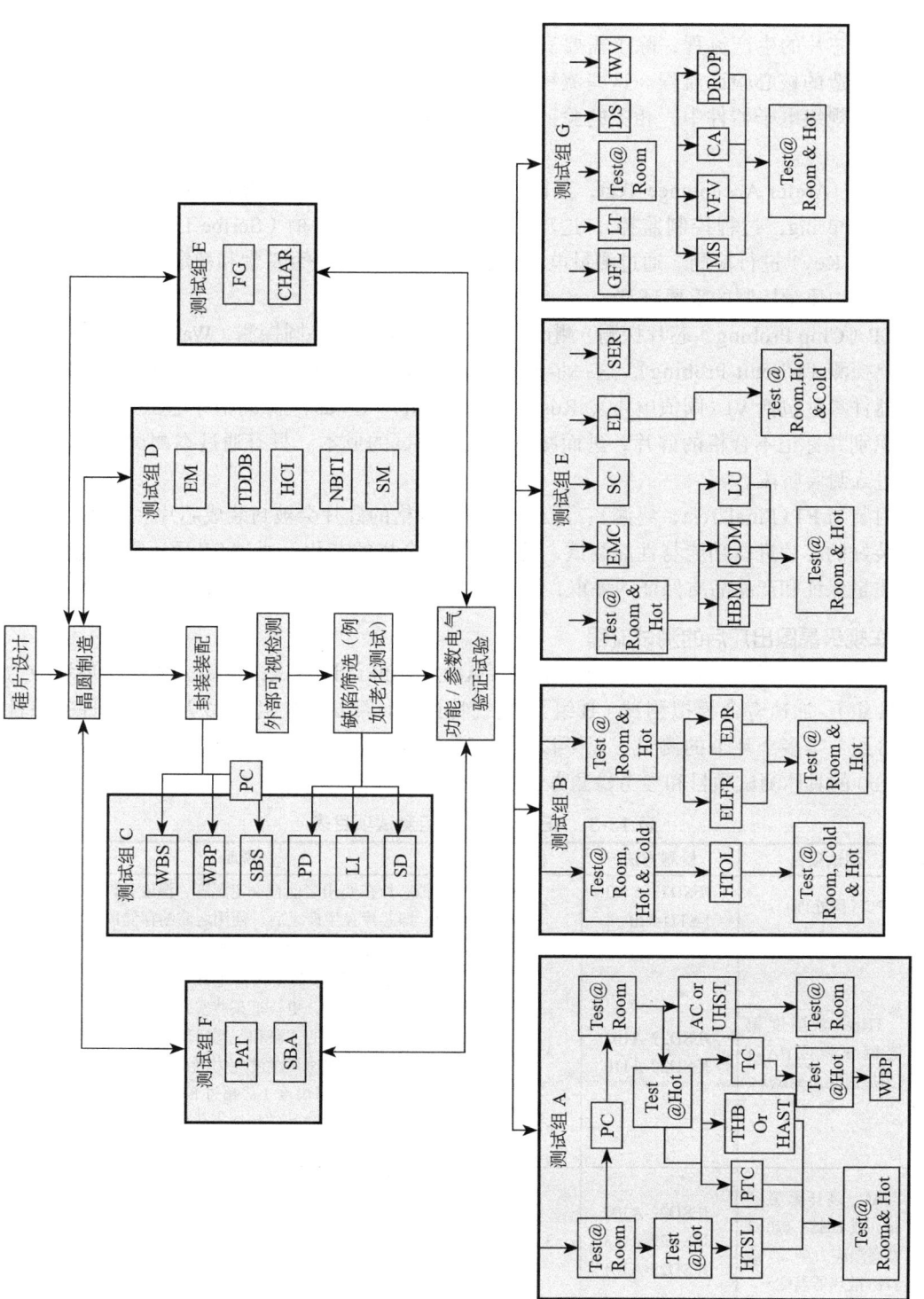

图13-2 AEC-Q100认证测试流程

3. 一般晶圆出厂时的测试流程

车规级芯片的生产流程，除了需要满足 AEC-Q100 等汽车行业特定的标准外，还融合了通用芯片制造的核心验证流程。这些流程确保了芯片的质量和可靠性，无论是在消费类电子器件还是车规级电子器件中，相关的验证流程都是不可或缺的。以下是一些关键的制造和测试步骤。

- WAT（Wafer Acceptance Test，晶圆验收测试）：WAT 也被称为 PCM（Process Control Monitoring，过程控制监控），这项测试主要对硅片划片槽（Scribe Line）上的测试键（Test Key）进行检测。通过测量电性参数监控各步工艺是否正常和稳定，这是晶圆生产过程中质量控制的重要环节。
- CP（Chip Probing，芯片探测）测试：CP 测试也被称为晶圆探测（Wafer Probing）或电路探测（Circuit Probing），这一步骤是对整片晶圆上的每个硅片进行测试。测试的基本器件参数包括 Vt（阈值电压）、Rdson（导通电阻）、BVdss（源漏击穿电压）等，以此来识别并标记不合格的硅片，进而减少封装和测试的成本。只有通过本测试的硅片才能进入封装阶段。
- 封装与 FT（Final Test，终测）：通过 CP 测试合格的硅片会被封装成芯片。FT 仅针对封装好的芯片进行功能与性能测试，旨在挑出不合格的芯片。通过 FT 后还需要进行过程质量保证和产品品质保证的评审，以确保封装测试厂的工艺水平是满足质量要求的。

4. 车规级晶圆出厂后的测试流程

当芯片出厂之后，SoC 设计公司为了进行 AEC-Q100 认证测试，需要完成加速环境应力测试（A 组）、加速寿命模拟测试（B 组）、电气特性确认测试（E 组），以及空封器件完整性测试（G 组）等多个环节的测试。以下以 A 组（表 13-3）和 B 组（表 13-4）为例，详细介绍 AEC-Q100 的具体测试项目和参考检测方法。

表 13-3 AEC-Q100 A 组测试项目表

序号	测试项目	检测方法	样品	说明
A1	PC（预处理）	JESD22-A113 J-STD-020	全部	模拟芯片在使用之前在一定湿度、温度条件下的存储耐久力，即芯片在生产之后、使用之前的存储可靠性
A2	THB（温湿度偏置测试）或 HAST（高加速应力测试）	JESD22-A101 JESD22-A110	3×80①	THB 用于评估芯片产品在特定温度、湿度及电压偏置条件下的性能和可靠性。相比 HAST 和 UHST，THB 的测试条件较为温和，更接近某些实际应用环境，主要用于评估产品在较长期的"温和"恶劣环境下的稳定性与寿命 HAST 又称高加速温湿度应力测试，通过极高温度（一般超过 100℃）、高湿度（常超过 85%RH）及增加气压的环境，加速模拟长时间的环境老化效应，快速（如几周或几天）检测产品可靠性，特别是对湿度和高温的耐受性
A3	AC（高压蒸煮实验）或 UHST（超高温高湿应力测试）或 TH（散热器温度）	JESD22-A102 JESD22-A118 JESD22-A101	3×80	用于评估芯片在高温、高湿、高气压条件下对湿气的抵抗能力，加速其失效进程 其中，相比 HAST，UHST 可能设定更加极端的温度和湿度条件，尽管具体的"超高标准"可能根据不同实验室或标准有所差异

(续)

序号	测试项目	检测方法	样品	说明
A4	TC（壳温，指芯片与封装外壳的温度）	JESD22-A104	3×80	评估芯片中具有不同热膨胀系数的金属间的界面接触良率。方法是通过循环流动的空气从高温到低温重复变化
A5	PTC（正温度系数热敏电阻）	JESD22-A105	1×45	PTC使用具有正温度系数特性的元件（如PTC热敏电阻）来控制或监测测试过程中的功率负载，评估芯片中具有不同热膨胀系数的金属间的界面接触良率。方法是通过循环流动的空气从高温到低温重复变化。注意，芯片加载功率应大于1W
A6	HTSL（高温存储寿命）测试	JESD22-A103	3×45	HTSL用于评估芯片在实际使用之前，在高温条件下保持几年不工作条件下的生命周期

①该数据表示批次数乘以每批次测试的数量，表13-3与表13-4中此列数据的含义相同，不再说明。

表 13-4 AEC-Q100 B 组测试项目表

序号	测试内容	检测方法	样品	说明
B1	HTOL（高温工作寿命）测试	JESD22-A108	3×80	评估器件在超热和超电压情况下一段时间内的耐久力
B2	ELFR（早期寿命期的失效率）测试	AEC-Q100-008	3×800	评估工艺的稳定性，加速产品的缺陷失效，去除因先天缺陷导致的不良品 造成缺陷的原因：常由材料或工艺的缺陷导致，诸如氧化层缺陷、金属刻蚀、离子玷污等 试验通过判断依据：芯片通过功能测试、常温及高温测试
B3	EDR（非易失性存储器耐久度）测试	AEC-Q100-005	3×77	评估非易失性存储器在多次读写后的持久性能，在重复读写之后加速非易失性存储器中存储节点的电荷损失

从表 13-3 和表 13-4 中的测试内容来看，它们包含了非常重要的老化测试机制。以 A 组的 TC 测试和 B 组的 ELFR 测试来说，它们针对所挑选的样品进行所谓的三温（高、中、低）循环测试和高温老化测试。通过这些测试和验证后，我们可以认为该型号芯片在早期寿命期的失效率数值已经达到了与正常生命周期相同的规格。

13.2.3 车规测试实例

车规级芯片在规划 AEC-Q100 测试认证时，需要遵循一系列测试样品认证要求。以下是关于这些要求的详细归纳。

- ❏ 批次要求：测试样品应来自认证家族中具有代表性的器件。若缺乏通用数据，则需要对多个批次的样品进行测试。例如，在 AEC-Q100 B2 组的 ELFR 测试中，要求测试 3 个批次，每个批次 800 个样品，总计需测试 2400 个样品。
- ❏ 生产要求：所有认证器件都应在制造场所进行加工处理，以确保量产时零件的顺利传输。其他电测试场所可以在证实电性质有效后展开测试工作。
- ❏ 测试样品的再利用：已进行过非破坏性认证测试的器件也可用于工程分析，但不得再用于其他测试。

- **样品尺寸要求**：用于认证测试的样品尺寸或提交的通用数据必须符合 AEC-Q100 认证标准中规定的最小样品尺寸和接纳标准。若供应商采用通用数据进行认证，则必须记录特殊的测试条件和结果，并向使用者提供这些数据。
- **预前应力和应力后的测试要求**：AEC-Q100 标准为每项测试指定了终端测试温度（室温、高温和低温）。温度设定必须考虑最差的工作环境。
- **应力测试失效的定义**：测试失效是指设备不符合测试规范和标准的要求，或与供应商数据表中的规格不符。任何环境导致的物理损伤也被视为器件失效。

测试结束后，SoC 设计公司会得到一份 AEC-Q100 的测试报告，如图 13-3 所示。

Q100 Qualification Test Plan
Automotive Grade Level = 3–40 to +85C　　　　MSL=3

Supplier Name:		General Specification:	AEC-Q100 Rev.H
Supplier Code:		Supplier Wafer Fabrication:	
Supplier Part Number:		Supplier Wafer Test:	
Supplier Contact:		Supplier Assembly Site:	
Supplier Family Type:	Automotive security IC	Supplier Final Test Site:	
Device Description:	Automotive security	Supplier Reliability Signature:	
PPAP Submission Date:		Customer Test ID:	N/A
Reason for Qualification:	New Part Qualification	Customer Part Number:	
Prepared by Signature:	N/A　　Date:N/A	Customer Approval Signature:	N/A　　Date:N/A

Test	#	Reference	Test Conditions	Lots	S.S.	Total	Results Lot/Pass/Fail	Comments: (N/A =Not Applicable)
TEST GROUP A-ACCELERATED ENVIRONMENT STRESS TESTS									
PC	A1	JESD22A113 J-STD-020	Preconditioning:(Test @Rm) SMD only;Moisture Preconditioning for THB/HAST, AC/UHST,TC,& PTC;Peak Reflow Temp=260℃	Min.MSL=3			MSL=3	
THB or HAST	A2	JESD22 A101 JESD22 A110	Temperature Humidity Bias: (Test @Rm/Hot) Highly Accelerated Stress Test (Test @Rm/Hot/) 130℃ 85%RH,192 hours VCC+10%	3	80	240	Pass of All	
AC or UHAST or THT	A3	JESD22 A102 JESD22 A118 or JESD22-A101	Autoclave: (Test @Rm) Unbiased Highly Accelerated Stress Test (Test @ Rm) Temperature Humidity without Bias:(Test@ Rm) 130℃ /85%RH,96 hours	3	80	240	Pass of All	
TC	A4	JESD22 A104	Temperature Cycle:(Test @ Hot) –65 to 150℃ , 500cycles	3	80	240	Pass of All	
PTC	A5	JESD22A105	Power Temperature Cycle: (Test @Rm/Hot)	1	45	*	of	N/A
HTSL	A6	JESD22A103	High Temperature Storage Life: (Test @ Rm/Hot) 150℃ , 1000 hours	3	45	135	Pass of All	

图 13-3　AEC-Q100 认证测试报告

		TEST GROUP B-ACCELERATED LIFETIME SIMULATION TESTS				
HTOL	B1 JESD22A108	High Temp Operating Life: (Test @Rm/Cold/Hot) 125℃ .1000 hours	3	80	240	Pass of All
ELFR	B2 AEC-Q100-008	Early Life Failure Rate: (Test @ Rm/Hot) 125℃ .48 hours	3	800	2400	Pass of All
EDR	B3 AEC-Q100-005	NVM Endurance & Data Retention Test: (Test @ Rm/Hot) E/W cycling,Ta=25℃，Vcc=3.3V Ta=125℃，Vdd=4V,Dynamic Ta=150℃，No Bias	3	77	231	Pass of All By Customer

图 13-3　AEC-Q100 认证测试报告（续）

从图 13-3 可以看到，它通过的是 AEC-Q100 Grade 3 级别的测试。测试的温度范围从 –40℃到 +85℃。测试标准遵循了 AEC-Q100 的第 H 版本。

以 A4 组的 TC 测试来看，参考的标准是 JESD22-A104。

测试目的：评估芯片产品中具有不同热膨胀系数的金属间的界面接触良率。

失效机制：芯片中发生电介质的断裂、导体和绝缘体的断裂、不同界面的分层等。

试验通过判断依据：FT 的常温和高温测试通过；绑线拉力测试通过。

试验条件：在进行循环温度测试之前，首先对每个被测设备进行预处理，并设置高低温箱的温度循环控制。表 13-5 展示了 AEC-Q100 工作温度范围和测试温度设置要求。

表 13-5　AEC-Q100 工作温度范围和测试温度设置要求

等级	工作温度范围	试验温度设置要求
等级 0	–40℃～150℃	设置温度从 –55℃～+150℃，一共 2000 个循环，或者设置等效条件
等级 1	–40℃～125℃	设置温度从 –55℃～+150℃，一共 1000 个循环，或者设置等效条件（设置温度从 –65℃～150℃，一共 500 次循环也是允许的测试条件，这是根据历史经验所得到的结果）
等级 2	–40℃～105℃	设置温度从 –55℃～+125℃，一共 1000 个循环，或者设置等效条件
等级 3	–40℃～85℃	设置温度从 –55℃～+125℃，一共 500 个循环，或者设置等效条件

根据以上测试过程来看，AEC-Q100 的测试过程非常严格，测试所消耗的时间资源和样品资源非常大，测试周期和费用都不是一般厂家能承受的，这是一个很高的门槛。

13.3　系统级车规

智能手机芯片在算力和制造工艺上领先智能座舱芯片大约 2 年。这主要是因为车规级芯片需要经历更长的设计和验证周期。为了解决这一矛盾并提升智能座舱产品的竞争力，一些主机厂考虑将智能手机芯片应用在汽车座舱中。然而，这种方案面临着车规级质量标准的挑战，因此一些芯片厂商提出了"系统级车规"的概念。

13.3.1　什么是系统级车规

系统级车规的含义是，在座舱 SoC 自身无法通过 AEC-Q100 测试或未达到车规级标准的情况下，通过一种集成和加固的方法，使整个系统达到车规级的要求。具体来说，这涉及将座舱 SoC、PMIC、DDR（主存储芯片）等多个组件封装在一个模组内，并采取一系列措施来提升模组的可靠性和性能。

这些措施包括但不限于：
- 加固封装：采用高可靠材料，以提高芯片的耐振动和耐冲击能力。这样可以确保在汽车行驶过程中，即使遇到颠簸或冲击，芯片也能保持稳定工作。
- 改善封装密闭性：通过增强模组的防水和防尘能力，保护芯片免受外部环境的侵害。
- 使用屏蔽罩：减少电磁干扰对芯片的影响，有助于确保芯片在复杂的电磁环境中稳定工作，避免数据错误或性能下降。
- 热管理：采用半导体散热、水冷散热等方式进行有效散热，确保芯片在工作过程中不会产生过高的温度，从而维持其性能和寿命。

通过这些措施，将原本针对单一 SoC 的 AEC-Q100 标准转变为针对多芯片模组（MultiChip Modules，MCM）的 AEC-Q104 标准。这意味着，即使单个芯片无法达到车规级标准，但通过系统级的整合和优化，整个模组仍然可以满足汽车行业的严格要求，确保在汽车中实现安全、可靠。

图 13-4 列举了系统级车规芯片的上车机会。

车规级测试项目	主要差异	车规级：AEC-Q100	工业级：JESD47	消费级：JESD47	消费/工规级 SoC 上车
加速环境应力测试	温度要求	Grade 0：-40~150℃ Grade 1：-40~125℃ Grade 2：-40~105℃ Grade 3：-40~85℃	工业级：-40~85℃	消费级要求：0~70℃	通过芯片热管理使芯片处于合适温度，散热是关键
加速寿命测试	寿命	车规级产品设计的使用寿命为 15 年	工业级产品设计的使用寿命为 10 年	消费级产品设计的使用寿命为 3~5 年	正常工作状态，逻辑芯片寿命较长
瑕疵筛选监控测试	良率	车规芯片 ≤ 10DPPM	良率要求介于车规芯片和消规芯片之间	消规芯片 ≤ 500DPPM	筛选从严，增加工艺步骤
封装检验	内含腔体封装验证	晶圆可靠度测试	电气特性验证	主要为涉及生产、封装要求的测试组	车规级晶圆制造工艺、车规级封装工艺、封装加固、采用高可靠材料等

图 13-4　消费级/工业级 SoC 上车机会

从图 13-4 可以看到，通过将消费级/工业级的 SoC 按模组进行集成，是一种可探讨的应用机制。而智能座舱模组能够通过 AEC-Q104 测试即可称为符合"系统级车规"要求。

13.3.2　热管理技术改进

消费级与车规级要求的主要差异之一在于耐温区间的不同。车规级要求至少是 -40℃ ~ 85℃（Grade 3），而消费级只需达到 0 ~ 70℃。因此，我们需要对芯片或核心模组的热管理进行改进。通常，我们需要针对低温和高温环境实施不同的温度控制措施。

在低温环境下，消费级芯片可能无法正常启动。因此，我们可以使用一颗车规级的 MCU

来监控消费级芯片的表面温度。当温度低于设定值时，可以利用电热丝进行预热。一旦芯片温度达到可工作的阈值则可停止外部加热。此时，芯片运行时自然产生的热量就足以保证其正常工作。这种监控和加热机制能确保芯片在低温环境下也能正常启动和运行。

对于高温环境，我们可以采用主动散热方式。

- 精确控制热源：利用高精度温度传感器和智能控制算法，我们可以对芯片温度进行实时的监测和控制。
- 优化散热系统设计：为了满足智能座舱的散热需求，我们可以采用先进的散热设计，例如增加散热面积、优化气流路径以及使用高效的散热材料。这些措施能够显著提升散热系统的效能，从而降低芯片的温度。
- 相变导热：相变材料能在温度变化时吸收和释放大量热量，因此在智能座舱的热管理中具有巨大的潜力。在芯片表面涂抹相变材料，可以有效地降低芯片温度，同时避免对气流路径造成干扰。
- 半导体散热技术：这种技术通常涉及将多个半导体热电元器件堆叠在一起，形成一个热电模块。当热电模块的一侧受热时，由于塞贝克效应和皮尔兹效应的共同作用，热量会被转移到另一侧，实现热量的有效转移和散热。这种技术虽然成本相对较高，但具有高效、可靠且无噪声等优点。
- 水冷散热：水冷技术通常应用于中央计算平台。由于中央计算平台集成了智能驾驶、座舱和车辆控制等多个领域的芯片，这些高算力芯片在全速运行时会产生大量热量。为了有效散热，必须通过水冷板将热量带走，并在外部进行热交换（冷却）后再回流到域控制器内。通过在智能座舱的热管理中应用水冷技术，我们可以进一步增强散热效果，从而降低芯片温度。

图 13-5 总结了以上各种主被动散热模式的基本情况。

散热方式 导热方式	金属导热	风冷散热 相变导热	半导体散热	水冷散热 间接水冷
散热原理	利用金属自身导热性能将芯片废热传导至具备更大空气接触面积的翅片，再利用风扇吹走翅片上的热量	在导热腔体内部填充真空VC（蒸汽腔）液，液体蒸发吸收芯片废热，再在翅片端冷凝散热，最后通过风扇带走系统热量	利用半导体电热效应将芯片废热传导至散热端，再通过风扇带走系统热量	芯片封装外加装水冷板，通过水流带走芯片废热，并通过冷排释放水管中热量
散热能力	利用金属自身导热性，散热能力较低	相变导热，比金属导热、散热能力强许多	由于主动导热是通过电能驱动，所以散热能力在风冷中最优	水的比热容高，相对风冷可带走更多热通量
技术成熟度	成熟	成熟	成熟	成熟
示意图	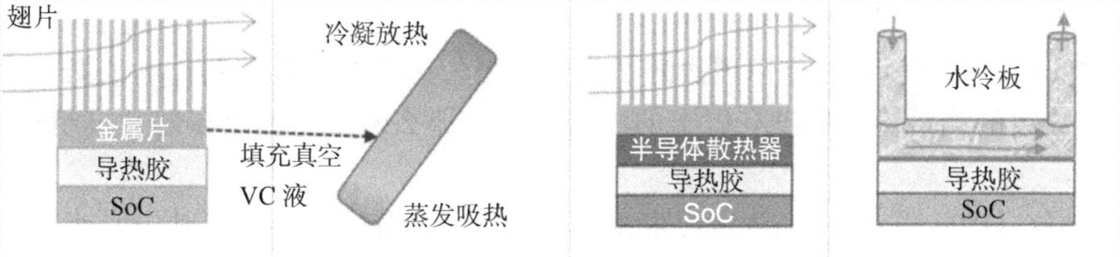 翅片／金属片／导热胶／SoC	冷凝放热／填充真空VC液／蒸发吸热	半导体散热器／导热胶／SoC	水冷板／导热胶／SoC

图 13-5 各种主被动散热模式基本情况

13.3.3 AEC-Q104 测试标准

对于多芯片模组内部的各 SoC 而言，是否需要通过 AEC-Q100 的测试呢？

AEC-Q104 标准"鼓励"各子部件通过 AEC-Q100 的认证测试，以确保达到最高质量。若所有子部件均通过 AEC-Q100 测试，那么多芯片模组仅需通过 Q104 的 H 组的测试。但出于成本考量，在获得用户（即主机厂）同意后，可不要求每个子部件都符合 AEC-Q100 标准。此时，需对多芯片模组执行 AEC-Q104 的全部测试流程。AEC-Q104 标准文档明确规定了此类情况下的测试路径，如图 13-6 所示。

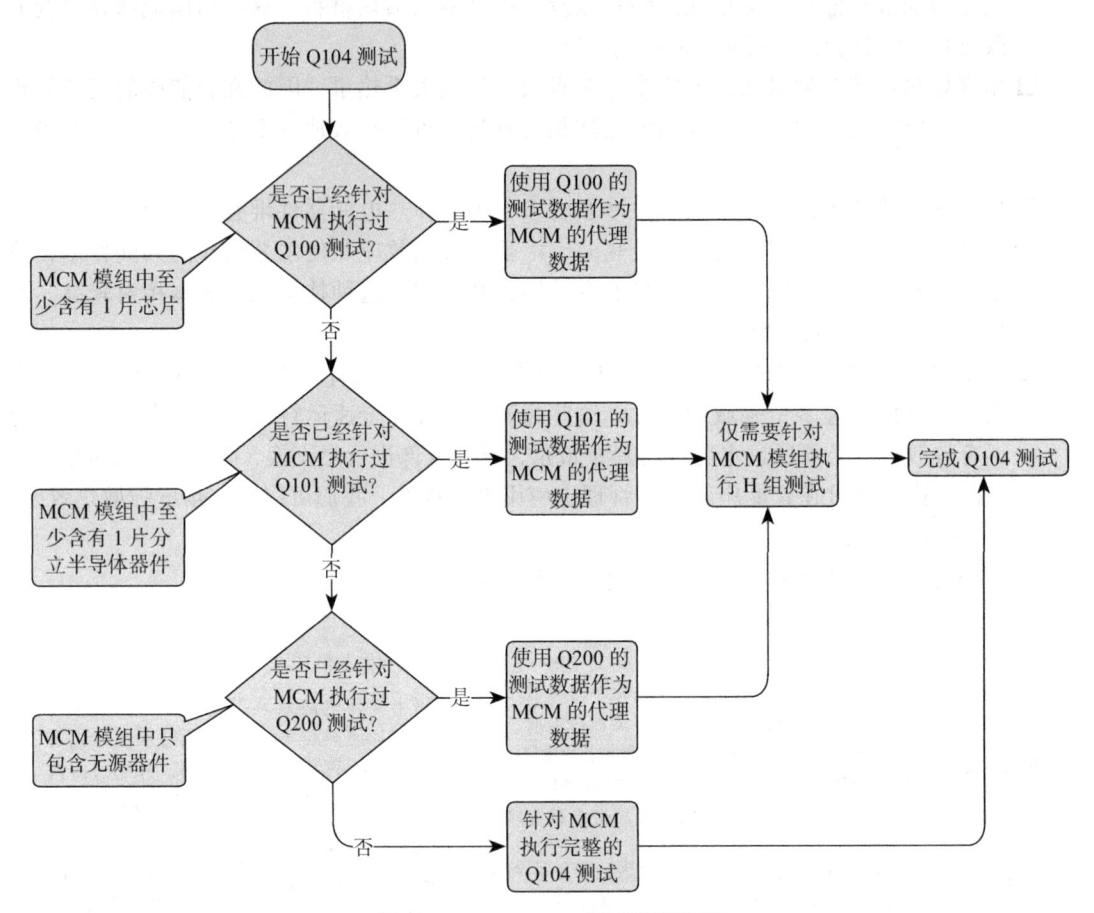

图 13-6 AEC-Q104 测试路径选择

从图 13-6 可以看到，如果多芯片模组（MCM）中的某一器件通过了 Q100/Q101/Q200 的测试认证，那么就可以使用该次测试认证的报告作为这一部分器件的依据，然后对整个模组执行 H 组的测试。如果没有以上的测试报告，那么需要对整个多芯片模组执行完整的 Q104 测试。

AEC-Q104 与 Q100 的测试要求相差不大，组别分为 A～H，其中 H 组为新增组。表 13-6 列举了 AEC-Q104H 组的测试项目。

表 13-6 AEC-Q104 H 组测试项目

序号	测试项目	测试内容	检测方法	样品	说明
H1	BLR	板阶可靠性	IPC-9701	1×42	–40℃～125℃，循环 1000 个周期
H2	LTSL	低温存储寿命测试	JESD22-A119	1×30	–40℃，测试 1000 小时
H3	STEP	启动和温度冲击	ISO 16750-4	1×5	从 20℃降低到 –40℃，再增长到 140℃，每次步长设置为 10℃
H4	DROP	跌落测试	JESD22-B111	1×6	从 112cm 高度跌落到地面，测试 30 次
H5	DPA	破坏性物理分析	MIL-STD-1580	1×5	—
H6	X-RAY	X 光检测	—	—	—
H7	AM	声学显微镜	—	—	—

考虑到多芯片模组的复杂性和高成本，AEC-Q104 标准在测试时对模组数量的要求相对于 AEC-Q100 有所降低。表 13-7 展示了 AEC-Q104 与 AEC-Q100 的测试项对比。

表 13-7 AEC-Q104 与 AEC-Q100 测试项目差异对比

序号	缩写	测试项目	检测方法	Q104 数量	Q100 数量	测试标准变更
A1	PC	预处理	JESD22-A113 J-STD-020	3×30	3×77	—
A2	HAST	偏置高加速度应力测试	JESD22-A101 JESD22-A110	3×30	3×77	测试 96 小时
A3	UHAST	无偏高加速度应力测试	JESD22-A102 JESD22-A118	3×30	3×77	测试 96 小时
A4	TC	温度循环	JESD22-A104	3×30	3×77	–55℃～125℃，循环 1000 个周期
A5	PTC	功率温度循环	JESD22-A105	1×30	1×45	功率大于 1W，循环 1000 个周期
A6	HTSL	高温存储寿命	JESD22-A103	1×30	1×45	测试 1000 小时
B1	HTOL	高温工作寿命	JESD22-A108	3×30	3×77	测试 1000 小时
B2	ELFR	早期寿命期失效率	AEC-Q100-008	1×231	3×800	测试数量降低，测试 48 小时
E2	HBM	人体模式静电放电	AEC-Q100-002	1×9	1×3	引脚电压从 2000V 降低到 1000V
E3	CDM	带电器件静电放电	AEC-Q100-011	1×9	1×3	从 750V 降低到 500V
E4	LU	闩锁效应	AEC-Q100-004	1×6	1×6	在 125℃、105℃、85℃下测试 5 小时
E8	EMC	电磁兼容	SAE J1752/3	1×2	1×1	—

从表 13-7 可以看出，相比 Q100 测试标准，Q104 测试标准基本的差别在于测试所需样品数有所降低。因此，AEC-Q104 的测试标准并不低，如果一个多芯片模组通过了 Q104 的测试认证，在一定程度上也能满足车规级的要求。

13.4 本章小结

本章从为何需要车规的角度出发，给出了车规级标准的明确定义，同时对比了车规级电子与消费级电子的差异。紧接着，本章对 AEC-Q100 和 AEC-Q104 测试标准进行了介绍，解释了车规芯片以及系统级车规模块的概念。本章向读者揭示了车规级标准在智能座舱应用中的核心要素。

第 14 章

座舱功能安全设计

所谓"车规级",除了涉及产品质量和可靠性的 AEC-Q 标准外,还包括"功能安全"的规格标准。在某些主机厂或 Tier1 供应商的定义中,功能安全与 ISO 26262 标准被视为同一概念。有些意图进军汽车电子市场的半导体公司对引入新芯片存在误解,他们认为没有通过 ISO 26262 认证的芯片将不被客户接受。然而,事实真的如此吗?为了解答这个问题,我们需要从汽车功能安全的概念入手。

14.1 功能安全定义

汽车电子中提及的功能安全(Functional Safety,简称 Fusa)。中文的"安全"在另外的语境中还对应一个含义——Security,意思是保护用户的个人信息和数据安全。为了与功能安全加以区分,我们可称其为**数字安全**。在汽车电子行业中,功能安全是至关重要的环节,因为它直接关系到人身安全。

14.1.1 什么是功能安全

功能安全旨在防范系统功能性故障所引发的不可接受风险。其关注点在于系统故障后的表现,而非系统的原始功能或性能。具体而言,功能安全是指在事故发生后为保护人员安全而采取的措施。在汽车行业中,功能安全聚焦于汽车电子系统的安全性,以确保在发生故障时不会对人员或环境构成威胁。

功能安全是针对功能失效情况的一系列处理策略。所有电子系统都存在功能失效的潜在风险,不存在绝对无误的系统。然而,对汽车而言,系统出错可能带来极高的代价,甚至可能导致人身伤害。为了预防此类后果,在汽车的设计阶段就需考虑系统失效后如何避免或减少不安全的结果。通常，功能安全包含两种不同的系统安全应对策略。

1. 功能安全策略

在功能安全的实践中，失效–安全（Fail-Safe）和失效–降级（Fail-Operational）操作是两种常见的系统安全策略，专门用于处理汽车电子系统中的故障情况。

"失效–安全"策略要求系统对关键部件进行持续监控，确保在发生故障时系统能够自动关闭或进入安全状态，从而最小化潜在危害。然而，对于L3及以上的自动驾驶功能而言，"失效–安全"策略可能表现出一定的局限性。在这些高级别的自动驾驶场景中，驾驶员不直接操控车辆，系统关闭可能无法保证驾驶权的平稳转移，进而可能产生如高速公路紧急停车等潜在风险。

"失效–降级"策略为上述问题提供了一种解决方案。即便主功能系统失效，该策略也能启用备份系统，确保车辆能进行降级操作，引导车辆行至安全区域。

在汽车电子系统的设计上选择"失效–安全"还是"失效–降级"取决于具体的系统要求和设计目标。以下是一些考虑因素。

- 系统重要性：对于关键系统或高风险应用，如带有自动驾驶功能的车辆，"失效–降级"的设计可能更合适。因为这些系统需要尽可能保持运行，以便在故障发生时能够进行降级操作并转移到安全区域。
- 冗余性："失效–降级"设计通常需要冗余的系统设计，以支持备份系统的运行。这会增加系统的复杂性和成本。而"失效–安全"设计则相对简单，因为它只需要确保系统在故障时能够安全关闭。
- 故障检测和响应时间："失效–安全"设计通常更关注实时监测和快速响应故障的能力。而"失效–降级"设计则需要更强的故障检测和诊断能力，以便在故障发生时能够及时接管并控制。
- 维护和升级："失效–降级"设计可能需要更频繁的维护和升级，以保持备份系统的有效性。而"失效–安全"设计则相对简单，因为一旦系统关闭，就不需要额外的维护。

2. 独立于项目背景的 SoC 设计

在智能座舱系统中，虽然与驾驶直接相关的功能较少，主要集中在信息显示和娱乐方面，但功能安全仍然是不可忽视的重要方面。智能座舱系统的安全策略选择取决于主机厂功能安全团队的具体分析与应对。不同的主机厂在功能安全目标上可能持有不同观点，因此安全策略的选择会有所不同。作为智能座舱 SoC 的开发者，需要全面考虑如何灵活满足"失效–安全"和"失效–降级"这两种不同的安全策略。

对于"失效–安全"的策略，系统架构师需要考虑的因素如下。

- 监控与检测机制：设计能够实时监控关键部件和系统的状态，以实现故障的快速检测和诊断。
- 紧急关闭程序：在检测到不可恢复的故障时，能够触发系统的紧急关闭程序。确保关闭过程平稳，不会对车辆的其他系统造成干扰或损坏。
- 数据保护与存储：在系统关闭前，确保重要数据的完整性和安全性。提供数据备份和恢复机制，以防数据丢失。

对于"失效-降级"的策略，系统架构师应该关注以下几点。

- ❑ 冗余系统设计：为主系统提供备份系统，确保在主系统发生故障时能够无缝接管。备份系统应具备足够的独立性和可靠性。
- ❑ 降级操作模式：在主系统发生故障时，能够自动切换到降级操作模式。降级模式应保证基本的车辆控制和信息显示功能。
- ❑ 驾驶员辅助与接管：在进行自动驾驶功能降级时，及时通知驾驶员并辅助其接管车辆控制。提供必要的驾驶辅助信息，以确保驾驶员能够安全驾驶。
- ❑ 系统更新与维护：定期更新系统软件和硬件，以修复潜在的安全漏洞。提供远程维护和故障诊断功能，以减少维修时间和成本。

为了综合评估并选用恰当的安全策略，智能座舱 SoC 公司的功能安全架构师应将自己的产品视为一个独立项目进行开发。这种开发方式在实践中被称为 SEooC（Safety Element out of Context，独立于具体项目背景的安全要素）。它指的是在汽车电子系统中进行功能安全产品开发时，不依赖于特定的项目背景。因此，在进行 SEooC 开发的过程中，不存在具体的车辆应用背景或车辆参数的限制，使得开发者能够更专注于安全要素的设计与验证。

14.1.2 功能安全设计流程

在进行 SEooC 开发的过程中，座舱 SoC 的功能安全架构师需要遵循功能安全设计流程进行概念设计。图 14-1 展示了这样的一个流程步骤。

相关项定义 → 危害事件识别 → 危险分析和风险评估 → 安全目标制定 → 安全系统设计

图 14-1 功能安全概念设计阶段流程

从图 14-1 可以看到，在功能安全的概念设计阶段，有 5 个主要的流程。

（1）相关项定义

在功能安全的概念阶段，功能安全架构工程师首先需要定义系统相关项的功能。比如，汽车座舱中的电子仪表盘显示功能，在功能安全的定义中要对它进行描述，以便功能安全开发工程师了解它的运行场景、运行条件、运行模式以及运行结果等基本功能。

（2）危害事件识别

通过对产品的相关项逐个进行详细分析，来识别出系统的每一个危害事件。比如，电子仪表盘功能如果失效，可能会造成驾驶员判断错误，不能及时识别汽车已经发生了错误。这种情况下继续驾驶有可能会造成人身伤害。

（3）危险分析和风险评估

对上一步骤识别到的危害事件进行 HARA（Hazard Analysis and Risk Assessment，危害分析和风险评估）分析。通过该分析，可以识别出并设定危害事件的风险等级。

（4）安全目标制定

功能安全架构工程师需要为具有风险等级的每一个危害事件确立一个 SG（Safety Goal，

安全目标)。安全目标是一个抽象和笼统的说法,它仅仅描述了需要达成的安全目的。例如,针对电子仪表盘显示失效的问题,安全目标可以这样描述:"智能座舱 SoC 应该能检测到仪表盘显示失效的问题"。这个安全目标能给开发工程师以指导吗?很显然,不行。所以还需要进一步细化,从 SG 分析得到 FSR(Functional Safety Requirements,功能安全需求)。

FSR 是针对系统或产品在特定场景下的安全目标和需求的描述。它会详细说明功能安全的过程和解决目标。

还是以电子仪表盘失效为例,一个 FSR 可以这样来描述:"当电子仪表盘的显示图像长时间(如大于 300ms)显示同一帧时,它发生了'冻屏'失效。系统应该能检测到这种失效,并通过一个中断信号向智能座舱控制系统报告错误。根据主机厂的安全策略对失效问题进行处理。"

(5) 安全系统设计

安全系统设计是针对功能安全需求的应对措施,包括系统架构、硬件、软件等方面的设计思路和方案。例如,针对上一个功能安全需求,系统设计的应对措施包括:画出对应的系统架构图,给出硬件数据通路,并画出软件处理的时序图。

在"安全系统设计"这个环节中,功能安全架构工程师可以采取的具体工作流程如下。

步骤 1:针对每一条功能安全需求,详细制订该条需求的实现技术方案,包括了从传感器→控制器→执行器的实现路径。

步骤 2:针对功能安全需求的实现技术方案,进行 FTA(Fault Tree Analysis,故障树分析)或 FMEA(Failure Mode and Effect Analysis,失效模式和效应分析),识别出该实现技术方案中违背该条功能安全需求的单点故障或双点故障。

步骤 3:针对单点故障,设计具体的诊断机制或安全措施。

步骤 4:针对双点故障,设计避免潜伏故障的诊断机制或安全措施。

步骤 5:汇总上述技术实现方案,针对单点/双点的诊断机制和避免潜伏的诊断机制,形成系统架构设计原理图。

步骤 6:将导出的功能安全需求落实到系统架构设计。

步骤 7:针对较复杂或多层系统,可重复步骤 1~6 进行迭代设计,直至完成整个系统的功能安全设计目标。

14.2　ISO 26262

功能安全标准在汽车设计和生产过程中扮演着至关重要的角色。行业内已经构建了完整的方法论,这套方法论以科学而系统的理论知识为基础,指导着功能安全的分析和设计。在这个框架中,ISO 26262 标准体系成为确保汽车功能安全的核心。

14.2.1　什么是 ISO 26262

功能安全概念的形成可追溯到 20 世纪。由于系统设计缺陷、设备元器件的故障或软件系统的失误,频繁发生的事故不仅造成人身伤害,还破坏了环境。经过业内专家的系统分析,这些事故的主要原因是控制系统的安全功能失效,特别是电子、电气及可编程逻辑控制器产品的安全功能不足。

为了提高相关产品的安全性能，业内专家们致力于为电子、电气及可编程电子安全控制系统的技术制定一套成熟的安全设计技术标准。在此背景下，IEC（国际电工委员会）在1998年正式颁布了IEC 61508标准（电气/电子/可编程电子安全系统的功能安全）的第1版，并于2010年更新了第2版。

ISO 26262标准是从IEC 61508衍生而来，是专门针对道路车辆功能安全的国际标准。该标准由ISO（国际标准化组织）于2011年发布，其最新版本发布于2018年。

ISO 26262标准的核心价值在于，它能够通过系统的功能安全研发管理流程，以及针对汽车电子控制系统硬件和软件的系统化验证和确认方法，确保电子系统的安全功能在各种严酷条件下不失效，从而有效保障驾乘人员和路人的安全。

但ISO 26262相对比较抽象，它既不会告诉用户如何设计一个具体的功能安全模块，也不会保证产品的绝对可靠。它主要从方法论的角度为客户提供了如下的指导：

- 如何识别和量化产品的安全等级。
- 如何根据不同安全等级设计对应的安全措施。
- 如何规避/控制系统性故障和随机故障。
- 如何管理功能安全系统（如开发流程、技术分析方法等）。

实际上，如何根据项目需求设计自己的汽车功能安全产品，依赖于主机厂的功能安全团队。ISO 26262给出的是流程指导、分析方法、验收标准等。

与ISO 26262相对应的中国国家标准是《道路车辆–功能安全》（GB/T 34590）。它是由国家市场监督管理总局、国家标准化管理委员会联合发布的。该标准基于ISO 26262制定并进行了适当修改。

GB/T 34590不仅提供了一个汽车安全生命周期（包括开发、生产、运行、服务、报废）的参考框架，而且支持在这些生命周期阶段内根据具体情况对执行的活动进行剪裁，以满足特定需求。它提供了一种汽车特定的基于风险的分析方法，可用于确定ASIL等级。这种方法有助于识别并评估与车辆功能安全相关的风险。

我们使用ASIL等级来定义GB/T 34590中的不同要求，以避免各种潜在风险。不同的ASIL等级反映了不同的安全需求。

14.2.2 ISO 26262的主要内容

ISO 26262标准存在2011版和2018版两个版本，相比2011版，2018版在多个方面有显著的扩展和加强，旨在更好地契合汽车行业的技术演变和日益增长的安全需求。具体来说，2018版的适用范围更广，不仅覆盖了小于3.5吨的乘用车，还囊括了卡车、公共汽车及摩托车等多种车型。此外，其内容结构也从2011版的10个部分增至12个部分，特别增加了关于半导体开发的功能安全应用指南，以及针对摩托车的功能安全应用等新内容。

1. 主要内容

我们可以从图14-2了解GB/T 34590-2017标准的组成，该标准以ISO 26262:2011版本为基础制定。

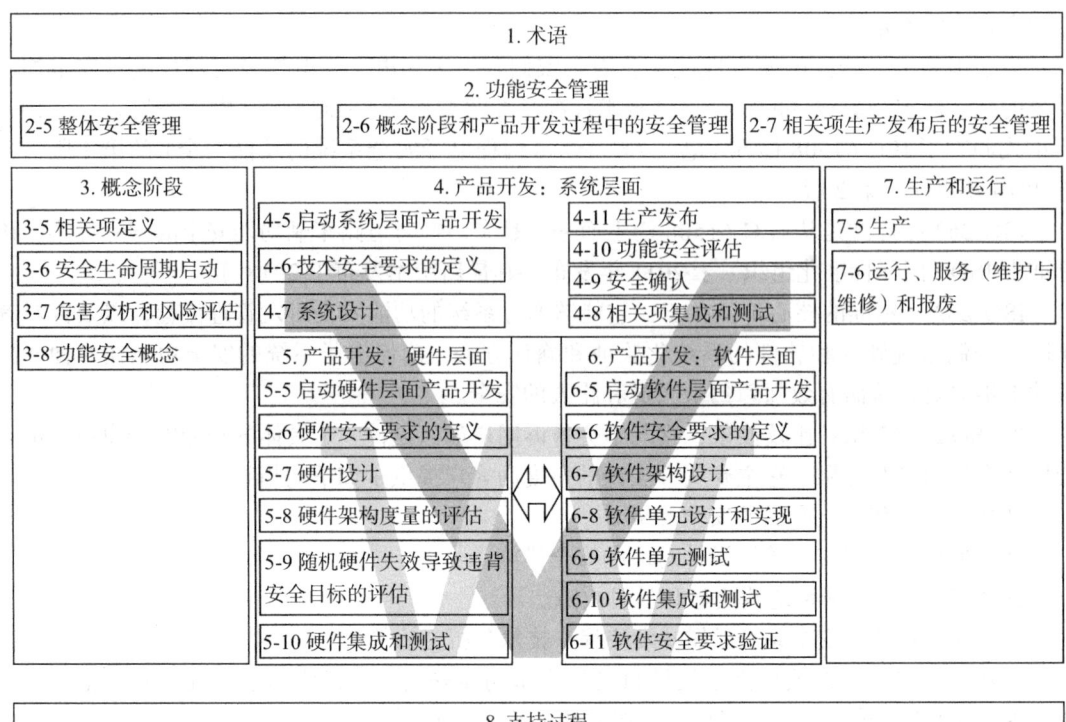

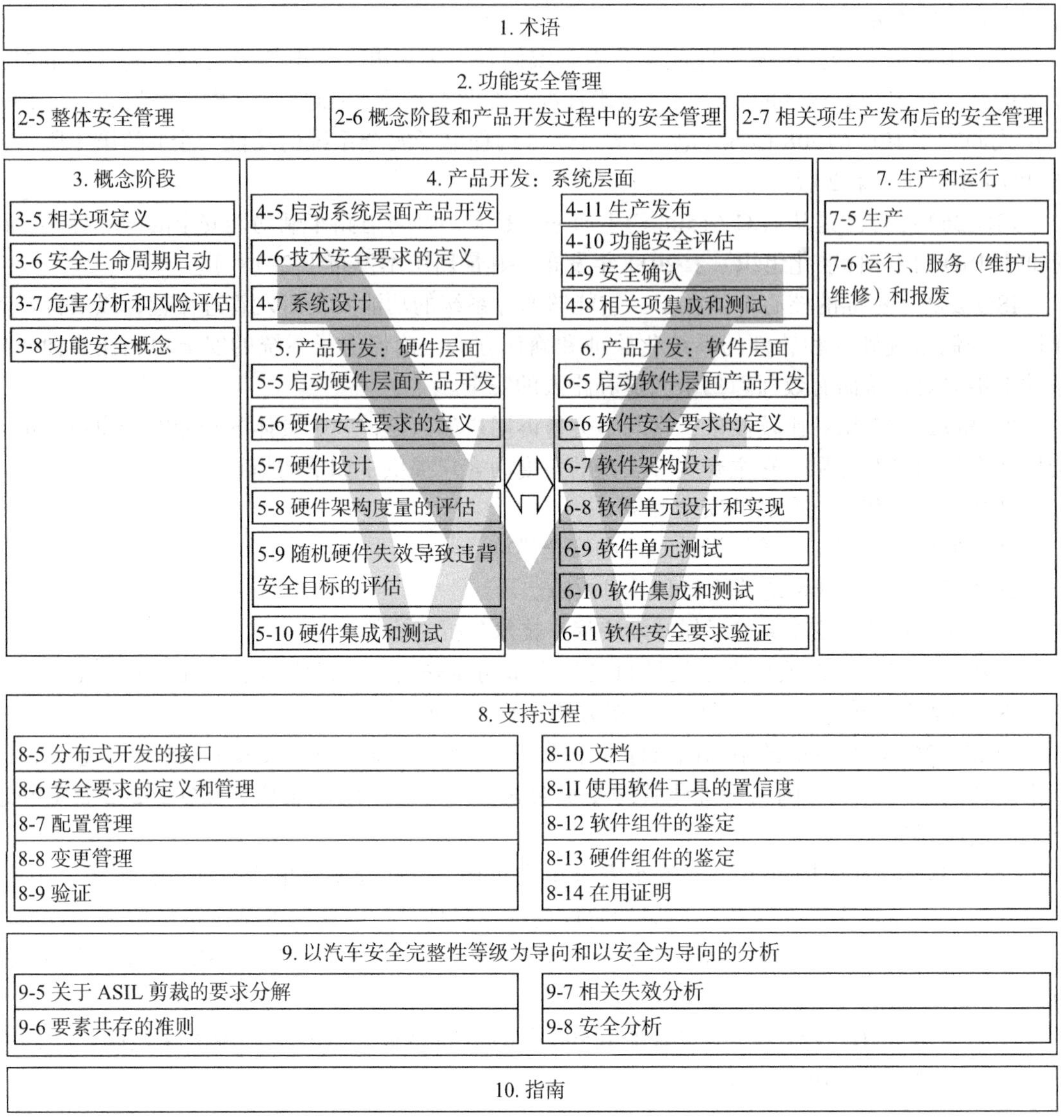

```
┌─────────────────────────────────────────────────────────────────────────┐
│                              1. 术语                                     │
├─────────────────────────────────────────────────────────────────────────┤
│                          2. 功能安全管理                                  │
│  2-5 整体安全管理   2-6 概念阶段和产品开发过程中的安全管理   2-7 相关项生产发布后的安全管理  │
└─────────────────────────────────────────────────────────────────────────┘
```

3. 概念阶段	4. 产品开发：系统层面	7. 生产和运行
3-5 相关项定义	4-5 启动系统层面产品开发 / 4-11 生产发布	7-5 生产
3-6 安全生命周期启动	4-6 技术安全要求的定义 / 4-10 功能安全评估	7-6 运行、服务（维护与维修）和报废
3-7 危害分析和风险评估	4-7 系统设计 / 4-9 安全确认	
3-8 功能安全概念	4-8 相关项集成和测试	

5. 产品开发：硬件层面	6. 产品开发：软件层面
5-5 启动硬件层面产品开发	6-5 启动软件层面产品开发
5-6 硬件安全要求的定义	6-6 软件安全要求的定义
5-7 硬件设计	6-7 软件架构设计
5-8 硬件架构度量的评估	6-8 软件单元设计和实现
5-9 随机硬件失效导致违背安全目标的评估	6-9 软件单元测试
	6-10 软件集成和测试
5-10 硬件集成和测试	6-11 软件安全要求验证

```
┌─────────────────────────────────────────────────────────────────────────┐
│                           8. 支持过程                                    │
│  8-5 分布式开发的接口            8-10 文档                               │
│  8-6 安全要求的定义和管理        8-11 使用软件工具的置信度               │
│  8-7 配置管理                    8-12 软件组件的鉴定                     │
│  8-8 变更管理                    8-13 硬件组件的鉴定                     │
│  8-9 验证                        8-14 在用证明                           │
├─────────────────────────────────────────────────────────────────────────┤
│              9. 以汽车安全完整性等级为导向和以安全为导向的分析            │
│  9-5 关于 ASIL 剪裁的要求分解    9-7 相关失效分析                        │
│  9-6 要素共存的准则              9-8 安全分析                            │
├─────────────────────────────────────────────────────────────────────────┤
│                              10. 指南                                    │
└─────────────────────────────────────────────────────────────────────────┘
```

图 14-2　GB/T 34590-2017 标准的组成

从图 14-2 可以看出，GB/T 34590-2017 的内容包括如下部分。

第 1 部分：术语。规范了标准所使用的术语、缩略语、定义等。

第 2 部分：功能安全管理。规定了在功能安全设计各阶段的管理活动的要求。

第 3 部分：概念阶段。规定了在概念阶段的主要要求，包括相关项定义、危害分析和风险评估、功能安全概念。

第 4 部分：产品开发 – 系统层面。描述了车辆在系统层面进行产品开发的要求，包括启动系统层面的产品开发总则、技术安全要求的定义、技术安全概念、系统架构设计、相关项集成和测试、安全性确认。

第 5 部分：产品开发 – 硬件层面。描述了车辆在硬件层进行产品开发的要求，包括启动硬件层面产品开发总则；硬件安全要求的定义，硬件设计，硬件架构度量，因随机硬件失效导致违背安全目标的评估，硬件集成和验证。

第 6 部分：产品开发 – 软件层面。规定了车辆在软件层面的产品开发要求，包括启动软件层面的产品开发总则、软件安全要求的定义、软件架构设计、软件单元设计及实现、软件单元验证、软件集成和验证、嵌入式软件测试。

第 7 部分：生产和运行。规定了车辆的生产、运行、服务、报废以及相关活动的要求。

第 8 部分：支持过程。包括分布式开发中的接口、安全要求的整体管理、配置管理、变更管理、验证、文档化管理、使用软件工具的置信度、软件组件的鉴定、硬件组件的鉴定、在用证明。

第 9 部分：以汽车安全完整性等级为导向和以安全为导向的分析。包括 ASIL 剪裁的要求分解、要素共存的准则、失效分析、安全分析。

第 10 部分：指南。此部分提供了标准的概览，也给出了必要的解释，目的是增强对标准其他部分的理解，诸如关键概念、概念阶段和系统开发、安全过程的要求（流程和顺序）、硬件开发、独立于环境的安全要素、在用证明的示例、ASIL 的分解、系统安全相关可用性要求等各方面的指南。

2. 开发指导流程

ISO 26262 的开发指导流程主要集中在标准的第 3 ~ 6 部分，这些部分涵盖了概念设计和产品设计两大阶段。图 14-3 总结了开发指导的流程。

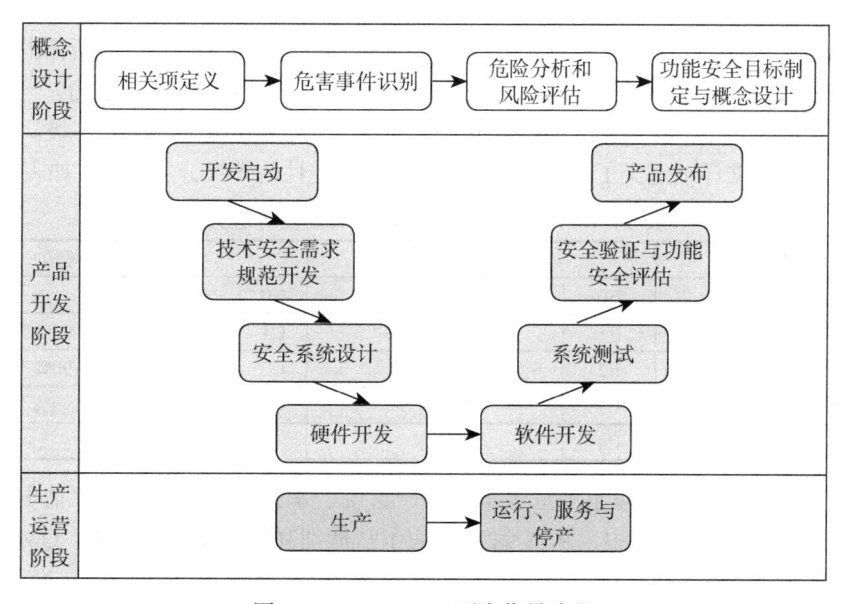

图 14-3 ISO 26262 开发指导流程

从图 14-3 可以看出，概念设计阶段主要是进行产品的初步构思和全面规划。在此过程中，必须明确安全目标，并对项目的可行性进行全面评估。

进入产品开发阶段后，工作重点转向系统、硬件和软件的具体开发指导。系统级的开发任务不仅涉及技术安全需求的规范制定，还进一步扩展到安全系统的架构设计。相应地，在硬件和软件部分的开发完成后，需要进行系统的集成与测试。这一步骤至关重要，因为它能验证系统的整体性能和安全性。随后进行的安全验证与功能安全目标评估，则是为了最终确认系统是否完全符合技术安全需求规范的要求。

在产品开发阶段，所有开发活动都严格遵循V字形开发模型。这种模型的特点在于其分阶段进行的开发流程，以及每个阶段都设定了清晰的任务目标和验证步骤。这种方法能够确保从需求分析、系统最终实现到测试的全过程中，产品的安全性能始终得到严格保障。

下面将对几个关键的开发活动进行说明。

3. 主要开发相关活动说明

（1）HARA 分析

HARA（Hazard Analysis and Risk Assessment，危险分析和风险评估）分析的核心目标是识别和评估潜在的危险场景，以及确定针对每个潜在危险所需的风险降低措施。这一过程在产品的概念开发阶段进行，是确保功能安全的关键环节。

在 HARA 分析中，评估人员利用三个主要维度来量化评估系统功能的安全等级。

❏ 严重度等级（S）：衡量的是当故障行为发生时，可能引发的后果的严重程度。它帮助评估人员了解在特定危险场景下，可能出现的最坏情况及其影响。

❏ 暴露概率等级（E）：关注的是暴露于潜在危险的频率和持续时间，以量化系统面临危险的可能性。

❏ 可控性等级（C）：评估的是在故障行为发生时，纠正或减轻潜在危险所需的控制量。这涉及系统的可靠性和可控制性，以及在紧急情况下采取纠正措施的能力。

综合这三个维度的评估结果，HARA 分析最终确定该系统功能的 ASIL 等级。

ISO26262 的标准详细定义了严重度、暴露概率、可控性的等级分类信息，如表 14-1 所示。

表 14-1 严重度、暴露概率、可控性等级分类

严重度等级		暴露概率等级		可控性等级	
S0	无伤害	E0	不可能	C0	可控
S1	轻度和中度伤害	E1	非常低概率	C1	简单可控（>99% 驾驶员）
S2	严重伤害	E2	低概率	C2	一般可控（>90% 驾驶员）
S3	致命伤害	E3	中等概率	C3	难以控制（<90% 驾驶员）
		E4	高概率		

在 HARA 分析中，当针对某一危害事件的严重度、暴露概率、可控性评估出来后，就可以综合评估其 ASIL 等级。其中，从 A 到 D 代表了从低到高的安全等级评估。QM（质量管理）代表没有功能安全风险，可不用考虑功能安全相关的设计。

当完成了这三个维度的分析后，功能安全架构师可以得到 ASIL 评估结果，其安全评估矩阵如表 14-2 所示。

由此可见，由 HARA 分析的结果可以得到危害事件的评估结果，从而赋予其对应的功能安全等级。

（2）功能安全概念设计

在项目的概念设计（见图 14-3）阶段，功能安全系统最主要的目标是按照 ISO 26262 标准中的第 3～8 部分的要求，分析并输出 FSC（Functional Safety Concept，功能安全概念）。

功能安全的概念设计的目的就是从功能安全目标中导出 FSR，并将其分配到系统初始架构的相关模块中，同时细化每个项目元素中的功能安全要求。FSC 设计要求完成以下任务。

- 要根据功能安全目标定义产品的功能性或者降级后的功能性行为。
- 要根据功能安全目标定义能合理、及时地检测和控制相关故障的约束条件。
- 要定义产品层面的策略，以通过产品本身、驾驶员或者外部的措施来实现故障容错或者减小对故障的相关影响。
- 把功能安全要求分配到系统架构设计。
- 定义功能安全的概念并且形成确认功能安全的准则。

图 14-4 展示了如何将功能安全需求分配到系统初始架构的相关模块中。

表 14-2　ASIL 安全评估矩阵

严重度等级	暴露概率等级	可控性等级		
		C1	C2	C3
S1	E1	QM	QM	QM
	E2	QM	QM	QM
	E3	QM	QM	A
	E4	QM	A	B
S2	E1	QM	QM	QM
	E2	QM	QM	A
	E3	QM	A	B
	E4	A	B	C
S3	E1	QM	QM	A
	E2	QM	A	B
	E3	A	B	C
	E4	B	C	D

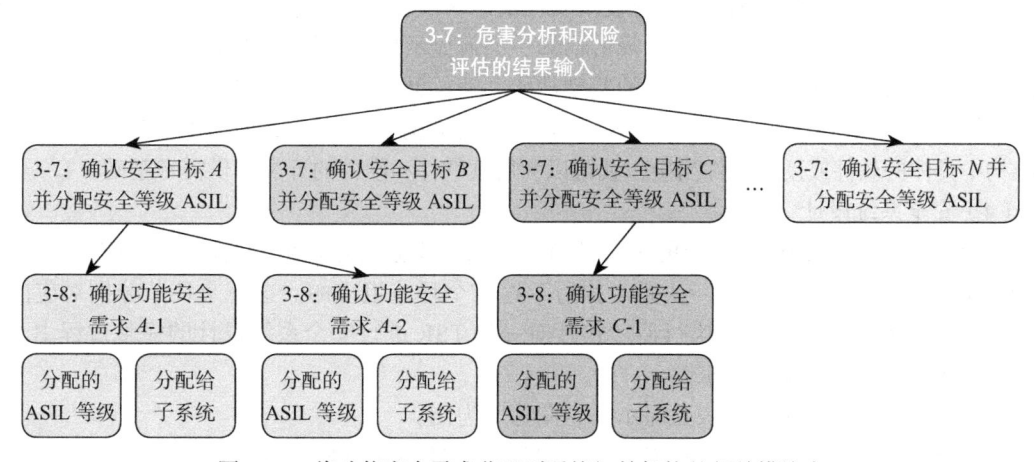

图 14-4　将功能安全需求分配到系统初始架构的相关模块中

从图 14-4 可以看到，HARA 分析的结果可以分解为多个安全目标（从 $A \sim N$）。每一个功能安全目标可以分解得到 1 个或多个功能安全需求。每个功能安全需求将会被分配一个对应的 ASIL 等级，并分配给对应的子系统进行处理。这个完整的过程称为功能安全概念设计。

(3) 技术安全需求设计

在概念设计阶段结束，功能安全架构师输出功能安全概念的设计之后，功能安全系统将进入系统开发阶段。在本阶段，功能安全架构师首先要做的是进行技术安全需求设计工作。这个工作包含了 TSR（Technical Safety Requirement，技术安全需求）和 TSC（Technical Safety Concept，技术安全概念）。TSR 和 TSC 分别对应了上一个阶段的 FSR 和 FSC。简单来说，TSR/TSC 就是 FSR/FSC 在技术层面的设计与实施。图 14-5 展示了 TSR/TSC 的主要关注内容。

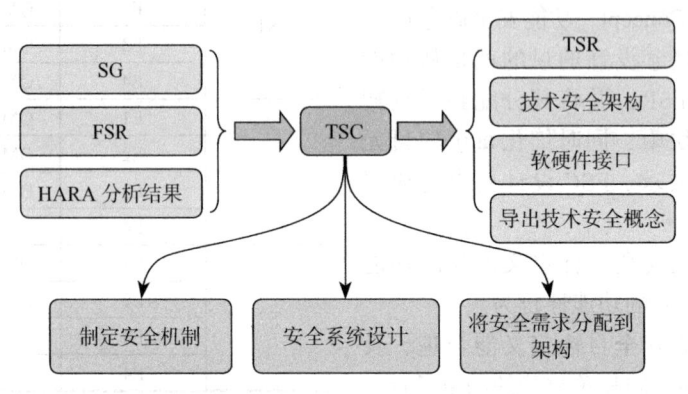

图 14-5　TSR/TSC 的主要关注内容

TSR 是将 FSR 经过技术化解释后得到的安全需求。TSR 包括定义逻辑功能需求中涉及的软件组件、硬件组件（如传感器、控制单元、执行单元等）、组件接口技术信息（如信号名称、来源等）、传输方式（如 CAN 总线等）、计算周期、软件组件在不同平台复用配置需要的标定数据，以及硬件组件指标要求等。

TSC 主要负责描述由 FSR 导出的技术安全需求和安全机制。首先，要确定采用的安全机制，包括如何检测系统性和随机性故障的措施、如何显示故障、如何控制故障等。其次，需要确定如何进行安全系统设计，在系统的基础功能之外，更重要的是如何进行功能失效后的安全保障设计。最后，还需要确定如何将 TSR 分配到系统架构中去。通过将 TSR 及对应 ASIL 落实到架构中具体的软件或硬件组件当中，就可以为后续软件和硬件的开发提供需求基础。

(4) 安全系统设计

安全系统设计是 TSC 设计中的重要环节，它的主要输出是系统架构图。对汽车电子中的系统功能来说，它是由"感知－决策－执行"这三个环节组成的。这三个环节分别对应的系统组件是传感器、处理单元、执行器。在针对一条 TSR 进行安全系统设计的完整过程中，需要让这三者都满足功能安全需求。

以一个系统功能"电子仪表盘显示安全图标"为例。

在功能安全概念设计阶段，功能安全架构师进行 HARA 分析，得到如下结论。

- 严重程度等级：评估为 S3。假设车辆传感器发出车胎故障信号告警，如果电子仪表盘不能为驾驶员提供告警信息，可能引发驾驶员人身伤害的严重事故。
- 暴露概率等级：评估为 E4。电子仪表盘需要一直工作，为驾驶员提供信息，该等级说明电子设备出现硬件或软件问题的概率高。

❑ 可控性等级：评估为 C1。当出现电子图标告警之后，驾驶员可以采取减速、靠边停车、报警呼救等控制措施降低伤害发生的风险，属于简单可控范围。

参考表 14-2 的 ASIL 安全评估矩阵，我们可以分析得出该伤害事件的 ASIL 等级应该为 B。整条链路都应满足 ASIL-B 级别的要求，如图 14-6 所示。其功能安全目标可以定为：智能座舱系统应该能检测到电子仪表盘显示安全图标的失效。

图 14-6　功能安全目标与安全等级分配

在图 14-6 中，传感器是车载控制系统中负责感知车辆状态的设备，例如负责检测车速的传感器、负责检测胎压的传感器等。而"电子仪表盘显示安全图标"功能则需要由智能座舱 SoC 负责实现。执行器是电子仪表盘显示屏。除此之外，它们之间负责信息传递的通信通道也应该满足 ASIL-B 的安全等级要求。

众所周知，智能座舱 SoC 的系统庞大、功能复杂，还分成了不同的子功能单元。它既无可能，也没有必要将整颗 SoC 设计成 ASIL-B 级别的芯片，因此我们需要进行进一步的功能安全架构分解。图 14-7 展示了智能座舱 SoC 按功能安全子系统进行了进一步的架构拆分。

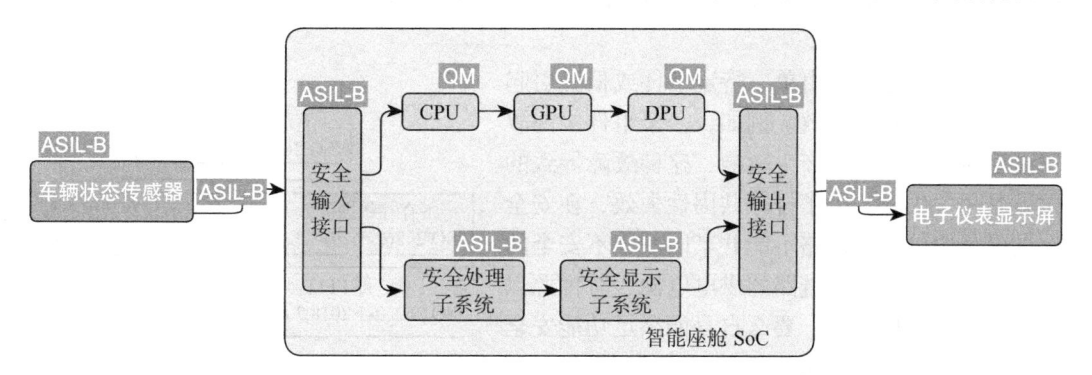

图 14-7　智能座舱 SoC 按功能安全子系统功能分拆

从图 14-7 可以看出，与本功能无关的子系统可以赋予 QM 的安全等级，而与本功能有关的子系统仍然要求达到 ASIL-B 等级。最后，整条功能链路仍然要求保持 ASIL-B 的安全级别。

（5）安全分解设计

图 14-7 展示的安全功能链路，虽已满足功能安全目标的要求，但仍存在一个潜在难题：某些智能座舱 SoC 即使在系统功能分拆后也可能无法达到所需的功能安全等级。这是因为智能座舱 SoC 功能极其复杂，除非在芯片的概念设计阶段就明确功能安全目标，否则面对新的功能安全需求时，难以获得完美的安全链路分配。此外，消费电子产品的更新速度远超车用电子设备，因此有部分用户（如主机厂）倾向于采用消费级智能手机 SoC 作为智能座舱 SoC 来使用（需符合 AEC-Q104 标准）。然而，这种智能手机 SoC 在设计时并未考虑功能安全需求，因此无法进行安全架构的分拆。

对于这样的问题，ISO 26262 的规范也提供了解决方法。当初始安全链路中的一个或者部分节点无法满足功能安全等级的条件时，规范允许对其进行安全分解设计。安全分解设计是指将一条高 ASIL 等级的安全链路，在满足一定的前提条件下，拆分为两个较低的 ASIL 等级链路。这种方法使得原本无法满足功能安全等级的芯片或电子器件能够在有功能安全需求的系统中得到应用，并达成功能安全目标。

进行安全分解的前提是两条链路必须满足独立性的要求。这里的独立性包含两个方面的含义。

- ❑ 级联性相关：两条链路之间不能存在级联性关系，即一条链路的输出不能作为另一条链路的输入，以确保两条链路在功能上是相互独立的。
- ❑ 共因性相关：共因性相关也需要被排除。这意味着两条链路不能受到相同外部因素的影响而同时失效，从而保证它们在面对共同风险时能够保持功能独立。

图 14-8 给出了功能安全分解的独立性原则的描述。

ISO 26262-1：2018 规范版本阐述了进行安全分解的独立性原则。其中，3.17 和 3.18 条款给出了级联失效和共因失效的说明。

级联性失效指的是，某个器件的失效会导致另一个器件或整条链路失效。能够避免级联性相关的设计称为 FFI（Free from Forced Interruptions，独立于强制中断）。即系统在面临各种强制中断（如电源中断、信号中断等）时，能够保证其输出结果的一致性和正确性，不受到强制中断的影响。因此，只有整条链路上的每一个器件都满足功能安全等级要求，才能说达到了设计的功能安全目标。

共因性失效指的是由单一特定事件或根源引起的两个或多个要素的失效。例如，一个组件中的故障可能会对另一个组件产生影响，这种故障导致的失效就是相关失效。为了排除共因性失效，在安全分解的设计中，两条链路不能共享同一个不安全的输入。具体来说，两条链路的供电电源、时钟源以及作为输入的传感器等，要么自身能满足功能安全需求，要么使用不同的输入源。

功能安全分解的原则是，分解之后的功能安全等级，不能弱于分解之前的等级。为了满足这个要求，ISO 26262 对功能安全分解做了如下规定，如表 14-3 所示。

从表 14-3 可知，ASIL-B 级别的功能安全链路可以拆分成 1 条 ASIL-B 的链路和一条 QM 的链路，或者拆分成 2 条 ASIL-A 级别的链路。ASIL-B（B）+QM（B）的含义是，分拆以后的安全链路，虽然有一条链路自身是 QM 级别，但它与另外一条 ASIL-B 级别的链路组合起来后，整个系统需要达到初始设计的 ASIL-B 安全等级。

图 14-8 功能安全分解独立性原则

表 14-3 功能安全分解规定

ASIL 等级	ASIL 分解可能性
ASIL-D	ASIL-D(D) + QM(D) ASIL-C(D) + ASIL-A(D) ASIL-B(D) + ASIL-B(D)
ASIL-C	ASIL-C(C) + QM(C) ASIL-B(C) + ASIL-A(C)
ASIL-B	ASIL-B(B) + QM(B) ASIL-A(B) + ASIL-A(B)
ASIL-A	ASIL-A(A) + QM(A)

从这样的分解规则来看，假设图 14-7 中的智能座舱 SoC 不能满足 ASIL-B 的要求，那么只要搭配另外一颗 ASIL-B 级别的 MCU 芯片，组成另外一条链路，也能实现整个功能安全目标的要求。图 14-9 给出了新的功能安全分解范例。

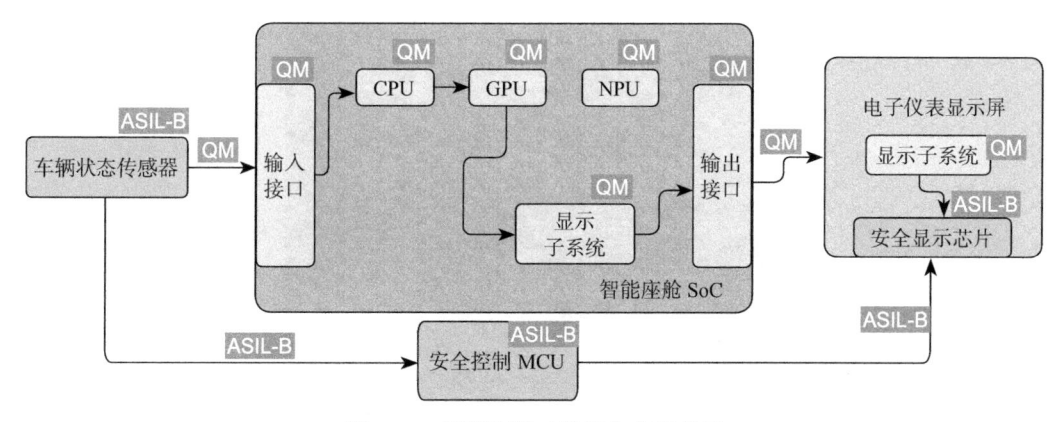

图 14-9　智能座舱功能安全分解范例

从图 14-9 可以看出，原有的智能座舱 SoC 不能满足 ASIL-B 的要求，因此进行了功能安全分解。原有的 1 条链路被分解为 2 条。其中第一条链路中的智能座舱 SoC 为 QM 级别。第二条的"传感器 – 处理单元 – 执行器"链路全部为 ASIL-B 级别。新的安全链路设计需要满足 QM (B) + ASIL-B(B) 的设计要求。因此，新的设计既符合了独立性的原则，又绕开了智能座舱 SoC 不能满足 ASIL-B 安全等级的缺陷，达成了设计目标。

但这种设计的缺陷也显而易见，增加了成本。在某些时候，我们为了达成设计目标，需要在成本和安全目标之间进行一定的取舍。

14.3　座舱功能安全设计实例

在对 ISO 26262 的介绍中，我们了解了功能安全设计的一般原则。现在一起来分析一个智能座舱功能安全设计实例。

14.3.1　识别安全事件

与汽车主机厂针对特定车型的功能安全设计不同，座舱 SoC 的设计是面向多个主机厂和各种车型的，因此它具有更广泛的适用性。

值得注意的是，座舱 SoC 的 SEooC（独立安全要素）设计是基于特定的假设条件实现的。在具体项目中，主机厂或方案集成商的功能安全团队仍需进行必要的分析，并根据实际情况对功能安全设计进行适当的裁剪，以确保其在实际项目中的适用性。

以图 14-6 所示的"传感器 – 处理单元 – 执行器"架构为例，SEooC 设计假设传感器和执行器都能满足功能安全要求，因此座舱 SoC 作为处理单元也需满足功能安全要求。在遵循 ISO 26262 规范进行座舱 SoC 的 SEooC 设计时，首要步骤是识别安全事件。这一过程属于概念阶段的"相关项定义"。

以"电子仪表盘显示安全图标"为例，这些图标在车辆仪表盘上清晰可见，为驾驶员提供重要的故障指示和安全信息。图 14-10 展示了安全图标的范例。

图 14-10 安全图标范例

这些安全图标将显示在汽车的电子仪表盘上。如果因为系统失效导致图标未能正常显示，这就构成了一个安全事件。表 14-4 描述了这个安全事件。

表 14-4 安全事件描述

安全事件名称	安全事件描述
安全图标显示失效	系统从各种车辆传感器接收汽车状态信息，并使用座舱 SoC 显示子系统在仪表盘显示器上显示对应的安全图标

14.3.2 设定功能安全目标

根据 14.2.2 节已经得出的分析结果，"安全图标显示失效"的安全事件等级为 ASIL-B。我们使用 FTA 或 FMEA 方法来分析各种产生失效的可能性，就可以得到多个功能安全目标，如表 14-5 所示。

表 14-5 功能安全目标设定

功能安全目标	描述	功能安全等级
SG_Telltale_01	座舱 SoC 显示子系统应该能检测到屏幕帧不刷新的错误	ASIL-B
SG_Telltale_02	座舱 SoC 应该确保从传感器的数据输入点到显示图像输出点之间的数据完整性，即不能显示错误的图标	ASIL-B
SG_Telltale_03	座舱 SoC 显示安全图标的间隔时间不能超过 300ms（避免延时过长，导致告警数据不能传递给驾驶员）	ASIL-B

一旦确立了功能安全目标，功能安全架构师的下一步工作是分析出 FSR，并进行技术分析，转换为 TSR。技术安全需求列表如表 14-6 所示。

表 14-6 技术安全需求列表

技术安全需求	输入条件假设	SoC 处理过程假设	输出条件假设	安全状态处理
TSR_Telltale_01	DPU 获取用于电子仪表盘显示数据的帧缓冲区	DPU 按正常工作流程处理待输出的图像帧，然后将待显示图像输出到电子仪表盘	DPU 输出正确的显示图像帧	如果检测子系统检测到显示图像帧未刷新（冻屏），应该报告错误，并使用对应的安全处理策略（由主机厂设定）
TSR_Telltale_02	通过以太网接口，从车载传感器接收安全告警数据	① 计算并验证从车载传感器接收到的告警信息 ② 创建显示图像帧，GPU 绘制匹配的告警信息的安全图标，并将该图标的图像帧存到显示缓冲区 ③ 通过计算或者定点查找方式获取缓冲中的目标区域（ROI，也就是安全图标） ④ 将安全图标和图像缓冲帧发送给显示子系统	DPU 输出正确的显示图像帧，安全图标正确显示车控状态	检测子系统为图像帧缓冲的安全图标计算其 CRC（循环校验码），并与预先保存在系统中的同类型安全图标的 CRC 值进行比较。一旦比较失败，则检测子系统上报错误中断，并且启用对应的安全处理策略
TSR_Telltale_03	通过以太网或者 SPI 接口等，从车载传感器接收安全告警数据	① 计算并验证从车载传感器接收到的告警信息 ② 创建显示图像帧，GPU 绘制匹配的告警信息的安全图标，并将该图标的图像帧保存到显示缓冲区 ③ 检查图像显示帧率是否正确 ④ 测量两帧显示图像之间的延时	以正确的帧率显示输出图像帧并且两帧之间延时不超过 300ms	检测子系统检测到显示帧率不正常，或者显示图像延迟时间超过 300ms，则系统软件应使用对应的安全处理策略

14.3.3 启动功能安全设计

最后一个环节，我们将进行 SoC 的功能安全设计和开发。

1. 确认功能安全处理程序

经过功能安全架构师对技术安全需求的深入分析，他将为每一项 TSR 制定相应的功能安全处理程序（Safety Function，SF）。表 14-7 详尽地列出了与技术安全需求逐项对应的功能安全处理程序。

表 14-7 功能安全处理程序列表

功能安全处理程序	技术安全需求	FTTI	处理程序说明
SF_Telltale_01	TSR_Telltale_01	300ms	检测"冻屏"错误：DPU 获取一帧显示图像缓冲帧，发送给检测子系统，计算它的 CRC 值；间隔一段时间（故障检测时间，FTDI）之后再次获取图像帧并计算 CRC。比较两次 CRC 的值，如果一致，说明没有刷新，发生了"冻屏"错误
SF_Telltale_02	TSR_Telltale_02	300ms	检测输入命令是否准确：安全检测子系统需要接收来自以太网接口的外部车控传感器命令，并计算其 CRC 校验码。与传入的 CRC 进行比较，确认两个 CRC 校验码是否一致。 检测安全图标是否显示正确：DPU 根据图标显示区域在显示图像帧缓冲中截取安全图标，并将图标发送给检测子系统。检测子系统计算所截取图标的 CRC 值，并与预先保存在系统存储区中的对应图标的 CRC 值进行比较。如果比较值一致，说明图标显示正确，否则说明发生了错误

(续)

功能安全处理程序	技术安全需求	FTTI	处理程序说明
SF_Telltale_03	TSR_Telltale_03	300ms	检测正确的显示帧率：DPU 可以上报显示帧率统计数值，以确认是否按正确的帧率进行显示 检测显示超时错误：DPU 记录来自 GPU 的两帧之间的延迟时间，如果超过 300ms，则说明发生了超时错误

在表 14-7 中，功能安全处理程序详细说明了如何监控和识别系统中的错误，这些程序与技术安全需求保持了一一对应的关系。举例来说，TSR_Telltale_01 要求系统能够检测出安全图标未能及时刷新的错误并将错误状态上报，以便上层系统依据安全策略做出相应反馈。相应地，SF_Telltale_01 则具体阐述了如何实施这种错误的检测。

FTTI（故障容错时间间隔）是从故障发生到可能引发危害事件的时间段。这一参数在评估系统安全性能时至关重要，特别是在应对潜在故障或失效情况时。以 SF_Telltale_01 为例，其 FTTI 被设定为 300ms 以内。这意味着，如果安全图标在 300ms 内没有得到刷新，驾驶者可能会忽略可能的错误警告，进而可能引发危害事件。

2. SoC 子系统设计

在分析得出需要实现的功能安全处理程序后，我们必须考虑如何在座舱系统中具体实施。这要求 SoC 子系统在设计阶段就对功能安全处理程序进行详细的分解与分配。举例来说，针对编号为 01 至 03 的三项安全处理程序，SoC 需要调动 5 个不同的子系统共同参与处理。

- 安全检测子系统：在 SF_Telltale_01 中，该子系统需验证两个图像帧缓冲的 CRC 是否正确。SF_Telltale_02 要先计算并核实输入命令的准确性，接着计算并校验安全图标的 CRC 值。
- DPU：在 SF_Telltale_02 中，DPU 需从图像帧缓冲中提取相应的图标显示区域，以获取安全图标。在 SF_Telltale_03 中，它的任务是检测显示帧率，并记录两帧之间的延迟时间。
- 涵盖看门狗监控、电源监控、时钟监控、温度监控及上电自检等多重安全监控功能：这是满足 ASIL-B 级别功能安全的必备要求，需通过安全检测子系统来实现全面监控。
- 安全输入接口：车辆状态传感器的告警命令通过以太网传输给智能座舱 SoC，同时也通过 CAN 网络传递给车辆控制域芯片。座舱 SoC 中的 CPU 会验证从以太网接收到的告警命令。此外，车辆控制域芯片还通过 SPI 或 CAN 通信接口，将告警命令发送给安全检测子系统。这种双路径输入告警命令的设计，可有效避免因单点故障导致的命令丢失问题。
- 安全输出接口：DPU 将经过图层合成后的显示图像缓冲帧发送给显示接口。同时，安全检测子系统也通过另一条通道（如 I2C 或 CAN），将安全图标的状态信息（包括安全图标的类型和对应的 CRC 值）传输给电子仪表显示屏。这种双路径输出安全图标信息的设计，确保了 ASIL-B 级别的安全输出。

为实现功能安全处理程序，我们可以采用两种不同的安全链路机制：SoC 内部安全链路机制或者 SoC 外部安全链路机制。

3. SoC 内部安全链路机制

从 HARA 分析获得的结果显示，第 01 到 03 项的功能安全目标的 ASIL 等级为 B，因此安全检测子系统也被要求达到 ASIL-B 级别。为了满足这一安全需求，在 SoC 内部可以构建一个被称为"安全岛"（Safety Island）的设计。该设计将采用特殊的 SoC 内部组件来实现。

安全岛内将采用双核锁步的 MCU 核心来实现安全检测子系统。这种设计通过两个相同的处理器核心同时执行相同的代码并严格同步，从而提供了硬件级别的冗余和错误检测能力。如果一个核心出现故障，另一个核心可以继续正常工作，并通过比较两者的输出来发现错误。由于双核锁步的设计机制已经内置了冗余系统，它能够检测到单个核心的故障，因此这种设计满足了 ASIL-B 级别的安全要求。ASIL-B 级别要求系统具有适当的安全措施来减少单点故障的风险，而双核锁步正是这样一种措施。

图 14-11 给出了这种内部安全链路机制的架构设计。

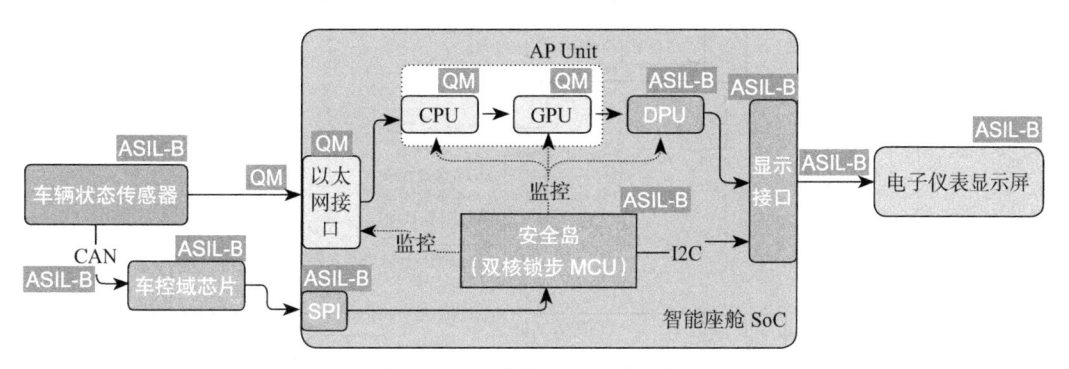

图 14-11 内部安全链路机制

从图 14-11 可以看出，在智能座舱 SoC 内部，以太网接口、CPU、GPU 等组件在功能安全等级上都是 QM 级别，这代表着不要求这些组件来实现功能安全处理程序。另一方面，SPI 接口、安全岛、DPU、显示接口等组件，则要求满足 ASIL-B 级别。从车辆状态传感器到智能座舱 SoC 内部的安全链路，再到电子仪表显示屏，这一条完整的链路满足了功能安全的设计要求。

针对内部安全链路，我们通过图 14-12 来展示它的工作处理时序。

4. SoC 外部安全链路机制

如果在座舱 SoC 的初始设计中没有包含安全岛的概念，那么内部安全链路机制将不再适用。但依据 14.2.2 节所阐述的功能安全分解原则，我们仍可采用外部链路的方法来实现所需的安全级别。具体来说，可以通过引入一颗符合 ASIL-B 级别的 MCU 来构建安全监控子系统，该子系统将对座舱 SoC 的各个处理环节进行全面监控。采用这种方式构建的安全链路同样能够满足 ASIL-B 级别的安全要求。图 14-13 展示了这种外部链路机制。

从图 14-13 可见，整颗智能座舱 SoC 并未针对功能安全目标进行特别设计，其内部所有组件和 SoC 整体均处于 QM 级别。为此，我们在智能座舱域控制器中增加了一颗监控处理器芯片，用于处理安全图标信息。该监控处理器芯片内部采用双核锁步的 MCU 设计，因此能够达到 ASIL-B 级别的安全标准。

在功能安全处理的过程中，这颗监控处理器芯片的主要任务是监控智能座舱 SoC 在安全图标的生成与显示环节是否存在错误。一旦检测到任何错误，它将立即上报该错误，并通过安全链路将对应的安全图标信息传送至电子仪表屏进行显示。

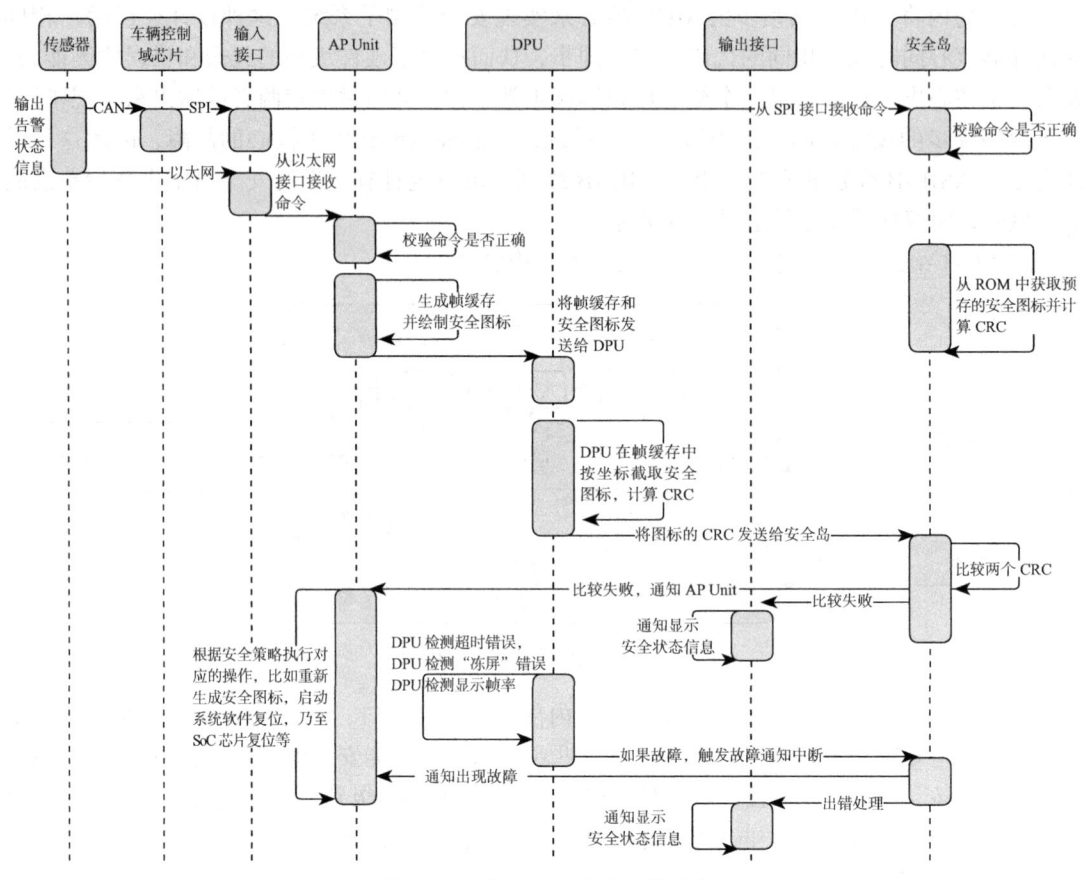

图 14-12 内部安全链路工作时序

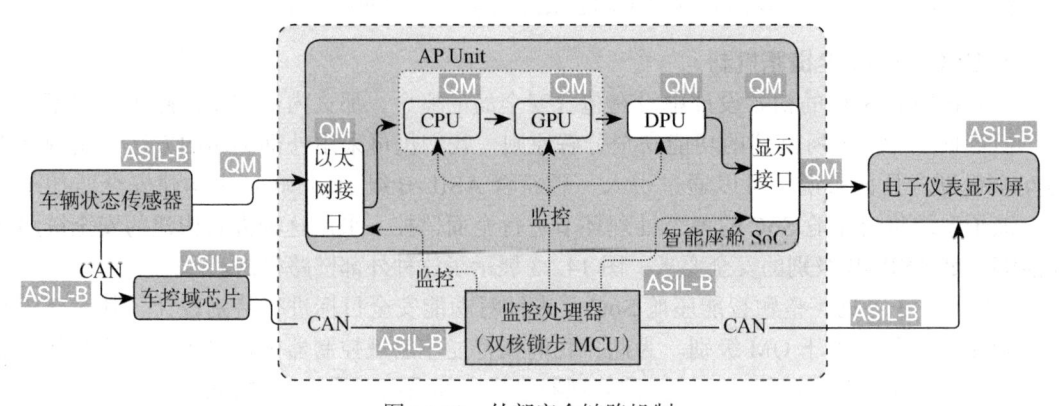

图 14-13 外部安全链路机制

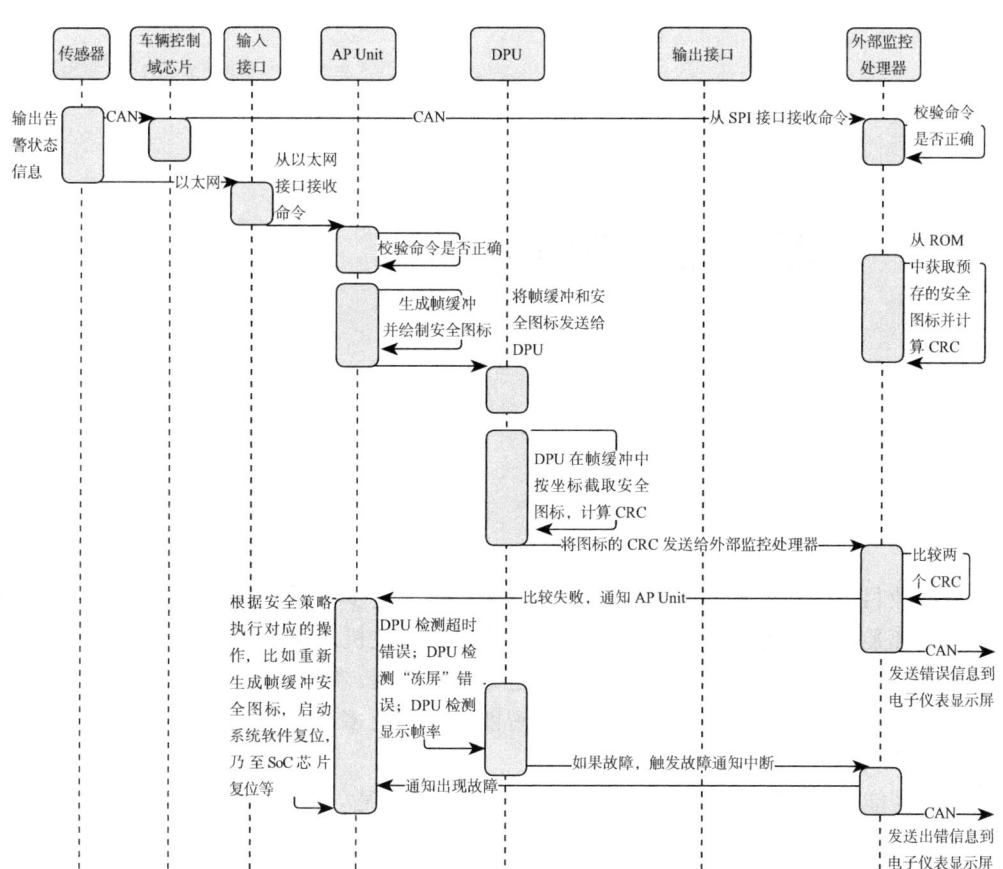

针对外部安全链路，我们通过图 14-14 来展示它的工作处理时序。

图 14-14　外部安全链路工作时序

14.4　本章小结

本章首先明确了功能安全的定义，并强调了其在实际应用中的重要性。接着，通过对 ISO 26262 标准协议的解读，我们着重探讨了功能安全设计的具体流程以及功能安全分解的基本原则。最后，结合一个座舱功能安全设计的具体案例，我们逐步深入剖析了如何在智能座舱架构中实施功能安全设计，并从中体会了功能安全目标对智能座舱 SoC 设计的深远影响。

第 15 章

智能座舱演进思考

汽车产业目前处于多项变革同时发生的时期，科技进步推动变革形成，新变革催生新的需求。智能座舱作为汽车市场下个阶段的竞争焦点，各主机厂正试图通过产品差异化来获得市场优势。用户对汽车座舱功能的需求维度也在不断拓展，智能座舱开始成为消费者日常生活的延伸，一个可移动的生活空间。未来的智能座舱将更多地兼顾内容、服务，甚至是"主动智能"的升级。

那么，智能座舱领域在未来又有着怎样的趋势和变化呢？

15.1 多模态交互

人机交互的模式一直以来都是评判智能座舱表现的核心标准。从座舱内部的实体按键触控交互发展到语音助手控制，部分实现了智能化交互对手动交互的替代。之所以说"部分"，是因为在实际使用中，车载智能语音助手有时难以精确理解人类的需求。例如，当用户说出"打开空调通风功能"时，智能语音助手可能会错误地理解为打开车窗，而非启动空调。

此外，车载智能语音助手还无法识别对话的上下文，也无法与座舱内的多人同时展开对话。这种局限性使得语音助手显得缺乏人性化。未来，智能座舱的演进方向将是能够融入环境、像正常人一样对话、能协助乘客的智能机器人。

如今，人们对座舱的人机交互模式提出了更高的要求，即实现多模态交互。最迫切的需求是将触觉、听觉和视觉相结合，以打造更加智能、精准的交互方式。目前多模交互已经锁定了几个研究的方向。

1. 面部情绪识别

情绪识别是一种新兴的交互方式，可以通过识别驾驶员或者乘客的情绪来提供个性化的服务。研究方向包括情绪识别算法、生理信号分析等方面的技术，以提高情感识别的准确性和可靠性。

情绪识别主要是对人类情感的理解和情感特征的提取。人类的情感通常会伴随着一些生理反应，如心率、呼吸、语音等的变化，这些生理反应可以被检测和识别。同时，人类的情感也会表现在面部表情、肢体动作等方面，这些也可以被用来识别情感状态。情绪识别技术通过综合分析这些特征，来判断一个人的情感状态。

情绪识别的算法可以分为两类：一类是基于规则的方法，另一类是基于机器学习的方法。基于规则的方法是通过分析人的语音、表情等特征，来判断其情感状态。这种方法需要事先定义好各种情感的特征，因此准确度有限。基于机器学习的方法则是通过训练大量的情感数据来让计算机自动识别情感状态。这种方法需要大量的标注数据，但准确度较高。

随着 Transformer 模型（一种基于自注意力机制的深度学习模型）在越来越多的领域得到应用，多模态识别可以采集人类面部图像和语音数据，并使用 Transformer 模型来分析和识别人物的情感。

举一个例子，我们可以在智能座舱内部使用 DMS 和 OMS 摄像头采集驾乘人员的面部图像，使用车载麦克风采集语音对话数据。而后，使用适当的算法和模型从面部图像中提取情感相关的特征，例如使用 CNN 进行特征提取。对于语音数据，可以使用梅尔频率倒谱系数（MFCC）等进行特征提取。将这些提取到的特征输入到 Transformer 模型的编码器（Encoder）部分进行进一步的处理和特征提取。在解码器（Decoder）部分，可以使用情感分类任务的目标函数来训练模型，使其能够识别不同情感的特征。

2. 多人对话并发

当前已投入使用的智能座舱语音助手存在一个显著的痛点，即无法支持多人同时对话。每当座舱内有新用户提出问题时，他们总是需要先使用特定的唤醒词来激活语音助手，然后才能进行对话。这种操作会打断之前用户的对话进程，给用户带来不连贯的体验。为了解决这个问题，我们可以采用基于规则的对话管理和上下文管理策略来实现多人对话的上下文继承。

具体的实现途径涵盖以下几个方面。

（1）上下文状态跟踪

我们需要构建一个对话的上下文状态模型，这个模型会记录对话的参与者、当前讨论的话题以及历史交流信息等。通过精细的对话管理，系统能够追踪每个参与者的交流意图和需求，从而确保对话的流畅性和内容的连贯性。

（2）上下文信息共享

必须确保所有对话参与者都能访问和共享统一的上下文信息，可以通过共享内存或者云端存储等技术手段来实现，以确保信息的准确无误和一致性。

（3）上下文继承机制

我们需要根据对话的上下文状态来制定合理的上下文继承策略。例如，在多轮次的对话过程中，系统可以继承前一轮对话中的关键信息和指令，以便于在接下来的对话中继续使用。同时，随着对话的深入和用户需求的变化，我们需要灵活地调整上下文继承的方式和内容。

（4）自然语言理解

借助自然语言理解技术，我们可以对用户输入进行深度语义分析。这有助于系统更准确地把握用户的意图和需求，从而更好地维护对话的上下文状态，并继承相关信息。

（5）动态调整对话流程

系统应根据上下文状态和继承策略，实时调整对话的进程和交互模式。这可能包括基于历史信息预测用户的意图，或根据话题的转变来更新交互内容，从而提升对话的针对性和效率。

总之，以上所提的处理方式只是上下文管理中的一种。这个领域的研究仍处于前沿探索阶段，各种解决方案都在不断地演进和优化中。

3. 3D 手势操控

3D 手势识别是智能座舱中新兴的操控方式之一。以后排娱乐屏为例，在一些乘用车车型中，车顶的中央位置会配备一块显示屏幕，旨在为第二排和第三排的乘客提供优质的观影体验。然而，如何操控这块屏幕让用户获得良好的体验成了一个挑战。若采用触摸屏方式，由于距离的限制，第三排乘客难以触及；若采用语音控制，未经训练的用户可能会在下达指令上遇到困难；而使用遥控器操控，则存在遗失设备的风险。针对上述各种不足，一种简单方便的操控方式是采用 3D 手势识别技术。

通过 3D 深度相机，我们可以采集用户的手部动作数据。随后，这些数据会经过预处理，被分割成独立的手势数据。利用深度学习算法，我们从这些手势中提取特征并进行持续的跟踪和预测，从而准确地识别用户的手势动作并判断其意图。最终，用户的动作会被转化为具体的控制指令，例如隔空点击屏幕的某个图标或滑动屏幕进行切换等。这种操控方式不仅有效避免了上述方法的各种弊端，而且为用户带来了极为自然和流畅的使用体验。

4. 多模融合

多模态交互是一个综合性的技术，它融合了多种感知技术来提升人机交互的体验。例如，动作识别、目光追踪、语音识别、触摸控制等都是多模态交互的重要组成部分。这些技术分别对应了人类的五大类感知：视觉、听觉、触觉、嗅觉和味觉。

- 动作识别和目光追踪（视觉）：动作识别和目光追踪技术可以捕捉和分析用户的身体动作与眼球移动，从而实现更加自然和直观的人机交互。这些技术实现了类似人类视觉的功能，能够"看到"并理解用户的动作和意图。
- 语音识别（听觉）：语音识别技术能够识别和解析用户的语音指令，为用户提供了一种更加便捷和自然的交互方式。这与人类的听觉功能相似，通过声音来接收和理解信息。
- 触摸控制（触觉）：触摸控制技术允许用户通过触摸屏幕或其他设备来进行操作，提供了一种直观和易用的交互方式。这与人类的触觉功能类似，通过触摸来感知和操作物体。
- 香氛系统（嗅觉）：在座舱内部，有一个重要的与人类嗅觉相关的系统，即香氛系统。虽然人类的嗅觉在人机交互中不直接对应某种操作，但香氛系统可以通过释放不同的气味来影响用户的情绪和体验，从而提升交互的舒适度。

至于味觉，目前在多模态交互中的应用相对较少。或许在未来，当科技不断发展，人工智能技术与脑机接口技术实现融合之后，可以将人类的味觉引入到座舱的交互体系中来，这将为人机交互领域带来新的可能性和创新点。

在多模态交互中，各种感知技术的融合为提升人机交互体验带来了更多可能性。手势识别技术和特征点匹配技术作为计算机视觉技术的一部分，在数据融合技术的支持下，能够显著提升交互的智能性和准确性。

数据融合技术的关键作用在于，它能够将来自不同传感器的数据进行整合，利用 AI 算法对这些数据进行深度分析和处理。例如，通过融合视觉传感器和音频传感器的数据，系统可以对人脸、动作、姿态、唇语、语音等多种信号进行综合辨识，进而提高识别的准确度。这种跨模态的数据融合不仅增强了系统的感知能力，还使得交互更加自然和智能化。

图 15-1 展示了一个视觉和听觉融合的范例。

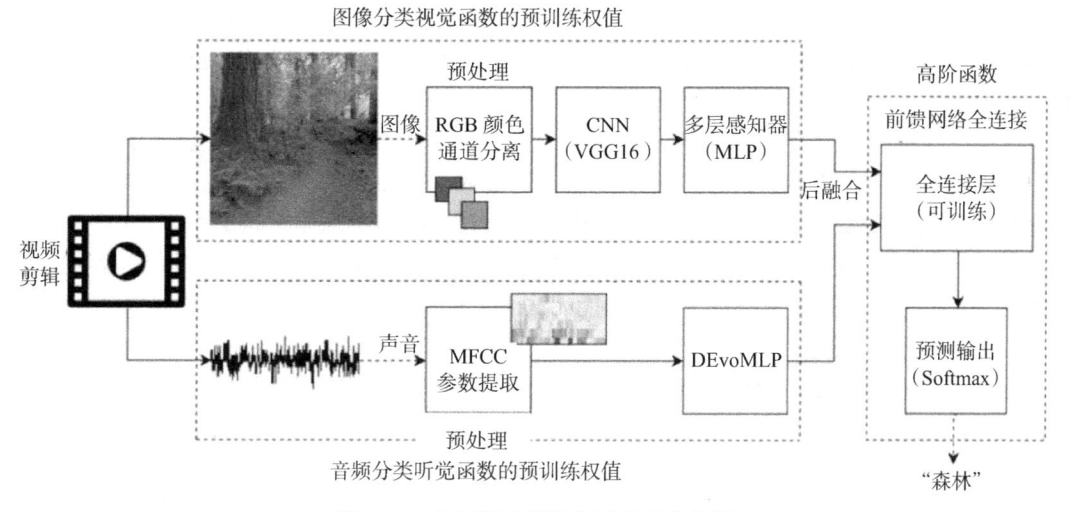

图 15-1　音视频多模识别后的融合范例

从图 15-1 可以观察到，在一段视频剪辑的处理流程中，图像数据与声音数据被分别送入预处理模块。它们随后通过专门的视觉与听觉神经网络进行分类处理。这些神经网络的预测结果被进一步进行后融合处理。在基于一定规则和权重的综合推测下，多模系统最终输出了该视频的主题预测：森林。

15.2　大语言模型

最早的车载语音助手功能相对简单，只能识别人类语音，之后将其转换为文本，再理解和执行一些基础指令。由于车载计算机的计算能力受限，这些任务通常由云端的 AI 算法处理。然而，这种模式在响应的实时性和可靠性上存在明显的限制。

随着 ChatGPT[⊖]的兴起，公众对车载语音助手的期待也随之提升。人们期望车载语音助手能像 ChatGPT 一样"智慧"，能进行自然而流畅的对话，帮助用户正确使用汽车的各种功能，

⊖ 一款基于大语言模型（Large Language Model，LLM）的聊天机器人程序。

甚至能与用户进行情感沟通，提供更加自然和温馨的体验。这正是大语言模型的魅力之所在，它推动着车载语音助手不断走向智能化，越来越贴合人类的期待。

1. 大语言模型在车上的应用方式

在车载智能语音助手中应用大语言模型，有两种不同的方式：一种是云端运行，另一种是车端运行。

（1）模型在云端运行

智能座舱会采集人类的语音，并通过车载无线模块将这些语音数据传输到云端。在云端，大语言模型会识别这些语音数据并生成相应的回答，然后将这个回答传回车内。只要数据传输速率足够快，人们几乎感觉不到对话中的任何延迟。

这种实现方式相对简单。汽车制造商可以选择自建云端服务器，或者租用商业化的云服务。在云端部署大语言模型后，车载计算机系统只需实现语音识别功能。这样做可以减少车载系统的资源需求，进而降低车辆成本。

然而，这种方法也存在一些明显的缺点。在网络信号不佳或网络带宽受限的情况下，智能语音助手的性能会大幅下降，可能出现响应迟钝或完全没有回应的情况。同时，从个人隐私和数据安全的角度来看，云端处理用户语音数据存在一定的风险，这会引起部分用户的担忧。此外，当在云端实现大型语言模型时，还需要考虑到多用户并发访问的性能和容量问题。如果不能及时扩展计算和网络资源，就可能无法满足日益增长的用户需求和数据规模。

（2）模型在车端运行

这种方法的构想是，利用车载中央计算平台的算力，在智能座舱域的计算芯片上直接部署大语言模型。在此方案中，智能座舱会通过语音识别或多模态交互来收集用户的问题，并直接在车端通过大语言模型进行计算，从而生成回答。

这种方法的主要优势在于减少了对网络的需求。由于所有的计算都在车端进行，因此可以避免因网络信号不足或带宽受限而导致的响应延迟或无法回答的问题。此外，车端计算还能更有效地保护用户隐私和数据安全，因为用户的语音数据无须上传到云端进行处理。

然而，这种方法面临的最大挑战是对车载中央计算平台的算力有较高的要求。部署大语言模型需要强大的计算能力，这意味着需要高配置的计算芯片以及进行高效的算法优化。同时，为了维持大语言模型的性能和准确性，必须定期更新模型和算法，这无疑会增加额外的维护成本。人们也找到了一些方法来解决面临的问题，例如采用OTA技术进行模型的升级就是一种可行的方法。

2. 车端运行大语言模型可行性探讨

下面来探讨在车端运行大语言模型的可行性。

大语言模型的参数大小指的是模型中用于学习和生成文本的权重参数的数量。参数大小是衡量模型复杂度及其所需存储空间的关键指标。

当我们提及大语言模型的参数大小为7B或13B时，B代表Billion，即10亿。因此，7B意味着模型包含70亿个参数，而13B则表示模型包含130亿个参数。这些参数在训练过程中被学习，旨在描绘语言的复杂模式和生成有意义的文本。

参数大小对模型的表现和性能具有重要影响。通常来说，更大的参数规模使模型能够捕捉更复杂的语言模式和语义信息，但同时也增加了模型的复杂性和训练成本。在进行Transformer推理时，这些参数权重文件需加载到NPU的计算单元中。模型参数越多，其回答往往更为精确。然而这样的结果是，大模型对NPU计算资源和DDR传输带宽的要求也更高。

（1）DDR带宽需求

要计算DDR带宽需求，首先需要了解不同参数规模的模型对DDR存储空间的需求。表15-1总结了不同参数规模的LLaMA模型（Meta公司开源）所需要的存储空间。

表15-1 LLaMA模型所需空间对照表

参数大小	RAM空间需求（fp32）	RAM空间需求（fp16）	RAM空间需求（int8）	RAM空间需求（int4）
7B	28GB	14GB	7GB	3.5GB
13B	52GB	26GB	13GB	6.5GB
32.5B	130GB	65GB	32.5GB	16.25GB
65.2B	260.8GB	130.4GB	65.2GB	32.6GB

从表15-3可以看到，参数规模为7B的模型，假如参数精度为int4，那么每一个参数需要用到0.5字节来保存。70亿×0.5=3.5GB。如果参数精度为fp32，那么每一个参数就需要使用4字节来保存，这时模型的大小就是70亿×4=28GB。

根据Transformer模型的自回归机制，计算每个Token时，需要加载模型权重文件。由于NPU内部用于高速计算的片内RAM（随机存取存储器）空间有限，我们不可能将整个模型都完全加载到NPU的高速RAM空间中，而只能采用动态加载方式。比如，我们采用7B模型，精度为int4，那么每次计算都需要分批从DDR读取3.5GB大小的模型参数文件到NPU中进行计算。

Token速率的计算公式为：

$$解码器阶段的推理帧率 = \frac{SoC读取DDR的理论带宽 \times 带宽利用率}{模型参数 + KV缓存大小}$$

在上述公式中，KV缓存是NPU的片上缓冲区，用于存储从Transformer模型中计算得到的KV（键–值）对。这些KV对在自回归解码的后续步骤中被重复使用，避免了重复计算的开销。

与模型参数所占的空间比较，KV缓存的数值相对较小。因此，在计算过程中我们可以忽略KV缓存大小。在此前提下，再考虑到DDR的带宽利用率通常设定为80%，其理论带宽的计算公式为：

$$读取DDR的理论带宽 = \frac{解码器阶段的推理帧率 \times 模型参数}{带宽利用率}$$

假设我们希望做到每秒能计算30个Token，那么DDR理论带宽就需要达到30/s×3.5GB/0.8=131GB/s。

如果将每秒计算的Token降低到20，则DDR带宽需求也就相应地降低到20/s×3.5GB/0.8=87.5GB/s。

（2）NPU 的算力需求

我们再来看看以 LLaMA 为例，如何计算模型所需要的算力资源。

FLOPS 通常以 MFLOPS（每秒 100 万次浮点运算，即每秒计算 10^6 次）、GFLOPS（每秒 10 亿次浮点运算，即每秒计算 10^9 次）和 TFLOPS（每秒 1 万亿次浮点运算，即每秒计算 10^12 次）等单位来表示。

根据资料，Transformer 和大语言模型进行推理时所需的算力（FLOPS）的计算公式为：

$$算力 = 6 \times T \times P$$

其中，T 代表 Token 数目，P 代表模型的参数数量。以 7B 模型为例，假设需要达到 30 Token/s 的推理速度，那么算力 = 6 × 30 × 7 × 10^9 = 1260 × 10^9，即 1.26TFLOPS。

根据以上计算可以得出结论：如果我们要在智能座舱端侧进行大语言模型的推理，那么对 SoC 的 DDR 带宽和 NPU 算力都有一定的要求。这些要求与所采用的大语言模型的参数大小、参数精度以及推理速度需求都密切相关。比较而言，在车载环境中运行大语言模型时，对 DDR 带宽的性能要求比对 NPU 算力的要求更高。

15.3 舱驾一体化

在智能座舱的演进过程中，舱驾一体化成了一个极具现实意义的议题。众多行业专家都认为，舱驾融合代表着未来的发展趋势。以中央集中式区域控制的 EEA 架构为例，它在宏观意义上已经实现了舱驾融合。在分布式域控制器的 EEA 架构中，智能座舱域控制器和自动驾驶域控制器被分别置于不同的"盒子"内，二者之间通过以太网相连，虽然可以传输一些控制信息，但基本上是各自独立运行的。

然而，在中央计算平台的架构下，智能座舱 SoC 和自动驾驶 SoC 被整合在同一个盒子中，并通过高速总线（例如 PCIe）相连，其带宽可达每秒数十 GB。这样的技术环境使得智舱 SoC 和自驾 SoC 能够实现一定程度上的算力共享。简而言之，它们可以相互配合，协同完成任务。这种做法不仅有效地实现了算力的共享，还能共享外部传感器，从而推动了舱驾融合的实现。

例如，车载前视摄像头是自动驾驶域中用于视觉感知的关键传感器，其采集的图像被应用于自动驾驶系统。在智能座舱域中，同样需要一个前视摄像头来捕获图像，以实现行车记录仪的功能。若能实现舱驾融合，自动驾驶 SoC 可先处理车载前视摄像头的图像信息，随后通过 PCIe 总线将其传递给智能座舱 SoC，从而实现资源的共享。对智能座舱域而言，这不仅能节省一颗摄像头的成本，还能减少 ISP 的开销。类似这种算力共享的应用场景不胜枚举，从成本降低的角度来看，舱驾融合具有显著的实用价值和广泛的客户需求。

1. 自动驾驶系统分级

在深入探讨舱驾融合的功能之前，我们首先要认识到，目前的自动驾驶系统仍处于 L3 级别以下，还无法保证完全实现有条件的自动驾驶目标。当讨论 L2 ～ L2++ 级别的自动驾驶系统时，我们需要对系统功能进行分解，以便了解在哪些具体情况下可以实现舱驾一体化。

参考表 15-2，它对 ADAS 系统的功能进行了分解。

表 15-2　ADAS 系统功能概述

功能	名称	说明	分类	L2	L2+	L2++
ACC	自适应巡航控制	通过车载传感器感知前方车辆的距离和速度，自动调节车辆的巡航速度，与前车保持安全的距离	自动驾驶类	Y	Y	Y
LKA	车道保持辅助	通过车载摄像头或雷达监测车辆的位置，并向驾驶员发出警告或主动纠正方向盘，确保车辆不偏离所在的车道		Y	Y	Y
LCA	车道变更辅助	通过雷达和摄像头等传感器实时监测车辆周围的环境和障碍物，在侧方和后方安全范围内为驾驶员提供提醒和警告，以辅助驾驶员进行安全变道			Y	Y
ALC	自主变道	通过车辆上的传感器和高级算法，自动驾驶系统可以实时检测周围的交通状况，并判断是否可以安全地进行变道。如果条件允许，ALC 系统会自动进行转向操作，辅助车辆完成变道。			Y	Y
TSR	交通标志识别	该系统通过摄像头识别交通标志和限速标志，并发出提示信息			Y	Y
TJA	交通拥堵辅助	一种在交通拥堵情况下自动控制车辆行驶的技术，包括加速、减速、转向等操作			Y	Y
UDS	城市道路驾驶辅助	在城市道路上，UDS 可以通过感知周围环境，提供辅助驾驶功能，如自动避障、自动识别行人等				Y
DMS	驾驶员状态监控	通过传感器监测驾驶员的生理状态，如疲劳、酒驾等，并在必要时发出警告	安全监控类	Y	Y	Y
FCW	前方碰撞预警	通过传感器来时刻监测前方车辆，判断本车与前车之间的距离、方位及相对速度，当存在潜在碰撞危险时对驾驶者进行警告		Y	Y	Y
BSD	盲点监测	该系统通过雷达或摄像头检测车辆盲区内的物体，并在侧后视镜上显示警示标志或发出声音警告			Y	Y
LDW	车道偏离预警	LDW 系统提供智能的车道偏离预警，在驾驶员无意识（未打转向灯）偏离原车道时发出警报		Y	Y	Y
AEB	自动紧急制动	是一种主动安全技术，基于环境感知传感器（如毫米波雷达或摄像头）来感知前方可能与车辆、行人或其他交通参与者发生碰撞的风险，并通过系统自动实施制动		Y	Y	Y
AVM	360° 环视监控	一种典型的 L2 级别功能，它可以监测车辆四周的影像，并利用图像畸变还原、视角转化、图像拼接、图像增强等技术，形成全车周围的一整套视频图像，让驾驶员可清楚查看车辆周边是否存在行人、移动物体、非机动车、障碍物，并了解其相对方位与距离		Y	Y	Y
APA	自动泊车辅助	利用车载传感器（一般为超声波雷达或摄像头）识别有效的泊车空间，并通过控制单元控制车辆进行泊车	泊车类		Y	Y
RPA	遥控泊车辅助	在 APA 技术的基础之上发展而来，可以通过手机遥控实现泊车入位，它解决了停车位狭窄，难以打开车门的问题			Y	Y
HPP	记忆泊车辅助	HPP 通过车辆的传感器来学习、记录、存储我们平常上下车的位置、停车的操作、停车行进路径以及停车的固定位置等，然后当我们再次驾车到达这些地点时，可以实现车辆自动泊入已被 HPP 系统记忆的车位				Y
AVP	代客泊车	该功能主要依赖于传感器、通信技术等，通过这些技术，车辆可以在不需要驾驶员干预的情况下，自动寻找停车位并进行泊车。当驾驶员需要取车时，只需要通过手机等设备发出指令，车辆就会自动从停车位驶出，并停到指定的位置				Y

从表 15-2 可以看出，入门级的 L2 ADAS 系统能满足最基础的辅助人类驾驶员操控汽车的任务。它的主要作用是缓解驾驶员的疲劳，并为驾驶员提供必要的警告信息，从而有助于减少事故和意外的发生。

L2+ ADAS 系统指的是在有 GNSS 导航辅助的情况下，车辆可以根据导航路径自动巡航行驶，需包括自动进出匝道、自动调整车速、智能变换车道等功能。L2+ 系统依赖于高精度地图、导航系统以及各种车载传感器来实现这些功能。

L2++ ADAS 则更注重在整个驾驶过程中的自动化和智能化。与 L2+ 系统相比，L2++ 系统在功能上可能更加全面和高级，它包括自动泊车、自动变道、自动超车、自动巡航等多种功能，并且能够根据道路信息和交通状况做出更加智能的驾驶决策。一般来说，L2++ 系统不依赖高精地图，可以通过车载传感器自主感知、决策和规划，实现城区道路的自动驾驶，而 L2+ 则通常只能在高速道路上应用。

2. ADAS 系统对硬件资源的依赖

根据入门级 L2 系统、L2+ 系统和 L2++ 系统在功能上的不同划分，它们对硬件资源的需求也各不相同。表 15-3 展示了这三类 ADAS 系统所依赖的硬件资源条件。需要注意的是，由于各厂商采用的自动驾驶算法不同，对 ADAS 系统的理解也有所差异，因此厂商在硬件资源的选择上也会有所不同。所以，表 15-3 中所列举的情况并不能适用于所有厂商，仅供读者参考。

表 15-3 ADAS 系统硬件资源依赖

传感器	用途	入门级 L2	L2+	L2++
摄像头	前视摄像头	1 个广角	1 个广角 +1 个长焦	1 个广角 +1 个长焦
	环视摄像头	4 个鱼眼（前、后、左、右）	4 个鱼眼（前后左右）	4 个鱼眼（前、后、左、右）
	侧视摄像头	—	1 个左前 +1 个右前（可选）	1 个左前 +1 个右前 +1 个左后 +1 个右后
	后视摄像头	—	1 个广角	1 个广角
毫米波雷达	前雷达	1 个	1 个	1 个
	前角雷达	—	2 个（可选）	2 个
	后角雷达	—	1 个左后 +1 个右后	2 个
激光雷达	前视雷达	—	—	1 个
4D 毫米波雷达	前视雷达	—	—	1 个（替换激光雷达）
超声波雷达	前后环绕	12 个	12 个	12 个
高精地图	用于高速道路	需要	需要	不需要
NPU	算力（单位：TOPS）	20TOPS	100TOPS 以上	200TOPS 以上
总结	—	5V1R（5 个摄像头 +1 个毫米波雷达）	7V3R（7 个摄像头 +3 个毫米波雷达）或者 9V5R（9 个摄像头 +5 个毫米波雷达）	11V5R1L（11 个摄像头 +5 个毫米波雷达 +1 个激光雷达）

从表 15-3 可以明显看出，根据所需实现的目标不同，ADAS 系统的硬件资源需求也会有

所不同。那么就需要我们深入探究在不同目标下如何实现舱驾的有效融合。具体来说，各种目标对 NPU 算力的需求、接入摄像头的数量，以及是否需要激光雷达的支持等方面都存在显著差异。而这些硬件需求上的差异，进一步导致了整个系统架构的多样性。

3. 舱驾一体化架构探讨

一般来说，舱驾一体化架构分为 One-Box、One-Board、One-Chip 这三种，如图 15-2 所示。

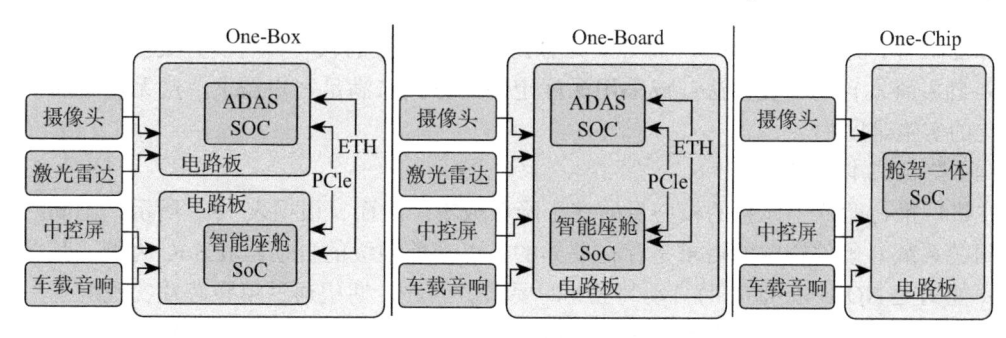

图 15-2 舱驾一体化架构体系

从图 15-2 可以看到，在上述三种架构中，One-Box 方案实际上是将座舱域控制器与自动驾驶系统域控制器集成到单一的 ECU 内，这样做不仅有助于减少外部线束，还能在一定程度上达成算力的共享。One-Board 方案则是将自动驾驶 SoC 与智能座舱 SoC 集成在同一块电路板上，进而减少电路板和外围电子元器件的数量，进一步削减了硬件成本。而 One-Chip 方案则将两颗 SoC 整合为一颗。虽然从表面上看，这种方案能最大程度地节省成本，但它高度依赖于高算力芯片的研发，同时还需要在软件层面确保两个域之间的安全隔离。因此，对于以上 3 种技术架构，我们仍然需要进行进一步的技术分析。

以 One-Chip 方案为例，我们对舱驾融合的技术可行性进行初步分析。

（1）高算力需求

智能座舱域和自动驾驶域对算力的需求各不相同。智能座舱主要负责多媒体处理任务，因此对 CPU、GPU、NPU、DPU 和 VPU 等算力资源的需求颇高。相比之下，自动驾驶域的主要计算任务则聚焦于视频采集的图像处理和深度计算，依赖于 CPU、ISP 和 NPU 的算力资源。若要在单一的 SoC 上同时满足这两个领域的需求，就必须在算力、带宽、外设接口、内存以及能效比等多个维度上进行全面的权衡与取舍。由此可见，设计一款能同时应对智能座舱域和自动驾驶域需求的 SoC，无疑是一项巨大的挑战，需要全方位地综合考虑诸多因素。

（2）功能安全需求

根据 HARA 分析的结果，智能座舱域和自动驾驶域在功能安全需求上存在显著差异。具体而言，智能座舱域中仅有少数功能需满足 ASIL-B 级别的安全标准，而自动驾驶域的大部分功能则必须达到更高的 ASIL-D 级别的安全标准。这就要求 SoC 在设计时更加重视安全因素，如电源域隔离、安全岛设计、双核锁步架构以及内存故障检测等。此外，在软件设计层面，为实现智能座舱域和自动驾驶域之间的功能隔离，需引入 Hypervisor 虚拟化技术和内存访问隔离机制等软件层面的安全措施。

(3) 自动驾驶算法需求

在舱驾一体化的需求驱动下，SoC 厂商不可避免地需要更深入地涉足自动驾驶算法的开发工作。在分布式域控制器时代，自动驾驶系统的 SoC 供应商仅负责供应 SoC 及基础软件，例如操作系统和深度学习框架等。以英伟达为例，其仅需提供 Orin（英伟达第 3 代 ADAS SoC）芯片和 DRIVE OS（英伟达自研操作系统），而自动驾驶算法的开发则可由主机厂独立完成，或由算法 Tier1 厂商来提供。然而，随着舱驾一体化时代的到来，座舱系统与自动驾驶系统实现了深度融合，这就要求 SoC 厂商必须为客户提供全方位的软硬件解决方案。因此，SoC 厂商需要自主研发自动驾驶算法，或采用深度定制的方式来满足客户需求。这无疑增加了舱驾一体化的实施难度。

(4) 降低成本需求

主机厂推行舱驾一体化的核心目的在于降低成本。然而，根据表 15-3 所示，不同级别的自动驾驶系统对硬件资源的需求是存在差异的。以当前顶级的自动驾驶 SoC 为例，其单颗芯片并不能满足 NOA（导航辅助自动驾驶）的要求。因此，期望通过单颗芯片实现舱驾一体化是不切实际的。更为可行的方案是采用能满足入门级 L2 自动驾驶需求的舱驾一体化单芯片。由于采用入门级（L2）自动驾驶系统的车辆主要面向中低端市场，因此其售价不会过高。这一市场定位又进一步限制了舱驾一体化芯片的成本空间。换言之，成本过高的舱驾一体化芯片将难以被市场接受。

4. 舱驾一体化的尝试

目前，英伟达和高通两家公司已在舱驾一体化领域展开了初步的探索，试图在这一方向上寻求突破。

英伟达推出的舱驾一体化芯片名为 Thor。这款芯片在单颗芯片上能提供高达 1000TOPS 的深度学习算力（专为自动驾驶系统设计）或 9200GFLOPS 的 GPU 算力（适用于智能座舱系统）。其实现舱驾一体化的方式是通过将 GPU 内部的三个 GPC（Graphics Processing Cluster，图形处理集群）单元进行分隔使用。若要实现 L2 级别的 ADAS 系统与座舱系统的融合，Thor 芯片会将两个 GPC 单元分配给 ADAS 系统，而将一个 GPC 单元分配给智能座舱系统。这样，ADAS 系统可获得 600TOPS 的算力，而座舱系统则享有 3700GFLOPS 的算力。

高通公司则推出了名为 SA8775 的舱驾一体化芯片。该芯片在智能座舱 SoC 的基础之上，强化了安全岛的设计并提升了 NPU 的算力。其实现舱驾一体化的原理是通过 Hypervisor 虚拟化技术进行隔离，从而将系统划分为座舱域和自动驾驶域两大部分。在 Hypervisor 之上，ADAS 系统在支持实时操作系统的虚拟机中运行，负责处理摄像头和人工智能计算等相关任务。而智能座舱系统则在 Android 虚拟机中运行，负责处理座舱域的相关任务。从功能角度来看，SA8775 所支持的 ADAS 等级并不算特别高。

总的来说，单芯片的舱驾一体化技术目前仍处于探索阶段，一些芯片厂商已将其视为实现业务差异化的创新点。而在实际中，基于中央计算平台架构（实际上等同于 one-box 或者 one-board）的舱驾一体化技术已经投入使用。

15.4 本章小结

本章对智能座舱的演进道路进行了简要的介绍。在汽车智能化浪潮的推动下,各种新技术层出不穷,并被广泛应用于智能座舱的设计与制造中。我们深刻地认识到,市场需求是推动技术不断进步的核心力量,也是激发创新思维的源泉。正因如此,智能座舱的发展旅程充满变数,其最终的发展形态在现阶段仍然难以预见。我们相信,在未来的探索与发展中,智能座舱将以更加人性化、智能化和多样化的面貌呈现在我们面前。

推荐阅读

- 汽车企业数字化转型：认知与实现
- 机器人SLAM导航：核心技术与实战
- SoC底层软件低功耗系统设计与实现
- 蜂窝车联网与网联自动驾驶（CELLULAR V2X FOR CONNECTED AUTOMATED DRIVING）
- 智能网联汽车：激光与视觉SLAM详解（INTELLIGENT CONNECTED VEHICLES）
- 智能汽车：电子电气架构详解（SMART CAR）
- 智能汽车网络安全权威指南（上册）（THE DEFINITIVE GUIDE OF INTELLIGENT VEHICLE CYBERSECURITY）
- 智能汽车网络安全权威指南（下册）（THE DEFINITIVE GUIDE OF INTELLIGENT VEHICLE CYBERSECURITY）
- 智能汽车电子与软件：开发方法、系统集成、流程体系与项目管理（SMART CARS ELECTRONICS AND SOFTWARE）

推荐阅读

推荐阅读